中华人民共和国
新法规汇编

2021
第2辑

司法部编

中国法制出版社

编辑说明

一、《中华人民共和国新法规汇编》是国家出版的法律、行政法规汇编正式版本，是刊登报国务院备案并予以登记的部门规章的指定出版物。

二、本汇编收集的内容包括：上一个月内由全国人民代表大会及其常务委员会通过的法律和有关法律问题的决定，国务院公布的行政法规和国务院文件，报国务院备案并予以登记的部门规章，最高人民法院和最高人民检察院公布的司法解释。另外，还收入了上一个月内报国务院备案并予以登记的地方性法规和地方政府规章目录。

三、本汇编所收的内容，按下列分类顺序编排：法律，行政法规，国务院文件，国务院部门规章，司法解释。每类中按公布的时间顺序排列。报国务院备案并予以登记的地方性法规和地方政府规章目录按 1987 年国务院批准的行政区划顺序排列；同一行政区域报备两件以上者，按公布时间顺序排列。

四、本汇编每年出版 12 辑，每月出版 1 辑。本辑为 2021 年度第 2 辑，收入 2021 年 1 月份内公布的法律 3 件、行政法规 3 件、国务院文件 3 件、报国务院备案并经审查予以登记编号的部门规章 24 件、司法解释 2 件，补收 2020 年 12 月份内公布的司法解释 6 件，共计 41 件。

五、本汇编在编辑出版过程中，得到了国务院有关部门和有关方面以及广大读者的大力支持和协助，在此谨致谢意。

司法部

2021 年 2 月

目　录

编辑说明 …………………………………………………………………… (*1*)

法　律

中华人民共和国动物防疫法 …………………………………………………… (1)
中华人民共和国行政处罚法 …………………………………………………… (21)
中华人民共和国海警法 ……………………………………………………… (34)

行政法规

医疗保障基金使用监督管理条例 ……………………………………………… (48)
排污许可管理条例 …………………………………………………………… (56)
防范和处置非法集资条例 ……………………………………………………… (66)

国务院文件

国务院办公厅关于推动药品集中带量采购工作常态化制度化开展的意见 …………………………………………………………………… (73)
国务院办公厅印发关于加快中医药特色发展若干政策措施的通知 …… (77)
国务院关于新时代支持革命老区振兴发展的意见 ………………………… (84)

国务院部门规章

伊斯兰教朝觐事务管理办法 …………………………………………………… (91)
承装（修、试）电力设施许可证管理办法 …………………………………… (96)
合格境外机构投资者和人民币合格境外机构投资者境内证券期货投资管理办法 ……………………………………………………………… (104)
财政部关于修改《财政票据管理办法》的决定 …………………………… (108)
财政票据管理办法 ……………………………………………………… (111)

互联网保险业务监管办法 …………………………………………………………… (117)
生物制品批签发管理办法 …………………………………………………………… (133)
生态环境标准管理办法 ……………………………………………………………… (143)
网络招聘服务管理规定 ……………………………………………………………… (152)
外商投资安全审查办法 ……………………………………………………………… (157)
航道养护管理规定 …………………………………………………………………… (161)
交通运输部关于修改《港口经营管理规定》的决定 ……………………………… (165)
港口经营管理规定 ………………………………………………………………… (168)
小微型客车租赁经营服务管理办法 ………………………………………………… (177)
中小学教育惩戒规则（试行） ……………………………………………………… (182)
鼓励外商投资产业目录（2020年版） ……………………………………………… (186)
医疗机构医疗保障定点管理暂行办法 ……………………………………………… (241)
零售药店医疗保障定点管理暂行办法 ……………………………………………… (250)
国家市场监督管理总局关于修改和废止部分规章的决定 ………………………… (259)
股权出质登记办法 ………………………………………………………………… (260)
合同违法行为监督处理办法 ……………………………………………………… (262)
核动力厂管理体系安全规定 ………………………………………………………… (264)
碳排放权交易管理办法（试行） …………………………………………………… (275)
海南自由贸易港外商投资准入特别管理措施（负面清单）（2020年版） ………………………………………………………………………… (281)
职业卫生技术服务机构管理办法 …………………………………………………… (284)
工作场所职业卫生管理规定 ………………………………………………………… (294)
职业病诊断与鉴定管理办法 ………………………………………………………… (305)
化妆品注册备案管理办法 …………………………………………………………… (315)

司法解释

最高人民法院、司法部关于为律师提供一站式诉讼服务的意见 ……… (326)
最高人民法院关于加强新时代未成年人审判工作的意见 ………………… (329)
最高人民法院印发《关于行政案件案由的暂行规定》的通知 ……… (333)
最高人民法院关于部分指导性案例不再参照的通知 ……………………… (342)
最高人民法院印发《关于修改〈民事案件案由规定〉的决定》的通知 ……………………………………………………………………… (343)
最高人民法院关于印发修改后的《民事案件案由规定》的通知 …… (349)

最高人民法院关于人民法院为海南自由贸易港建设提供司法服务和保障的意见 ……………………………………………… (382)
最高人民法院印发《关于深入推进社会主义核心价值观融入裁判文书释法说理的指导意见》的通知 ……………………… (390)

附:
2021年1月份报国务院备案并予以登记的地方性法规、自治条例、单行条例和地方政府规章目录 …………………… (395)

法　律

中华人民共和国动物防疫法

（1997年7月3日第八届全国人民代表大会常务委员会第二十六次会议通过　2007年8月30日第十届全国人民代表大会常务委员会第二十九次会议第一次修订　根据2013年6月29日第十二届全国人民代表大会常务委员会第三次会议《关于修改〈中华人民共和国文物保护法〉等十二部法律的决定》第一次修正　根据2015年4月24日第十二届全国人民代表大会常务委员会第十四次会议《关于修改〈中华人民共和国电力法〉等六部法律的决定》第二次修正　2021年1月22日第十三届全国人民代表大会常务委员会第二十五次会议第二次修订　2021年1月22日中华人民共和国主席令第69号公布　自2021年5月1日起施行）

目　录

第一章　总　　则
第二章　动物疫病的预防
第三章　动物疫情的报告、通报和公布
第四章　动物疫病的控制
第五章　动物和动物产品的检疫
第六章　病死动物和病害动物产品的无害化处理
第七章　动物诊疗
第八章　兽医管理
第九章　监督管理
第十章　保障措施
第十一章　法律责任
第十二章　附　　则

第一章　总　　则

第一条　为了加强对动物防疫活动的管理，预防、控制、净化、消灭动物疫病，促进养殖业发展，防控人畜共患传染病，保障公共卫生安全和人体健康，制定本法。

第二条　本法适用于在中华人民共和国领域内的动物防疫及其监督管理活动。

进出境动物、动物产品的检疫，适用《中华人民共和国进出境动植物检疫法》。

第三条　本法所称动物，是指家畜家禽和人工饲养、捕获的其他动物。

本法所称动物产品，是指动物的肉、生皮、原毛、绒、脏器、脂、血液、精液、卵、胚胎、骨、蹄、头、角、筋以及可能传播动物疫病的奶、蛋等。

本法所称动物疫病，是指动物传染病，包括寄生虫病。

本法所称动物防疫，是指动物疫病的预防、控制、诊疗、净化、消灭和动物、动物产品的检疫，以及病死动物、病害动物产品的无害化处理。

第四条　根据动物疫病对养殖业生产和人体健康的危害程度，本法规定的动物疫病分为下列三类：

（一）一类疫病，是指口蹄疫、非洲猪瘟、高致病性禽流感等对人、动物构成特别严重危害，可能造成重大经济损失和社会影响，需要采取紧急、严厉的强制预防、控制等措施的；

（二）二类疫病，是指狂犬病、布鲁氏菌病、草鱼出血病等对人、动物构成严重危害，可能造成较大经济损失和社会影响，需要采取严格预防、控制等措施的；

（三）三类疫病，是指大肠杆菌病、禽结核病、鳖腮腺炎病等常见多发，对人、动物构成危害，可能造成一定程度的经济损失和社会影响，需要及时预防、控制的。

前款一、二、三类动物疫病具体病种名录由国务院农业农村主管部门制定并公布。国务院农业农村主管部门应当根据动物疫病发生、流行情况和危害程度，及时增加、减少或者调整一、二、三类动物疫病具体病种并予以公布。

人畜共患传染病名录由国务院农业农村主管部门会同国务院卫生健康、野生动物保护等主管部门制定并公布。

第五条　动物防疫实行预防为主，预防与控制、净化、消灭相结合的方针。

第六条　国家鼓励社会力量参与动物防疫工作。各级人民政府采取措施，支持单位和个人参与动物防疫的宣传教育、疫情报告、志愿服务和捐赠等活动。

第七条 从事动物饲养、屠宰、经营、隔离、运输以及动物产品生产、经营、加工、贮藏等活动的单位和个人，依照本法和国务院农业农村主管部门的规定，做好免疫、消毒、检测、隔离、净化、消灭、无害化处理等动物防疫工作，承担动物防疫相关责任。

第八条 县级以上人民政府对动物防疫工作实行统一领导，采取有效措施稳定基层机构队伍，加强动物防疫队伍建设，建立健全动物防疫体系，制定并组织实施动物疫病防治规划。

乡级人民政府、街道办事处组织群众做好本辖区的动物疫病预防与控制工作，村民委员会、居民委员会予以协助。

第九条 国务院农业农村主管部门主管全国的动物防疫工作。

县级以上地方人民政府农业农村主管部门主管本行政区域的动物防疫工作。

县级以上人民政府其他有关部门在各自职责范围内做好动物防疫工作。

军队动物卫生监督职能部门负责军队现役动物和饲养自用动物的防疫工作。

第十条 县级以上人民政府卫生健康主管部门和本级人民政府农业农村、野生动物保护等主管部门应当建立人畜共患传染病防治的协作机制。

国务院农业农村主管部门和海关总署等部门应当建立防止境外动物疫病输入的协作机制。

第十一条 县级以上地方人民政府的动物卫生监督机构依照本法规定，负责动物、动物产品的检疫工作。

第十二条 县级以上人民政府按照国务院的规定，根据统筹规划、合理布局、综合设置的原则建立动物疫病预防控制机构。

动物疫病预防控制机构承担动物疫病的监测、检测、诊断、流行病学调查、疫情报告以及其他预防、控制等技术工作；承担动物疫病净化、消灭的技术工作。

第十三条 国家鼓励和支持开展动物疫病的科学研究以及国际合作与交流，推广先进适用的科学研究成果，提高动物疫病防治的科学技术水平。

各级人民政府和有关部门、新闻媒体，应当加强对动物防疫法律法规和动物防疫知识的宣传。

第十四条 对在动物防疫工作、相关科学研究、动物疫情扑灭中做出贡献的单位和个人，各级人民政府和有关部门按照国家有关规定给予表彰、奖励。

有关单位应当依法为动物防疫人员缴纳工伤保险费。对因参与动物防疫工作致病、致残、死亡的人员，按照国家有关规定给予补助或者抚恤。

第二章　动物疫病的预防

第十五条　国家建立动物疫病风险评估制度。

国务院农业农村主管部门根据国内外动物疫情以及保护养殖业生产和人体健康的需要，及时会同国务院卫生健康等有关部门对动物疫病进行风险评估，并制定、公布动物疫病预防、控制、净化、消灭措施和技术规范。

省、自治区、直辖市人民政府农业农村主管部门会同本级人民政府卫生健康等有关部门开展本行政区域的动物疫病风险评估，并落实动物疫病预防、控制、净化、消灭措施。

第十六条　国家对严重危害养殖业生产和人体健康的动物疫病实施强制免疫。

国务院农业农村主管部门确定强制免疫的动物疫病病种和区域。

省、自治区、直辖市人民政府农业农村主管部门制定本行政区域的强制免疫计划；根据本行政区域动物疫病流行情况增加实施强制免疫的动物疫病病种和区域，报本级人民政府批准后执行，并报国务院农业农村主管部门备案。

第十七条　饲养动物的单位和个人应当履行动物疫病强制免疫义务，按照强制免疫计划和技术规范，对动物实施免疫接种，并按照国家有关规定建立免疫档案、加施畜禽标识，保证可追溯。

实施强制免疫接种的动物未达到免疫质量要求，实施补充免疫接种后仍不符合免疫质量要求的，有关单位和个人应当按照国家有关规定处理。

用于预防接种的疫苗应当符合国家质量标准。

第十八条　县级以上地方人民政府农业农村主管部门负责组织实施动物疫病强制免疫计划，并对饲养动物的单位和个人履行强制免疫义务的情况进行监督检查。

乡级人民政府、街道办事处组织本辖区饲养动物的单位和个人做好强制免疫，协助做好监督检查；村民委员会、居民委员会协助做好相关工作。

县级以上地方人民政府农业农村主管部门应当定期对本行政区域的强制免疫计划实施情况和效果进行评估，并向社会公布评估结果。

第十九条　国家实行动物疫病监测和疫情预警制度。

县级以上人民政府建立健全动物疫病监测网络，加强动物疫病监测。

国务院农业农村主管部门会同国务院有关部门制定国家动物疫病监测计

划。省、自治区、直辖市人民政府农业农村主管部门根据国家动物疫病监测计划，制定本行政区域的动物疫病监测计划。

动物疫病预防控制机构按照国务院农业农村主管部门的规定和动物疫病监测计划，对动物疫病的发生、流行等情况进行监测；从事动物饲养、屠宰、经营、隔离、运输以及动物产品生产、经营、加工、贮藏、无害化处理等活动的单位和个人不得拒绝或者阻碍。

国务院农业农村主管部门和省、自治区、直辖市人民政府农业农村主管部门根据对动物疫病发生、流行趋势的预测，及时发出动物疫情预警。地方各级人民政府接到动物疫情预警后，应当及时采取预防、控制措施。

第二十条 陆路边境省、自治区人民政府根据动物疫病防控需要，合理设置动物疫病监测站点，健全监测工作机制，防范境外动物疫病传入。

科技、海关等部门按照本法和有关法律法规的规定做好动物疫病监测预警工作，并定期与农业农村主管部门互通情况，紧急情况及时通报。

县级以上人民政府应当完善野生动物疫源疫病监测体系和工作机制，根据需要合理布局监测站点；野生动物保护、农业农村主管部门按照职责分工做好野生动物疫源疫病监测等工作，并定期互通情况，紧急情况及时通报。

第二十一条 国家支持地方建立无规定动物疫病区，鼓励动物饲养场建设无规定动物疫病生物安全隔离区。对符合国务院农业农村主管部门规定标准的无规定动物疫病区和无规定动物疫病生物安全隔离区，国务院农业农村主管部门验收合格予以公布，并对其维持情况进行监督检查。

省、自治区、直辖市人民政府制定并组织实施本行政区域的无规定动物疫病区建设方案。国务院农业农村主管部门指导跨省、自治区、直辖市无规定动物疫病区建设。

国务院农业农村主管部门根据行政区划、养殖屠宰产业布局、风险评估情况等对动物疫病实施分区防控，可以采取禁止或者限制特定动物、动物产品跨区域调运等措施。

第二十二条 国务院农业农村主管部门制定并组织实施动物疫病净化、消灭规划。

县级以上地方人民政府根据动物疫病净化、消灭规划，制定并组织实施本行政区域的动物疫病净化、消灭计划。

动物疫病预防控制机构按照动物疫病净化、消灭规划、计划，开展动物疫病净化技术指导、培训，对动物疫病净化效果进行监测、评估。

国家推进动物疫病净化，鼓励和支持饲养动物的单位和个人开展动物疫病净化。饲养动物的单位和个人达到国务院农业农村主管部门规定的净化标准的，由省级以上人民政府农业农村主管部门予以公布。

第二十三条 种用、乳用动物应当符合国务院农业农村主管部门规定的健康标准。

饲养种用、乳用动物的单位和个人，应当按照国务院农业农村主管部门的要求，定期开展动物疫病检测；检测不合格的，应当按照国家有关规定处理。

第二十四条 动物饲养场和隔离场所、动物屠宰加工场所以及动物和动物产品无害化处理场所，应当符合下列动物防疫条件：

（一）场所的位置与居民生活区、生活饮用水水源地、学校、医院等公共场所的距离符合国务院农业农村主管部门的规定；

（二）生产经营区域封闭隔离，工程设计和有关流程符合动物防疫要求；

（三）有与其规模相适应的污水、污物处理设施，病死动物、病害动物产品无害化处理设施设备或者冷藏冷冻设施设备，以及清洗消毒设施设备；

（四）有与其规模相适应的执业兽医或者动物防疫技术人员；

（五）有完善的隔离消毒、购销台账、日常巡查等动物防疫制度；

（六）具备国务院农业农村主管部门规定的其他动物防疫条件。

动物和动物产品无害化处理场所除应当符合前款规定的条件外，还应当具有病原检测设备、检测能力和符合动物防疫要求的专用运输车辆。

第二十五条 国家实行动物防疫条件审查制度。

开办动物饲养场和隔离场所、动物屠宰加工场所以及动物和动物产品无害化处理场所，应当向县级以上地方人民政府农业农村主管部门提出申请，并附具相关材料。受理申请的农业农村主管部门应当依照本法和《中华人民共和国行政许可法》的规定进行审查。经审查合格的，发给动物防疫条件合格证；不合格的，应当通知申请人并说明理由。

动物防疫条件合格证应当载明申请人的名称（姓名）、场（厂）址、动物（动物产品）种类等事项。

第二十六条 经营动物、动物产品的集贸市场应当具备国务院农业农村主管部门规定的动物防疫条件，并接受农业农村主管部门的监督检查。具体办法由国务院农业农村主管部门制定。

县级以上地方人民政府应当根据本地情况，决定在城市特定区域禁止家畜家禽活体交易。

第二十七条 动物、动物产品的运载工具、垫料、包装物、容器等应当符合国务院农业农村主管部门规定的动物防疫要求。

染疫动物及其排泄物、染疫动物产品，运载工具中的动物排泄物以及垫料、包装物、容器等被污染的物品，应当按照国家有关规定处理，不得随意处置。

第二十八条 采集、保存、运输动物病料或者病原微生物以及从事病原微生物研究、教学、检测、诊断等活动，应当遵守国家有关病原微生物实验室管理的规定。

第二十九条 禁止屠宰、经营、运输下列动物和生产、经营、加工、贮藏、运输下列动物产品：

（一）封锁疫区内与所发生动物疫病有关的；

（二）疫区内易感染的；

（三）依法应当检疫而未经检疫或者检疫不合格的；

（四）染疫或者疑似染疫的；

（五）病死或者死因不明的；

（六）其他不符合国务院农业农村主管部门有关动物防疫规定的。

因实施集中无害化处理需要暂存、运输动物和动物产品并按照规定采取防疫措施的，不适用前款规定。

第三十条 单位和个人饲养犬只，应当按照规定定期免疫接种狂犬病疫苗，凭动物诊疗机构出具的免疫证明向所在地养犬登记机关申请登记。

携带犬只出户的，应当按照规定佩戴犬牌并采取系犬绳等措施，防止犬只伤人、疫病传播。

街道办事处、乡级人民政府组织协调居民委员会、村民委员会，做好本辖区流浪犬、猫的控制和处置，防止疫病传播。

县级人民政府和乡级人民政府、街道办事处应当结合本地实际，做好农村地区饲养犬只的防疫管理工作。

饲养犬只防疫管理的具体办法，由省、自治区、直辖市制定。

第三章　动物疫情的报告、通报和公布

第三十一条 从事动物疫病监测、检测、检验检疫、研究、诊疗以及动物饲养、屠宰、经营、隔离、运输等活动的单位和个人，发现动物染疫或者疑似染疫的，应当立即向所在地农业农村主管部门或者动物疫病预防控制机构报告，并迅速采取隔离等控制措施，防止动物疫情扩散。其他单位和个人发现动物染疫或者疑似染疫的，应当及时报告。

接到动物疫情报告的单位，应当及时采取临时隔离控制等必要措施，防止延误防控时机，并及时按照国家规定的程序上报。

第三十二条 动物疫情由县级以上人民政府农业农村主管部门认定；其

中重大动物疫情由省、自治区、直辖市人民政府农业农村主管部门认定，必要时报国务院农业农村主管部门认定。

本法所称重大动物疫情，是指一、二、三类动物疫病突然发生，迅速传播，给养殖业生产安全造成严重威胁、危害，以及可能对公众身体健康与生命安全造成危害的情形。

在重大动物疫情报告期间，必要时，所在地县级以上地方人民政府可以作出封锁决定并采取扑杀、销毁等措施。

第三十三条 国家实行动物疫情通报制度。

国务院农业农村主管部门应当及时向国务院卫生健康等有关部门和军队有关部门以及省、自治区、直辖市人民政府农业农村主管部门通报重大动物疫情的发生和处置情况。

海关发现进出境动物和动物产品染疫或者疑似染疫的，应当及时处置并向农业农村主管部门通报。

县级以上地方人民政府野生动物保护主管部门发现野生动物染疫或者疑似染疫的，应当及时处置并向本级人民政府农业农村主管部门通报。

国务院农业农村主管部门应当依照我国缔结或者参加的条约、协定，及时向有关国际组织或者贸易方通报重大动物疫情的发生和处置情况。

第三十四条 发生人畜共患传染病疫情时，县级以上人民政府农业农村主管部门与本级人民政府卫生健康、野生动物保护等主管部门应当及时相互通报。

发生人畜共患传染病时，卫生健康主管部门应当对疫区易感染的人群进行监测，并应当依照《中华人民共和国传染病防治法》的规定及时公布疫情，采取相应的预防、控制措施。

第三十五条 患有人畜共患传染病的人员不得直接从事动物疫病监测、检测、检验检疫、诊疗以及易感染动物的饲养、屠宰、经营、隔离、运输等活动。

第三十六条 国务院农业农村主管部门向社会及时公布全国动物疫情，也可以根据需要授权省、自治区、直辖市人民政府农业农村主管部门公布本行政区域的动物疫情。其他单位和个人不得发布动物疫情。

第三十七条 任何单位和个人不得瞒报、谎报、迟报、漏报动物疫情，不得授意他人瞒报、谎报、迟报动物疫情，不得阻碍他人报告动物疫情。

第四章 动物疫病的控制

第三十八条 发生一类动物疫病时，应当采取下列控制措施：

（一）所在地县级以上地方人民政府农业农村主管部门应当立即派人到现场，划定疫点、疫区、受威胁区，调查疫源，及时报请本级人民政府对疫区实行封锁。疫区范围涉及两个以上行政区域的，由有关行政区域共同的上一级人民政府对疫区实行封锁，或者由各有关行政区域的上一级人民政府共同对疫区实行封锁。必要时，上级人民政府可以责成下级人民政府对疫区实行封锁；

（二）县级以上地方人民政府应当立即组织有关部门和单位采取封锁、隔离、扑杀、销毁、消毒、无害化处理、紧急免疫接种等强制性措施；

（三）在封锁期间，禁止染疫、疑似染疫和易感染的动物、动物产品流出疫区，禁止非疫区的易感染动物进入疫区，并根据需要对出入疫区的人员、运输工具及有关物品采取消毒和其他限制性措施。

第三十九条 发生二类动物疫病时，应当采取下列控制措施：

（一）所在地县级以上地方人民政府农业农村主管部门应当划定疫点、疫区、受威胁区；

（二）县级以上地方人民政府根据需要组织有关部门和单位采取隔离、扑杀、销毁、消毒、无害化处理、紧急免疫接种、限制易感染的动物和动物产品及有关物品出入等措施。

第四十条 疫点、疫区、受威胁区的撤销和疫区封锁的解除，按照国务院农业农村主管部门规定的标准和程序评估后，由原决定机关决定并宣布。

第四十一条 发生三类动物疫病时，所在地县级、乡级人民政府应当按照国务院农业农村主管部门的规定组织防治。

第四十二条 二、三类动物疫病呈暴发性流行时，按照一类动物疫病处理。

第四十三条 疫区内有关单位和个人，应当遵守县级以上人民政府及其农业农村主管部门依法作出的有关控制动物疫病的规定。

任何单位和个人不得藏匿、转移、盗掘已被依法隔离、封存、处理的动物和动物产品。

第四十四条 发生动物疫情时，航空、铁路、道路、水路运输企业应当优先组织运送防疫人员和物资。

第四十五条 国务院农业农村主管部门根据动物疫病的性质、特点和可能造成的社会危害，制定国家重大动物疫情应急预案报国务院批准，并按照不同动物疫病病种、流行特点和危害程度，分别制定实施方案。

县级以上地方人民政府根据上级重大动物疫情应急预案和本地区的实际情况，制定本行政区域的重大动物疫情应急预案，报上一级人民政府农业农村主管部门备案，并抄送上一级人民政府应急管理部门。县级以上地方人民政府农业农村主管部门按照不同动物疫病病种、流行特点和危害程度，分别制定实施方案。

重大动物疫情应急预案和实施方案根据疫情状况及时调整。

第四十六条 发生重大动物疫情时，国务院农业农村主管部门负责划定动物疫病风险区，禁止或者限制特定动物、动物产品由高风险区向低风险区调运。

第四十七条 发生重大动物疫情时，依照法律和国务院的规定以及应急预案采取应急处置措施。

第五章 动物和动物产品的检疫

第四十八条 动物卫生监督机构依照本法和国务院农业农村主管部门的规定对动物、动物产品实施检疫。

动物卫生监督机构的官方兽医具体实施动物、动物产品检疫。

第四十九条 屠宰、出售或者运输动物以及出售或者运输动物产品前，货主应当按照国务院农业农村主管部门的规定向所在地动物卫生监督机构申报检疫。

动物卫生监督机构接到检疫申报后，应当及时指派官方兽医对动物、动物产品实施检疫；检疫合格的，出具检疫证明、加施检疫标志。实施检疫的官方兽医应当在检疫证明、检疫标志上签字或者盖章，并对检疫结论负责。

动物饲养场、屠宰企业的执业兽医或者动物防疫技术人员，应当协助官方兽医实施检疫。

第五十条 因科研、药用、展示等特殊情形需要非食用性利用的野生动物，应当按照国家有关规定报动物卫生监督机构检疫，检疫合格的，方可利用。

人工捕获的野生动物，应当按照国家有关规定报捕获地动物卫生监督机构检疫，检疫合格的，方可饲养、经营和运输。

国务院农业农村主管部门会同国务院野生动物保护主管部门制定野生动物检疫办法。

第五十一条 屠宰、经营、运输的动物，以及用于科研、展示、演出和比赛等非食用性利用的动物，应当附有检疫证明；经营和运输的动物产品，应当附有检疫证明、检疫标志。

第五十二条 经航空、铁路、道路、水路运输动物和动物产品的，托运人托运时应当提供检疫证明；没有检疫证明的，承运人不得承运。

进出口动物和动物产品，承运人凭进口报关单证或者海关签发的检疫单证运递。

从事动物运输的单位、个人以及车辆，应当向所在地县级人民政府农业农村主管部门备案，妥善保存行程路线和托运人提供的动物名称、检疫证明编号、数量等信息。具体办法由国务院农业农村主管部门制定。

运载工具在装载前和卸载后应当及时清洗、消毒。

第五十三条 省、自治区、直辖市人民政府确定并公布道路运输的动物进入本行政区域的指定通道，设置引导标志。跨省、自治区、直辖市通过道路运输动物的，应当经省、自治区、直辖市人民政府设立的指定通道入省境或者过省境。

第五十四条 输入到无规定动物疫病区的动物、动物产品，货主应当按照国务院农业农村主管部门的规定向无规定动物疫病区所在地动物卫生监督机构申报检疫，经检疫合格的，方可进入。

第五十五条 跨省、自治区、直辖市引进的种用、乳用动物到达输入地后，货主应当按照国务院农业农村主管部门的规定对引进的种用、乳用动物进行隔离观察。

第五十六条 经检疫不合格的动物、动物产品，货主应当在农业农村主管部门的监督下按照国家有关规定处理，处理费用由货主承担。

第六章 病死动物和病害动物产品的无害化处理

第五十七条 从事动物饲养、屠宰、经营、隔离以及动物产品生产、经营、加工、贮藏等活动的单位和个人，应当按照国家有关规定做好病死动物、病害动物产品的无害化处理，或者委托动物和动物产品无害化处理场所处理。

从事动物、动物产品运输的单位和个人，应当配合做好病死动物和病害动物产品的无害化处理，不得在途中擅自弃置和处理有关动物和动物产品。

任何单位和个人不得买卖、加工、随意弃置病死动物和病害动物产品。

动物和动物产品无害化处理管理办法由国务院农业农村、野生动物保护主管部门按照职责制定。

第五十八条 在江河、湖泊、水库等水域发现的死亡畜禽，由所在地县级人民政府组织收集、处理并溯源。

在城市公共场所和乡村发现的死亡畜禽，由所在地街道办事处、乡级人民政府组织收集、处理并溯源。

在野外环境发现的死亡野生动物，由所在地野生动物保护主管部门收集、处理。

第五十九条　省、自治区、直辖市人民政府制定动物和动物产品集中无害化处理场所建设规划，建立政府主导、市场运作的无害化处理机制。

第六十条　各级财政对病死动物无害化处理提供补助。具体补助标准和办法由县级以上人民政府财政部门会同本级人民政府农业农村、野生动物保护等有关部门制定。

第七章　动物诊疗

第六十一条　从事动物诊疗活动的机构，应当具备下列条件：

（一）有与动物诊疗活动相适应并符合动物防疫条件的场所；

（二）有与动物诊疗活动相适应的执业兽医；

（三）有与动物诊疗活动相适应的兽医器械和设备；

（四）有完善的管理制度。

动物诊疗机构包括动物医院、动物诊所以及其他提供动物诊疗服务的机构。

第六十二条　从事动物诊疗活动的机构，应当向县级以上地方人民政府农业农村主管部门申请动物诊疗许可证。受理申请的农业农村主管部门应当依照本法和《中华人民共和国行政许可法》的规定进行审查。经审查合格的，发给动物诊疗许可证；不合格的，应当通知申请人并说明理由。

第六十三条　动物诊疗许可证应当载明诊疗机构名称、诊疗活动范围、从业地点和法定代表人（负责人）等事项。

动物诊疗许可证载明事项变更的，应当申请变更或者换发动物诊疗许可证。

第六十四条　动物诊疗机构应当按照国务院农业农村主管部门的规定，做好诊疗活动中的卫生安全防护、消毒、隔离和诊疗废弃物处置等工作。

第六十五条　从事动物诊疗活动，应当遵守有关动物诊疗的操作技术规范，使用符合规定的兽药和兽医器械。

兽药和兽医器械的管理办法由国务院规定。

第八章　兽医管理

第六十六条　国家实行官方兽医任命制度。

官方兽医应当具备国务院农业农村主管部门规定的条件，由省、自治区、直辖市人民政府农业农村主管部门按照程序确认，由所在地县级以上人民政府农业农村主管部门任命。具体办法由国务院农业农村主管部门制定。

海关的官方兽医应当具备规定的条件，由海关总署任命。具体办法由海关总署会同国务院农业农村主管部门制定。

第六十七条 官方兽医依法履行动物、动物产品检疫职责，任何单位和个人不得拒绝或者阻碍。

第六十八条 县级以上人民政府农业农村主管部门制定官方兽医培训计划，提供培训条件，定期对官方兽医进行培训和考核。

第六十九条 国家实行执业兽医资格考试制度。具有兽医相关专业大学专科以上学历的人员或者符合条件的乡村兽医，通过执业兽医资格考试的，由省、自治区、直辖市人民政府农业农村主管部门颁发执业兽医资格证书；从事动物诊疗等经营活动的，还应当向所在地县级人民政府农业农村主管部门备案。

执业兽医资格考试办法由国务院农业农村主管部门商国务院人力资源主管部门制定。

第七十条 执业兽医开具兽医处方应当亲自诊断，并对诊断结论负责。

国家鼓励执业兽医接受继续教育。执业兽医所在机构应当支持执业兽医参加继续教育。

第七十一条 乡村兽医可以在乡村从事动物诊疗活动。具体管理办法由国务院农业农村主管部门制定。

第七十二条 执业兽医、乡村兽医应当按照所在地人民政府和农业农村主管部门的要求，参加动物疫病预防、控制和动物疫情扑灭等活动。

第七十三条 兽医行业协会提供兽医信息、技术、培训等服务，维护成员合法权益，按照章程建立健全行业规范和奖惩机制，加强行业自律，推动行业诚信建设，宣传动物防疫和兽医知识。

第九章 监督管理

第七十四条 县级以上地方人民政府农业农村主管部门依照本法规定，对动物饲养、屠宰、经营、隔离、运输以及动物产品生产、经营、加工、贮藏、运输等活动中的动物防疫实施监督管理。

第七十五条 为控制动物疫病，县级人民政府农业农村主管部门应当派人在所在地依法设立的现有检查站执行监督检查任务；必要时，经省、自治区、直辖市人民政府批准，可以设立临时性的动物防疫检查站，执行监督检查任务。

第七十六条 县级以上地方人民政府农业农村主管部门执行监督检查任务，可以采取下列措施，有关单位和个人不得拒绝或者阻碍：

（一）对动物、动物产品按照规定采样、留验、抽检；

（二）对染疫或者疑似染疫的动物、动物产品及相关物品进行隔离、查封、扣押和处理；

（三）对依法应当检疫而未经检疫的动物和动物产品，具备补检条件的实施补检，不具备补检条件的予以收缴销毁；

（四）查验检疫证明、检疫标志和畜禽标识；

（五）进入有关场所调查取证，查阅、复制与动物防疫有关的资料。

县级以上地方人民政府农业农村主管部门根据动物疫病预防、控制需要，经所在地县级以上地方人民政府批准，可以在车站、港口、机场等相关场所派驻官方兽医或者工作人员。

第七十七条 执法人员执行动物防疫监督检查任务，应当出示行政执法证件，佩带统一标志。

县级以上人民政府农业农村主管部门及其工作人员不得从事与动物防疫有关的经营性活动，进行监督检查不得收取任何费用。

第七十八条 禁止转让、伪造或者变造检疫证明、检疫标志或者畜禽标识。

禁止持有、使用伪造或者变造的检疫证明、检疫标志或者畜禽标识。

检疫证明、检疫标志的管理办法由国务院农业农村主管部门制定。

第十章 保障措施

第七十九条 县级以上人民政府应当将动物防疫工作纳入本级国民经济和社会发展规划及年度计划。

第八十条 国家鼓励和支持动物防疫领域新技术、新设备、新产品等科学技术研究开发。

第八十一条 县级人民政府应当为动物卫生监督机构配备与动物、动物产品检疫工作相适应的官方兽医，保障检疫工作条件。

县级人民政府农业农村主管部门可以根据动物防疫工作需要，向乡、镇或者特定区域派驻兽医机构或者工作人员。

第八十二条 国家鼓励和支持执业兽医、乡村兽医和动物诊疗机构开展动物防疫和疫病诊疗活动；鼓励养殖企业、兽药及饲料生产企业组建动物防疫服务团队，提供防疫服务。地方人民政府组织村级防疫员参加动物疫病防治工作的，应当保障村级防疫员合理劳务报酬。

第八十三条 县级以上人民政府按照本级政府职责，将动物疫病的监测、预防、控制、净化、消灭，动物、动物产品的检疫和病死动物的无害化处理，以及监督管理所需经费纳入本级预算。

第八十四条 县级以上人民政府应当储备动物疫情应急处置所需的防疫物资。

第八十五条 对在动物疫病预防、控制、净化、消灭过程中强制扑杀的动物、销毁的动物产品和相关物品，县级以上人民政府给予补偿。具体补偿标准和办法由国务院财政部门会同有关部门制定。

第八十六条 对从事动物疫病预防、检疫、监督检查、现场处理疫情以及在工作中接触动物疫病病原体的人员，有关单位按照国家规定，采取有效的卫生防护、医疗保健措施，给予畜牧兽医医疗卫生津贴等相关待遇。

第十一章 法律责任

第八十七条 地方各级人民政府及其工作人员未依照本法规定履行职责的，对直接负责的主管人员和其他直接责任人员依法给予处分。

第八十八条 县级以上人民政府农业农村主管部门及其工作人员违反本法规定，有下列行为之一的，由本级人民政府责令改正，通报批评；对直接负责的主管人员和其他直接责任人员依法给予处分：

（一）未及时采取预防、控制、扑灭等措施的；

（二）对不符合条件的颁发动物防疫条件合格证、动物诊疗许可证，或者对符合条件的拒不颁发动物防疫条件合格证、动物诊疗许可证的；

（三）从事与动物防疫有关的经营性活动，或者违法收取费用的；

（四）其他未依照本法规定履行职责的行为。

第八十九条 动物卫生监督机构及其工作人员违反本法规定，有下列行为之一的，由本级人民政府或者农业农村主管部门责令改正，通报批评；对直接负责的主管人员和其他直接责任人员依法给予处分：

（一）对未经检疫或者检疫不合格的动物、动物产品出具检疫证明、加施检疫标志，或者对检疫合格的动物、动物产品拒不出具检疫证明、加施检疫标志的；

（二）对附有检疫证明、检疫标志的动物、动物产品重复检疫的；

（三）从事与动物防疫有关的经营性活动，或者违法收取费用的；

（四）其他未依照本法规定履行职责的行为。

第九十条 动物疫病预防控制机构及其工作人员违反本法规定，有下列行为之一的，由本级人民政府或者农业农村主管部门责令改正，通报批评；对直接负责的主管人员和其他直接责任人员依法给予处分：

（一）未履行动物疫病监测、检测、评估职责或者伪造监测、检测、评估结果的；

（二）发生动物疫情时未及时进行诊断、调查的；

（三）接到染疫或者疑似染疫报告后，未及时按照国家规定采取措施、上报的；

（四）其他未依照本法规定履行职责的行为。

第九十一条 地方各级人民政府、有关部门及其工作人员瞒报、谎报、迟报、漏报或者授意他人瞒报、谎报、迟报动物疫情，或者阻碍他人报告动物疫情的，由上级人民政府或者有关部门责令改正，通报批评；对直接负责的主管人员和其他直接责任人员依法给予处分。

第九十二条 违反本法规定，有下列行为之一的，由县级以上地方人民政府农业农村主管部门责令限期改正，可以处一千元以下罚款；逾期不改正的，处一千元以上五千元以下罚款，由县级以上地方人民政府农业农村主管部门委托动物诊疗机构、无害化处理场所等代为处理，所需费用由违法行为人承担：

（一）对饲养的动物未按照动物疫病强制免疫计划或者免疫技术规范实施免疫接种的；

（二）对饲养的种用、乳用动物未按照国务院农业农村主管部门的要求定期开展疫病检测，或者经检测不合格而未按照规定处理的；

（三）对饲养的犬只未按照规定定期进行狂犬病免疫接种的；

（四）动物、动物产品的运载工具在装载前和卸载后未按照规定及时清洗、消毒的。

第九十三条 违反本法规定，对经强制免疫的动物未按照规定建立免疫档案，或者未按照规定加施畜禽标识的，依照《中华人民共和国畜牧法》的有关规定处罚。

第九十四条 违反本法规定，动物、动物产品的运载工具、垫料、包装物、容器等不符合国务院农业农村主管部门规定的动物防疫要求的，由县级以上地方人民政府农业农村主管部门责令改正，可以处五千元以下罚款；情节严重的，处五千元以上五万元以下罚款。

第九十五条 违反本法规定，对染疫动物及其排泄物、染疫动物产品或者被染疫动物、动物产品污染的运载工具、垫料、包装物、容器等未按照规定处置的，由县级以上地方人民政府农业农村主管部门责令限期处理；逾期不处理的，由县级以上地方人民政府农业农村主管部门委托有关单位代为处理，所需费用由违法行为人承担，处五千元以上五万元以下罚款。

造成环境污染或者生态破坏的，依照环境保护有关法律法规进行处罚。

第九十六条 违反本法规定，患有人畜共患传染病的人员，直接从事动物疫病监测、检测、检验检疫，动物诊疗以及易感染动物的饲养、屠宰、经营、隔离、运输等活动的，由县级以上地方人民政府农业农村或者野生动物保护主管部门责令改正；拒不改正的，处一千元以上一万元以下罚款；情节严重的，处一万元以上五万元以下罚款。

第九十七条 违反本法第二十九条规定，屠宰、经营、运输动物或者生产、经营、加工、贮藏、运输动物产品的，由县级以上地方人民政府农业农村主管部门责令改正、采取补救措施，没收违法所得、动物和动物产品，并处同类检疫合格动物、动物产品货值金额十五倍以上三十倍以下罚款；同类检疫合格动物、动物产品货值金额不足一万元的，并处五万元以上十五万元以下罚款；其中依法应当检疫而未检疫的，依照本法第一百条的规定处罚。

前款规定的违法行为人及其法定代表人（负责人）、直接负责的主管人员和其他直接责任人员，自处罚决定作出之日起五年内不得从事相关活动；构成犯罪的，终身不得从事屠宰、经营、运输动物或者生产、经营、加工、贮藏、运输动物产品等相关活动。

第九十八条 违反本法规定，有下列行为之一的，由县级以上地方人民政府农业农村主管部门责令改正，处三千元以上三万元以下罚款；情节严重的，责令停业整顿，并处三万元以上十万元以下罚款：

（一）开办动物饲养场和隔离场所、动物屠宰加工场所以及动物和动物产品无害化处理场所，未取得动物防疫条件合格证的；

（二）经营动物、动物产品的集贸市场不具备国务院农业农村主管部门规定的防疫条件的；

（三）未经备案从事动物运输的；

（四）未按照规定保存行程路线和托运人提供的动物名称、检疫证明编号、数量等信息的；

（五）未经检疫合格，向无规定动物疫病区输入动物、动物产品的；

（六）跨省、自治区、直辖市引进种用、乳用动物到达输入地后未按照规定进行隔离观察的；

（七）未按照规定处理或者随意弃置病死动物、病害动物产品的；

第九十九条 动物饲养场和隔离场所、动物屠宰加工场所以及动物和动物产品无害化处理场所，生产经营条件发生变化，不再符合本法第二十四条规定的动物防疫条件继续从事相关活动的，由县级以上地方人民政府农业农村主管部门给予警告，责令限期改正；逾期仍达不到规定条件的，吊销动物防疫条件合格证，并通报市场监督管理部门依法处理。

第一百条 违反本法规定，屠宰、经营、运输的动物未附有检疫证明，经营和运输的动物产品未附有检疫证明、检疫标志的，由县级以上地方人民政府农业农村主管部门责令改正，处同类检疫合格动物、动物产品货值金额一倍以下罚款；对货主以外的承运人处运输费用三倍以上五倍以下罚款，情节严重的，处五倍以上十倍以下罚款。

违反本法规定，用于科研、展示、演出和比赛等非食用性利用的动物未附有检疫证明的，由县级以上地方人民政府农业农村主管部门责令改正，处三千元以上一万元以下罚款。

第一百零一条 违反本法规定，将禁止或者限制调运的特定动物、动物产品由动物疫病高风险区调入低风险区的，由县级以上地方人民政府农业农村主管部门没收运输费用、违法运输的动物和动物产品，并处运输费用一倍以上五倍以下罚款。

第一百零二条 违反本法规定，通过道路跨省、自治区、直辖市运输动物，未经省、自治区、直辖市人民政府设立的指定通道入省境或者过省境的，由县级以上地方人民政府农业农村主管部门对运输人处五千元以上一万元以下罚款；情节严重的，处一万元以上五万元以下罚款。

第一百零三条 违反本法规定，转让、伪造或者变造检疫证明、检疫标志或者畜禽标识的，由县级以上地方人民政府农业农村主管部门没收违法所得和检疫证明、检疫标志、畜禽标识，并处五千元以上五万元以下罚款。

持有、使用伪造或者变造的检疫证明、检疫标志或者畜禽标识的，由县级以上人民政府农业农村主管部门没收检疫证明、检疫标志、畜禽标识和对应的动物、动物产品，并处三千元以上三万元以下罚款。

第一百零四条 违反本法规定，有下列行为之一的，由县级以上地方人民政府农业农村主管部门责令改正，处三千元以上三万元以下罚款：

（一）擅自发布动物疫情的；

（二）不遵守县级以上人民政府及其农业农村主管部门依法作出的有关控制动物疫病规定的；

（三）藏匿、转移、盗掘已被依法隔离、封存、处理的动物和动物产品的。

第一百零五条 违反本法规定，未取得动物诊疗许可证从事动物诊疗活动的，由县级以上地方人民政府农业农村主管部门责令停止诊疗活动，没收违法所得，并处违法所得一倍以上三倍以下罚款；违法所得不足三万元的，并处三千元以上三万元以下罚款。

动物诊疗机构违反本法规定，未按照规定实施卫生安全防护、消毒、隔离和处置诊疗废弃物的，由县级以上地方人民政府农业农村主管部门责令改正，处一千元以上一万元以下罚款；造成动物疫病扩散的，处一万元以上五万元以下罚款；情节严重的，吊销动物诊疗许可证。

第一百零六条 违反本法规定，未经执业兽医备案从事经营性动物诊疗活动的，由县级以上地方人民政府农业农村主管部门责令停止动物诊疗活动，没收违法所得，并处三千元以上三万元以下罚款；对其所在的动物诊疗机构处一万元以上五万元以下罚款。

执业兽医有下列行为之一的，由县级以上地方人民政府农业农村主管部门给予警告，责令暂停六个月以上一年以下动物诊疗活动；情节严重的，吊销执业兽医资格证书：

（一）违反有关动物诊疗的操作技术规范，造成或者可能造成动物疫病传播、流行的；

（二）使用不符合规定的兽药和兽医器械的；

（三）未按照当地人民政府或者农业农村主管部门要求参加动物疫病预防、控制和动物疫情扑灭活动的。

第一百零七条 违反本法规定，生产经营兽医器械，产品质量不符合要求的，由县级以上地方人民政府农业农村主管部门责令限期整改；情节严重的，责令停业整顿，并处二万元以上十万元以下罚款。

第一百零八条 违反本法规定，从事动物疫病研究、诊疗和动物饲养、屠宰、经营、隔离、运输，以及动物产品生产、经营、加工、贮藏、无害化处理等活动的单位和个人，有下列行为之一的，由县级以上地方人民政府农业农村主管部门责令改正，可以处一万元以下罚款；拒不改正的，处一万元以上五万元以下罚款，并可以责令停业整顿：

（一）发现动物染疫、疑似染疫未报告，或者未采取隔离等控制措施的；

（二）不如实提供与动物防疫有关的资料的；

（三）拒绝或者阻碍农业农村主管部门进行监督检查的；

（四）拒绝或者阻碍动物疫病预防控制机构进行动物疫病监测、检测、评估的；

（五）拒绝或者阻碍官方兽医依法履行职责的。

第一百零九条 违反本法规定，造成人畜共患传染病传播、流行的，依法从重给予处分、处罚。

违反本法规定，构成违反治安管理行为的，依法给予治安管理处罚；构成犯罪的，依法追究刑事责任。

违反本法规定，给他人人身、财产造成损害的，依法承担民事责任。

第十二章　附　　则

第一百一十条　本法下列用语的含义：

（一）无规定动物疫病区，是指具有天然屏障或者采取人工措施，在一定期限内没有发生规定的一种或者几种动物疫病，并经验收合格的区域；

（二）无规定动物疫病生物安全隔离区，是指处于同一生物安全管理体系下，在一定期限内没有发生规定的一种或者几种动物疫病的若干动物饲养场及其辅助生产场所构成的，并经验收合格的特定小型区域；

（三）病死动物，是指染疫死亡、因病死亡、死因不明或者经检验检疫可能危害人体或者动物健康的死亡动物；

（四）病害动物产品，是指来源于病死动物的产品，或者经检验检疫可能危害人体或者动物健康的动物产品。

第一百一十一条　境外无规定动物疫病区和无规定动物疫病生物安全隔离区的无疫等效性评估，参照本法有关规定执行。

第一百一十二条　实验动物防疫有特殊要求的，按照实验动物管理的有关规定执行。

第一百一十三条　本法自2021年5月1日起施行。

中华人民共和国行政处罚法

（1996年3月17日第八届全国人民代表大会第四次会议通过　根据2009年8月27日第十一届全国人民代表大会常务委员会第十次会议《关于修改部分法律的决定》第一次修正　根据2017年9月1日第十二届全国人民代表大会常务委员会第二十九次会议《关于修改〈中华人民共和国法官法〉等八部法律的决定》第二次修正　2021年1月22日第十三届全国人民代表大会常务委员会第二十五次会议修订　2021年1月22日中华人民共和国主席令第70号公布　自2021年7月15日起施行）

目　录

第一章　总　　则

第二章　行政处罚的种类和设定

第三章　行政处罚的实施机关

第四章　行政处罚的管辖和适用

第五章　行政处罚的决定

　第一节　一般规定

　第二节　简易程序

　第三节　普通程序

　第四节　听证程序

第六章　行政处罚的执行

第七章　法律责任

第八章　附　　则

第一章　总　　则

第一条　为了规范行政处罚的设定和实施，保障和监督行政机关有效实施行政管理，维护公共利益和社会秩序，保护公民、法人或者其他组织的合法权益，根据宪法，制定本法。

第二条　行政处罚是指行政机关依法对违反行政管理秩序的公民、法人或者其他组织，以减损权益或者增加义务的方式予以惩戒的行为。

第三条 行政处罚的设定和实施，适用本法。

第四条 公民、法人或者其他组织违反行政管理秩序的行为，应当给予行政处罚的，依照本法由法律、法规、规章规定，并由行政机关依照本法规定的程序实施。

第五条 行政处罚遵循公正、公开的原则。

设定和实施行政处罚必须以事实为依据，与违法行为的事实、性质、情节以及社会危害程度相当。

对违法行为给予行政处罚的规定必须公布；未经公布的，不得作为行政处罚的依据。

第六条 实施行政处罚，纠正违法行为，应当坚持处罚与教育相结合，教育公民、法人或者其他组织自觉守法。

第七条 公民、法人或者其他组织对行政机关所给予的行政处罚，享有陈述权、申辩权；对行政处罚不服的，有权依法申请行政复议或者提起行政诉讼。

公民、法人或者其他组织因行政机关违法给予行政处罚受到损害的，有权依法提出赔偿要求。

第八条 公民、法人或者其他组织因违法行为受到行政处罚，其违法行为对他人造成损害的，应当依法承担民事责任。

违法行为构成犯罪，应当依法追究刑事责任的，不得以行政处罚代替刑事处罚。

第二章　行政处罚的种类和设定

第九条 行政处罚的种类：

（一）警告、通报批评；

（二）罚款、没收违法所得、没收非法财物；

（三）暂扣许可证件、降低资质等级、吊销许可证件；

（四）限制开展生产经营活动、责令停产停业、责令关闭、限制从业；

（五）行政拘留；

（六）法律、行政法规规定的其他行政处罚。

第十条 法律可以设定各种行政处罚。

限制人身自由的行政处罚，只能由法律设定。

第十一条 行政法规可以设定除限制人身自由以外的行政处罚。

法律对违法行为已经作出行政处罚规定，行政法规需要作出具体规定的，必须在法律规定的给予行政处罚的行为、种类和幅度的范围内规定。

法律对违法行为未作出行政处罚规定，行政法规为实施法律，可以补充设定行政处罚。拟补充设定行政处罚的，应当通过听证会、论证会等形式广泛听取意见，并向制定机关作出书面说明。行政法规报送备案时，应当说明补充设定行政处罚的情况。

第十二条　地方性法规可以设定除限制人身自由、吊销营业执照以外的行政处罚。

法律、行政法规对违法行为已经作出行政处罚规定，地方性法规需要作出具体规定的，必须在法律、行政法规规定的给予行政处罚的行为、种类和幅度的范围内规定。

法律、行政法规对违法行为未作出行政处罚规定，地方性法规为实施法律、行政法规，可以补充设定行政处罚。拟补充设定行政处罚的，应当通过听证会、论证会等形式广泛听取意见，并向制定机关作出书面说明。地方性法规报送备案时，应当说明补充设定行政处罚的情况。

第十三条　国务院部门规章可以在法律、行政法规规定的给予行政处罚的行为、种类和幅度的范围内作出具体规定。

尚未制定法律、行政法规的，国务院部门规章对违反行政管理秩序的行为，可以设定警告、通报批评或者一定数额罚款的行政处罚。罚款的限额由国务院规定。

第十四条　地方政府规章可以在法律、法规规定的给予行政处罚的行为、种类和幅度的范围内作出具体规定。

尚未制定法律、法规的，地方政府规章对违反行政管理秩序的行为，可以设定警告、通报批评或者一定数额罚款的行政处罚。罚款的限额由省、自治区、直辖市人民代表大会常务委员会规定。

第十五条　国务院部门和省、自治区、直辖市人民政府及其有关部门应当定期组织评估行政处罚的实施情况和必要性，对不适当的行政处罚事项及种类、罚款数额等，应当提出修改或者废止的建议。

第十六条　除法律、法规、规章外，其他规范性文件不得设定行政处罚。

第三章　行政处罚的实施机关

第十七条　行政处罚由具有行政处罚权的行政机关在法定职权范围内实施。

第十八条　国家在城市管理、市场监管、生态环境、文化市场、交通运输、应急管理、农业等领域推行建立综合行政执法制度，相对集中行政处罚权。

国务院或者省、自治区、直辖市人民政府可以决定一个行政机关行使有关行政机关的行政处罚权。

限制人身自由的行政处罚权只能由公安机关和法律规定的其他机关行使。

第十九条 法律、法规授权的具有管理公共事务职能的组织可以在法定授权范围内实施行政处罚。

第二十条 行政机关依照法律、法规、规章的规定,可以在其法定权限内书面委托符合本法第二十一条规定条件的组织实施行政处罚。行政机关不得委托其他组织或者个人实施行政处罚。

委托书应当载明委托的具体事项、权限、期限等内容。委托行政机关和受委托组织应当将委托书向社会公布。

委托行政机关对受委托组织实施行政处罚的行为应当负责监督,并对该行为的后果承担法律责任。

受委托组织在委托范围内,以委托行政机关名义实施行政处罚;不得再委托其他组织或者个人实施行政处罚。

第二十一条 受委托组织必须符合以下条件:

(一)依法成立并具有管理公共事务职能;

(二)有熟悉有关法律、法规、规章和业务并取得行政执法资格的工作人员;

(三)需要进行技术检查或者技术鉴定的,应当有条件组织进行相应的技术检查或者技术鉴定。

第四章 行政处罚的管辖和适用

第二十二条 行政处罚由违法行为发生地的行政机关管辖。法律、行政法规、部门规章另有规定的,从其规定。

第二十三条 行政处罚由县级以上地方人民政府具有行政处罚权的行政机关管辖。法律、行政法规另有规定的,从其规定。

第二十四条 省、自治区、直辖市根据当地实际情况,可以决定将基层管理迫切需要的县级人民政府部门的行政处罚权交由能够有效承接的乡镇人民政府、街道办事处行使,并定期组织评估。决定应当公布。

承接行政处罚权的乡镇人民政府、街道办事处应当加强执法能力建设,按照规定范围、依照法定程序实施行政处罚。

有关地方人民政府及其部门应当加强组织协调、业务指导、执法监督,建立健全行政处罚协调配合机制,完善评议、考核制度。

第二十五条 两个以上行政机关都有管辖权的,由最先立案的行政机关管辖。

对管辖发生争议的,应当协商解决,协商不成的,报请共同的上一级行政机关指定管辖;也可以直接由共同的上一级行政机关指定管辖。

第二十六条 行政机关因实施行政处罚的需要,可以向有关机关提出协助请求。协助事项属于被请求机关职权范围内的,应当依法予以协助。

第二十七条 违法行为涉嫌犯罪的,行政机关应当及时将案件移送司法机关,依法追究刑事责任。对依法不需要追究刑事责任或者免予刑事处罚,但应当给予行政处罚的,司法机关应当及时将案件移送有关行政机关。

行政处罚实施机关与司法机关之间应当加强协调配合,建立健全案件移送制度,加强证据材料移交、接收衔接,完善案件处理信息通报机制。

第二十八条 行政机关实施行政处罚时,应当责令当事人改正或者限期改正违法行为。

当事人有违法所得,除依法应当退赔的外,应当予以没收。违法所得是指实施违法行为所取得的款项。法律、行政法规、部门规章对违法所得的计算另有规定的,从其规定。

第二十九条 对当事人的同一个违法行为,不得给予两次以上罚款的行政处罚。同一个违法行为违反多个法律规范应当给予罚款处罚的,按照罚款数额高的规定处罚。

第三十条 不满十四周岁的未成年人有违法行为的,不予行政处罚,责令监护人加以管教;已满十四周岁不满十八周岁的未成年人有违法行为的,应当从轻或者减轻行政处罚。

第三十一条 精神病人、智力残疾人在不能辨认或者不能控制自己行为时有违法行为的,不予行政处罚,但应当责令其监护人严加看管和治疗。间歇性精神病人在精神正常时有违法行为的,应当给予行政处罚。尚未完全丧失辨认或者控制自己行为能力的精神病人、智力残疾人有违法行为的,可以从轻或者减轻行政处罚。

第三十二条 当事人有下列情形之一,应当从轻或者减轻行政处罚:

(一)主动消除或者减轻违法行为危害后果的;

(二)受他人胁迫或者诱骗实施违法行为的;

(三)主动供述行政机关尚未掌握的违法行为的;

(四)配合行政机关查处违法行为有立功表现的;

(五)法律、法规、规章规定其他应当从轻或者减轻行政处罚的。

第三十三条 违法行为轻微并及时改正,没有造成危害后果的,不予行政处罚。初次违法且危害后果轻微并及时改正的,可以不予行政处罚。

当事人有证据足以证明没有主观过错的,不予行政处罚。法律、行政法规另有规定的,从其规定。

对当事人的违法行为依法不予行政处罚的,行政机关应当对当事人进行教育。

第三十四条 行政机关可以依法制定行政处罚裁量基准,规范行使行政处罚裁量权。行政处罚裁量基准应当向社会公布。

第三十五条 违法行为构成犯罪,人民法院判处拘役或者有期徒刑时,行政机关已经给予当事人行政拘留的,应当依法折抵相应刑期。

违法行为构成犯罪,人民法院判处罚金时,行政机关已经给予当事人罚款的,应当折抵相应罚金;行政机关尚未给予当事人罚款的,不再给予罚款。

第三十六条 违法行为在二年内未被发现的,不再给予行政处罚;涉及公民生命健康安全、金融安全且有危害后果的,上述期限延长至五年。法律另有规定的除外。

前款规定的期限,从违法行为发生之日起计算;违法行为有连续或者继续状态的,从行为终了之日起计算。

第三十七条 实施行政处罚,适用违法行为发生时的法律、法规、规章的规定。但是,作出行政处罚决定时,法律、法规、规章已被修改或者废止,且新的规定处罚较轻或者不认为是违法的,适用新的规定。

第三十八条 行政处罚没有依据或者实施主体不具有行政主体资格的,行政处罚无效。

违反法定程序构成重大且明显违法的,行政处罚无效。

第五章 行政处罚的决定

第一节 一般规定

第三十九条 行政处罚的实施机关、立案依据、实施程序和救济渠道等信息应当公示。

第四十条 公民、法人或者其他组织违反行政管理秩序的行为,依法应当给予行政处罚的,行政机关必须查明事实;违法事实不清、证据不足的,不得给予行政处罚。

第四十一条 行政机关依照法律、行政法规规定利用电子技术监控设备收集、固定违法事实的，应当经过法制和技术审核，确保电子技术监控设备符合标准、设置合理、标志明显，设置地点应当向社会公布。

电子技术监控设备记录违法事实应当真实、清晰、完整、准确。行政机关应当审核记录内容是否符合要求；未经审核或者经审核不符合要求的，不得作为行政处罚的证据。

行政机关应当及时告知当事人违法事实，并采取信息化手段或者其他措施，为当事人查询、陈述和申辩提供便利。不得限制或者变相限制当事人享有的陈述权、申辩权。

第四十二条 行政处罚应当由具有行政执法资格的执法人员实施。执法人员不得少于两人，法律另有规定的除外。

执法人员应当文明执法，尊重和保护当事人合法权益。

第四十三条 执法人员与案件有直接利害关系或者有其他关系可能影响公正执法的，应当回避。

当事人认为执法人员与案件有直接利害关系或者有其他关系可能影响公正执法的，有权申请回避。

当事人提出回避申请的，行政机关应当依法审查，由行政机关负责人决定。决定作出之前，不停止调查。

第四十四条 行政机关在作出行政处罚决定之前，应当告知当事人拟作出的行政处罚内容及事实、理由、依据，并告知当事人依法享有的陈述、申辩、要求听证等权利。

第四十五条 当事人有权进行陈述和申辩。行政机关必须充分听取当事人的意见，对当事人提出的事实、理由和证据，应当进行复核；当事人提出的事实、理由或者证据成立的，行政机关应当采纳。

行政机关不得因当事人陈述、申辩而给予更重的处罚。

第四十六条 证据包括：

（一）书证；

（二）物证；

（三）视听资料；

（四）电子数据；

（五）证人证言；

（六）当事人的陈述；

（七）鉴定意见；

（八）勘验笔录、现场笔录。

证据必须经查证属实，方可作为认定案件事实的根据。

以非法手段取得的证据,不得作为认定案件事实的根据。

第四十七条 行政机关应当依法以文字、音像等形式,对行政处罚的启动、调查取证、审核、决定、送达、执行等进行全过程记录,归档保存。

第四十八条 具有一定社会影响的行政处罚决定应当依法公开。

公开的行政处罚决定被依法变更、撤销、确认违法或者确认无效的,行政机关应当在三日内撤回行政处罚决定信息并公开说明理由。

第四十九条 发生重大传染病疫情等突发事件,为了控制、减轻和消除突发事件引起的社会危害,行政机关对违反突发事件应对措施的行为,依法快速、从重处罚。

第五十条 行政机关及其工作人员对实施行政处罚过程中知悉的国家秘密、商业秘密或者个人隐私,应当依法予以保密。

第二节 简易程序

第五十一条 违法事实确凿并有法定依据,对公民处以二百元以下、对法人或者其他组织处以三千元以下罚款或者警告的行政处罚的,可以当场作出行政处罚决定。法律另有规定的,从其规定。

第五十二条 执法人员当场作出行政处罚决定的,应当向当事人出示执法证件,填写预定格式、编有号码的行政处罚决定书,并当场交付当事人。当事人拒绝签收的,应当在行政处罚决定书上注明。

前款规定的行政处罚决定书应当载明当事人的违法行为,行政处罚的种类和依据、罚款数额、时间、地点,申请行政复议、提起行政诉讼的途径和期限以及行政机关名称,并由执法人员签名或者盖章。

执法人员当场作出的行政处罚决定,应当报所属行政机关备案。

第五十三条 对当场作出的行政处罚决定,当事人应当依照本法第六十七条至第六十九条的规定履行。

第三节 普通程序

第五十四条 除本法第五十一条规定的可以当场作出的行政处罚外,行政机关发现公民、法人或者其他组织有依法应当给予行政处罚的行为的,必须全面、客观、公正地调查,收集有关证据;必要时,依照法律、法规的规定,可以进行检查。

符合立案标准的,行政机关应当及时立案。

第五十五条 执法人员在调查或者进行检查时,应当主动向当事人或者有关人员出示执法证件。当事人或者有关人员有权要求执法人员出示执法证件。执法人员不出示执法证件的,当事人或者有关人员有权拒绝接受调查或者检查。

当事人或者有关人员应当如实回答询问,并协助调查或者检查,不得拒绝或者阻挠。询问或者检查应当制作笔录。

第五十六条 行政机关在收集证据时,可以采取抽样取证的方法;在证据可能灭失或者以后难以取得的情况下,经行政机关负责人批准,可以先行登记保存,并应当在七日内及时作出处理决定,在此期间,当事人或者有关人员不得销毁或者转移证据。

第五十七条 调查终结,行政机关负责人应当对调查结果进行审查,根据不同情况,分别作出如下决定:

(一)确有应受行政处罚的违法行为的,根据情节轻重及具体情况,作出行政处罚决定;

(二)违法行为轻微,依法可以不予行政处罚的,不予行政处罚;

(三)违法事实不能成立的,不予行政处罚;

(四)违法行为涉嫌犯罪的,移送司法机关。

对情节复杂或者重大违法行为给予行政处罚,行政机关负责人应当集体讨论决定。

第五十八条 有下列情形之一,在行政机关负责人作出行政处罚的决定之前,应当由从事行政处罚决定法制审核的人员进行法制审核;未经法制审核或者审核未通过的,不得作出决定:

(一)涉及重大公共利益的;

(二)直接关系当事人或者第三人重大权益,经过听证程序的;

(三)案件情况疑难复杂、涉及多个法律关系的;

(四)法律、法规规定应当进行法制审核的其他情形。

行政机关中初次从事行政处罚决定法制审核的人员,应当通过国家统一法律职业资格考试取得法律职业资格。

第五十九条 行政机关依照本法第五十七条的规定给予行政处罚,应当制作行政处罚决定书。行政处罚决定书应当载明下列事项:

(一)当事人的姓名或者名称、地址;

(二)违反法律、法规、规章的事实和证据;

(三)行政处罚的种类和依据;

(四)行政处罚的履行方式和期限;

(五)申请行政复议、提起行政诉讼的途径和期限;

(六)作出行政处罚决定的行政机关名称和作出决定的日期。

行政处罚决定书必须盖有作出行政处罚决定的行政机关的印章。

第六十条 行政机关应当自行政处罚案件立案之日起九十日内作出行政处罚决定。法律、法规、规章另有规定的,从其规定。

第六十一条 行政处罚决定书应当在宣告后当场交付当事人;当事人不在场的,行政机关应当在七日内依照《中华人民共和国民事诉讼法》的有关规定,将行政处罚决定书送达当事人。

当事人同意并签订确认书的,行政机关可以采用传真、电子邮件等方式,将行政处罚决定书等送达当事人。

第六十二条 行政机关及其执法人员在作出行政处罚决定之前,未依照本法第四十四条、第四十五条的规定向当事人告知拟作出的行政处罚内容及事实、理由、依据,或者拒绝听取当事人的陈述、申辩,不得作出行政处罚决定;当事人明确放弃陈述或者申辩权利的除外。

第四节 听证程序

第六十三条 行政机关拟作出下列行政处罚决定,应当告知当事人有要求听证的权利,当事人要求听证的,行政机关应当组织听证:

(一)较大数额罚款;

(二)没收较大数额违法所得、没收较大价值非法财物;

(三)降低资质等级、吊销许可证件;

(四)责令停产停业、责令关闭、限制从业;

(五)其他较重的行政处罚;

(六)法律、法规、规章规定的其他情形。

当事人不承担行政机关组织听证的费用。

第六十四条 听证应当依照以下程序组织:

(一)当事人要求听证的,应当在行政机关告知后五日内提出;

(二)行政机关应当在举行听证的七日前,通知当事人及有关人员听证的时间、地点;

(三)除涉及国家秘密、商业秘密或者个人隐私依法予以保密外,听证公开举行;

(四)听证由行政机关指定的非本案调查人员主持;当事人认为主持人与本案有直接利害关系的,有权申请回避;

(五)当事人可以亲自参加听证,也可以委托一至二人代理;

(六)当事人及其代理人无正当理由拒不出席听证或者未经许可中途退出听证的,视为放弃听证权利,行政机关终止听证;

（七）举行听证时，调查人员提出当事人违法的事实、证据和行政处罚建议，当事人进行申辩和质证；

（八）听证应当制作笔录。笔录应当交当事人或者其代理人核对无误后签字或者盖章。当事人或者其代理人拒绝签字或者盖章的，由听证主持人在笔录中注明。

第六十五条 听证结束后，行政机关应当根据听证笔录，依照本法第五十七条的规定，作出决定。

第六章 行政处罚的执行

第六十六条 行政处罚决定依法作出后，当事人应当在行政处罚决定书载明的期限内，予以履行。

当事人确有经济困难，需要延期或者分期缴纳罚款的，经当事人申请和行政机关批准，可以暂缓或者分期缴纳。

第六十七条 作出罚款决定的行政机关应当与收缴罚款的机构分离。

除依照本法第六十八条、第六十九条的规定当场收缴的罚款外，作出行政处罚决定的行政机关及其执法人员不得自行收缴罚款。

当事人应当自收到行政处罚决定书之日起十五日内，到指定的银行或者通过电子支付系统缴纳罚款。银行应当收受罚款，并将罚款直接上缴国库。

第六十八条 依照本法第五十一条的规定当场作出行政处罚决定，有下列情形之一，执法人员可以当场收缴罚款：

（一）依法给予一百元以下罚款的；

（二）不当场收缴事后难以执行的。

第六十九条 在边远、水上、交通不便地区，行政机关及其执法人员依照本法第五十一条、第五十七条的规定作出罚款决定后，当事人到指定的银行或者通过电子支付系统缴纳罚款确有困难，经当事人提出，行政机关及其执法人员可以当场收缴罚款。

第七十条 行政机关及其执法人员当场收缴罚款的，必须向当事人出具国务院财政部门或者省、自治区、直辖市人民政府财政部门统一制发的专用票据；不出具财政部门统一制发的专用票据的，当事人有权拒绝缴纳罚款。

第七十一条 执法人员当场收缴的罚款，应当自收缴罚款之日起二日内，交至行政机关；在水上当场收缴的罚款，应当自抵岸之日起二日内交至行政机关；行政机关应当在二日内将罚款缴付指定的银行。

第七十二条 当事人逾期不履行行政处罚决定的，作出行政处罚决定的行政机关可以采取下列措施：

（一）到期不缴纳罚款的，每日按罚款数额的百分之三加处罚款，加处罚款的数额不得超出罚款的数额；

（二）根据法律规定，将查封、扣押的财物拍卖、依法处理或者将冻结的存款、汇款划拨抵缴罚款；

（三）根据法律规定，采取其他行政强制执行方式；

（四）依照《中华人民共和国行政强制法》的规定申请人民法院强制执行。

行政机关批准延期、分期缴纳罚款的，申请人民法院强制执行的期限，自暂缓或者分期缴纳罚款期限结束之日起计算。

第七十三条 当事人对行政处罚决定不服，申请行政复议或者提起行政诉讼的，行政处罚不停止执行，法律另有规定的除外。

当事人对限制人身自由的行政处罚决定不服，申请行政复议或者提起行政诉讼的，可以向作出决定的机关提出暂缓执行申请。符合法律规定情形的，应当暂缓执行。

当事人申请行政复议或者提起行政诉讼的，加处罚款的数额在行政复议或者行政诉讼期间不予计算。

第七十四条 除依法应当予以销毁的物品外，依法没收的非法财物必须按照国家规定公开拍卖或者按照国家有关规定处理。

罚款、没收的违法所得或者没收非法财物拍卖的款项，必须全部上缴国库，任何行政机关或者个人不得以任何形式截留、私分或者变相私分。

罚款、没收的违法所得或者没收非法财物拍卖的款项，不得同作出行政处罚决定的行政机关及其工作人员的考核、考评直接或者变相挂钩。除依法应当退还、退赔的外，财政部门不得以任何形式向作出行政处罚决定的行政机关返还罚款、没收的违法所得或者没收非法财物拍卖的款项。

第七十五条 行政机关应当建立健全对行政处罚的监督制度。县级以上人民政府应当定期组织开展行政执法评议、考核，加强对行政处罚的监督检查，规范和保障行政处罚的实施。

行政机关实施行政处罚应当接受社会监督。公民、法人或者其他组织对行政机关实施行政处罚的行为，有权申诉或者检举；行政机关应当认真审查，发现有错误的，应当主动改正。

第七章 法律责任

第七十六条 行政机关实施行政处罚，有下列情形之一，由上级行政机关或者有关机关责令改正，对直接负责的主管人员和其他直接责任人员依法给予处分：

（一）没有法定的行政处罚依据的；

（二）擅自改变行政处罚种类、幅度的；

（三）违反法定的行政处罚程序的；

（四）违反本法第二十条关于委托处罚的规定的；

（五）执法人员未取得执法证件的。

行政机关对符合立案标准的案件不及时立案的，依照前款规定予以处理。

第七十七条 行政机关对当事人进行处罚不使用罚款、没收财物单据或者使用非法定部门制发的罚款、没收财物单据的，当事人有权拒绝，并有权予以检举，由上级行政机关或者有关机关对使用的非法单据予以收缴销毁，对直接负责的主管人员和其他直接责任人员依法给予处分。

第七十八条 行政机关违反本法第六十七条的规定自行收缴罚款的，财政部门违反本法第七十四条的规定向行政机关返还罚款、没收的违法所得或者拍卖款项的，由上级行政机关或者有关机关责令改正，对直接负责的主管人员和其他直接责任人员依法给予处分。

第七十九条 行政机关截留、私分或者变相私分罚款、没收的违法所得或者财物的，由财政部门或者有关机关予以追缴，对直接负责的主管人员和其他直接责任人员依法给予处分；情节严重构成犯罪的，依法追究刑事责任。

执法人员利用职务上的便利，索取或者收受他人财物、将收缴罚款据为己有，构成犯罪的，依法追究刑事责任；情节轻微不构成犯罪的，依法给予处分。

第八十条 行政机关使用或者损毁查封、扣押的财物，对当事人造成损失的，应当依法予以赔偿，对直接负责的主管人员和其他直接责任人员依法给予处分。

第八十一条 行政机关违法实施检查措施或者执行措施，给公民人身或者财产造成损害、给法人或者其他组织造成损失的，应当依法予以赔偿，对直接负责的主管人员和其他直接责任人员依法给予处分；情节严重构成犯罪的，依法追究刑事责任。

第八十二条 行政机关对应当依法移交司法机关追究刑事责任的案件不移交，以行政处罚代替刑事处罚，由上级行政机关或者有关机关责令改正，对直接负责的主管人员和其他直接责任人员依法给予处分；情节严重构成犯罪的，依法追究刑事责任。

第八十三条 行政机关对应当予以制止和处罚的违法行为不予制止、处罚，致使公民、法人或者其他组织的合法权益、公共利益和社会秩序遭受损害的，对直接负责的主管人员和其他直接责任人员依法给予处分；情节严重构成犯罪的，依法追究刑事责任。

第八章　附　　则

第八十四条　外国人、无国籍人、外国组织在中华人民共和国领域内有违法行为，应当给予行政处罚的，适用本法，法律另有规定的除外。

第八十五条　本法中“二日”“三日”“五日”“七日”的规定是指工作日，不含法定节假日。

第八十六条　本法自2021年7月15日起施行。

中华人民共和国海警法

（2021年1月22日第十三届全国人民代表大会常务委员会第二十五次会议通过　2021年1月22日中华人民共和国主席令第71号公布　自2021年2月1日起施行）

目　　录

第一章　总　　则
第二章　机构和职责
第三章　海上安全保卫
第四章　海上行政执法
第五章　海上犯罪侦查
第六章　警械和武器使用
第七章　保障和协作
第八章　国际合作
第九章　监　　督
第十章　法律责任
第十一章　附　　则

第一章　总　　则

第一条　为了规范和保障海警机构履行职责，维护国家主权、安全和海洋权益，保护公民、法人和其他组织的合法权益，制定本法。

第二条 人民武装警察部队海警部队即海警机构，统一履行海上维权执法职责。

海警机构包括中国海警局及其海区分局和直属局、省级海警局、市级海警局、海警工作站。

第三条 海警机构在中华人民共和国管辖海域（以下简称我国管辖海域）及其上空开展海上维权执法活动，适用本法。

第四条 海上维权执法工作坚持中国共产党的领导，贯彻总体国家安全观，遵循依法管理、综合治理、规范高效、公正文明的原则。

第五条 海上维权执法工作的基本任务是开展海上安全保卫，维护海上治安秩序，打击海上走私、偷渡，在职责范围内对海洋资源开发利用、海洋生态环境保护、海洋渔业生产作业等活动进行监督检查，预防、制止和惩治海上违法犯罪活动。

第六条 海警机构及其工作人员依法执行职务受法律保护，任何组织和个人不得非法干涉、拒绝和阻碍。

第七条 海警机构工作人员应当遵守宪法和法律，崇尚荣誉，忠于职守，纪律严明，严格执法，清正廉洁。

第八条 国家建立陆海统筹、分工合作、科学高效的海上维权执法协作配合机制。国务院有关部门、沿海地方人民政府、军队有关部门和海警机构应当相互加强协作配合，做好海上维权执法工作。

第九条 对在海上维权执法活动中做出突出贡献的组织和个人，依照有关法律、法规的规定给予表彰和奖励。

第二章　机构和职责

第十条 国家在沿海地区按照行政区划和任务区域编设中国海警局海区分局和直属局、省级海警局、市级海警局和海警工作站，分别负责所管辖区域的有关海上维权执法工作。中国海警局按照国家有关规定领导所属海警机构开展海上维权执法工作。

第十一条 海警机构管辖区域应当根据海上维权执法工作的需要合理划定和调整，可以不受行政区划限制。

海警机构管辖区域的划定和调整应当及时向社会公布，并通报有关机关。

第十二条 海警机构依法履行下列职责：

（一）在我国管辖海域开展巡航、警戒，值守重点岛礁，管护海上界线，预防、制止、排除危害国家主权、安全和海洋权益的行为；

（二）对海上重要目标和重大活动实施安全保卫，采取必要措施保护重点岛礁以及专属经济区和大陆架的人工岛屿、设施和结构安全；

（三）实施海上治安管理，查处海上违反治安管理、入境出境管理的行为，防范和处置海上恐怖活动，维护海上治安秩序；

（四）对海上有走私嫌疑的运输工具或者货物、物品、人员进行检查，查处海上走私违法行为；

（五）在职责范围内对海域使用、海岛保护以及无居民海岛开发利用、海洋矿产资源勘查开发、海底电（光）缆和管道铺设与保护、海洋调查测量、海洋基础测绘、涉外海洋科学研究等活动进行监督检查，查处违法行为；

（六）在职责范围内对海洋工程建设项目、海洋倾倒废弃物对海洋污染损害、自然保护地海岸线向海一侧保护利用等活动进行监督检查，查处违法行为，按照规定权限参与海洋环境污染事故的应急处置和调查处理；

（七）对机动渔船底拖网禁渔区线外侧海域和特定渔业资源渔场渔业生产作业、海洋野生动物保护等活动进行监督检查，查处违法行为，依法组织或者参与调查处理海上渔业生产安全事故和渔业生产纠纷；

（八）预防、制止和侦查海上犯罪活动；

（九）按照国家有关职责分工，处置海上突发事件；

（十）依照法律、法规和我国缔结、参加的国际条约，在我国管辖海域以外的区域承担相关执法任务；

（十一）法律、法规规定的其他职责。

海警机构与公安、自然资源、生态环境、交通运输、渔业渔政、海关等主管部门的职责分工，按照国家有关规定执行。

第十三条 海警机构接到因海上自然灾害、事故灾难等紧急求助，应当及时通报有关主管部门，并积极开展应急救援和救助。

第十四条 中央国家机关按照国家有关规定对海上维权执法工作实行业务指导。

第十五条 中国海警局及其海区分局按照国家有关规定，协调指导沿海地方人民政府海上执法队伍开展海域使用、海岛保护开发、海洋生态环境保护、海洋渔业管理等相关执法工作。

根据海上维权执法工作需要，中国海警局及其海区分局可以统一协调组织沿海地方人民政府海上执法队伍的船舶、人员参与海上重大维权执法行动。

第三章 海上安全保卫

第十六条 为维护海上安全和秩序，海警机构有权依法对在我国管辖海域航行、停泊、作业的外国船舶进行识别查证，判明船舶的基本信息及其航行、作业的基本情况。对有违法嫌疑的外国船舶，海警机构有权采取跟踪监视等措施。

第十七条 对非法进入我国领海及其以内海域的外国船舶，海警机构有权责令其立即离开，或者采取扣留、强制驱离、强制拖离等措施。

第十八条 海警机构执行海上安全保卫任务，可以对在我国管辖海域航行、停泊、作业的船舶依法登临、检查。

海警机构登临、检查船舶，应当通过明确的指令要求被检查船舶停船接受检查。被检查船舶应当按照指令停船接受检查，并提供必要的便利；拒不配合检查的，海警机构可以强制检查；现场逃跑的，海警机构有权采取必要的措施进行拦截、紧追。

海警机构检查船舶，有权依法查验船舶和生产作业许可有关的证书、资料以及人员身份信息，检查船舶及其所载货物、物品，对有关违法事实进行调查取证。

对外国船舶登临、检查、拦截、紧追，遵守我国缔结、参加的国际条约的有关规定。

第十九条 海警机构因处置海上突发事件的紧急需要，可以采取下列措施：

（一）责令船舶停止航行、作业；

（二）责令船舶改变航线或者驶向指定地点；

（三）责令船舶上的人员下船，或者限制、禁止人员上船、下船；

（四）责令船舶卸载货物，或者限制、禁止船舶卸载货物；

（五）法律、法规规定的其他措施。

第二十条 未经我国主管机关批准，外国组织和个人在我国管辖海域和岛礁建造建筑物、构筑物，以及布设各类固定或者浮动装置的，海警机构有权责令其停止上述违法行为或者限期拆除；对拒不停止违法行为或者逾期不拆除的，海警机构有权予以制止或者强制拆除。

第二十一条 对外国军用船舶和用于非商业目的的外国政府船舶在我国管辖海域违反我国法律、法规的行为，海警机构有权采取必要的警戒和管制措施予以制止，责令其立即离开相关海域；对拒不离开并造成严重危害或者威胁的，海警机构有权采取强制驱离、强制拖离等措施。

第二十二条 国家主权、主权权利和管辖权在海上正在受到外国组织和个人的不法侵害或者面临不法侵害的紧迫危险时，海警机构有权依照本法和其他相关法律、法规，采取包括使用武器在内的一切必要措施制止侵害、排除危险。

第四章 海上行政执法

第二十三条 海警机构对违反海上治安、海关、海洋资源开发利用、海洋生态环境保护、海洋渔业管理等法律、法规、规章的组织和个人，依法实施包括限制人身自由在内的行政处罚、行政强制或者法律、法规规定的其他措施。

海警机构依照海洋资源开发利用、海洋生态环境保护、海洋渔业管理等法律、法规的规定，对海上生产作业现场进行监督检查。

海警机构因调查海上违法行为的需要，有权向有关组织和个人收集、调取证据。有关组织和个人应当如实提供证据。

海警机构为维护海上治安秩序，对有违法犯罪嫌疑的人员进行当场盘问、检查或者继续盘问的，依照《中华人民共和国人民警察法》的规定执行。

第二十四条 海警机构因开展行政执法需要登临、检查、拦截、紧追相关船舶的，依照本法第十八条规定执行。

第二十五条 有下列情形之一，省级海警局以上海警机构可以在我国管辖海域划定海上临时警戒区，限制或者禁止船舶、人员通行、停留：

（一）执行海上安全保卫任务需要的；

（二）打击海上违法犯罪活动需要的；

（三）处置海上突发事件需要的；

（四）保护海洋资源和生态环境需要的；

（五）其他需要划定海上临时警戒区的情形。

划定海上临时警戒区，应当明确海上临时警戒区的区域范围、警戒期限、管理措施等事项并予以公告。其中，可能影响海上交通安全的，应当在划定前征求海事管理机构的意见，并按照相关规定向海事管理机构申请发布航行通告、航行警告；涉及军事用海或者可能影响海上军事设施安全和使用的，应当依法征得军队有关部门的同意。

对于不需要继续限制或者禁止船舶、人员通行、停留的，海警机构应当及时解除警戒，并予公告。

第二十六条 对涉嫌违法正在接受调查处理的船舶，海警机构可以责令其暂停航行、作业,在指定地点停泊或者禁止其离港。必要时,海警机构可以将嫌疑船舶押解至指定地点接受调查处理。

第二十七条 国际组织、外国组织和个人的船舶经我国主管机关批准在我国管辖海域从事渔业生产作业以及其他自然资源勘查开发、海洋科学研究、海底电(光)缆和管道铺设等活动的,海警机构应当依法进行监管,可以派出执法人员随船监管。

第二十八条 为预防、制止和惩治在我国陆地领土、内水或者领海内违反有关安全、海关、财政、卫生或者入境出境管理法律、法规的行为,海警机构有权在毗连区行使管制权,依法实施行政强制措施或者法律、法规规定的其他措施。

第二十九条 违法事实确凿,并有下列情形之一,海警机构执法人员可以当场作出处罚决定:

(一)对个人处五百元以下罚款或者警告、对单位处五千元以下罚款或者警告的;

(二)罚款处罚决定不在海上当场作出,事后难以处罚的。

当场作出的处罚决定,应当及时报所属海警机构备案。

第三十条 对不适用当场处罚,但事实清楚,当事人自愿认错认罚,且对违法事实和法律适用没有异议的海上行政案件,海警机构征得当事人书面同意后,可以通过简化取证方式和审核审批等措施快速办理。

对符合快速办理条件的海上行政案件,当事人在自行书写材料或者询问笔录中承认违法事实、认错认罚,并有视听资料、电子数据、检查笔录等关键证据能够相互印证的,海警机构可以不再开展其他调查取证工作。

使用执法记录仪等设备对询问过程录音录像的,可以替代书面询问笔录。必要时,对视听资料的关键内容和相应时间段等作文字说明。

对快速办理的海上行政案件,海警机构应当在当事人到案后四十八小时内作出处理决定。

第三十一条 海上行政案件有下列情形之一,不适用快速办理:

(一)依法应当适用听证程序的;

(二)可能作出十日以上行政拘留处罚的;

(三)有重大社会影响的;

(四)可能涉嫌犯罪的;

(五)其他不宜快速办理的。

第三十二条 海警机构实施行政强制措施前,执法人员应当向本单位负责人报告并经批准。情况紧急,需要在海上当场实施行政强制措施的,应当在二十四小时内向本单位负责人报告，抵岸后及时补办批准手续；因不可抗力无法在二十四小时内向本单位负责人报告的，应当在不可抗力影响消除后二十四小时内向本单位负责人报告。海警机构负责人认为不应当采取行政强制措施的，应当立即解除。

第三十三条 当事人逾期不履行处罚决定的，作出处罚决定的海警机构可以依法采取下列措施：

（一）到期不缴纳罚款的，每日按罚款数额的百分之三加处罚款；

（二）将查封、扣押的财物依法拍卖、变卖或者将冻结的存款、汇款划拨抵缴罚款；

（三）根据法律规定，采取其他行政强制执行方式。

本法和其他法律没有规定海警机构可以实施行政强制执行的事项，海警机构应当申请人民法院强制执行。

第三十四条 各级海警机构对海上行政案件的管辖分工，由中国海警局规定。

海警机构与其他机关对海上行政案件管辖有争议的，由海警机构与其他机关按照有利于案件调查处理的原则进行协商。

第三十五条 海警机构办理海上行政案件时，有证据证明当事人在海上实施将物品倒入海中等故意毁灭证据的行为，给海警机构举证造成困难的，可以结合其他证据，推定有关违法事实成立，但是当事人有证据足以推翻的除外。

第三十六条 海警机构开展巡航、警戒、拦截、紧追等海上执法工作，使用标示有专用标志的执法船舶、航空器的，即为表明身份。

海警机构在进行行政执法调查或者检查时，执法人员不得少于两人，并应当主动出示执法证件表明身份。当事人或者其他有关人员有权要求执法人员出示执法证件。

第三十七条 海警机构开展海上行政执法的程序，本法未作规定的，适用《中华人民共和国行政处罚法》、《中华人民共和国行政强制法》、《中华人民共和国治安管理处罚法》等有关法律的规定。

第五章　海上犯罪侦查

第三十八条 海警机构办理海上发生的刑事案件，依照《中华人民共和国刑事诉讼法》和本法的有关规定行使侦查权，采取侦查措施和刑事强制措施。

第三十九条 海警机构在立案后，对于危害国家安全犯罪、恐怖活动犯罪、黑社会性质的组织犯罪、重大毒品犯罪或者其他严重危害社会的犯罪案件,依照《中华人民共和国刑事诉讼法》和有关规定,经过严格的批准手续,可以采取技术侦查措施,按照规定交由有关机关执行。

追捕被通缉或者批准、决定逮捕的在逃的犯罪嫌疑人、被告人,经过批准,可以采取追捕所必需的技术侦查措施。

第四十条 应当逮捕的犯罪嫌疑人在逃,海警机构可以按照规定发布通缉令,采取有效措施,追捕归案。

海警机构对犯罪嫌疑人发布通缉令的,可以商请公安机关协助追捕。

第四十一条 海警机构因办理海上刑事案件需要登临、检查、拦截、紧追相关船舶的,依照本法第十八条规定执行。

第四十二条 海警机构、人民检察院、人民法院依法对海上刑事案件的犯罪嫌疑人、被告人决定取保候审的,由被取保候审人居住地的海警机构执行。被取保候审人居住地未设海警机构的,当地公安机关应当协助执行。

第四十三条 海警机构、人民检察院、人民法院依法对海上刑事案件的犯罪嫌疑人、被告人决定监视居住的,由海警机构在被监视居住人住处执行;被监视居住人在负责办案的海警机构所在的市、县没有固定住处的,可以在指定的居所执行。对于涉嫌危害国家安全犯罪、恐怖活动犯罪,在住处执行可能有碍侦查的,经上一级海警机构批准,也可以在指定的居所执行。但是,不得在羁押场所、专门的办案场所执行。

第四十四条 海警工作站负责侦查发生在本管辖区域内的海上刑事案件。

市级海警局以上海警机构负责侦查管辖区域内的重大的危害国家安全犯罪、恐怖活动犯罪、涉外犯罪、经济犯罪、集团犯罪案件以及其他重大犯罪案件。

上级海警机构认为有必要的,可以侦查下级海警机构管辖范围内的海上刑事案件;下级海警机构认为案情重大需要上级海警机构侦查的海上刑事案件,可以报请上级海警机构管辖。

第四十五条 海警机构办理海上刑事案件,需要提请批准逮捕或者移送起诉的,应当向所在地相应人民检察院提请或者移送。

第六章 警械和武器使用

第四十六条 有下列情形之一,海警机构工作人员可以使用警械或者现场的其他装备、工具:

（一）依法登临、检查、拦截、紧追船舶时，需要迫使船舶停止航行的；

（二）依法强制驱离、强制拖离船舶的；

（三）依法执行职务过程中遭遇阻碍、妨害的；

（四）需要现场制止违法犯罪行为的其他情形。

第四十七条 有下列情形之一，经警告无效的，海警机构工作人员可以使用手持武器：

（一）有证据表明船舶载有犯罪嫌疑人或者非法载运武器、弹药、国家秘密资料、毒品等物品，拒不服从停船指令的；

（二）外国船舶进入我国管辖海域非法从事生产作业活动，拒不服从停船指令或者以其他方式拒绝接受登临、检查，使用其他措施不足以制止违法行为的。

第四十八条 有下列情形之一，海警机构工作人员除可以使用手持武器外，还可以使用舰载或者机载武器：

（一）执行海上反恐怖任务的；

（二）处置海上严重暴力事件的；

（三）执法船舶、航空器受到武器或者其他危险方式攻击的。

第四十九条 海警机构工作人员依法使用武器，来不及警告或者警告后可能导致更为严重危害后果的，可以直接使用武器。

第五十条 海警机构工作人员应当根据违法犯罪行为和违法犯罪行为人的危险性质、程度和紧迫性，合理判断使用武器的必要限度，尽量避免或者减少不必要的人员伤亡、财产损失。

第五十一条 海警机构工作人员使用警械和武器，本法未作规定的，依照人民警察使用警械和武器的规定以及其他有关法律、法规的规定执行。

第七章　保障和协作

第五十二条 国家建立与海警机构担负海上维权执法任务和建设发展相适应的经费保障机制。所需经费按照国家有关规定列入预算。

第五十三条 国务院有关部门、沿海县级以上地方人民政府及其有关部门在编制国土空间规划和相关专项规划时，应当统筹海上维权执法工作需求，按照国家有关规定对海警机构执法办案、执勤训练、生活等场地和设施建设等予以保障。

第五十四条 海警机构因海上维权执法紧急需要，可以依照法律、法规、规章的规定优先使用或者征用组织和个人的交通工具、通信工具、场地，用后应当及时归还，并支付适当费用；造成损失的，按照国家有关规定给予补偿。

第五十五条 海警机构应当优化力量体系，建强人才队伍，加强教育培训，保障海警机构工作人员具备履行法定职责的知识、技能和素质，提高海上维权执法专业能力。

海上维权执法实行持证上岗和资格管理制度。

第五十六条 国家加强海上维权执法装备体系建设，保障海警机构配备与其履行职责相适应的船舶、航空器、武器以及其他装备。

第五十七条 海警机构应当加强信息化建设，运用现代信息技术，促进执法公开，强化便民服务，提高海上维权执法工作效率。

海警机构应当开通海上报警服务平台，及时受理人民群众报警、紧急求助。

第五十八条 海警机构分别与相应的外交（外事）、公安、自然资源、生态环境、交通运输、渔业渔政、应急管理、海关等主管部门，以及人民法院、人民检察院和军队有关部门建立信息共享和工作协作配合机制。

有关主管部门应当及时向海警机构提供与开展海上维权执法工作相关的基础数据、行政许可、行政管理政策等信息服务和技术支持。

海警机构应当将海上监督检查、查处违法犯罪等工作数据、信息，及时反馈有关主管部门，配合有关主管部门做好海上行政管理工作。海警机构依法实施行政处罚，认为需要吊销许可证件的，应当将相关材料移送发证机关处理。

第五十九条 海警机构因开展海上维权执法工作需要，可以向有关主管部门提出协助请求。协助请求属于有关主管部门职责范围内的，有关主管部门应当配合。

第六十条 海警机构对依法决定行政拘留的违法行为人和拘留审查的外国人，以及决定刑事拘留、执行逮捕的犯罪嫌疑人，分别送海警机构所在地拘留所或者看守所执行。

第六十一条 海警机构对依法扣押、扣留的涉案财物，应当妥善保管，不得损毁或者擅自处理。但是，对下列货物、物品，经市级海警局以上海警机构负责人批准，可以先行依法拍卖或者变卖并通知所有人，所有人不明确的，通知其他当事人：

（一）成品油等危险品；

（二）鲜活、易腐、易失效等不宜长期保存的；

（三）长期不使用容易导致机械性能下降、价值贬损的车辆、船舶等；

（四）体量巨大难以保管的；

（五）所有人申请先行拍卖或者变卖的。

拍卖或者变卖所得款项由海警机构暂行保存，待结案后按照国家有关规定处理。

第六十二条 海警机构对应当退还所有人或者其他当事人的涉案财物，通知所有人或者其他当事人在六个月内领取；所有人不明确的，应当采取公告方式告知所有人认领。在通知所有人、其他当事人或者公告后六个月内无人认领的，按无主财物处理，依法拍卖或者变卖后将所得款项上缴国库。遇有特殊情况的，可以延期处理，延长期限最长不超过三个月。

第八章 国际合作

第六十三条 中国海警局根据中华人民共和国缔结、参加的国际条约或者按照对等、互利的原则，开展海上执法国际合作；在规定权限内组织或者参与有关海上执法国际条约实施工作，商签海上执法合作性文件。

第六十四条 海警机构开展海上执法国际合作的主要任务是参与处置涉外海上突发事件，协调解决海上执法争端，管控海上危机，与外国海上执法机构和有关国际组织合作打击海上违法犯罪活动，保护海洋资源环境，共同维护国际和地区海洋公共安全和秩序。

第六十五条 海警机构可以与外国海上执法机构和有关国际组织开展下列海上执法国际合作：

（一）建立双边、多边海上执法合作机制，参加海上执法合作机制的活动；

（二）交流和共享海上执法情报信息；

（三）海上联合巡逻、检查、演练、训练；

（四）教育培训交流；

（五）互派海上执法国际合作联络人员；

（六）其他海上执法国际合作活动。

第九章 监 督

第六十六条 海警机构及其工作人员应当依照法律、法规规定的条件、权限和程序履行职责、行使职权，不得滥用职权、玩忽职守、徇私舞弊，不得侵犯组织和个人的合法权益。

第六十七条 海警机构应当尊重和依法保障公民、法人和其他组织对海警机构执法工作的知情权、参与权和监督权，增强执法工作透明度和公信力。

海警机构应当依法公开海上执法工作信息。

第六十八条 海警机构询问、讯问、继续盘问、辨认违法犯罪嫌疑人以及对违法犯罪嫌疑人进行安全检查、信息采集等执法活动，应当在办案场所进行。紧急情况下必须在现场进行询问、讯问或者有其他不宜在办案场所进行询问、讯问的情形除外。

海警机构应当按照国家有关规定以文字、音像等形式，对海上维权执法活动进行全过程记录，归档保存。

第六十九条 海警机构及其工作人员开展海上维权执法工作，依法接受检察机关、军队监察机关的监督。

第七十条 人民政府及其有关部门、公民、法人和其他组织对海警机构及其工作人员的违法违纪行为，有权向检察机关、军队监察机关通报、检举、控告。对海警机构及其工作人员正在发生的违法违纪或者失职行为，可以通过海上报警服务平台进行投诉、举报。

对依法检举、控告或者投诉、举报的公民、法人和其他组织，任何机关和个人不得压制和打击报复。

第七十一条 上级海警机构应当对下级海警机构的海上维权执法工作进行监督，发现其作出的处理措施或者决定有错误的，有权撤销、变更或者责令下级海警机构撤销、变更；发现其不履行法定职责的，有权责令其依法履行。

第七十二条 中国海警局应当建立健全海上维权执法工作监督机制和执法过错责任追究制度。

第十章 法律责任

第七十三条 有下列阻碍海警机构及其工作人员依法执行职务的行为之一，由公安机关或者海警机构依照《中华人民共和国治安管理处罚法》关于阻碍人民警察依法执行职务的规定予以处罚：

（一）侮辱、威胁、围堵、拦截、袭击海警机构工作人员的；

（二）阻碍调查取证的；

（三）强行冲闯海上临时警戒区的；

（四）阻碍执行追捕、检查、搜查、救险、警卫等任务的；

（五）阻碍执法船舶、航空器、车辆和人员通行的；

（六）采取危险驾驶、设置障碍等方法驾驶船舶逃窜，危及执法船舶、人员安全的；

（七）其他严重阻碍海警机构及其工作人员执行职务的行为。

第七十四条 海警机构工作人员在执行职务中，有下列行为之一，按照中央军事委员会的有关规定给予处分：

（一）泄露国家秘密、商业秘密和个人隐私的；

（二）弄虚作假，隐瞒案情，包庇、纵容违法犯罪活动的；

（三）刑讯逼供或者体罚、虐待违法犯罪嫌疑人的；

（四）违反规定使用警械、武器的；

（五）非法剥夺、限制人身自由，非法检查或者搜查人身、货物、物品、交通工具、住所或者场所的；

（六）敲诈勒索，索取、收受贿赂或者接受当事人及其代理人请客送礼的；

（七）违法实施行政处罚、行政强制，采取刑事强制措施或者收取费用的；

（八）玩忽职守，不履行法定义务的；

（九）其他违法违纪行为。

第七十五条 违反本法规定，构成犯罪的，依法追究刑事责任。

第七十六条 组织和个人对海警机构作出的行政行为不服的，有权依照《中华人民共和国行政复议法》的规定向上一级海警机构申请行政复议；或者依照《中华人民共和国行政诉讼法》的规定向有管辖权的人民法院提起行政诉讼。

第七十七条 海警机构及其工作人员违法行使职权，侵犯组织和个人合法权益造成损害的，应当依照《中华人民共和国国家赔偿法》和其他有关法律、法规的规定给予赔偿。

第十一章 附 则

第七十八条 本法下列用语的含义是：

（一）省级海警局，是指直接由中国海警局领导，在沿海省、自治区、直辖市设立的海警局；市级海警局，是指由省级海警局领导，在沿海省、自治区下辖市和直辖市下辖区设立的海警局；海警工作站，通常是指由市级海警局领导，在沿海县级行政区域设立的基层海警机构。

（二）船舶，是指各类排水或者非排水的船、艇、筏、水上飞行器、潜水器等移动式装置，不包括海上石油、天然气等作业平台。

第七十九条 外国在海上执法方面对我国公民、法人和其他组织采取歧视性的禁止、限制或者其他特别措施的，海警机构可以按照国家有关规定采取相应的对等措施。

第八十条 本法规定的对船舶的维权执法措施适用于海上各种固定或者

浮动建筑、装置,固定或者移动式平台。

第八十一条　海警机构依照法律、法规和我国缔结、参加的国际条约,在我国管辖海域以外的区域执行执法任务时,相关程序可以参照本法有关规定执行。

第八十二条　中国海警局根据法律、行政法规和国务院、中央军事委员会的决定,就海上维权执法事项制定规章,并按照规定备案。

第八十三条　海警机构依照《中华人民共和国国防法》、《中华人民共和国人民武装警察法》等有关法律、军事法规和中央军事委员会的命令,执行防卫作战等任务。

第八十四条　本法自2021年2月1日起施行。

行政法规

医疗保障基金使用监督管理条例

（2020年12月9日国务院第117次常务会议通过　2021年1月15日中华人民共和国国务院令第735号公布　自2021年5月1日起施行）

第一章　总　　则

第一条　为了加强医疗保障基金使用监督管理，保障基金安全，促进基金有效使用，维护公民医疗保障合法权益，根据《中华人民共和国社会保险法》和其他有关法律规定，制定本条例。

第二条　本条例适用于中华人民共和国境内基本医疗保险（含生育保险）基金、医疗救助基金等医疗保障基金使用及其监督管理。

第三条　医疗保障基金使用坚持以人民健康为中心，保障水平与经济社会发展水平相适应，遵循合法、安全、公开、便民的原则。

第四条　医疗保障基金使用监督管理实行政府监管、社会监督、行业自律和个人守信相结合。

第五条　县级以上人民政府应当加强对医疗保障基金使用监督管理工作的领导，建立健全医疗保障基金使用监督管理机制和基金监督管理执法体制，加强医疗保障基金使用监督管理能力建设，为医疗保障基金使用监督管理工作提供保障。

第六条　国务院医疗保障行政部门主管全国的医疗保障基金使用监督管理工作。国务院其他有关部门在各自职责范围内负责有关的医疗保障基金使用监督管理工作。

县级以上地方人民政府医疗保障行政部门负责本行政区域的医疗保障基金使用监督管理工作。县级以上地方人民政府其他有关部门在各自职责范围内负责有关的医疗保障基金使用监督管理工作。

第七条　国家鼓励和支持新闻媒体开展医疗保障法律、法规和医疗保障知识的公益宣传，并对医疗保障基金使用行为进行舆论监督。有关医疗保障的宣传报道应当真实、公正。

县级以上人民政府及其医疗保障等行政部门应当通过书面征求意见、召开座谈会等方式，听取人大代表、政协委员、参保人员代表等对医疗保障基金使用的意见，畅通社会监督渠道，鼓励和支持社会各方面参与对医疗保障基金使用的监督。

医疗机构、药品经营单位（以下统称医药机构）等单位和医药卫生行业协会应当加强行业自律，规范医药服务行为，促进行业规范和自我约束，引导依法、合理使用医疗保障基金。

第二章 基金使用

第八条 医疗保障基金使用应当符合国家规定的支付范围。

医疗保障基金支付范围由国务院医疗保障行政部门依法组织制定。省、自治区、直辖市人民政府按照国家规定的权限和程序，补充制定本行政区域内医疗保障基金支付的具体项目和标准，并报国务院医疗保障行政部门备案。

第九条 国家建立健全全国统一的医疗保障经办管理体系，提供标准化、规范化的医疗保障经办服务，实现省、市、县、乡镇（街道）、村（社区）全覆盖。

第十条 医疗保障经办机构应当建立健全业务、财务、安全和风险管理制度，做好服务协议管理、费用监控、基金拨付、待遇审核及支付等工作，并定期向社会公开医疗保障基金的收入、支出、结余等情况，接受社会监督。

第十一条 医疗保障经办机构应当与定点医药机构建立集体谈判协商机制，合理确定定点医药机构的医疗保障基金预算金额和拨付时限，并根据保障公众健康需求和管理服务的需要，与定点医药机构协商签订服务协议，规范医药服务行为，明确违反服务协议的行为及其责任。

医疗保障经办机构应当及时向社会公布签订服务协议的定点医药机构名单。

医疗保障行政部门应当加强对服务协议订立、履行等情况的监督。

第十二条 医疗保障经办机构应当按照服务协议的约定，及时结算和拨付医疗保障基金。

定点医药机构应当按照规定提供医药服务，提高服务质量，合理使用医疗保障基金，维护公民健康权益。

第十三条 定点医药机构违反服务协议的，医疗保障经办机构可以督促其履行服务协议，按照服务协议约定暂停或者不予拨付费用、追回违规费用、中止相关责任人员或者所在部门涉及医疗保障基金使用的医药服务,直至解除服务协议;定点医药机构及其相关责任人员有权进行陈述、申辩。

医疗保障经办机构违反服务协议的,定点医药机构有权要求纠正或者提请医疗保障行政部门协调处理、督促整改,也可以依法申请行政复议或者提起行政诉讼。

第十四条 定点医药机构应当建立医疗保障基金使用内部管理制度,由专门机构或者人员负责医疗保障基金使用管理工作,建立健全考核评价体系。

定点医药机构应当组织开展医疗保障基金相关制度、政策的培训,定期检查本单位医疗保障基金使用情况,及时纠正医疗保障基金使用不规范的行为。

第十五条 定点医药机构及其工作人员应当执行实名就医和购药管理规定,核验参保人员医疗保障凭证,按照诊疗规范提供合理、必要的医药服务,向参保人员如实出具费用单据和相关资料,不得分解住院、挂床住院,不得违反诊疗规范过度诊疗、过度检查、分解处方、超量开药、重复开药,不得重复收费、超标准收费、分解项目收费,不得串换药品、医用耗材、诊疗项目和服务设施,不得诱导、协助他人冒名或者虚假就医、购药。

定点医药机构应当确保医疗保障基金支付的费用符合规定的支付范围;除急诊、抢救等特殊情形外,提供医疗保障基金支付范围以外的医药服务的,应当经参保人员或者其近亲属、监护人同意。

第十六条 定点医药机构应当按照规定保管财务账目、会计凭证、处方、病历、治疗检查记录、费用明细、药品和医用耗材出入库记录等资料,及时通过医疗保障信息系统全面准确传送医疗保障基金使用有关数据,向医疗保障行政部门报告医疗保障基金使用监督管理所需信息,向社会公开医药费用、费用结构等信息,接受社会监督。

第十七条 参保人员应当持本人医疗保障凭证就医、购药,并主动出示接受查验。参保人员有权要求定点医药机构如实出具费用单据和相关资料。

参保人员应当妥善保管本人医疗保障凭证,防止他人冒名使用。因特殊原因需要委托他人代为购药的,应当提供委托人和受托人的身份证明。

参保人员应当按照规定享受医疗保障待遇,不得重复享受。

参保人员有权要求医疗保障经办机构提供医疗保障咨询服务,对医疗保障基金的使用提出改进建议。

第十八条 在医疗保障基金使用过程中,医疗保障等行政部门、医疗保障经办机构、定点医药机构及其工作人员不得收受贿赂或者取得其他非法收入。

第十九条 参保人员不得利用其享受医疗保障待遇的机会转卖药品,接受返还现金、实物或者获得其他非法利益。

定点医药机构不得为参保人员利用其享受医疗保障待遇的机会转卖药品，接受返还现金、实物或者获得其他非法利益提供便利。

第二十条 医疗保障经办机构、定点医药机构等单位及其工作人员和参保人员等人员不得通过伪造、变造、隐匿、涂改、销毁医学文书、医学证明、会计凭证、电子信息等有关资料，或者虚构医药服务项目等方式，骗取医疗保障基金。

第二十一条 医疗保障基金专款专用，任何组织和个人不得侵占或者挪用。

第三章 监督管理

第二十二条 医疗保障、卫生健康、中医药、市场监督管理、财政、审计、公安等部门应当分工协作、相互配合，建立沟通协调、案件移送等机制，共同做好医疗保障基金使用监督管理工作。

医疗保障行政部门应当加强对纳入医疗保障基金支付范围的医疗服务行为和医疗费用的监督，规范医疗保障经办业务，依法查处违法使用医疗保障基金的行为。

第二十三条 国务院医疗保障行政部门负责制定服务协议管理办法，规范、简化、优化医药机构定点申请、专业评估、协商谈判程序，制作并定期修订服务协议范本。

国务院医疗保障行政部门制定服务协议管理办法，应当听取有关部门、医药机构、行业协会、社会公众、专家等方面意见。

第二十四条 医疗保障行政部门应当加强与有关部门的信息交换和共享，创新监督管理方式，推广使用信息技术，建立全国统一、高效、兼容、便捷、安全的医疗保障信息系统，实施大数据实时动态智能监控，并加强共享数据使用全过程管理，确保共享数据安全。

第二十五条 医疗保障行政部门应当根据医疗保障基金风险评估、举报投诉线索、医疗保障数据监控等因素，确定检查重点，组织开展专项检查。

第二十六条 医疗保障行政部门可以会同卫生健康、中医药、市场监督管理、财政、公安等部门开展联合检查。

对跨区域的医疗保障基金使用行为，由共同的上一级医疗保障行政部门指定的医疗保障行政部门检查。

第二十七条 医疗保障行政部门实施监督检查，可以采取下列措施：

（一）进入现场检查；

（二）询问有关人员；

（三）要求被检查对象提供与检查事项相关的文件资料，并作出解释和说明；

（四）采取记录、录音、录像、照相或者复制等方式收集有关情况和资料；

（五）对可能被转移、隐匿或者灭失的资料等予以封存；

（六）聘请符合条件的会计师事务所等第三方机构和专业人员协助开展检查；

（七）法律、法规规定的其他措施。

第二十八条 医疗保障行政部门可以依法委托符合法定条件的组织开展医疗保障行政执法工作。

第二十九条 开展医疗保障基金使用监督检查，监督检查人员不得少于2人，并且应当出示执法证件。

医疗保障行政部门进行监督检查时，被检查对象应当予以配合，如实提供相关资料和信息，不得拒绝、阻碍检查或者谎报、瞒报。

第三十条 定点医药机构涉嫌骗取医疗保障基金支出的，在调查期间，医疗保障行政部门可以采取增加监督检查频次、加强费用监控等措施，防止损失扩大。定点医药机构拒不配合调查的，经医疗保障行政部门主要负责人批准，医疗保障行政部门可以要求医疗保障经办机构暂停医疗保障基金结算。经调查，属于骗取医疗保障基金支出的，依照本条例第四十条的规定处理；不属于骗取医疗保障基金支出的，按照规定结算。

参保人员涉嫌骗取医疗保障基金支出且拒不配合调查的，医疗保障行政部门可以要求医疗保障经办机构暂停医疗费用联网结算。暂停联网结算期间发生的医疗费用，由参保人员全额垫付。经调查，属于骗取医疗保障基金支出的，依照本条例第四十一条的规定处理；不属于骗取医疗保障基金支出的，按照规定结算。

第三十一条 医疗保障行政部门对违反本条例的行为作出行政处罚或者行政处理决定前，应当听取当事人的陈述、申辩；作出行政处罚或者行政处理决定，应当告知当事人依法享有申请行政复议或者提起行政诉讼的权利。

第三十二条 医疗保障等行政部门、医疗保障经办机构、会计师事务所等机构及其工作人员，不得将工作中获取、知悉的被调查对象资料或者相关信息用于医疗保障基金使用监督管理以外的其他目的，不得泄露、篡改、毁损、非法向他人提供当事人的个人信息和商业秘密。

第三十三条 国务院医疗保障行政部门应当建立定点医药机构、人员等信用管理制度，根据信用评价等级分级分类监督管理，将日常监督检查结果、行政处罚结果等情况纳入全国信用信息共享平台和其他相关信息公示系统，按照国家有关规定实施惩戒。

第三十四条 医疗保障行政部门应当定期向社会公布医疗保障基金使用监督检查结果,加大对医疗保障基金使用违法案件的曝光力度,接受社会监督。

第三十五条 任何组织和个人有权对侵害医疗保障基金的违法违规行为进行举报、投诉。

医疗保障行政部门应当畅通举报投诉渠道,依法及时处理有关举报投诉,并对举报人的信息保密。对查证属实的举报,按照国家有关规定给予举报人奖励。

第四章 法律责任

第三十六条 医疗保障经办机构有下列情形之一的,由医疗保障行政部门责令改正,对直接负责的主管人员和其他直接责任人员依法给予处分:

(一)未建立健全业务、财务、安全和风险管理制度;

(二)未履行服务协议管理、费用监控、基金拨付、待遇审核及支付等职责;

(三)未定期向社会公开医疗保障基金的收入、支出、结余等情况。

第三十七条 医疗保障经办机构通过伪造、变造、隐匿、涂改、销毁医学文书、医学证明、会计凭证、电子信息等有关资料或者虚构医药服务项目等方式,骗取医疗保障基金支出的,由医疗保障行政部门责令退回,处骗取金额 2 倍以上 5 倍以下的罚款,对直接负责的主管人员和其他直接责任人员依法给予处分。

第三十八条 定点医药机构有下列情形之一的,由医疗保障行政部门责令改正,并可以约谈有关负责人;造成医疗保障基金损失的,责令退回,处造成损失金额 1 倍以上 2 倍以下的罚款;拒不改正或者造成严重后果的,责令定点医药机构暂停相关责任部门 6 个月以上 1 年以下涉及医疗保障基金使用的医药服务;违反其他法律、行政法规的,由有关主管部门依法处理:

(一)分解住院、挂床住院;

(二)违反诊疗规范过度诊疗、过度检查、分解处方、超量开药、重复开药或者提供其他不必要的医药服务;

(三)重复收费、超标准收费、分解项目收费;

(四)串换药品、医用耗材、诊疗项目和服务设施;

(五)为参保人员利用其享受医疗保障待遇的机会转卖药品,接受返还现金、实物或者获得其他非法利益提供便利；

（六）将不属于医疗保障基金支付范围的医药费用纳入医疗保障基金结算；

（七）造成医疗保障基金损失的其他违法行为。

第三十九条 定点医药机构有下列情形之一的，由医疗保障行政部门责令改正，并可以约谈有关负责人；拒不改正的，处1万元以上5万元以下的罚款；违反其他法律、行政法规的，由有关主管部门依法处理：

（一）未建立医疗保障基金使用内部管理制度，或者没有专门机构或者人员负责医疗保障基金使用管理工作；

（二）未按照规定保管财务账目、会计凭证、处方、病历、治疗检查记录、费用明细、药品和医用耗材出入库记录等资料；

（三）未按照规定通过医疗保障信息系统传送医疗保障基金使用有关数据；

（四）未按照规定向医疗保障行政部门报告医疗保障基金使用监督管理所需信息；

（五）未按照规定向社会公开医药费用、费用结构等信息；

（六）除急诊、抢救等特殊情形外，未经参保人员或者其近亲属、监护人同意提供医疗保障基金支付范围以外的医药服务；

（七）拒绝医疗保障等行政部门监督检查或者提供虚假情况。

第四十条 定点医药机构通过下列方式骗取医疗保障基金支出的，由医疗保障行政部门责令退回，处骗取金额2倍以上5倍以下的罚款；责令定点医药机构暂停相关责任部门6个月以上1年以下涉及医疗保障基金使用的医药服务，直至由医疗保障经办机构解除服务协议；有执业资格的，由有关主管部门依法吊销执业资格：

（一）诱导、协助他人冒名或者虚假就医、购药，提供虚假证明材料，或者串通他人虚开费用单据；

（二）伪造、变造、隐匿、涂改、销毁医学文书、医学证明、会计凭证、电子信息等有关资料；

（三）虚构医药服务项目；

（四）其他骗取医疗保障基金支出的行为。

定点医药机构以骗取医疗保障基金为目的，实施了本条例第三十八条规定行为之一，造成医疗保障基金损失的，按照本条规定处理。

第四十一条 个人有下列情形之一的，由医疗保障行政部门责令改正；造成医疗保障基金损失的，责令退回；属于参保人员的，暂停其医疗费用联网结算3个月至12个月：

（一）将本人的医疗保障凭证交由他人冒名使用；

（二）重复享受医疗保障待遇；

（三）利用享受医疗保障待遇的机会转卖药品，接受返还现金、实物或者获得其他非法利益。

个人以骗取医疗保障基金为目的，实施了前款规定行为之一，造成医疗保障基金损失的；或者使用他人医疗保障凭证冒名就医、购药的；或者通过伪造、变造、隐匿、涂改、销毁医学文书、医学证明、会计凭证、电子信息等有关资料或者虚构医药服务项目等方式，骗取医疗保障基金支出的，除依照前款规定处理外，还应当由医疗保障行政部门处骗取金额2倍以上5倍以下的罚款。

第四十二条 医疗保障等行政部门、医疗保障经办机构、定点医药机构及其工作人员收受贿赂或者取得其他非法收入的，没收违法所得，对有关责任人员依法给予处分；违反其他法律、行政法规的，由有关主管部门依法处理。

第四十三条 定点医药机构违反本条例规定，造成医疗保障基金重大损失或者其他严重不良社会影响的，其法定代表人或者主要负责人5年内禁止从事定点医药机构管理活动，由有关部门依法给予处分。

第四十四条 违反本条例规定，侵占、挪用医疗保障基金的，由医疗保障等行政部门责令追回；有违法所得的，没收违法所得；对直接负责的主管人员和其他直接责任人员依法给予处分。

第四十五条 退回的基金退回原医疗保障基金财政专户；罚款、没收的违法所得依法上缴国库。

第四十六条 医疗保障等行政部门、医疗保障经办机构、会计师事务所等机构及其工作人员，泄露、篡改、毁损、非法向他人提供个人信息、商业秘密的，对直接负责的主管人员和其他直接责任人员依法给予处分；违反其他法律、行政法规的，由有关主管部门依法处理。

第四十七条 医疗保障等行政部门工作人员在医疗保障基金使用监督管理工作中滥用职权、玩忽职守、徇私舞弊的，依法给予处分。

第四十八条 违反本条例规定，构成违反治安管理行为的，依法给予治安管理处罚；构成犯罪的，依法追究刑事责任。

违反本条例规定，给有关单位或者个人造成损失的，依法承担赔偿责任。

第五章　附　　则

第四十九条 职工大额医疗费用补助、公务员医疗补助等医疗保障资金使用的监督管理，参照本条例执行。

居民大病保险资金的使用按照国家有关规定执行，医疗保障行政部门应当加强监督。

第五十条 本条例自2021年5月1日起施行。

排污许可管理条例

（2020年12月9日国务院第117次常务会议通过　2021年1月24日中华人民共和国国务院令第736号公布　自2021年3月1日起施行）

第一章　总　则

第一条 为了加强排污许可管理，规范企业事业单位和其他生产经营者排污行为，控制污染物排放，保护和改善生态环境，根据《中华人民共和国环境保护法》等有关法律，制定本条例。

第二条 依照法律规定实行排污许可管理的企业事业单位和其他生产经营者（以下称排污单位），应当依照本条例规定申请取得排污许可证；未取得排污许可证的，不得排放污染物。

根据污染物产生量、排放量、对环境的影响程度等因素，对排污单位实行排污许可分类管理：

（一）污染物产生量、排放量或者对环境的影响程度较大的排污单位，实行排污许可重点管理；

（二）污染物产生量、排放量和对环境的影响程度都较小的排污单位，实行排污许可简化管理。

实行排污许可管理的排污单位范围、实施步骤和管理类别名录，由国务院生态环境主管部门拟订并报国务院批准后公布实施。制定实行排污许可管理的排污单位范围、实施步骤和管理类别名录，应当征求有关部门、行业协会、企业事业单位和社会公众等方面的意见。

第三条 国务院生态环境主管部门负责全国排污许可的统一监督管理。

设区的市级以上地方人民政府生态环境主管部门负责本行政区域排污许可的监督管理。

第四条 国务院生态环境主管部门应当加强全国排污许可证管理信息平台建设和管理，提高排污许可在线办理水平。

排污许可证审查与决定、信息公开等应当通过全国排污许可证管理信息平台办理。

第五条 设区的市级以上人民政府应当将排污许可管理工作所需经费列入本级预算。

第二章 申请与审批

第六条 排污单位应当向其生产经营场所所在地设区的市级以上地方人民政府生态环境主管部门(以下称审批部门)申请取得排污许可证。

排污单位有两个以上生产经营场所排放污染物的,应当按照生产经营场所分别申请取得排污许可证。

第七条 申请取得排污许可证,可以通过全国排污许可证管理信息平台提交排污许可证申请表,也可以通过信函等方式提交。

排污许可证申请表应当包括下列事项:

(一)排污单位名称、住所、法定代表人或者主要负责人、生产经营场所所在地、统一社会信用代码等信息;

(二)建设项目环境影响报告书(表)批准文件或者环境影响登记表备案材料;

(三)按照污染物排放口、主要生产设施或者车间、厂界申请的污染物排放种类、排放浓度和排放量,执行的污染物排放标准和重点污染物排放总量控制指标;

(四)污染防治设施、污染物排放口位置和数量,污染物排放方式、排放去向、自行监测方案等信息;

(五)主要生产设施、主要产品及产能、主要原辅材料、产生和排放污染物环节等信息,及其是否涉及商业秘密等不宜公开情形的情况说明。

第八条 有下列情形之一的,申请取得排污许可证还应当提交相应材料:

(一)属于实行排污许可重点管理的,排污单位在提出申请前已通过全国排污许可证管理信息平台公开单位基本信息、拟申请许可事项的说明材料;

(二)属于城镇和工业污水集中处理设施的,排污单位的纳污范围、管网布置、最终排放去向等说明材料;

(三)属于排放重点污染物的新建、改建、扩建项目以及实施技术改造项目的,排污单位通过污染物排放量削减替代获得重点污染物排放总量控制指标的说明材料。

第九条 审批部门对收到的排污许可证申请,应当根据下列情况分别作出处理：

（一）依法不需要申请取得排污许可证的，应当即时告知不需要申请取得排污许可证；

（二）不属于本审批部门职权范围的，应当即时作出不予受理的决定，并告知排污单位向有审批权的生态环境主管部门申请；

（三）申请材料存在可以当场更正的错误的，应当允许排污单位当场更正；

（四）申请材料不齐全或者不符合法定形式的，应当当场或者在 3 日内出具告知单，一次性告知排污单位需要补正的全部材料；逾期不告知的，自收到申请材料之日起即视为受理；

（五）属于本审批部门职权范围，申请材料齐全、符合法定形式，或者排污单位按照要求补正全部申请材料的，应当受理。

审批部门应当在全国排污许可证管理信息平台上公开受理或者不予受理排污许可证申请的决定，同时向排污单位出具加盖本审批部门专用印章和注明日期的书面凭证。

第十条 审批部门应当对排污单位提交的申请材料进行审查，并可以对排污单位的生产经营场所进行现场核查。

审批部门可以组织技术机构对排污许可证申请材料进行技术评估，并承担相应费用。

技术机构应当对其提出的技术评估意见负责，不得向排污单位收取任何费用。

第十一条 对具备下列条件的排污单位，颁发排污许可证：

（一）依法取得建设项目环境影响报告书（表）批准文件，或者已经办理环境影响登记表备案手续；

（二）污染物排放符合污染物排放标准要求，重点污染物排放符合排污许可证申请与核发技术规范、环境影响报告书（表）批准文件、重点污染物排放总量控制要求；其中，排污单位生产经营场所位于未达到国家环境质量标准的重点区域、流域的，还应当符合有关地方人民政府关于改善生态环境质量的特别要求；

（三）采用污染防治设施可以达到许可排放浓度要求或者符合污染防治可行技术；

（四）自行监测方案的监测点位、指标、频次等符合国家自行监测规范。

第十二条 对实行排污许可简化管理的排污单位，审批部门应当自受理申请之日起 20 日内作出审批决定；对符合条件的颁发排污许可证，对不符合条件的不予许可并书面说明理由。

对实行排污许可重点管理的排污单位，审批部门应当自受理申请之日起30日内作出审批决定；需要进行现场核查的，应当自受理申请之日起45日内作出审批决定；对符合条件的颁发排污许可证，对不符合条件的不予许可并书面说明理由。

审批部门应当通过全国排污许可证管理信息平台生成统一的排污许可证编号。

第十三条 排污许可证应当记载下列信息：

（一）排污单位名称、住所、法定代表人或者主要负责人、生产经营场所所在地等；

（二）排污许可证有效期限、发证机关、发证日期、证书编号和二维码等；

（三）产生和排放污染物环节、污染防治设施等；

（四）污染物排放口位置和数量、污染物排放方式和排放去向等；

（五）污染物排放种类、许可排放浓度、许可排放量等；

（六）污染防治设施运行和维护要求、污染物排放口规范化建设要求等；

（七）特殊时段禁止或者限制污染物排放的要求；

（八）自行监测、环境管理台账记录、排污许可证执行报告的内容和频次等要求；

（九）排污单位环境信息公开要求；

（十）存在大气污染物无组织排放情形时的无组织排放控制要求；

（十一）法律法规规定排污单位应当遵守的其他控制污染物排放的要求。

第十四条 排污许可证有效期为5年。

排污许可证有效期届满，排污单位需要继续排放污染物的，应当于排污许可证有效期届满60日前向审批部门提出申请。审批部门应当自受理申请之日起20日内完成审查；对符合条件的予以延续，对不符合条件的不予延续并书面说明理由。

排污单位变更名称、住所、法定代表人或者主要负责人的，应当自变更之日起30日内，向审批部门申请办理排污许可证变更手续。

第十五条 在排污许可证有效期内，排污单位有下列情形之一的，应当重新申请取得排污许可证：

（一）新建、改建、扩建排放污染物的项目；

（二）生产经营场所、污染物排放口位置或者污染物排放方式、排放去向发生变化；

（三）污染物排放口数量或者污染物排放种类、排放量、排放浓度增加。

第十六条 排污单位适用的污染物排放标准、重点污染物总量控制要求发生变化，需要对排污许可证进行变更的，审批部门可以依法对排污许可证相应事项进行变更。

第三章 排污管理

第十七条 排污许可证是对排污单位进行生态环境监管的主要依据。

排污单位应当遵守排污许可证规定，按照生态环境管理要求运行和维护污染防治设施，建立环境管理制度，严格控制污染物排放。

第十八条 排污单位应当按照生态环境主管部门的规定建设规范化污染物排放口，并设置标志牌。

污染物排放口位置和数量、污染物排放方式和排放去向应当与排污许可证规定相符。

实施新建、改建、扩建项目和技术改造的排污单位，应当在建设污染防治设施的同时，建设规范化污染物排放口。

第十九条 排污单位应当按照排污许可证规定和有关标准规范，依法开展自行监测，并保存原始监测记录。原始监测记录保存期限不得少于5年。

排污单位应当对自行监测数据的真实性、准确性负责，不得篡改、伪造。

第二十条 实行排污许可重点管理的排污单位，应当依法安装、使用、维护污染物排放自动监测设备，并与生态环境主管部门的监控设备联网。

排污单位发现污染物排放自动监测设备传输数据异常的，应当及时报告生态环境主管部门，并进行检查、修复。

第二十一条 排污单位应当建立环境管理台账记录制度，按照排污许可证规定的格式、内容和频次，如实记录主要生产设施、污染防治设施运行情况以及污染物排放浓度、排放量。环境管理台账记录保存期限不得少于5年。

排污单位发现污染物排放超过污染物排放标准等异常情况时，应当立即采取措施消除、减轻危害后果，如实进行环境管理台账记录，并报告生态环境主管部门，说明原因。超过污染物排放标准等异常情况下的污染物排放计入排污单位的污染物排放量。

第二十二条 排污单位应当按照排污许可证规定的内容、频次和时间要求，向审批部门提交排污许可证执行报告，如实报告污染物排放行为、排放浓度、排放量等。

排污许可证有效期内发生停产的，排污单位应当在排污许可证执行报告中如实报告污染物排放变化情况并说明原因。

排污许可证执行报告中报告的污染物排放量可以作为年度生态环境统

计、重点污染物排放总量考核、污染源排放清单编制的依据。

第二十三条 排污单位应当按照排污许可证规定，如实在全国排污许可证管理信息平台上公开污染物排放信息。

污染物排放信息应当包括污染物排放种类、排放浓度和排放量，以及污染防治设施的建设运行情况、排污许可证执行报告、自行监测数据等；其中，水污染物排入市政排水管网的，还应当包括污水接入市政排水管网位置、排放方式等信息。

第二十四条 污染物产生量、排放量和对环境的影响程度都很小的企业事业单位和其他生产经营者，应当填报排污登记表，不需要申请取得排污许可证。

需要填报排污登记表的企业事业单位和其他生产经营者范围名录，由国务院生态环境主管部门制定并公布。制定需要填报排污登记表的企业事业单位和其他生产经营者范围名录，应当征求有关部门、行业协会、企业事业单位和社会公众等方面的意见。

需要填报排污登记表的企业事业单位和其他生产经营者，应当在全国排污许可证管理信息平台上填报基本信息、污染物排放去向、执行的污染物排放标准以及采取的污染防治措施等信息；填报的信息发生变动的，应当自发生变动之日起20日内进行变更填报。

第四章 监督检查

第二十五条 生态环境主管部门应当加强对排污许可的事中事后监管，将排污许可执法检查纳入生态环境执法年度计划，根据排污许可管理类别、排污单位信用记录和生态环境管理需要等因素，合理确定检查频次和检查方式。

生态环境主管部门应当在全国排污许可证管理信息平台上记录执法检查时间、内容、结果以及处罚决定，同时将处罚决定纳入国家有关信用信息系统向社会公布。

第二十六条 排污单位应当配合生态环境主管部门监督检查，如实反映情况，并按照要求提供排污许可证、环境管理台账记录、排污许可证执行报告、自行监测数据等相关材料。

禁止伪造、变造、转让排污许可证。

第二十七条 生态环境主管部门可以通过全国排污许可证管理信息平台监控排污单位的污染物排放情况，发现排污单位的污染物排放浓度超过许可排放浓度的，应当要求排污单位提供排污许可证、环境管理台账记录、排污许可证执行报告、自行监测数据等相关材料进行核查，必要时可以组织开展现场监测。

第二十八条 生态环境主管部门根据行政执法过程中收集的监测数据，以及排污单位的排污许可证、环境管理台账记录、排污许可证执行报告、自行监测数据等相关材料，对排污单位在规定周期内的污染物排放量，以及排污单位污染防治设施运行和维护是否符合排污许可证规定进行核查。

第二十九条 生态环境主管部门依法通过现场监测、排污单位污染物排放自动监测设备、全国排污许可证管理信息平台获得的排污单位污染物排放数据，可以作为判定污染物排放浓度是否超过许可排放浓度的证据。

排污单位自行监测数据与生态环境主管部门及其所属监测机构在行政执法过程中收集的监测数据不一致的，以生态环境主管部门及其所属监测机构收集的监测数据作为行政执法依据。

第三十条 国家鼓励排污单位采用污染防治可行技术。国务院生态环境主管部门制定并公布污染防治可行技术指南。

排污单位未采用污染防治可行技术的，生态环境主管部门应当根据排污许可证、环境管理台账记录、排污许可证执行报告、自行监测数据等相关材料，以及生态环境主管部门及其所属监测机构在行政执法过程中收集的监测数据，综合判断排污单位采用的污染防治技术能否稳定达到排污许可证规定；对不能稳定达到排污许可证规定的，应当提出整改要求，并可以增加检查频次。

制定污染防治可行技术指南，应当征求有关部门、行业协会、企业事业单位和社会公众等方面的意见。

第三十一条 任何单位和个人对排污单位违反本条例规定的行为，均有向生态环境主管部门举报的权利。

接到举报的生态环境主管部门应当依法处理，按照有关规定向举报人反馈处理结果，并为举报人保密。

第五章 法律责任

第三十二条 违反本条例规定，生态环境主管部门在排污许可证审批或者监督管理中有下列行为之一的，由上级机关责令改正；对直接负责的主管人员和其他直接责任人员依法给予处分：

（一）对符合法定条件的排污许可证申请不予受理或者不在法定期限内审批；

（二）向不符合法定条件的排污单位颁发排污许可证；

（三）违反审批权限审批排污许可证；

（四）发现违法行为不予查处；

（五）不依法履行监督管理职责的其他行为。

第三十三条 违反本条例规定，排污单位有下列行为之一的，由生态环境主管部门责令改正或者限制生产、停产整治，处20万元以上100万元以下的罚款；情节严重的，报经有批准权的人民政府批准，责令停业、关闭：

（一）未取得排污许可证排放污染物；

（二）排污许可证有效期届满未申请延续或者延续申请未经批准排放污染物；

（三）被依法撤销、注销、吊销排污许可证后排放污染物；

（四）依法应当重新申请取得排污许可证，未重新申请取得排污许可证排放污染物。

第三十四条 违反本条例规定，排污单位有下列行为之一的，由生态环境主管部门责令改正或者限制生产、停产整治，处20万元以上100万元以下的罚款；情节严重的，吊销排污许可证，报经有批准权的人民政府批准，责令停业、关闭：

（一）超过许可排放浓度、许可排放量排放污染物；

（二）通过暗管、渗井、渗坑、灌注或者篡改、伪造监测数据，或者不正常运行污染防治设施等逃避监管的方式违法排放污染物。

第三十五条 违反本条例规定，排污单位有下列行为之一的，由生态环境主管部门责令改正，处5万元以上20万元以下的罚款；情节严重的，处20万元以上100万元以下的罚款，责令限制生产、停产整治：

（一）未按照排污许可证规定控制大气污染物无组织排放；

（二）特殊时段未按照排污许可证规定停止或者限制排放污染物。

第三十六条 违反本条例规定，排污单位有下列行为之一的，由生态环境主管部门责令改正，处2万元以上20万元以下的罚款；拒不改正的，责令停产整治：

（一）污染物排放口位置或者数量不符合排污许可证规定；

（二）污染物排放方式或者排放去向不符合排污许可证规定；

（三）损毁或者擅自移动、改变污染物排放自动监测设备；

（四）未按照排污许可证规定安装、使用污染物排放自动监测设备并与生态环境主管部门的监控设备联网，或者未保证污染物排放自动监测设备正常运行；

（五）未按照排污许可证规定制定自行监测方案并开展自行监测；

（六）未按照排污许可证规定保存原始监测记录；

（七）未按照排污许可证规定公开或者不如实公开污染物排放信息；

（八）发现污染物排放自动监测设备传输数据异常或者污染物排放超过污染物排放标准等异常情况不报告；

（九）违反法律法规规定的其他控制污染物排放要求的行为。

第三十七条 违反本条例规定，排污单位有下列行为之一的，由生态环境主管部门责令改正，处每次5千元以上2万元以下的罚款；法律另有规定的，从其规定：

（一）未建立环境管理台账记录制度，或者未按照排污许可证规定记录；

（二）未如实记录主要生产设施及污染防治设施运行情况或者污染物排放浓度、排放量；

（三）未按照排污许可证规定提交排污许可证执行报告；

（四）未如实报告污染物排放行为或者污染物排放浓度、排放量。

第三十八条 排污单位违反本条例规定排放污染物，受到罚款处罚，被责令改正的，生态环境主管部门应当组织复查，发现其继续实施该违法行为或者拒绝、阻挠复查的，依照《中华人民共和国环境保护法》的规定按日连续处罚。

第三十九条 排污单位拒不配合生态环境主管部门监督检查，或者在接受监督检查时弄虚作假的，由生态环境主管部门责令改正，处2万元以上20万元以下的罚款。

第四十条 排污单位以欺骗、贿赂等不正当手段申请取得排污许可证的，由审批部门依法撤销其排污许可证，处20万元以上50万元以下的罚款，3年内不得再次申请排污许可证。

第四十一条 违反本条例规定，伪造、变造、转让排污许可证的，由生态环境主管部门没收相关证件或者吊销排污许可证，处10万元以上30万元以下的罚款，3年内不得再次申请排污许可证。

第四十二条 违反本条例规定，接受审批部门委托的排污许可技术机构弄虚作假的，由审批部门解除委托关系，将相关信息记入其信用记录，在全国排污许可证管理信息平台上公布，同时纳入国家有关信用信息系统向社会公布；情节严重的，禁止从事排污许可技术服务。

第四十三条 需要填报排污登记表的企业事业单位和其他生产经营者，未依照本条例规定填报排污信息的，由生态环境主管部门责令改正，可以处5万元以下的罚款。

第四十四条 排污单位有下列行为之一，尚不构成犯罪的，除依照本条例规定予以处罚外，对其直接负责的主管人员和其他直接责任人员，依照《中华

人民共和国环境保护法》的规定处以拘留:

(一)未取得排污许可证排放污染物,被责令停止排污,拒不执行;

(二)通过暗管、渗井、渗坑、灌注或者篡改、伪造监测数据,或者不正常运行污染防治设施等逃避监管的方式违法排放污染物。

第四十五条 违反本条例规定,构成违反治安管理行为的,依法给予治安管理处罚;构成犯罪的,依法追究刑事责任。

第六章 附 则

第四十六条 本条例施行前已经实际排放污染物的排污单位,不符合本条例规定条件的,应当在国务院生态环境主管部门规定的期限内进行整改,达到本条例规定的条件并申请取得排污许可证;逾期未取得排污许可证的,不得继续排放污染物。整改期限内,生态环境主管部门应当向其下达排污限期整改通知书,明确整改内容、整改期限等要求。

第四十七条 排污许可证申请表、环境管理台账记录、排污许可证执行报告等文件的格式和内容要求,以及排污许可证申请与核发技术规范等,由国务院生态环境主管部门制定。

第四十八条 企业事业单位和其他生产经营者涉及国家秘密的,其排污许可、监督管理等应当遵守保密法律法规的规定。

第四十九条 飞机、船舶、机动车、列车等移动污染源的污染物排放管理,依照相关法律法规的规定执行。

第五十条 排污单位应当遵守安全生产规定,按照安全生产管理要求运行和维护污染防治设施,建立安全生产管理制度。

在运行和维护污染防治设施过程中违反安全生产规定,发生安全生产事故的,对负有责任的排污单位依照《中华人民共和国安全生产法》的有关规定予以处罚。

第五十一条 本条例自2021年3月1日起施行。

防范和处置非法集资条例

（2020 年 12 月 21 日国务院第 119 次常务会议通过　2021 年 1 月 26 日中华人民共和国国务院令第 737 号公布　自 2021 年 5 月 1 日起施行）

第一章　总　　则

第一条　为了防范和处置非法集资，保护社会公众合法权益，防范化解金融风险，维护经济秩序和社会稳定，制定本条例。

第二条　本条例所称非法集资，是指未经国务院金融管理部门依法许可或者违反国家金融管理规定，以许诺还本付息或者给予其他投资回报等方式，向不特定对象吸收资金的行为。

非法集资的防范以及行政机关对非法集资的处置，适用本条例。法律、行政法规对非法从事银行、证券、保险、外汇等金融业务活动另有规定的，适用其规定。

本条例所称国务院金融管理部门，是指中国人民银行、国务院金融监督管理机构和国务院外汇管理部门。

第三条　本条例所称非法集资人，是指发起、主导或者组织实施非法集资的单位和个人；所称非法集资协助人，是指明知是非法集资而为其提供帮助并获取经济利益的单位和个人。

第四条　国家禁止任何形式的非法集资，对非法集资坚持防范为主、打早打小、综合治理、稳妥处置的原则。

第五条　省、自治区、直辖市人民政府对本行政区域内防范和处置非法集资工作负总责，地方各级人民政府应当建立健全政府统一领导的防范和处置非法集资工作机制。县级以上地方人民政府应当明确防范和处置非法集资工作机制的牵头部门（以下简称处置非法集资牵头部门），有关部门以及国务院金融管理部门分支机构、派出机构等单位参加工作机制；乡镇人民政府应当明确牵头负责防范和处置非法集资工作的人员。上级地方人民政府应当督促、指导下级地方人民政府做好本行政区域防范和处置非法集资工作。

行业主管部门、监管部门应当按照职责分工，负责本行业、领域非法集资的防范和配合处置工作。

第六条　国务院建立处置非法集资部际联席会议（以下简称联席会议）制

度。联席会议由国务院银行保险监督管理机构牵头，有关部门参加，负责督促、指导有关部门和地方开展防范和处置非法集资工作，协调解决防范和处置非法集资工作中的重大问题。

第七条 各级人民政府应当合理保障防范和处置非法集资工作相关经费，并列入本级预算。

第二章 防 范

第八条 地方各级人民政府应当建立非法集资监测预警机制，纳入社会治安综合治理体系，发挥网格化管理和基层群众自治组织的作用，运用大数据等现代信息技术手段，加强对非法集资的监测预警。

行业主管部门、监管部门应当强化日常监督管理，负责本行业、领域非法集资的风险排查和监测预警。

联席会议应当建立健全全国非法集资监测预警体系，推动建设国家监测预警平台，促进地方、部门信息共享，加强非法集资风险研判，及时预警提示。

第九条 市场监督管理部门应当加强企业、个体工商户名称和经营范围等商事登记管理。除法律、行政法规和国家另有规定外，企业、个体工商户名称和经营范围中不得包含“金融”、“交易所”、“交易中心”、“理财”、“财富管理”、“股权众筹”等字样或者内容。

县级以上地方人民政府处置非法集资牵头部门、市场监督管理部门等有关部门应当建立会商机制，发现企业、个体工商户名称或者经营范围中包含前款规定以外的其他与集资有关的字样或者内容的，及时予以重点关注。

第十条 处置非法集资牵头部门会同互联网信息内容管理部门、电信主管部门加强对涉嫌非法集资的互联网信息和网站、移动应用程序等互联网应用的监测。经处置非法集资牵头部门组织认定为用于非法集资的，互联网信息内容管理部门、电信主管部门应当及时依法作出处理。

互联网信息服务提供者应当加强对用户发布信息的管理，不得制作、复制、发布、传播涉嫌非法集资的信息。发现涉嫌非法集资的信息，应当保存有关记录，并向处置非法集资牵头部门报告。

第十一条 除国家另有规定外，任何单位和个人不得发布包含集资内容的广告或者以其他方式向社会公众进行集资宣传。

市场监督管理部门会同处置非法集资牵头部门加强对涉嫌非法集资广告的监测。经处置非法集资牵头部门组织认定为非法集资的，市场监督管理部门应当及时依法查处相关非法集资广告。

广告经营者、广告发布者应当依照法律、行政法规查验相关证明文件，核对广告内容。对没有相关证明文件且包含集资内容的广告，广告经营者不得提供设计、制作、代理服务，广告发布者不得发布。

第十二条 处置非法集资牵头部门与所在地国务院金融管理部门分支机构、派出机构应当建立非法集资可疑资金监测机制。国务院金融管理部门及其分支机构、派出机构应当按照职责分工督促、指导金融机构、非银行支付机构加强对资金异常流动情况及其他涉嫌非法集资可疑资金的监测工作。

第十三条 金融机构、非银行支付机构应当履行下列防范非法集资的义务：

（一）建立健全内部管理制度，禁止分支机构和员工参与非法集资，防止他人利用其经营场所、销售渠道从事非法集资；

（二）加强对社会公众防范非法集资的宣传教育，在经营场所醒目位置设置警示标识；

（三）依法严格执行大额交易和可疑交易报告制度，对涉嫌非法集资资金异常流动的相关账户进行分析识别，并将有关情况及时报告所在地国务院金融管理部门分支机构、派出机构和处置非法集资牵头部门。

第十四条 行业协会、商会应当加强行业自律管理、自我约束，督促、引导成员积极防范非法集资，不组织、不协助、不参与非法集资。

第十五条 联席会议应当建立中央和地方上下联动的防范非法集资宣传教育工作机制，推动全国范围内防范非法集资宣传教育工作。

地方各级人民政府应当开展常态化的防范非法集资宣传教育工作，充分运用各类媒介或者载体，以法律政策解读、典型案例剖析、投资风险教育等方式，向社会公众宣传非法集资的违法性、危害性及其表现形式等，增强社会公众对非法集资的防范意识和识别能力。

行业主管部门、监管部门以及行业协会、商会应当根据本行业、领域非法集资风险特点，有针对性地开展防范非法集资宣传教育活动。

新闻媒体应当开展防范非法集资公益宣传，并依法对非法集资进行舆论监督。

第十六条 对涉嫌非法集资行为，任何单位和个人有权向处置非法集资牵头部门或者其他有关部门举报。

国家鼓励对涉嫌非法集资行为进行举报。处置非法集资牵头部门以及其他有关部门应当公开举报电话和邮箱等举报方式、在政府网站设置举报专栏，接受举报，及时依法处理，并为举报人保密。

第十七条 居民委员会、村民委员会发现所在区域有涉嫌非法集资行为的，应当向当地人民政府、处置非法集资牵头部门或者其他有关部门报告。

第十八条 处置非法集资牵头部门和行业主管部门、监管部门发现本行政区域或者本行业、领域可能存在非法集资风险的，有权对相关单位和个人进行警示约谈，责令整改。

第三章 处 置

第十九条 对本行政区域内的下列行为，涉嫌非法集资的，处置非法集资牵头部门应当及时组织有关行业主管部门、监管部门以及国务院金融管理部门分支机构、派出机构进行调查认定：

（一）设立互联网企业、投资及投资咨询类企业、各类交易场所或者平台、农民专业合作社、资金互助组织以及其他组织吸收资金；

（二）以发行或者转让股权、债权，募集基金，销售保险产品，或者以从事各类资产管理、虚拟货币、融资租赁业务等名义吸收资金；

（三）在销售商品、提供服务、投资项目等商业活动中，以承诺给付货币、股权、实物等回报的形式吸收资金；

（四）违反法律、行政法规或者国家有关规定，通过大众传播媒介、即时通信工具或者其他方式公开传播吸收资金信息；

（五）其他涉嫌非法集资的行为。

第二十条 对跨行政区域的涉嫌非法集资行为，非法集资人为单位的，由其登记地处置非法集资牵头部门组织调查认定；非法集资人为个人的，由其住所地或者经常居住地处置非法集资牵头部门组织调查认定。非法集资行为发生地、集资资产所在地以及集资参与人所在地处置非法集资牵头部门应当配合调查认定工作。

处置非法集资牵头部门对组织调查认定职责存在争议的，由其共同的上级处置非法集资牵头部门确定；对跨省、自治区、直辖市组织调查认定职责存在争议的，由联席会议确定。

第二十一条 处置非法集资牵头部门组织调查涉嫌非法集资行为，可以采取下列措施：

（一）进入涉嫌非法集资的场所进行调查取证；

（二）询问与被调查事件有关的单位和个人，要求其对有关事项作出说明；

（三）查阅、复制与被调查事件有关的文件、资料、电子数据等，对可能被转移、隐匿或者毁损的文件、资料、电子设备等予以封存；

（四）经处置非法集资牵头部门主要负责人批准，依法查询涉嫌非法集资的有关账户。

调查人员不得少于2人，并应当出示执法证件。

与被调查事件有关的单位和个人应当配合调查，不得拒绝、阻碍。

第二十二条 处置非法集资牵头部门对涉嫌非法集资行为组织调查，有权要求暂停集资行为，通知市场监督管理部门或者其他有关部门暂停为涉嫌非法集资的有关单位办理设立、变更或者注销登记。

第二十三条 经调查认定属于非法集资的，处置非法集资牵头部门应当责令非法集资人、非法集资协助人立即停止有关非法活动；发现涉嫌犯罪的，应当按照规定及时将案件移送公安机关，并配合做好相关工作。

行政机关对非法集资行为的调查认定，不是依法追究刑事责任的必经程序。

第二十四条 根据处置非法集资的需要，处置非法集资牵头部门可以采取下列措施：

（一）查封有关经营场所，查封、扣押有关资产；

（二）责令非法集资人、非法集资协助人追回、变价出售有关资产用于清退集资资金；

（三）经设区的市级以上地方人民政府处置非法集资牵头部门决定，按照规定通知出入境边防检查机关，限制非法集资的个人或者非法集资单位的控股股东、实际控制人、董事、监事、高级管理人员以及其他直接责任人员出境。

采取前款第一项、第二项规定的措施，应当经处置非法集资牵头部门主要负责人批准。

第二十五条 非法集资人、非法集资协助人应当向集资参与人清退集资资金。清退过程应当接受处置非法集资牵头部门监督。

任何单位和个人不得从非法集资中获取经济利益。

因参与非法集资受到的损失，由集资参与人自行承担。

第二十六条 清退集资资金来源包括：

（一）非法集资资金余额；

（二）非法集资资金的收益或者转换的其他资产及其收益；

（三）非法集资人及其股东、实际控制人、董事、监事、高级管理人员和其他相关人员从非法集资中获得的经济利益；

（四）非法集资人隐匿、转移的非法集资资金或者相关资产；

（五）在非法集资中获得的广告费、代言费、代理费、好处费、返点费、佣金、提成等经济利益；

（六）可以作为清退集资资金的其他资产。

第二十七条 为非法集资设立的企业、个体工商户和农民专业合作社，由市场监督管理部门吊销营业执照。为非法集资设立的网站、开发的移动应用程序等互联网应用，由电信主管部门依法予以关闭。

第二十八条 国务院金融管理部门及其分支机构、派出机构，地方人民政府有关部门以及其他有关单位和个人，对处置非法集资工作应当给予支持、配合。

任何单位和个人不得阻挠、妨碍处置非法集资工作。

第二十九条 处置非法集资过程中，有关地方人民政府应当采取有效措施维护社会稳定。

第四章 法律责任

第三十条 对非法集资人，由处置非法集资牵头部门处集资金额20%以上1倍以下的罚款。非法集资人为单位的，还可以根据情节轻重责令停产停业，由有关机关依法吊销许可证、营业执照或者登记证书；对其法定代表人或者主要负责人、直接负责的主管人员和其他直接责任人员给予警告，处50万元以上500万元以下的罚款。构成犯罪的，依法追究刑事责任。

第三十一条 对非法集资协助人，由处置非法集资牵头部门给予警告，处违法所得1倍以上3倍以下的罚款；构成犯罪的，依法追究刑事责任。

第三十二条 非法集资人、非法集资协助人不能同时履行所承担的清退集资资金和缴纳罚款义务时，先清退集资资金。

第三十三条 对依照本条例受到行政处罚的非法集资人、非法集资协助人，由有关部门建立信用记录，按照规定将其信用记录纳入全国信用信息共享平台。

第三十四条 互联网信息服务提供者未履行对涉嫌非法集资信息的防范和处置义务的，由有关主管部门责令改正，给予警告，没收违法所得；拒不改正或者情节严重的，处10万元以上50万元以下的罚款，并可以根据情节轻重责令暂停相关业务、停业整顿、关闭网站、吊销相关业务许可证或者吊销营业执照，对直接负责的主管人员和其他直接责任人员处1万元以上10万元以下的罚款。

广告经营者、广告发布者未按照规定查验相关证明文件、核对广告内容的，由市场监督管理部门责令改正，并依照《中华人民共和国广告法》的规定予以处罚。

第三十五条 金融机构、非银行支付机构未履行防范非法集资义务的，由国务院金融管理部门或者其分支机构、派出机构按照职责分工责令改正,给予警告,没收违法所得;造成严重后果的,处100万元以上500万元以下的罚款,对直接负责的主管人员和其他直接责任人员给予警告,处10万元以上50万元以下的罚款。

第三十六条 与被调查事件有关的单位和个人不配合调查,拒绝提供相关文件、资料、电子数据等或者提供虚假文件、资料、电子数据等的,由处置非法集资牵头部门责令改正,给予警告,处5万元以上50万元以下的罚款。

阻碍调查人员依法执行职务,构成违反治安管理行为的,由公安机关依法给予治安管理处罚;构成犯罪的,依法追究刑事责任。

第三十七条 国家机关工作人员有下列行为之一的,依法给予处分:

(一)明知所主管、监管的单位有涉嫌非法集资行为,未依法及时处理;

(二)未按照规定及时履行对非法集资的防范职责,或者不配合非法集资处置,造成严重后果;

(三)在防范和处置非法集资过程中滥用职权、玩忽职守、徇私舞弊;

(四)通过职务行为或者利用职务影响,支持、包庇、纵容非法集资。

前款规定的行为构成犯罪的,依法追究刑事责任。

第五章 附 则

第三十八条 各省、自治区、直辖市可以根据本条例制定防范和处置非法集资工作实施细则。

第三十九条 未经依法许可或者违反国家金融管理规定,擅自从事发放贷款、支付结算、票据贴现等金融业务活动的,由国务院金融管理部门或者地方金融管理部门按照监督管理职责分工进行处置。

法律、行政法规对其他非法金融业务活动的防范和处置没有明确规定的,参照本条例的有关规定执行。其他非法金融业务活动的具体类型由国务院金融管理部门确定。

第四十条 本条例自2021年5月1日起施行。1998年7月13日国务院发布的《非法金融机构和非法金融业务活动取缔办法》同时废止。

国务院文件

国务院办公厅关于推动药品集中带量采购工作常态化制度化开展的意见

（2021年1月22日　国办发〔2021〕2号）

药品集中带量采购是协同推进医药服务供给侧改革的重要举措。党的十九大以来，按照党中央、国务院决策部署，药品集中带量采购改革取得明显成效，在增进民生福祉、推动三医联动改革、促进医药行业健康发展等方面发挥了重要作用。为推动药品集中带量采购工作常态化制度化开展，经国务院同意，现提出如下意见。

一、总体要求

（一）指导思想。以习近平新时代中国特色社会主义思想为指导，全面贯彻党的十九大和十九届二中、三中、四中、五中全会精神，坚持以人民为中心的发展思想，完善以市场为主导的药品价格形成机制，发挥医保基金战略性购买作用，推动药品集中带量采购工作常态化制度化开展，健全政府组织、联盟采购、平台操作的工作机制，加快形成全国统一开放的药品集中采购市场，引导药品价格回归合理水平，有力减轻群众用药负担，促进医药行业健康发展，推动公立医疗机构改革，更好保障人民群众病有所医。

（二）基本原则。一是坚持需求导向，质量优先。根据临床用药需求，结合医保基金和患者承受能力，合理确定集中带量采购药品范围，保障药品质量和供应，满足人民群众基本医疗用药需求。二是坚持市场主导，促进竞争。建立公开透明的市场竞争机制，引导企业以成本和质量为基础开展公平竞争，完善市场发现价格的机制。三是坚持招采合一，量价挂钩。明确采购量，以量换价、确保使用，畅通采购、使用、结算等环节，有效治理药品回扣。四是坚持政策衔接，部门协同。完善药品质量监管、生产供应、流通配送、医疗服务、医保支付、市场监管等配套政策，加强部门联动，注重改革系统集成、协同高效，与药品集中带量采购制度相互支持、相互促进。

二、明确覆盖范围

（三）药品范围。按照保基本、保临床的原则，重点将基本医保药品目录内用量大、采购金额高的药品纳入采购范围，逐步覆盖国内上市的临床必需、质量可靠的各类药品，做到应采尽采。对通过（含视同通过，下同）仿制药质量和疗效一致性评价（以下简称一致性评价）的药品优先纳入采购范围。符合条件的药品达到一定数量或金额，即启动集中带量采购。积极探索“孤儿药”、短缺药的适宜采购方式，促进供应稳定。

（四）企业范围。已取得集中带量采购范围内药品注册证书的上市许可持有人（药品上市许可持有人为境外企业的，由其依照《中华人民共和国药品管理法》指定履行药品上市许可持有人义务的中国境内的企业法人），在质量标准、生产能力、供应稳定性等方面达到集中带量采购要求的，原则上均可参加。参加集中带量采购的企业应对药品质量和供应保障作出承诺。

（五）医疗机构范围。所有公立医疗机构（含军队医疗机构，下同）均应参加药品集中带量采购，医保定点社会办医疗机构和定点药店按照定点协议管理的要求参照执行。

三、完善采购规则

（六）合理确定采购量。药品采购量基数根据医疗机构报送的需求量，结合上年度使用量、临床使用状况和医疗技术进步等因素进行核定。约定采购比例根据药品临床使用特征、市场竞争格局和中选企业数量等合理确定，并在保障质量和供应、防范垄断的前提下尽可能提高。约定采购量根据采购量基数和约定采购比例确定，在采购文书中公开。鼓励公立医疗机构对药品实际需求量超出约定采购量以外的部分，优先采购中选产品，也可通过省级药品集中采购平台采购其他价格适宜的挂网品种。

（七）完善竞争规则。对通过一致性评价的仿制药、原研药和参比制剂不设置质量分组，直接以通用名为竞争单元开展集中带量采购，不得设置保护性或歧视性条款。对一致性评价尚未覆盖的药品品种，要明确采购质量要求，探索建立基于大数据的临床使用综合评价体系，同通用名药品分组原则上不超过2个。按照合理差比价关系，将临床功效类似的同通用名药品同一给药途径的不同剂型、规格、包装及其采购量合并，促进竞争。探索对适应症或功能主治相似的不同通用名药品合并开展集中带量采购。挂网药品通过一致性评价的仿制药数量超过3个的，在确保供应的前提下，集中带量采购不再选用未通过一致性评价的产品。

（八）优化中选规则。基于现有市场价格确定采购药品最高有效申报价等入围条件。根据市场竞争格局、供应能力确定可中选企业数量，体现规模效应和有效竞争。企业自愿参与、自主报价。通过质量和价格竞争产生中选企业和中选价格。中选结果应体现量价挂钩原则，明确各家中选企业的约定采购量。同通用名药品有多家中选企业的，价格差异应公允合理。根据中选企业数量合理确定采购协议期。

（九）严格遵守协议。各方应严格遵守法律法规和协议约定，落实中选结果，依法享有权利、履行义务并承担相应责任。采购协议期满后，应着眼于稳定市场预期、稳定价格水平、稳定临床用药，综合考虑质量可靠、供应稳定、信用优良、临床需求等因素，坚持招采合一、量价挂钩，依法依规确定供应企业、约定采购量和采购协议期；供求关系和市场格局发生重大变化的，可通过竞价、议价、谈判、询价等方式，产生中选企业、中选价格、约定采购量和采购协议期。

四、强化保障措施

（十）加强质量保障。严格药品质量入围标准，强化中选企业保证产品质量的主体责任。落实地方政府属地监管责任，将中选药品列入重点监管品种，按照“最严谨的标准、最严格的监管、最严厉的处罚、最严肃的问责”要求，加强生产、流通、使用的全链条质量监管。医疗机构应加强中选药品不良反应监测，发现疑似不良反应及时按程序报告。完善部门协调和监管信息沟通机制，加快推进药品生产流通使用全过程追溯体系建设，基本实现中选药品全程可查询、可追溯。依法依规处置药品质量问题。

（十一）做好供应配送。中选企业应做好市场风险预判和防范，按照采购合同组织药品生产，按要求报告产能、库存和供应等情况，确保在采购周期内及时满足医疗机构的中选药品采购需求。中选药品由中选企业自主委托配送企业配送或自行配送，配送费用由中选企业承担。配送方应具备药品配送相应资质和完备的药品流通追溯体系，有能力覆盖协议供应地区，及时响应医疗机构采购订单并配送到位。加强偏远地区配送保障。出现无法及时供应的，除不可抗力因素外，中选企业应承担相应责任和由此产生的所有费用，否则将被视为失信违约行为。

（十二）确保优先使用。医疗机构应根据临床用药需求优先使用中选药品，并按采购合同完成约定采购量。医疗机构在医生处方信息系统中设定优先推荐选用集中带量采购品种的程序，临床医师按通用名开具处方，药学人员加强处方审核和调配。将医疗机构采购和使用中选药品情况纳入公立医疗机构绩效考核、医疗机构负责人目标责任考核范围，并作为医保总额指标制定的重要依据。

五、完善配套政策

（十三）改进结算方式。医疗机构应承担采购结算主体责任，按采购合同与企业及时结清药款，结清时间不得超过交货验收合格后次月底。在医保基金总额预算基础上，建立药品集中带量采购预付机制，医保基金按不低于年度约定采购金额的30%专项预付给医疗机构，之后按照医疗机构采购进度，从医疗机构申请拨付的医疗费用中逐步冲抵预付金。在落实医疗机构采购结算主体责任的前提下，探索通过在省级药品集中采购机构设立药品电子结算中心等方式，推进医保基金与医药企业直接结算。医保经办机构对医疗机构申请结算的医疗费用要及时审核，并足额支付合理医疗费用。

（十四）做好中选价格与医保支付标准协同。对医保目录内的集中带量采购药品，以中选价格为基准确定医保支付标准。对同通用名下的原研药、参比制剂、通过一致性评价的仿制药，实行同一医保支付标准。对未通过一致性评价的仿制药，医保支付标准不得高于同通用名下已通过一致性评价的药品。

（十五）完善对医疗机构的激励机制。对因集中带量采购节约的医保资金，按照相关规定给予医疗机构结余留用激励。在集中带量采购覆盖的药品品种多、金额大、涉及医疗机构多的情况下，要开展医疗服务价格动态调整评估，符合条件的及时调整医疗服务价格。定点医疗机构应完善内部考核办法和薪酬机制，促进临床医师和药学人员合理用药，鼓励优先使用中选产品。

六、健全运行机制

（十六）完善药品集中采购平台功能。省级药品集中采购机构要依托药品集中采购平台，以医保支付为基础，在药品集中采购主管部门领导下，对招标、采购、交易、结算进行管理，提高透明度。省域范围内所有公立医疗机构应在本省（自治区、直辖市）药品集中采购平台上采购全部所需药品。加强药品集中采购平台规范化建设，统一基本操作规则、工作流程和药品挂网撤网标准，统一医保药品分类和代码，统一药品采购信息标准，实现省际药品集中采购信息互联互通，加快形成全国统一开放的药品集中采购市场，建立健全医药价格和招采信用评价制度，依法依规实行全网动态守信激励和失信惩戒。促进医保信息平台、国家药品供应保障综合管理信息平台、区域全民健康信息平台和全国信用信息共享平台信息共享。

（十七）健全联盟采购机制。按照政府组织、联盟采购、平台操作的要求，推进构建区域性、全国性联盟采购机制。医疗保障部门会同有关部门指导或组织相关地区和医疗机构形成药品集中采购联盟，加强工作协调，部署落实重点任务；联盟地区药品集中采购机构共同成立跨区域联合采购办公室，代表联盟地区医疗机构实施药品集中带量采购，组织并督促执行采购结果。进一步完善国家组织药品集中带量采购的常态化、专业化运作机制，由上海市医药集中招标采购事务管理所承担国家组织药品联合采购办公室日常工作并负责具体实施。

七、强化组织保障

（十八）加强组织领导。国家医保局、国家卫生健康委、国家药监局、工业和信息化部要完善药品集中带量采购工作机制，相互协调、密切配合。国家医保局要切实担负起药品集中带量采购工作常态化制度化开展的统筹协调和督促指导责任，完善相关政策措施，适时开展监测分析、督导检查、总结评估。财政部、商务部、市场监管总局等有关部门要加强政策协同和工作配合，形成合力。地方人民政府要加强对本地区药品集中带量采购工作的组织领导，深入落实各项政策措施，积极开展探索创新，确保药品集中带量采购工作有序推进。

（十九）分级开展工作。国家组织对部分通过一致性评价的药品开展集中带量采购，根据市场情况开展专项采购，指导各地开展采购工作。各省（自治区、直辖市）对本区域内除国家组织集中带量采购范围以外的药品独立或与其他省份组成联盟开展集中带量采购，并指导具备条件的地市级统筹地区开展采购工作。地市级统筹地区应根据所在省（自治区、直辖市）安排，就上级组织集中带量采购范围以外的药品独立或与其他地区组成联盟开展集中带量采购。对尚未纳入政府组织集中带量采购范围的药品，医疗机构可在省级药品集中采购平台上自主或委托开展采购。集中带量采购中选价格应及时报上级医药价格主管部门备案。

（二十）做好宣传引导。各地区各有关部门要全面准确解读药品集中带量采购政策，大力宣传集中带量采购取得的成效、典型案例、创新做法，以及不断增强人民群众获得感、幸福感、安全感的重要作用。充分发挥医务人员在临床用药中的作用，做好解释引导工作。完善重大舆情监测和应对处置机制，主动回应社会关切，凝聚社会共识，营造良好舆论氛围。

国务院办公厅印发关于加快中医药特色发展若干政策措施的通知

（2021 年 1 月 22 日　国办发〔2021〕3 号）

《关于加快中医药特色发展的若干政策措施》已经国务院同意，现印发给你们，请认真贯彻执行。

关于加快中医药特色发展的若干政策措施

党的十八大以来,以习近平同志为核心的党中央把中医药工作摆在突出位置,中医药改革发展取得显著成绩。新冠肺炎疫情发生后,中医药全面参与疫情防控救治,作出了重要贡献。但也要看到,中医药仍然一定程度存在高质量供给不够、人才总量不足、创新体系不完善、发展特色不突出等问题。要坚持以习近平新时代中国特色社会主义思想为指导,全面贯彻落实党的十九大和十九届二中、三中、四中、五中全会精神,进一步落实《中共中央 国务院关于促进中医药传承创新发展的意见》和全国中医药大会部署,遵循中医药发展规律,认真总结中医药防治新冠肺炎经验做法,破解存在的问题,更好发挥中医药特色和比较优势,推动中医药和西医药相互补充、协调发展。为此,现提出如下政策措施。

一、夯实中医药人才基础

(一)提高中医药教育整体水平。建立以中医药课程为主线、先中后西的中医药类专业课程体系,增设中医疫病课程。支持中医药院校加强中医药传统文化功底深厚、热爱中医的优秀学生选拔培养。强化中医思维培养和中医临床技能培训,并作为学生学业评价主要内容。加强"双一流"建设对中医药院校和学科的支持。布局建设100个左右中医药类一流本科专业建设点。推进高职中医药类高水平专业群建设。强化高校附属医院中医临床教学职能。(教育部、国家发展改革委、国家中医药局负责,排第一位的为牵头单位,下同)

(二)坚持发展中医药师承教育。增加多层次的师承教育项目,扩大师带徒范围和数量,将师承教育贯穿临床实践教学全过程。长期坚持推进名老中医药专家学术经验继承、优秀中医临床人才研修、传承工作室建设等项目。绩效工资分配对承担带徒任务的中医医师适当倾斜。在全国老中医药专家学术经验继承工作中,按程序支持符合条件的继承人以医古文代替外语作为同等学力申请中医专业学位考试科目。(国家中医药局、人力资源社会保障部、教育部、国家卫生健康委、各省级人民政府负责)

(三)加强中医药人才评价和激励。鼓励各地结合实际,建立中医药优秀人才评价和激励机制。将中医药学才能、医德医风作为中医药人才主要评价标准,将会看病、看好病作为中医医师的主要评价内容。在院士评选、国家重大人才工程等高层次人才评选中,探索中医药人才单列计划、单独评价。(人力资源社会保障部、国家卫生健康委、国家中医药局、工程院、中科院、各省级

人民政府分别负责)

二、提高中药产业发展活力

(四)优化中药审评审批管理。加快推进中药审评审批机制改革,加强技术支撑能力建设,提升中药注册申请技术指导水平和注册服务能力,强化部门横向联动,建立科技、医疗、中医药等部门推荐符合条件的中药新药进入快速审评审批通道的有效机制。以中医临床需求为导向,加快推进国家重大科技项目成果转化。统筹内外部技术评估力量,探索授予第三方中医药研究平台专业资质、承担国家级中医药技术评估工作。增加第三方中药新药注册检验机构数量。(国家药监局、国家卫生健康委、科技部、国家中医药局负责)

(五)完善中药分类注册管理。尊重中药研发规律,完善中药注册分类和申报要求。优化具有人用经验的中药新药审评审批,对符合条件的中药创新药、中药改良型新药、古代经典名方、同名同方药等,研究依法依规实施豁免非临床安全性研究及部分临床试验的管理机制。充分利用数据科学等现代技术手段,建立中医药理论、人用经验、临床试验"三结合"的中药注册审评证据体系,积极探索建立中药真实世界研究证据体系。优化古代经典名方中药复方制剂注册审批。完善中药新药全过程质量控制的技术研究指导原则体系。(国家药监局、国家卫生健康委、国家中医药局负责)

三、增强中医药发展动力

(六)保障落实政府投入。各级政府作为公立中医医院的办医主体,落实对公立中医医院基本建设、设备购置、重点学科发展、人才培养等政府投入政策。支持通过地方政府专项债券等渠道,推进符合条件的公立中医医院建设项目。(国家发展改革委、财政部、国家卫生健康委、国家中医药局、各省级人民政府负责)

(七)多方增加社会投入。鼓励有条件、有实力、有意愿的地方先行一步,灵活运用地方规划、用地、价格、保险、融资支持政策,鼓励、引导社会投入,提高中医临床竞争力,打造中医药健康服务高地和学科、产业集聚区。将符合条件的中医诊所纳入医联体建设。鼓励有条件的中医诊所组建团队开展家庭医生签约服务,按规定收取签约服务费。鼓励街道社区为提供家庭医生服务的中医诊所无偿提供诊疗场所。(国家中医药局、国家卫生健康委、各省级人民政府负责)

(八)加强融资渠道支持。积极支持符合条件的中医药企业上市融资和发行公司信用类债券。鼓励社会资本发起设立中医药产业投资基金,加大对中医药产业的长期投资力度。鼓励各级政府依法合规支持融资担保机构加大对中医药领域中小企业银行贷款的担保力度。支持信用服务机构提升中医药行业信用信息归集和加工能力，鼓励金融机构创新金融产品，支持中医药特色发展。（国家发展改革委、人民银行、银保监会、证监会、各省级人民政府负责）

四、完善中西医结合制度

（九）创新中西医结合医疗模式。在综合医院、传染病医院、专科医院等逐步推广“有机制、有团队、有措施、有成效”的中西医结合医疗模式。强化临床科室中医医师配备，打造中西医结合团队，开展中西医联合诊疗，“宜中则中、宜西则西”，逐步建立中西医多学科诊疗体系。鼓励科室间、院间和医联体内部开展中西医协作。将中西医结合工作成效纳入医院等级评审和绩效考核。对医院临床医师开展中医药专业知识轮训，使其具备本科室专业领域的常规中医诊疗能力。（国家卫生健康委、国家中医药局负责）

（十）健全中西医协同疫病防治机制。中医药系统人员第一时间全面参与公共卫生应急处置，中医药防治举措全面融入应急预案和技术方案。建立国家中医药应对重大公共卫生事件和疫病防治骨干人才库，建设国家中医疫病防治和紧急医学救援队伍，强化重大传染病防控理论技术方法和相关现代医学技术培训。探索疾病预防控制机构建立中医药部门和专家队伍。（国家卫生健康委、国家中医药局负责）

（十一）完善西医学习中医制度。2021级起，将中医药课程列为本科临床医学类专业必修课和毕业实习内容，增加课程学时。在高职临床医学专业中开设中医基础与适宜技术必修课程。允许攻读中医专业学位的临床医学类专业学生参加中西医结合医师资格考试和中医医师规范化培训。试点开展九年制中西医结合教育。加强临床医学类专业住院医师规范化培训基地中医药科室建设，逐步增加中医药知识技能培训内容。临床、口腔、公共卫生类别医师接受必要的中医药继续教育。研究实施西医学习中医重大专项，用10－15年时间，培养相当数量的高层次中西医结合人才和能够提供中西医结合服务的全科医生。（教育部、国家卫生健康委、国家中医药局分别负责）

（十二）提高中西医结合临床研究水平。开展中西医结合学科（专科）建设。开展重大疑难疾病、传染病、慢性病等中西医联合攻关。逐步建立中西医结合临床疗效评价标准，遴选形成优势病种目录。开展试点示范，力争用5年时间形成100个左右中西医结合诊疗方案。（科技部、国家卫生健康委、国家中医药局负责）

五、实施中医药发展重大工程

（十三）实施中医药特色人才培养工程。依托现有资源和资金渠道，用5－10年时间，评选表彰300名左右国医大师和全国名中医，培育500名左右岐黄学者、3000名左右中医药优秀人才、10万名左右中医药骨干人才，强化地方、机构培养责任，建立人才培养经费的中央、地方、机构分担机制。开展中医药卓越师资培养，重点加强中医基础、经典、临床师资培训。加强高校附属医院、中医规范化培训基地等人才培养平台建设。支持建设一批中医基础类、经典类、疫病防治类和中药炮制类、鉴定类高水平学科。开展基层中医药知识技能培训。（国家中医药局、教育部、国家卫生健康委、各省级人民政府负责）

（十四）加强中医医疗服务体系建设。省、委（局）共建一批中医（含中西医结合）方向的国家医学中心和区域医疗中心。加快打造中医临床能力强、中医药文化氛围浓郁、功能布局优化的中医药传承创新中心。推动省域、市域优质中医资源扩容和均衡布局，建设优势病种特色鲜明的中医医院和科室。依托高水平中医医院建设国家中医疫病防治基地，打造一批紧急医学救援基地，加强中医医院感染科、肺病科、发热门诊、可转换传染病区、可转换重症监护室等建设。打造中西医协同“旗舰”医院、“旗舰”科室、“旗舰”基层医疗卫生机构。（国家发展改革委、教育部、国家卫生健康委、国家中医药局、各省级人民政府负责）

（十五）加强中医药科研平台建设。有序推动中医重点领域生物安全三级实验室建设。围绕中医理论、中药资源、中药创新、中医药疗效评价等重点领域建设国家重点实验室。加强服务于中医药技术装备发展和成果转化应用示范的国家科技创新基地建设。聚焦中医优势病种和特色疗法等建设10－20个中医类国家临床医学研究中心。建设一批服务于应对突发公共卫生事件的中医药科研支撑平台。（国家中医药局、国家发展改革委、教育部、科技部、国家卫生健康委、中科院负责）

（十六）实施名医堂工程。以优势中医医疗机构和团队为依托，建立一批名医堂执业平台。国医大师、名老中医、岐黄学者等名医团队入驻名医堂的，实行创业扶持、品牌保护、自主执业、自主运营、自主培养、自负盈亏综合政策，打造一批名医团队运营的精品中医机构。鼓励和支持有经验的社会力量兴办连锁经营的名医堂，突出特色和品牌，打造一流就医环境，提供一流中医药服务。（国家中医药局、国家发展改革委负责）

（十七）实施中医药产学研医政联合攻关工程。依托高水平研究机构、高等院校、中医医院以及中药创新企业，建设一批代表国家水平的中医药研究和科技成果孵化转化基地，解决制约中医药发展的重大科技问题，制定一批中医特色诊疗方案，转化形成一批中医药先进装备、中药新药。支持中医医院与企业、科研机构、学校加强协作、共享资源，促进优秀研究成果投入市场应用。探索运用区块链等技术加强中医药临床效果搜集和客观评价。（科技部、国家发展改革委、教育部、工业和信息化部、国家卫生健康委、国家中医药局负责）

（十八）实施道地中药材提升工程。加强道地药材良种繁育基地和生产基地建设。制定中药材采收、产地初加工、生态种植、野生抚育、仿野生栽培技术规范，推进中药材规范化种植，鼓励发展中药材种植专业合作社和联合社。推动建设一批标准化、集约化、规模化和产品信息可追溯的现代中药材物流基地，培育一批符合中药材现代化物流体系标准的初加工与仓储物流中心。引导医疗机构、制药企业、中药饮片厂采购有质量保证、可溯源的中药材。深入实施中药标准化项目。加强中药材质量安全风险评估与风险监测，促进快速检测装备研发和技术创新，建设第三方检测平台。（农业农村部、国家林草局、工业和信息化部、商务部、市场监管总局、国家中医药局负责）

（十九）建设国家中医药综合改革示范区。改革体制机制，充分调动地方积极性、主动性、创造性，补短板、强弱项、扬优势，加快建立健全中医药法规、发展政策举措、管理体系、评价体系和标准体系，提升中医药治理体系和治理能力现代化水平，打造3－5个中医药事业产业高质量发展的排头兵。（国家中医药局、国家发展改革委、国家卫生健康委、工业和信息化部、国家药监局负责）

（二十）实施中医药开放发展工程。制定“十四五”中医药“一带一路”发展规划。鼓励和支持社会力量采取市场化方式，与有合作潜力和意愿的国家共同建设一批友好中医医院、中医药产业园。发展“互联网＋中医药贸易”，为来华接受中医药服务人员提供签证便利。协调制定国际传统医药标准和监管规则，支持国际传统医药科技合作。（国家发展改革委、商务部、外交部、海关总署、国家药监局、国家中医药局分别负责）

六、提高中医药发展效益

（二十一）完善中医药服务价格政策。建立以临床价值和技术劳务价值为主要依据的中医医疗服务卫生技术评估体系，优化中医医疗服务价格政策。落实医疗服务价格动态调整机制，每年开展调价评估，符合启动条件的及时调整价格，充分考虑中医医疗服务特点，完善分级定价政策，重点将功能疗效明显、患者广泛接受、特色优势突出、体现劳务价值、应用历史悠久的中医医疗服务项目纳入调价范围。医疗机构炮制使用的中药饮片、中药制剂实行自主定价，符合条件的按规定纳入医保支付范围。（国家医保局、国家卫生健康委、国家中医药局负责）

（二十二）健全中医药医保管理措施。大力支持将疗效和成本有优势的中医医疗服务项目纳入基本医疗保险支付范围，综合考虑有效性、经济性等因素，按规定合理确定目录甲乙分类。探索符合中医药特点的医保支付方式，发布中医优势病种，鼓励实行中西医同病同效同价。一般中医药诊疗项目继续按项目付费。鼓励商业保险公司推出中医药特色健康保险产品，建立保险公司与中医药机构的信息对接机制。支持保险公司、中医药机构合作开展健康管理服务。加强纳入基本医疗保险支付范围的中医药服务和费用监管。（国家医保局、国家卫生健康委、银保监会、国家中医药局负责）

（二十三）合理开展中医非基本服务。在公立中医医疗机构基本医疗服务总量满足人民群众需要、基本医疗费用保持平稳的基础上，支持其提供商业医疗保险覆盖的非基本医疗服务。探索有条件的地方对完成公益性服务绩效好的公立中医医疗机构放宽特需医疗服务比例限制，允许公立中医医疗机构在政策范围内自主设立国际医疗部，自主决定国际医疗的服务量、项目、价格，收支结余主要用于改善职工待遇、加强专科建设和医院建设发展。（国家卫生健康委、国家中医药局、银保监会、各省级人民政府分别负责）

七、营造中医药发展良好环境

（二十四）加强中医药知识产权保护。制定中药领域发明专利审查指导意见，进一步提高中医药领域专利审查质量，推进中药技术国际专利申请。完善中药商业秘密保护制度，强化适宜性保密，提升保密内容商业价值，加强国际保护。在地理标志保护机制下，做好道地药材标志保护和运用。探索将具有独特炮制方法的中药饮片纳入中药品种保护范围。（市场监管总局、国家知识产权局、国家中医药局、国家药监局分别负责）

（二十五）优化中医药科技管理。加强国家中医药科技研发工作，加强中医药科研方法学、疗效评价、伦理审查等研究。鼓励各省（自治区、直辖市）设立中医药科技专项，由中医药管理部门统筹实施。加强中医药科技活动规律研究，推进中医药科技评价体系建设。（科技部、国家中医药局负责）

（二十六）加强中医药文化传播。切实加强中医药文化宣传，使中医药成为群众促进健康的文化自觉。在中华优秀传统文化传承发展工程中增设中医药专项。加强传统医药类非物质文化遗产保护传承。建设国家中医药博物馆。支持改善一批中医药院校、科研机构的中医药古籍保护条件，提高利用能力。实施中医药文化传播行动，持续开展中小学中医药文化教育，打造中医药文化传播平台及优质产品。（中央宣传部、教育部、国家发展改革委、文化和旅游部、国家卫生健康委、广电总局、国家中医药局、国家文物局负责）

（二十七）提高中医药法治化水平。推动制修订相关法律法规和规章，加强地方性法规建设。加强中药监管队伍建设，提升中药审评和监管现代化水平。建立不良执业记录制度，将提供中医药健康服务的机构及其人员诚信经营和执业情况纳入统一信用信息平台，并将相关企业行政许可、行政处罚等信息通过“信用中国”网站、国家企业信用信息公示系统依法公示。（司法部、国

家卫生健康委、市场监管总局、国家中医药局、国家药监局分别负责)

(二十八)加强对中医药工作的组织领导。充分发挥国务院中医药工作部际联席会议作用,及时研究解决重大问题。卫生健康行政部门要在工作全局中一体谋划、一体推进、一体落实、一体考核中医药工作,加强中医药传承创新、中西医结合,全面落实中医药参与健康中国行动、基本医疗卫生制度建设、优质高效医疗卫生服务体系建设等,在资源配置、政策机制、制度安排等方面向中医药倾斜。中医药管理部门要加大中医药标准制定、科学研究、人才培养、应急救治、文化宣传等工作力度。有关部门要各司其职,扎实推动各项工作落实。各地要进一步加强中医药管理机构建设。有关地方可结合实际进一步完善支持本地区少数民族医药发展的政策举措。(各有关部门、各省级人民政府分别负责)

国务院关于新时代
支持革命老区振兴发展的意见

(2021 年 1 月 24 日　国发〔2021〕3 号)

革命老区是党和人民军队的根,是中国人民选择中国共产党的历史见证。革命老区大部分位于多省交界地区,很多仍属于欠发达地区。为加大对革命老区支持力度,2012 年以来国务院先后批准了支持赣南等原中央苏区和陕甘宁、左右江、大别山、川陕等革命老区振兴发展的政策文件,部署实施了一批支持措施和重大项目,助力革命老区如期打赢脱贫攻坚战,持续改善基本公共服务,发挥特色优势推进高质量发展,为全面建成小康社会作出了积极贡献。为深入贯彻落实党中央、国务院决策部署,支持革命老区在新发展阶段巩固拓展脱贫攻坚成果,开启社会主义现代化建设新征程,让革命老区人民逐步过上更加富裕幸福的生活,现提出以下意见。

一、总体要求

(一)指导思想。以习近平新时代中国特色社会主义思想为指导,全面贯彻党的十九大和十九届二中、三中、四中、五中全会精神,坚持和加强党的全面领导,坚持以人民为中心,立足新发展阶段、贯彻新发展理念、构建新发展格局、推动高质量发展,巩固拓展脱贫攻坚成果,激发内生动力,发挥比较优势,努力走出一条新时代振兴发展新路,把革命老区建设得更好,让革命老区人民过上更好生活,逐步实现共同富裕。

（二）主要目标。到2025年，革命老区脱贫攻坚成果全面巩固拓展，乡村振兴和新型城镇化建设取得明显进展，基础设施和基本公共服务进一步改善，居民收入增长幅度高于全国平均水平，对内对外开放合作水平显著提高，红色文化影响力明显增强，生态环境质量持续改善。到2035年，革命老区与全国同步基本实现社会主义现代化，现代化经济体系基本形成，居民收入水平显著提升，基本公共服务实现均等化，人民生活更加美好，形成红色文化繁荣、生态环境优美、基础设施完善、产业发展兴旺、居民生活幸福、社会和谐稳定的发展新局面。

二、巩固拓展脱贫攻坚成果，因地制宜推进振兴发展

坚持统筹谋划、因地制宜、各扬所长，聚焦重点区域、重点领域、重点人群巩固拓展脱贫攻坚成果，促进革命老区振兴发展。

（三）推动实现巩固拓展脱贫攻坚成果同乡村振兴有效衔接。一定时期内保持脱贫攻坚政策总体稳定，完善防止返贫监测和帮扶机制，优先支持将革命老区县列为国家乡村振兴重点帮扶县，巩固"两不愁三保障"等脱贫攻坚成果。做好易地扶贫搬迁后续帮扶工作，建设配套产业园区，提升完善安置区公共服务设施。加大以工代赈对革命老区的支持力度，合理确定建设领域、赈济方式。统筹城乡规划，以交通、能源、水利、信息网络等为重点，加快推进革命老区美丽生态宜居乡村建设。提高农房设计和建造水平，改善群众住房条件和居住环境。因地制宜发展规模化供水、建设小型标准化供水设施，大力实施乡村电气化提升工程，全面推进"四好农村路"建设，开展数字乡村试点，加快乡村绿化美化。坚持扶志扶智相结合，加大对革命老区农村低收入群体就业技能培训和外出务工的扶持力度。完善城乡低保对象认定方法，适当提高低保标准，落实符合条件的"三红"人员（在乡退伍红军老战士、在乡西路军红军老战士、红军失散人员）、烈士老年子女、年满60周岁农村籍退役士兵等人群的优抚待遇。

（四）促进大中小城市协调发展。落实推进以人为核心的新型城镇化要求，支持革命老区重点城市提升功能品质、承接产业转移，建设区域性中心城市和综合交通枢纽城市。研究支持赣州、三明等城市建设革命老区高质量发展示范区。支持革命老区县城建设和县域经济发展，促进环境卫生设施、市政公用设施、公共服务设施、产业配套设施提质增效，支持符合条件的县城建设一批产业转型升级示范园区，增强内生发展动力和服务农业农村能力。健全城乡融合发展体制机制，推进经济发达镇行政管理体制改革。推动信息网络等新型基础设施建设，加快打造智慧城市，提升城市管理和社会治理的数字化、智能化、精准化水平。

（五）对接国家重大区域战略。将支持革命老区振兴发展纳入国家重大区域战略和经济区、城市群、都市圈相关规划并放在突出重要位置，加强革命老区与中心城市、城市群合作，共同探索生态、交通、产业、园区等多领域合作机制。支持赣南等原中央苏区和海陆丰革命老区深度参与粤港澳大湾区建设，支持赣州、龙岩与粤港澳大湾区共建产业合作试验区，建设好赣州、井冈山、梅州综合保税区和龙岩、梅州跨境电商综合试验区，支持吉安申请设立跨境电商综合试验区，支持三明推动海峡两岸乡村融合发展。鼓励大别山、川陕、湘鄂渝黔等革命老区对接长江经济带发展、成渝地区双城经济圈建设，陕甘宁、太行、沂蒙等革命老区重点对接黄河流域生态保护和高质量发展，浙西南革命老区融入长江三角洲区域一体化发展，琼崖革命老区在海南自由贸易港建设中发挥独特作用。鼓励左右江革命老区开展全方位开放合作，引导赣南等原中央苏区与湘赣边区域协同发展。支持革命老区积极参与“一带一路”建设，以开放合作增强振兴发展活力。

三、促进实体经济发展，增强革命老区发展活力

加快完善革命老区基础设施，发展特色产业体系，提升创新能力，培育革命老区振兴发展新动能，提高经济质量效益和核心竞争力。

（六）完善基础设施网络。支持将革命老区公路、铁路、机场和能源、水利、应急等重大基础设施项目列入国家相关规划，具备条件后尽快启动建设，促进实现互联互通。加快建设京港（台）、包（银）海、沿江、厦渝等高铁主通道，规划建设相关区域连接线，加大普速货运铁路路网投资建设和改造升级力度。大力支持革命老区高速公路规划建设，优化高速公路出入口布局，便捷连接重点城镇和重点红色文化纪念地，加快国省道干线改造。支持革命老区民用运输机场新建和改扩建，规划建设一批通用机场。加快综合水运枢纽建设和航道整治，推进百色水利枢纽过船设施等工程，研究论证赣粤运河可行性。建设一批重点水源工程和大型灌区工程，推进大中型灌区续建配套与现代化改造、中小河流治理、病险水库除险加固和山洪灾害防治等工程。有序规划建设支撑性清洁煤电项目、煤运通道和煤炭储备基地，加快建设跨区域输电工程，持续完善电力骨干网架，推动石油、天然气管道和配套项目建设，保障革命老区能源稳定供应。

（七）培育壮大特色产业。支持革命老区加强农田水利和高标准农田建设，深入推进优质粮食工程，稳步提升粮食生产能力。加强绿色食品、有机农产品、地理标志农产品认证和管理，推行食用农产品合格证制度，推动品种培优、品质提升、品牌打造和标准化生产。做大做强水果、蔬菜、茶叶等特色农林产业，支持发展沙县小吃等特色富民产业。建设一批农村产业融合发展园区、农业标准化示范区、农产品质量检验检测中心和冷链物流基地，鼓励电商企业与革命老区共建农林全产业链加工、物流和交易平台。支持有条件的地区建设新材料、能源化工、生物医药、电子信息、新能源汽车等特色优势产业集群，支持符合条件的地区建设承接产业转移示范区。推进“中国稀金谷”建设，研究中重稀土和钨资源收储政策。支持革命老区立足红色文化、民族文化和绿色生态资源，加快特色旅游产业发展，推出一批乡村旅游重点村镇和精品线路。支持有条件的地区规划建设稀土、旅游等行业大数据中心，鼓励互联网企业在革命老区发展运营中心、呼叫中心等业务。

（八）提升创新驱动发展能力。支持革命老区重点高校、重点学科和重点实验室建设，加大对口支援革命老区重点高校工作力度，鼓励“双一流”建设高校、中国特色高水平高职学校与革命老区开展合作共建。完善东中西部科技合作机制，促进中西部革命老区与东部地区加强科技合作。鼓励科研院所、高校与革命老区合作，共建中科院赣江创新研究院、国家钨与稀土产业计量测试中心等创新平台，研究建设稀土绿色高效利用等重大创新平台，支持有条件的地区组建专业化技术转移机构，创建国家科技成果转移转化示范区。支持在革命老区建设创新型城市和创新型县（市），布局建设一批国家级高新区、创新研发基地等创新载体。支持地方完善人才政策和激励机制，加大人才培养和引进力度，在科技特派员制度创新等方面先行先试，深入推进大众创业、万众创新。强化企业创新主体地位，鼓励企业加大研发投入。鼓励革命老区完善第五代移动通信（5G）网络、工业互联网、物联网等新一代信息基础设施，因地制宜促进数字经济发展，鼓励有条件的地区开展北斗系统应用。

四、补齐公共服务短板，增进革命老区人民福祉

健全基本公共服务体系，改善人民生活品质，提高社会治理水平，繁荣发展红色文化，促进人与自然和谐共生，增强革命老区人民群众获得感、幸福感、安全感。

（九）提升公共服务质量。支持革命老区依据国家基本公共服务标准，结合本地实际，尽力而为、量力而行，建立健全本地区基本公共服务标准，保障群众基本生活。完善革命老区中小学和幼儿园布局，加大教师培训力度。继续推进“八一爱民学校”援建工作。继续面向革命老区实施相关专项招生计划倾斜。推进高职学校、技工院校建设，实施省部共建职业教育试点项目。加强革命老区公共卫生防控救治能力建设，支持市县级综合医院、传染病医院（传染科）和卫生应急监测预警体系建设。鼓励国内一流医院与革命老区重点医院开展对口帮扶，合作共建医联体。按照“保基本、强基层、建机制”要求，深化县域综合医改，整合县域医疗卫生资源，推动发展县域医共体。实施中医临床优势培育工程和中医康复服务能力提升工程，建设中医优势专科。提升公共文化和公共体育设施建设运营水平，优化广播电视公共服务供给和基层公共文化服务网络，建设一批体育公园，鼓励革命老区承办全国性、区域性文化交流和体育赛事活动。

（十）弘扬传承红色文化。把红色资源作为坚定理想信念、加强党性修养的生动教材，围绕革命历史创作一批文艺作品，将红色经典、革命故事纳入中小学教材，在干部培训中加强党史、新中国史、改革开放史、社会主义发展史教育。加大对瑞金中央苏区旧址、古田会议旧址、杨家岭革命旧址、鄂豫皖苏区首府革命博物馆、川陕革命根据地博物馆等革命历史类纪念设施、遗址和英雄烈士纪念设施的保护修缮力度，加强西路军、东北抗联等战斗过的革命老区县现存革命文物保护修复和纪念设施保护修缮。统筹推进长征国家文化公园建设，建设一批标志性工程。公布革命文物名录，实施革命文物保护利用工程。支持革命历史类纪念设施、遗址积极申报全国爱国主义教育示范基地、全国重点文物保护单位、国家级英雄烈士纪念设施和国家级抗战纪念设施、遗址。推动红色旅游高质量发展，建设红色旅游融合发展示范区，支持中央和地方各类媒体通过新闻报道、公益广告等多种方式宣传推广红色旅游。

（十一）促进绿色转型发展。坚持绿水青山就是金山银山理念，促进生态保护和经济发展、民生保障相得益彰。统筹推进革命老区山水林田湖草一体化保护和修复，加强长江、黄河等大江大河和其他重要江河源头生态环境治理，支持赣南等原中央苏区和陕甘宁、左右江等革命老区建设长江、黄河、珠江流域重要生态安全屏障。深入总结浙西南等革命老区生态保护修复成果经验，继续支持新安江等流域探索生态保护补偿，复制推广经验做法，建立健全流域上下游横向生态保护补偿机制。支持大别山、川陕等革命老区实施生物多样性保护重大工程。支持科学布局建设国家公园。支持革命老区开展促进生态保护修复的产权激励机制试点。鼓励地方依法依规通过租赁、置换、合作等方式规范流转集体林地。加快能源资源产业绿色发展，延伸拓展产业链，鼓励资源就地转化和综合利用，支持资源开发和地方经济协同发展。推动绿色矿山建设，加强赣南、陕北等历史遗留矿山生态修复，开展尾矿库综合治理，推进采煤沉陷区综合治理，推动将部分厂矿旧址、遗址列为工业遗产。

五、健全政策体系和长效机制

坚持目标导向和问题导向，健全长效普惠性的扶持机制和精准有效的差别化支持机制，激发革命老区振兴发展内生动力。

（十二）加强党的全面领导。增强“四个意识”、坚定“四个自信”、做到“两个维护”，充分发挥党总揽全局、协调各方的领导核心作用，把党的领导始终贯穿革命老区振兴发展全过程和各领域各方面各环节。完善支持赣南等原中央苏区振兴发展部际联席会议制度，研究建立省部会商和省际协商机制，及时协调推动陕甘宁、大别山、左右江、川陕等革命老区振兴发展重要事项。出台中央国家机关及有关单位对口支援赣南等原中央苏区工作方案，继续组织对口支援工作。研究建立发达省市与革命老区重点城市对口合作机制，支持革命老区重点城市与中央国家机关及有关单位、重点高校、经济发达地区开展干部双向挂职交流。发挥井冈山、延安等干部学院作用，支持地方办好瑞金、古田、百色、大别山等干部学院，开展理想信念和党性教育。大力弘扬老区精神，广泛凝聚正能量，表彰奖励正面典型，努力营造全社会支持参与革命老区振兴发展的良好氛围。

（十三）加大财政金融支持力度。中央财政在安排革命老区转移支付、地方政府专项债券时，对革命老区所在省份予以倾斜支持。探索制定革命老区转移支付绩效评估和奖惩激励办法。继续支持赣州执行西部大开发政策，在加快革命老区高质量发展上作示范。中央预算内投资对赣南等原中央苏区参照执行西部地区政策，对沂蒙革命老区参照执行中部地区政策，研究安排专项资金支持革命老区产业转型升级平台建设。支持符合条件的革命老区海关特殊监管区域按规定开展增值税一般纳税人资格试点，对其他地区向革命老区重点城市转移的企业，按原所在地区已取得的海关信用等级实施监督。鼓励政策性金融机构结合职能定位和业务范围加大对革命老区支持力度，鼓励商业性金融机构通过市场化方式积极参与革命老区振兴发展，支持符合条件的革命老区重点企业上市融资。

（十四）优化土地资源配置。支持革命老区重点城市开展城镇低效用地再开发，对损毁的建设用地和零星分散的未利用地开发整理成耕地的，经认定可用于占补平衡，允许城乡建设用地增减挂钩节余指标按规定在省域范围内流转使用。对革命老区列入国家有关规划和政策文件的建设项目，纳入国家重大建设项目范围并按规定加大用地保障力度。支持探索革命老区乡村产业发展用地政策。

（十五）强化组织实施。相关省（自治区、直辖市）要将革命老区振兴发展列为本地区重点工作，加强组织领导，完善工作机制，明确责任分工，制定配套政策，健全对革命老区的差别化绩效评估体系，对重点城市和城市化地区侧重考核经济转型发展和常住人口基本公共服务等方面指标，对重点生态功能区和农产品主产区进一步强化生态服务功能和农产品供给能力相关指标考核，在开展试点示范和安排中央补助时对革命老区给予倾斜支持。有关部门要加强工作指导，在国土空间规划、专项规划、区域规划等相关规划编制实施过程中强化对革命老区的统筹支持，研究制定支持革命老区巩固拓展脱贫攻坚成果、基础设施建设、生态环境保护修复、红色旅游等重点领域实施方案，细化具体支持政策，指导地方开展革命老区振兴发展规划修编。国家发展改革委要加强对革命老区振兴发展各项工作的协调，制定重点任务分工和年度工作要点，重大事项及时向国务院报告。

国务院部门规章

伊斯兰教朝觐事务管理办法

（2020年8月27日国家宗教事务局、外交部、公安部、文化和旅游部、国家卫生健康委员会、海关总署、国家市场监督管理总局、中国民用航空局令第14号公布　自2020年12月1日起施行　国司备字[2021003658]）

第一章　总　则

第一条　为了保障公民宗教信仰自由，坚持我国宗教中国化方向，规范伊斯兰教朝觐事务管理，维护朝觐活动正常秩序，根据《中华人民共和国出境入境管理法》《中华人民共和国国境卫生检疫法》《宗教事务条例》等法律法规，制定本办法。

第二条　信仰伊斯兰教的中国公民前往沙特阿拉伯麦加朝觐，由中国伊斯兰教协会负责组织。其他任何组织或者个人不得组织朝觐活动。

第三条　国家宗教事务局负责归口管理全国伊斯兰教朝觐事务。地方各级人民政府宗教事务部门负责归口管理本地伊斯兰教朝觐事务。

第四条　人民政府外事、公安、移民管理、卫生健康、文化旅游、海关、市场监管、民航等有关部门在各自职责范围内负责伊斯兰教朝觐事务管理工作。

第五条　信仰伊斯兰教的中国公民的朝觐活动，应当有组织、有计划、有秩序和依法进行。

第六条　地方各级人民政府宗教事务部门在当地人民政府领导下，牵头协调开展非法朝觐活动综合治理工作，做好政策法规宣传和教育引导，依法制止非法朝觐活动。

人民政府公安、文化旅游、市场监管等部门应当对有关中介机构、旅行社及相关企业进行监督管理，依法制止利用商务、旅游、探亲等进行的非法朝觐活动，依法查处非法朝觐活动组织者。

第二章　朝觐人员确定

第七条　中国公民每年朝觐数额，根据国际通行做法，结合我国经济社会发展状况确定。

第八条　朝觐名额分配和朝觐人员确定应当遵循公开、公平、公正原则。

国家工作人员和伊斯兰教协会人员等不得利用职权或者职务上的影响干涉朝觐报名排队和朝觐人员确定。

第九条　省级人民政府宗教事务部门应当综合考虑本地经济发展水平、伊斯兰教协会组织能力、群众生活条件及朝觐需求等因素，每年向国家宗教事务局申报拟参加朝觐名额。

第十条　国家宗教事务局征求中国伊斯兰教协会意见后，确定年度全国朝觐总名额及各省、自治区、直辖市朝觐名额。

第十一条　地方各级人民政府宗教事务部门应当将本地全部朝觐名额逐级进行分配。

第十二条　公民申请朝觐，应当具备以下基本条件：

（一）爱国守法，品行端正；

（二）未参加过朝觐；

（三）身体健康，心智健全，无不适宜乘坐飞机、汽车长途旅行的病症，能够独立完成朝觐期间各项宗教活动；

（四）有能力支付朝觐相关费用，并保证不因朝觐费用支出而影响家庭正常生产生活；

（五）不具有《中华人民共和国出境入境管理法》第十二条规定不准出境的情形。

第十三条　公民申请朝觐，在户籍所在地的朝觐报名网站上报名；户籍所在地尚未建立朝觐报名网站的，到户籍所在地县级人民政府宗教事务部门报名。

报名人员符合朝觐条件的，按照报名时间先后顺序排队。

第十四条　县级人民政府宗教事务部门按照分配的名额和报名人员排队顺序，确定拟朝觐人员初选名单，并逐级报省级人民政府宗教事务部门备案。

每年朝觐人数在100人以下的省、自治区、直辖市，可以由省级人民政府宗教事务部门征求报名人员所在地设区的市级、县级人民政府宗教事务部门意见后，确定拟朝觐人员初选名单。

人民政府宗教事务部门确定拟朝觐人员初选名单后，应当将名单进行公示，公示期为 5 个工作日。公示期间被发现不符合参加朝觐条件的，不能取得朝觐名额。

第十五条 取得朝觐名额的人员应当提交本人书面保证书，声明朝觐期间如因自身原因导致不良后果，本人自愿承担相关责任及费用。其中，年龄超过 70 周岁的人员，该保证书同时需要其直系亲属签字。

第十六条 人民政府宗教事务部门和伊斯兰教协会应当提示取得朝觐名额的人员投保人身意外伤害保险。

第十七条 伊斯兰教协会和伊斯兰教教职人员应当向信仰伊斯兰教的公民宣传国家有关政策法规和正确的朝觐知识，引导其理性对待朝觐，不参加非法朝觐，不攀比朝觐、负债朝觐、重病朝觐。

第三章 朝觐费用管理

第十八条 取得朝觐名额的人员应当交纳朝觐费用。朝觐费用包括为境内外组织服务机构收取的代收代缴性费用和伊斯兰教协会收取的综合服务性费用。

第十九条 中国伊斯兰教协会根据与境内外组织服务机构签署的合同等，确定该会年度代收代缴性费用项目和标准；省、自治区、直辖市伊斯兰教协会根据朝觐人员境内城际交通、食宿、置装等需要，确定本地其他代收代缴性费用项目和标准。综合服务性费用由中国伊斯兰教协会按照非营利原则统一确定数额。

除前款规定外，任何组织或者个人不得借朝觐名义收取任何费用。

第二十条 朝觐费用由取得朝觐名额人员所在地县（市、区、旗）伊斯兰教协会收取，并逐级上交至中国伊斯兰教协会。

县（市、区、旗）未设立伊斯兰教协会的，由所在地县级人民政府宗教事务部门代为收取。

每年朝觐人数在 100 人以下的省、自治区、直辖市，也可由省、自治区、直辖市伊斯兰教协会收取或者省级人民政府宗教事务部门代为收取。

第二十一条 代收代缴性费用应当根据合同等收取，按实际发生情况，多退少补。综合服务性费用为一次性收取，透支不补。

第二十二条 朝觐费用收取与使用应当遵循据实核算、公开透明、专款专用原则。

伊斯兰教协会应当按照国家有关财务、会计制度，制定并落实朝觐经费管理制度，按年度单独核算收支。

人民政府有关部门可以组织对年度朝觐费用收支情况进行专项检查和审计。

第四章 境内组织工作

第二十三条 取得朝觐名额人员应当在所在地海关国际旅行卫生保健中心或者省级人民政府卫生健康行政部门指定的医疗机构接受健康体检和预防接种,所需费用由本人承担并自行交纳。

健康体检和预防接种工作应当严格执行标准,人民政府宗教事务部门应当配合做好相关组织实施工作。

体检不合格的,不得参加朝觐。负责收取朝觐费用的伊斯兰教协会或者代为收取朝觐费用的人民政府宗教事务部门应当在15个工作日内退还朝觐费用。

第二十四条 人民政府宗教事务部门应当组织对朝觐人员开展政策法规、爱国主义、民族团结、外事纪律、安全防范、卫生防疫、道德礼仪、海关及出入境规定、领事保护和协助常识、归国后注意事项等方面的教育培训。

伊斯兰教协会应当对朝觐人员开展宗教知识、中国伊斯兰教传统等方面的教育培训。

第二十五条 中国伊斯兰教协会组织成立中国朝觐工作总团(以下简称总团)。

每年朝觐人数超过100人的省、自治区、直辖市伊斯兰教协会组织成立地方朝觐工作省区团(以下简称省区团)。省区团可以根据需要下设分团。

每年朝觐人数在100人以下的省、自治区、直辖市,统一由中国伊斯兰教协会组织,成立地方朝觐工作综合团(以下简称综合团)。

第二十六条 省区团、综合团应当配备带队人员,带队人员与朝觐人员的比例一般为1:45。带队人员从地方人民政府宗教事务部门、伊斯兰教协会以及伊斯兰教经学院等选派。省级人民政府宗教事务部门应当将带队人员情况报国家宗教事务局备案。

第二十七条 省区团、综合团应当配备教务人员,教务人员与朝觐人员的比例不高于1:200。教务人员由省、自治区、直辖市伊斯兰教协会从本地伊斯兰教教职人员中推荐。省级人民政府宗教事务部门应当将教务人员情况报国家宗教事务局备案。

第二十八条 省区团、综合团应当配备医务人员,医务人员与朝觐人员的比例一般为1:200。医务人员由省级人民政府卫生健康行政部门会同同级人民政府宗教事务部门从二级甲等以上医疗机构选派。省级人民政府宗教事务部门、卫生健康行政部门应当将选派医务人员情况报国家宗教事务局和国家卫生健康委员会备案。

第二十九条 带队人员、教务人员、医务人员等朝觐工作人员应当参加国家宗教事务局或者省级人民政府宗教事务部门组织的教育培训。教务人员还应当参加中国伊斯兰教协会组织的培训,医务人员还应当参加由国家宗教事务局会同国家卫生健康委员会组织的培训。

第三十条 朝觐工作人员应当按照职责做好相应工作,遵守外事纪律和有关规定。

中国伊斯兰教协会和省、自治区、直辖市伊斯兰教协会应当建立并完善朝觐人员和朝觐工作人员数据库。

总团、省区团、综合团应当对朝觐工作人员的工作进行考核鉴定。

第三十一条 中国伊斯兰教协会负责办理朝觐人员的朝觐签证,统筹协调朝觐飞机航班。

第三十二条 省、自治区、直辖市伊斯兰教协会负责组织本地朝觐人员集体乘坐交通工具,配合边检、海关、机场、航空公司做好出入境监管和安全检查。

第三十三条 省、自治区、直辖市伊斯兰教协会在省级人民政府宗教事务部门、公安部门等指导下,负责组织在境内统一接送朝觐人员,维护社会正常秩序。

第五章 境外组织工作

第三十四条 朝觐境外组织工作实行总团统一领导下的省区团、综合团和分团分级负责制,团长为第一责任人。

第三十五条 总团应当履行以下职责:

(一)建立健全境外朝觐组织工作制度;

(二)组织开展对朝觐人员的爱国主义和安全教育,加强对朝觐人员的管理,抵御宗教极端思想渗透,防范发生危害国家安全的行为,主动排查安全隐患,落实安全责任,预防和处置突发事件;

(三)组织安排朝觐人员境外餐饮、住宿、交通、参观、教务等活动;

(四)组织开展对朝觐人员的卫生健康教育,改善医疗服务条件,落实疫情防控措施,做好诊疗救治工作;

(五)及时将朝觐人员和朝觐地突发的传染病疫情通报中国海关;

（六）统一负责对外联络、宣传，开展对外交往；

（七）做好其他需要办理或者协调的事项。

总团应当接受国家宗教事务局、中国驻沙特阿拉伯使领馆的指导监督和中国伊斯兰教协会的管理。

第三十六条 省区团、综合团和分团应当按照总团的安排和部署，做好本团朝觐组织工作，并加强互助合作。

第三十七条 朝觐人员应当遵守中国法律以及有关国家法律，遵守朝觐工作管理规章制度，反对宗教极端思想，展现良好形象。

第三十八条 中国伊斯兰教协会应当制定并落实朝觐人员境外住房租赁及分配办法，确保程序合规、工作透明、价格合理、分配公平。

第六章 法律责任

第三十九条 国家工作人员和伊斯兰教协会人员等在朝觐事务管理中，滥用职权、玩忽职守、徇私舞弊，应当给予处分的，依法依规给予处分；构成犯罪的，依法追究刑事责任。

第四十条 擅自组织公民朝觐或者为非法朝觐活动提供条件的，依照有关法律和《宗教事务条例》进行处罚；构成犯罪的，依法追究刑事责任。

第七章 附 则

第四十一条 人民政府有关部门、中国伊斯兰教协会以及地方伊斯兰教协会应当结合实际制定具体实施办法。

第四十二条 本办法自2020年12月1日起施行。

承装（修、试）电力设施许可证管理办法

（2020年9月11日国家发展和改革委员会令第36号公布 自2020年10月11日起施行 国司备字[2021003712]）

第一章 总 则

第一条 为了加强承装（修、试）电力设施许可管理，规范承装（修、试）电力设施许可行为，维护承装、承修、承试电力设施市场秩序，促进电力安全，根

据《中华人民共和国行政许可法》《电力供应与使用条例》《电力监管条例》和国家有关规定，制定本办法。

第二条 承装（修、试）电力设施许可证（以下简称许可证）的申请、受理、审查、颁发、管理和监督，适用本办法。

第三条 国家能源局负责指导、监督全国许可证的颁发和管理。

国家能源局派出机构（以下简称派出机构）负责辖区内许可证的受理、审查、颁发和日常监督管理。

第四条 在中华人民共和国境内从事承装、承修、承试电力设施活动的，应当按照本办法的规定取得许可证。除国家能源局另有规定外，任何单位或者个人未取得许可证，不得从事承装、承修、承试电力设施活动。

本办法所称承装、承修、承试电力设施，是指对输电、供电、受电电力设施的安装、维修和试验。

第五条 取得许可证的单位依法开展活动，受法律保护。

第二章 分类分级与申请条件

第六条 许可证分为承装、承修、承试三个类别。

取得承装类许可证的，可以从事电力设施的安装活动。

取得承修类许可证的，可以从事电力设施的维修活动。

取得承试类许可证的，可以从事电力设施的试验活动。

第七条 许可证分为一级、二级、三级、四级和五级。

取得一级许可证的，可以从事所有电压等级电力设施的安装、维修或者试验活动。

取得二级许可证的，可以从事330千伏以下电压等级电力设施的安装、维修或者试验活动。

取得三级许可证的，可以从事110千伏以下电压等级电力设施的安装、维修或者试验活动。

取得四级许可证的，可以从事35千伏以下电压等级电力设施的安装、维修或者试验活动。

取得五级许可证的，可以从事10千伏以下电压等级电力设施的安装、维修或者试验活动。

第八条 申请许可证应当具备法人资格及健全有效的安全生产组织和制度，并符合下列条件：

（一）净资产

具有与开展承装(修、试)电力设施活动相适应的净资产,其所占总资产比例不低于15%。

(二)技术负责人、安全负责人

1. 申请一级至三级许可证的,分别拥有5年以上与所申请许可证类别相适应的电力设施安装、维修或试验管理工作经历,具有电力相关专业中级以上职称;其中申请一级许可证的,应具有电力相关专业高级职称;

2. 申请四级至五级许可证的,分别拥有3年以上与所申请许可证类别相适应的电力设施安装、维修或试验管理工作经历,具有电力相关专业初级以上职称。

(三)专业技术及技能人员

1. 申请一级至三级许可证的,电力相关专业技术人员分别不少于50人、30人和15人,其中具有中级以上技术任职资格的分别不少于30人、15人和5人;电力相关专业技能人员分别不少于60人、30人和20人,其中高压电工分别不少于30人、15人和10人;

2. 申请四级至五级许可证的,电力相关专业技术人员分别不少于10人和5人;电力相关专业技能人员分别不少于15人和5人,其中高压电工分别不少于8人和3人。

前款第(二)项、第(三)项规定的各类人员均不得同时在其他单位任职;技术负责人可由本单位专业技术人员兼任,安全负责人应专人专岗。

第九条 申请一级至三级许可证的,除具备本办法第八条规定的相应条件外,还应具有下列与申请的许可证类别和等级相适应的业绩:

(一)申请一级至三级承装类许可证的,最近3年内应分别具有从事330(220)千伏、110(66)千伏、35千伏以下10千伏以上电压等级变(配)电及线路设施的安装活动业绩,且质量合格;在此期间从事电力设施安装业务的最高年度工程结算收入分别不少于2亿元、1亿元和3000万元;

(二)申请一级至三级承修类或承试类许可证的,最近2年均应分别具有从事330(220)千伏、110(66)千伏、35千伏以下10千伏以上电压等级变(配)电及线路设施的维修或试验活动业绩。

第三章 申请、受理、审查与决定

第十条 申请许可证,应当向申请人所在地的派出机构提出,并提交申请表; 申请一级至三级许可证的,还需要提交相关业绩材料。

第十一条 取得许可证的单位合并或分立后新设单位申请许可证的,应当提交申请表以及合并或分立相关材料。

分立后至多一个单位可承继分立前单位从事同类活动的业绩;其他新设单位同时申请该类别许可证的,按首次申请办理。

第十二条 派出机构收到申请,应当对申请材料是否齐全、是否符合法定形式进行审查。派出机构有权要求申请人就申请事项作出解释或者说明。

第十三条 派出机构对申请人提出的申请,应当根据下列情况分别作出处理:

(一)申请材料存在可以当场更正的错误的,应当允许申请人当场更正;

(二)申请材料不齐全或者不符合法定形式的,应当当场或者五日内向申请人发出申请材料补正通知书,并一次告知需要补正的全部内容;

(三)申请材料齐全并符合法定形式的,或者申请人按照派出机构的要求提交全部补正申请材料的,应当向申请人发出受理通知书。

第十四条 派出机构应当自受理之日起十五日内完成申请审查,并按下列规定作出是否许可的决定:

(一)经审查,申请人的条件符合法定条件、标准的,派出机构应当依法作出准予许可的书面决定,并自作出决定之日起五日内向申请人颁发、送达许可证;

(二)经审查,申请人的条件不符合法定条件、标准的,派出机构应当依法作出不予许可的决定,以书面形式通知申请人,通知书中应当说明不予许可的理由。

第十五条 派出机构在审查过程中认为需要对申请材料的实质性内容进行核实的,应当指派两名以上的工作人员进行现场核查。

第十六条 派出机构自受理通知书发出之日起十五日内不能作出决定的,经派出机构负责人批准,可以延长十日,并将延长期限的理由告知申请人。

第十七条 派出机构应当按照国家有关规定建立信息公开工作制度,向社会公开承装(修、试)电力设施许可的依据、条件、程序、期限、办理情况以及申请材料目录、申请材料示范文本等信息。

第四章 变更与延续

第十八条 许可证的变更分为许可事项变更和登记事项变更。

许可事项变更是指许可证类别和等级的变更。

登记事项变更是指承装(修、试)电力设施单位名称、住所、法定代表人等事项的变更。

变更后的许可证,有效期限不变。

第十九条 申请许可事项变更,应当提交本办法第十条规定的相关材料;派出机构按照本办法第三章规定的程序予以办理。

申请增加许可证类别或者提高许可证等级的,在申请之日起前一年内未出现下列情形的,应予受理:

(一)发生较大以上生产安全事故或者二次以上一般生产安全事故的;

(二)发生重大质量责任事故的;

(三)超越许可范围从事承装(修、试)电力设施活动的;

(四)涂改、倒卖、出租、出借许可证,或者以其他形式非法转让许可证的;

(五)违反国家有关规定将本单位承包的承装(修、试)电力设施业务转包或者分包的。

第二十条 承装(修、试)电力设施单位名称、住所或者法定代表人发生变化的,应当自市场监督管理部门依法办理变更登记之日起三十日内,提出登记事项变更申请,并提交登记事项变更申请表。

变更后的住所与原住所属于不同派出机构管辖的,应当向变更后住所地的派出机构提出登记事项变更申请。

派出机构应当自收到登记事项变更申请之日起十日内,办理变更手续。

第二十一条 许可证有效期为六年。

有效期届满需要延续的,应当在有效期届满三十日前提出申请,并提交申请表; 申请一级至三级许可证有效期延续的,还应分别提供在其许可范围内的330(220)千伏以上、110(66)千伏以上、10千伏以上电压等级相关业绩材料。

派出机构应当在许可证有效期届满前作出是否准予延续的决定。逾期未作出决定的,视为同意延续并补办相应手续。

第二十二条 许可证损毁或遗失的,应当及时向颁发许可证的派出机构申请补办,并提交下列材料:

(一)许可证补办申请表;

(二)损毁许可证原件或者许可证遗失声明。

派出机构应当自收到许可证补办申请之日起三日内补发许可证。

第五章 监督检查

第二十三条 国家能源局对派出机构实施承装(修、试)电力设施许可工作进行监督检查,及时纠正工作中的违法行为。

第二十四条 派出机构依法对辖区内从事承装(修、试)电力设施活动的单位或者个人的下列事项实施监督检查:

(一)依法取得许可证的情况;

(二)在许可范围内从事承装(修、试)电力设施活动的情况;

(三)依法使用许可证的情况;

(四)符合许可证法定条件的情况;

(五)遵守国家有关转包或者分包承装(修、试)电力设施业务规定的情况;

(六)遵守国家其他有关规定的情况。

第二十五条 承装(修、试)电力设施单位有下列情形之一的,应当按照规定向有关派出机构报送信息:

(一)人员、资产等情况发生重大变化,已不符合许可证法定条件、标准的,应当自发生重大变化之日起三十日内向颁发许可证的派出机构报告;

(二)解散、破产、倒闭、歇业、合并或者分立的,应当自市场监督管理部门办理相关手续之日起十日内向颁发许可证的派出机构报告;

(三)发生生产安全事故的,应当按照国家有关规定向事故发生地派出机构报告;

(四)发生重大质量责任事故的,应当自有关主管机关作出事故结论之日起十日内,向事故发生地派出机构报告。

前款第(三)项、第(四)项规定事项,事故发生地不属于颁发许可证的派出机构管辖的,事故发生地派出机构应当及时将有关情况通报颁发许可证的派出机构。

第二十六条 派出机构对电力企业遵守承装(修、试)电力设施许可制度的情况实施监督检查。

电网企业对用户受电工程依法实施检查及竣工检验,应当查验施工企业是否具有许可证;对未经许可或者超越许可范围承揽用户受电工程的,应当立即向派出机构报告。

第二十七条 派出机构履行监督检查职责,可以采取下列措施:

(一)进入被检查单位的生产经营场所进行检查;

(二)询问被检查单位的工作人员,要求其对有关检查事项作出说明;

(三)查阅、复制与检查事项有关的文件、资料,对可能被转移、隐匿、损毁的文件、资料予以封存;

(四)对与检查事项有关的业务组织技术鉴定;

(五)对检查中发现的违法行为,有权当场予以纠正或者要求限期改正。

派出机构实施监督检查，被检查单位应当依法予以配合。

第二十八条 国家能源局及其派出机构应按照国家关于加快构建以信用为基础的新型监管机制的要求，依法组织实施承装（修、试）电力设施单位信用监管，并与“双随机、一公开”监管相结合，采取差异化监管措施，不断提升信用监管效能。

第二十九条 承装（修、试）电力设施单位的人员、资产等情况发生重大变化，已不符合相应许可证条件、标准的，派出机构应当责令其限期整改；逾期不改或整改后仍不符合许可证条件的，派出机构应根据其实际具有的条件，重新核定许可证的类别和等级。

第三十条 有下列情形之一的，国家能源局及其派出机构可以依法撤销承装（修、试）电力设施许可：

（一）派出机构工作人员滥用职权、玩忽职守作出准予许可决定的；

（二）超越法定职权作出准予许可决定的；

（三）违反法定程序作出准予许可决定的；

（四）对不具备申请资格或者不符合法定条件的申请人准予许可的；

（五）依法可以撤销许可的其他情形。

承装（修、试）电力设施单位以欺骗、贿赂等不正当手段取得许可的，应当予以撤销。

依照本条第一款的规定撤销许可，承装（修、试）电力设施单位的合法权益受到损害的，派出机构应当依法给予赔偿。依照本条第二款的规定撤销许可的，承装（修、试）电力设施单位基于许可取得的利益不受保护。

第三十一条 有下列情形之一的，派出机构应当依法办理承装（修、试）电力设施许可注销手续：

（一）许可有效期届满未按照本办法规定申请延续或者延续申请未批准的；

（二）承装（修、试）电力设施单位因解散、破产、倒闭、歇业、合并、分立等原因依法终止的；

（三）许可依法被撤销、撤回，或者许可证被依法吊销的；

（四）法律、法规规定的应当注销许可的其他情形。

第六章 法律责任

第三十二条 申请人隐瞒有关情况或者提供虚假申请材料申请承装（修、试）电力设施许可的，派出机构不予受理或者不予许可，并给予警告；情节严重的，一年内不再受理其许可申请。

第三十三条 承装(修、试)电力设施单位采取欺骗、贿赂等不正当手段取得许可的，由派出机构撤销许可，给予警告，处一万元以上三万元以下罚款；情节严重的，三年内不再受理其许可申请；构成犯罪的，依法追究刑事责任。

第三十四条 承装(修、试)电力设施单位转包或违法分包承装(修、试)电力设施业务，涂改、倒卖、出租、出借许可证，或者以其他形式非法转让许可证的，《建设工程质量管理条例》等法律法规对上述违法行为有相关行政处罚规定的，依照其规定执行；未作规定的，由派出机构责令其改正，给予警告，并处一万元以上三万元以下罚款。

第三十五条 违反本办法规定未取得许可证或者超越许可范围，非法从事承装、承修、承试电力设施活动的，《无证无照经营查处办法》《建设工程质量管理条例》等法律法规对上述违法行为有相关行政处罚规定的，依照其规定执行；未作规定的，由派出机构责令其停止相关经营活动，给予警告，并处一万元以上三万元以下罚款。

第三十六条 承装(修、试)电力设施单位在从事承装、承修、承试电力设施活动中发生重大以上生产安全事故或者重大质量责任事故，由派出机构依法降低许可证等级；情节严重的，依法吊销许可证。

第三十七条 承装(修、试)电力设施单位未按照本办法规定办理许可证登记事项变更手续的，由派出机构责令其限期办理；逾期未办理的，处五千元以下罚款。

第三十八条 电力企业违反国家有关规定，将承装(修、试)电力设施业务发包给未取得许可证或者超越许可范围承揽工程的单位或者个人的，由派出机构责令其限期改正，给予警告，并处一万元以上三万元以下罚款。

电网企业发现未取得许可证或者超越许可范围承揽用户受电工程的单位或者个人，未按照本办法规定及时报告的，由派出机构给予警告，处一万元以上三万元以下罚款。

第三十九条 违反本办法第二十四条、第二十五条、第二十六条、第二十七条规定，向派出机构提供虚假或隐瞒重要事实的文件、资料，或者拒绝、阻碍派出机构及其从事监管工作的人员依法履行监管职责的，依照《电力监管条例》有关规定追究其责任。

第四十条 国家能源局及其派出机构工作人员玩忽职守、滥用职权、徇私舞弊、收受贿赂的，对直接负责的主管人员和其他直接责任人员依法给予处分；构成犯罪的，依法追究刑事责任。

第七章 附 则

第四十一条 本办法中所称"以上"、"以下"、"不低于"、"不少于"均包含本数。

第四十二条 许可证由国家能源局统一印制，分为正本和副本，具有同等法律效力。

第四十三条 本办法自2020年10月11日起施行。原国家电力监管委员会于2009年12月18日公布的《承装（修、试）电力设施许可证管理办法》（国家电力监管委员会令第28号）同时废止。

合格境外机构投资者和人民币合格境外机构投资者境内证券期货投资管理办法

（2020年9月25日中国证券监督管理委员会、中国人民银行、国家外汇管理局令第176号公布 自2020年11月1日起施行 国司备字[2021003497]）

第一条 为规范合格境外机构投资者和人民币合格境外机构投资者在境内证券期货市场的投资行为，促进证券期货市场稳定健康发展，根据有关法律、行政法规，制定本办法。

第二条 本办法所称合格境外机构投资者和人民币合格境外机构投资者（以下统称合格境外投资者），是指经中国证券监督管理委员会（以下简称中国证监会）批准，使用来自境外的资金进行境内证券期货投资的境外机构投资者，包括境外基金管理公司、商业银行、保险公司、证券公司、期货公司、信托公司、政府投资机构、主权基金、养老基金、慈善基金、捐赠基金、国际组织等中国证监会认可的机构。

鼓励使用来自境外的人民币资金进行境内证券期货投资。

第三条 合格境外投资者应当委托符合要求的境内机构作为托管人托管资产，依法委托境内证券公司、期货公司办理在境内的证券期货交易活动。

第四条 合格境外投资者应当建立并实施有效的内部控制和合规管理制度，确保投资运作、资金管理等行为符合境内法律法规和其他有关规定。

第五条 中国证监会、中国人民银行（以下简称人民银行）依法对合格境外投资者的境内证券期货投资实施监督管理,人民银行、国家外汇管理局(以下简称外汇局)依法对合格境外投资者境内银行账户、资金汇兑等实施监督管理。

合格境外投资者可参与的金融衍生品等交易品种和交易方式,由中国证监会商人民银行、外汇局同意后公布。

第六条 申请合格境外投资者资格,应当具备下列条件:

(一)财务稳健,资信良好,具备证券期货投资经验;

(二)境内投资业务主要负责人员符合申请人所在境外国家或者地区有关从业资格的要求(如有);

(三)治理结构、内部控制和合规管理制度健全有效,按照规定指定督察员负责对申请人境内投资行为的合法合规性进行监督;

(四)经营行为规范,近3年或者自成立以来未受到监管机构的重大处罚;

(五)不存在对境内资本市场运行产生重大影响的情形。

第七条 申请人应当通过托管人向中国证监会报送合格境外投资者资格申请文件。

中国证监会自受理申请文件之日起10个工作日内,对申请材料进行审核,并作出批准或者不予批准的决定。决定批准的,作出书面批复,并颁发经营证券期货业务许可证(以下简称许可证);决定不予批准的,书面通知申请人。

第八条 托管人首次开展合格境外投资者资产托管业务的,应当自签订托管协议之日起5个工作日内,报中国证监会备案。

第九条 托管人应当履行下列职责:

(一)安全保管合格境外投资者托管的全部资产;

(二)办理合格境外投资者的有关交易清算、交收、结汇、售汇、收汇、付汇和人民币资金结算业务;

(三)监督合格境外投资者的投资运作,发现其投资指令违法、违规的,及时向中国证监会、人民银行和外汇局报告;

(四)根据中国证监会、人民银行和外汇局的要求,报送合格境外投资者的开销户信息、资金跨境收付信息、境内证券期货投资资产配置情况信息等相关业务报告和报表,并进行国际收支统计申报;

(五)保存合格境外投资者的资金汇入、汇出、兑换、收汇、付汇和资金往来记录等相关资料,保存期限不少于20年;

(六)中国证监会、人民银行和外汇局根据审慎监管原则规定的其他职责。

第十条 托管人应当持续符合下列要求:

（一）有专门的资产托管部门和符合托管业务需要的人员、系统、制度；

（二）具有经营外汇业务和人民币业务的资格；

（三）未发生影响托管业务的重大违法违规行为；

（四）中国证监会、人民银行和外汇局根据审慎监管原则规定的其他要求。

第十一条 托管人应当将其自有资产和受托资产严格分开，对受托资产实行分账托管。

第十二条 合格境外投资者委托2个以上托管人的，应当指定1个主报告人，负责代其统一办理资格申请、重大事项报告、主体信息登记等事项。合格境外投资者应当在指定主报告人之日起5个工作日内，通过主报告人将所有托管人信息报中国证监会、外汇局备案。

合格境外投资者可以更换托管人。中国证监会、外汇局根据审慎监管原则可以要求合格境外投资者更换托管人。

第十三条 合格境外投资者应当依法申请开立证券期货账户。

合格境外投资者进行证券期货交易，应当委托具有相应结算资格的机构结算。

第十四条 合格境外投资者的投资本金及在境内的投资收益可以投资于符合规定的金融工具。

合格境外投资者投资银行间债券市场，参与境内外汇市场业务，应当根据人民银行、外汇局相关规定办理。

第十五条 合格境外投资者开展境内证券投资，应当遵守中国证监会规定的证券投资比例限制和国家其他有关规定。

第十六条 合格境外投资者履行信息披露义务时，应当依法合并计算其拥有的同一公司境内上市或者挂牌股票和境外上市外资股的权益，并遵守信息披露有关规则。

合格境外投资者应当按照信息披露规则合并披露一致行动人的相关证券投资信息。

第十七条 证券公司、期货公司等机构保存合格境外投资者的委托记录、交易记录等资料的期限应当不少于20年。

第十八条 合格境外投资者的境内证券期货投资活动，应当遵守证券期货交易场所、证券登记结算机构、证券期货市场监测监控机构的有关规定。

第十九条 合格境外投资者应当在托管人处开立外汇账户和（或）人民币专用存款账户，收支范围应当符合人民银行、外汇局的有关规定。

第二十条 合格境外投资者应当按照人民银行、外汇局相关规定汇入本金，以外汇形式汇入的本金应当是在中国外汇市场可挂牌交易的货币。

合格境外投资者可以按照人民银行、外汇局相关规定汇出资金。

第二十一条 中国证监会、人民银行和外汇局依法可以要求合格境外投资者、托管人、证券公司、期货公司等机构提供合格境外投资者的有关资料,并进行必要的询问、检查。

第二十二条 合格境外投资者有下列情形之一的,应当在相关情形发生之日起5个工作日内报中国证监会、人民银行和外汇局备案:

(一)变更托管人;

(二)控股股东、实际控制人变更;

(三)涉及重大诉讼及其他重大事件;

(四)在境外受到重大处罚;

(五)中国证监会、人民银行和外汇局规定的其他情形。

第二十三条 合格境外投资者有下列情形之一的,应当申请变更或者换领许可证:

(一)许可证信息发生变更;

(二)被其他机构吸收合并;

(三)中国证监会、人民银行和外汇局规定的其他情形。

变更或者换领许可证期间,合格境外投资者可以继续进行证券期货交易,但中国证监会根据审慎监管原则认为需要暂停的除外。

第二十四条 合格境外投资者有下列情形之一的,应当将许可证交还中国证监会,由中国证监会注销其业务许可:

(一)机构解散、进入破产程序或者由接管人接管;

(二)申请注销业务许可;

(三)中国证监会、人民银行和外汇局认定的其他情形。

第二十五条 合格境外投资者有下列情形之一的,中国证监会、人民银行和外汇局可以对其采取责令改正、监管谈话、出具警示函等监管措施;对直接负责的主管人员和其他直接责任人员,可以采取监管谈话、出具警示函、责令定期报告等监管措施:

(一)未按规定开立账户;

(二)未按规定开展境内证券期货投资;

(三)未按规定履行信息披露义务;

(四)未按规定有效实施内部控制和合规管理制度;

(五)未按规定变更、换领或者交还许可证;

(六)未按规定办理资金汇入、汇出、结汇或者收汇、付汇;

(七)未按规定报送有关报告、材料或者相关内容存在虚假记载、误导性陈

述或者重大遗漏;

（八）不配合有关检查，拒绝、拖延提供有关资料;

（九）违反本办法规定的其他行为。

合格境外投资者违反《中华人民共和国证券法》、《期货交易管理条例》、《中华人民共和国外汇管理条例》等法律、行政法规的，按照有关规定实施行政处罚。涉嫌犯罪的，依法将案件移送司法机关追究刑事责任。

第二十六条 合格境外投资者在开展境内证券期货投资过程中发生重大违法违规行为的，中国证监会可以依法采取限制相关证券期货账户交易等措施。

第二十七条 托管人未按照规定进行备案，未履行本办法第九条规定的职责，或者违反本办法第十条等规定的，中国证监会可以对其采取责令改正、监管谈话、出具警示函等监管措施;对直接负责的主管人员和其他直接责任人员，可以采取监管谈话、出具警示函、责令定期报告等监管措施。违反有关法律、行政法规的，按照有关规定实施行政处罚。涉嫌犯罪的，依法将案件移送司法机关追究刑事责任。

第二十八条 在香港特别行政区、澳门特别行政区设立的机构投资者到内地从事证券期货投资，在台湾地区设立的机构投资者到大陆从事证券期货投资，适用本办法。

第二十九条 本办法自2020年11月1日起施行。2006年8月24日中国证监会、人民银行、外汇局公布的《合格境外机构投资者境内证券投资管理办法》和2013年3月1日中国证监会公布的《人民币合格境外机构投资者境内证券投资试点办法》同时废止。

财政部关于修改《财政票据管理办法》的决定

（2020年12月3日财政部令第104号公布 自2021年1月1日起施行 国司备字[2021003511]）

为进一步强化财政票据管理，经财政部部务会议审议决定，对《财政票据管理办法》作如下修改:

一、将第二条、第四条、第十三条、第二十八条、第三十条、第三十七条和第三章章名中的“印制”修改为“监（印）制”。

二、将第二条、第十九条至第二十四条、第三十四条、第三十五条和第四章章名中的“领购”修改为“领用”。

三、将第三条第一款中的“简称”修改为“统称”，并将第二款修改为：“财政票据是财务收支和会计核算的原始凭证，包括电子和纸质两种形式。财政电子票据和纸质票据具有同等法律效力，是财会监督、审计监督等的重要依据。”

四、将第四条第三款中的“省、自治区、直辖市人民政府财政部门（以下简称省级财政部门）”修改为“省、自治区、直辖市人民政府财政部门，新疆生产建设兵团财政局（以下简称省级财政部门）”。

五、将第五条修改为：“财政部门应当积极推进财政电子票据管理改革，以数字信息代替纸质文件、以电子签名代替手工签章，依托计算机和信息网络技术开具、存储、传输和接收财政电子票据，实现电子开票、自动核销、全程跟踪、源头控制。”

六、增加一条，作为第六条：“财政部门通过有关票据公共服务平台提供财政电子票据真伪查验服务。”

七、将第六条改为第七条，并删去该条第一项第二目。

八、将第七条改为第八条，修改为：“财政票据应当包括票据名称、票据编码、票据监制章、项目、标准、数量、金额、交款人、开票日期、开票单位、开票人、复核人等内容。”

九、将第八条改为第九条，修改为：“纸质票据一般包括存根联、收据联、记账联。存根联由开票方留存，收据联由支付方收执，记账联由开票方留做记账凭证。

“非税收入一般缴款书一般设置五联，包括回单联、借方凭证、贷方凭证、收据联、存根联。回单联退执收单位，借方凭证和贷方凭证分别由缴款人、收款人开户银行留存，收据联由缴款人收执，存根联由执收单位留存。”

十、增加一条，作为第十一条：“财政票据实行全国统一的式样、编码规则和电子票据数据标准，由财政部负责制定。

“电子票据数据标准包括数据要素、数据结构、数据格式和防伪方法等内容。各级财政部门应当按照统一的财政电子票据数据标准，生成、传输、存储和查验财政电子票据。”

十一、将第十条改为第十二条，并将第二款中的“财政部门”修改为“财政部”。

十二、删去第十一条。

十三、将第十四条改为第十五条，并删去该条中的“防伪专用品”。

十四、删去第十七条。

十五、增加一条，作为第二十条：“财政部门及其工作人员应当为申领单位提供便利，一次性告知领用财政票据的相关程序、材料、要求及依据等内容。”

十六、将第二十条改为第二十一条，修改为：“首次领用财政票据，应当按照规定程序办理《财政票据领用证》。

“办理《财政票据领用证》，应当提交申请函，填写《财政票据领用证申请表》，并且按要求提供与票据种类相关的可核验信息，并对提供信息的真实性承担法律责任。”

十七、将第二十一条改为第二十二条，并将第二款修改为：“《财政票据领用证》应当包括单位基本信息、领用票据名称和项目名称、领用票据记录、检查核销票据记录、检查核销结果记录等项目。”

十八、将第二十二条改为第二十三条，修改为：“再次领用财政票据，应当出示《财政票据领用证》，提供前次票据使用情况，包括票据的种类、册（份）数、起止号码、使用份数、作废份数、收取金额及票据存根等内容。受理申请的财政部门审核后，发放财政票据。”

十九、删去第二十五条。

二十、增加一条，作为第二十七条：“财政票据使用单位开具电子票据，应当确保电子票据及其元数据自形成起完整无缺、来源可靠，未被非法更改，传输过程中发生的形式变化不得影响财政电子票据内容的真实、完整。”

二十一、将第二十七条改为第二十八条，并将第二款中的“财政票据”修改为“纸质票据”。

二十二、增加一条，作为第三十三条：“财政票据使用单位和付款单位应当准确、完整、有效接收和读取财政电子票据，并按照会计信息化和会计档案等有关管理要求归档入账。”

二十三、将第三十二条改为第三十四条，并将该条中的“财政票据”修改为“纸质票据”。

二十四、将第四十条改为第四十二条，并将第一款修改为：“单位和个人违反本办法规定，有下列行为之一的，由县级以上财政部门责令改正并给予警告；对非经营活动中的违法行为，处以1000元以下罚款；对经营活动中的违法行为，有违法所得的，处以违法所得金额3倍以下不超过30000元的罚款，没有违法所得的，处以10000元以下罚款；构成犯罪的，依法追究刑事责任：

“（一）违反规定印制财政票据；

“（二）转让、出借、串用、代开财政票据；

“（三）伪造、变造、买卖、擅自销毁财政票据；

“（四）提供虚假信息骗取和冒领财政票据；

“（五）伪造、使用伪造的财政票据监制章；

“（六）未按规定使用财政票据监制章；

“（七）在境外印制财政票据；

“（八）其他违反财政票据管理规定的行为。”

二十五、将第四十一条改为第四十三条，并将该条中的“涉嫌犯罪的，依法移送司法机关”修改为“构成犯罪的，依法追究刑事责任”。

二十六、将第四十二条改为第四十四条，并将第二款中的“复核”修改为“复审复核”。

此外，对条文顺序和个别文字作相应调整和修改。

本决定自2021年1月1日起施行。

《财政票据管理办法》根据本决定作相应修改，重新公布。

财政票据管理办法

（2012年10月22日财政部令第70号公布　根据2020年12月3日《财政部关于修改〈财政票据管理办法〉的决定》修订）

第一章　总　　则

第一条　为了规范财政票据行为，加强政府非税收入征收管理和单位财务监督，维护国家财经秩序，保护公民、法人和其他组织的合法权益，根据国家有关规定，制定本办法。

第二条　财政票据的监（印）制、领用、发放、使用、保管、核销、销毁及监督检查等活动，适用本办法。

第三条　本办法所称财政票据，是指由财政部门监（印）制、发放、管理，国家机关、事业单位、具有公共管理或者公共服务职能的社会团体及其他组织（以下统称“行政事业单位”）依法收取政府非税收入或者从事非营利性活动收取财物时，向公民、法人和其他组织开具的凭证。

财政票据是财务收支和会计核算的原始凭证，包括电子和纸质两种形式。财政电子票据和纸质票据具有同等法律效力，是财会监督、审计监督等的重要依据。

第四条　财政部门是财政票据的主管部门。

财政部负责全国财政票据管理工作，承担中央单位财政票据的监（印）制、发放、核销、销毁和监督检查等工作，指导地方财政票据管理工作。

省、自治区、直辖市人民政府财政部门，新疆生产建设兵团财政局（以下简称省级财政部门）负责本行政区域财政票据的监（印）制、发放、核销、销毁和监督检查等工作，指导下级财政部门财政票据管理工作。

省级以下财政部门负责本行政区域财政票据的申领、发放、核销、销毁和监督检查等工作。

第五条 财政部门应当积极推进财政电子票据管理改革，以数字信息代替纸质文件、以电子签名代替手工签章，依托计算机和信息网络技术开具、存储、传输和接收财政电子票据，实现电子开票、自动核销、全程跟踪、源头控制。

第六条 财政部门通过有关票据公共服务平台提供财政电子票据真伪查验服务。

第二章 财政票据的种类、适用范围和内容

第七条 财政票据的种类和适用范围如下：

（一）非税收入类票据

1. 非税收入通用票据，是指行政事业单位依法收取政府非税收入时开具的通用凭证。

2. 非税收入一般缴款书，是指实施政府非税收入收缴管理制度改革的行政事业单位收缴政府非税收入时开具的通用凭证。

（二）结算类票据

资金往来结算票据，是指行政事业单位在发生暂收、代收和单位内部资金往来结算时开具的凭证。

（三）其他财政票据

1. 公益事业捐赠票据，是指国家机关、公益性事业单位、公益性社会团体和其他公益性组织依法接受公益性捐赠时开具的凭证。

2. 医疗收费票据，是指非营利医疗卫生机构从事医疗服务取得医疗收入时开具的凭证。

3. 社会团体会费票据，是指依法成立的社会团体向会员收取会费时开具的凭证。

4. 其他应当由财政部门管理的票据。

第八条 财政票据应当包括票据名称、票据编码、票据监制章、项目、标准、数量、金额、交款人、开票日期、开票单位、开票人、复核人等内容。

第九条 纸质票据一般包括存根联、收据联、记账联。存根联由开票方留

存，收据联由支付方收执，记账联由开票方留做记账凭证。

非税收入一般缴款书一般设置五联，包括回单联、借方凭证、贷方凭证、收据联、存根联。回单联退执收单位，借方凭证和贷方凭证分别由缴款人、收款人开户银行留存，收据联由缴款人收执，存根联由执收单位留存。

第三章　财政票据的监（印）制

第十条　财政票据由省级以上财政部门按照管理权限分别监（印）制。

第十一条　财政票据实行全国统一的式样、编码规则和电子票据数据标准，由财政部负责制定。

电子票据数据标准包括数据要素、数据结构、数据格式和防伪方法等内容。各级财政部门应当按照统一的财政电子票据数据标准，生成、传输、存储和查验财政电子票据。

第十二条　省级以上财政部门应当按照国家政府采购有关规定确定承印财政票据的企业，并与其签订印制合同。

财政票据印制企业应当按照印制合同和财政部规定的式样印制票据。

禁止私自印制、伪造、变造财政票据。

第十三条　财政票据应当套印全国统一式样的财政票据监制章。财政票据监制章的形状、规格和印色由财政部统一规定。

禁止伪造、变造财政票据监制章，禁止在非财政票据上套印财政票据监制章。

第十四条　财政票据应当使用中文监（印）制。民族自治地方的财政票据，可以加印一种当地通用的民族文字。有实际需要的，可以同时使用中外两种文字监（印）制。

第十五条　财政票据印制企业应当建立票据印制管理制度和保管措施，对财政票据式样模板、财政票据监制章印模等的使用和管理实行专人负责，不得将承印的财政票据委托其他企业印制，不得向委托印制票据的财政部门以外的其他单位或者个人提供财政票据。

第十六条　印制合同终止后，财政票据印制企业应当将印制票据所需用品、资料交还委托印制票据的财政部门，不得自行保留或者提供给其他单位或者个人。

第十七条　禁止在境外印制财政票据。

第四章　财政票据的领用与发放

第十八条　省级以下财政部门应当根据本地区用票需求，按照财政管理体制向上一级财政部门报送用票计划，申领财政票据。上级财政部门经审核后发放财政票据。

第十九条　财政票据实行凭证领用、分次限量、核旧领新制度。

领用财政票据，一般按照财务隶属关系向同级财政部门申请。

第二十条　财政部门及其工作人员应当为申领单位提供便利，一次性告知领用财政票据的相关程序、材料、要求及依据等内容。

第二十一条　首次领用财政票据，应当按照规定程序办理《财政票据领用证》。

办理《财政票据领用证》，应当提交申请函，填写《财政票据领用证申请表》，并且按要求提供与票据种类相关的可核验信息，并对提供信息的真实性承担法律责任。

第二十二条　受理申请的财政部门应当对申请单位提交的材料进行审核，对符合条件的单位，核发《财政票据领用证》，并发放财政票据。

《财政票据领用证》应当包括单位基本信息、领用票据名称和项目名称、领用票据记录、检查核销票据记录、检查核销结果记录等项目。

第二十三条　再次领用财政票据，应当出示《财政票据领用证》，提供前次票据使用情况，包括票据的种类、册(份)数、起止号码、使用份数、作废份数、收取金额及票据存根等内容。受理申请的财政部门审核后，发放财政票据。

第二十四条　领用未列入《财政票据领用证》内的财政票据，应当向原核发领用证的财政部门提出申请，并依照本办法规定提交相应材料。受理申请的财政部门审核后，应当在《财政票据领用证》上补充新增财政票据的相关信息，并发放财政票据。

第二十五条　财政票据一次领用的数量一般不超过本单位六个月的使用量。

第五章　财政票据的使用与保管

第二十六条　财政票据使用单位应当指定专人负责管理财政票据，建立票据使用登记制度，设置票据管理台账，按照规定向财政部门报送票据使用情况。

第二十七条 财政票据使用单位开具电子票据,应当确保电子票据及其元数据自形成起完整无缺、来源可靠,未被非法更改,传输过程中发生的形式变化不得影响财政电子票据内容的真实、完整。

第二十八条 财政票据应当按照规定填写,做到字迹清楚、内容完整真实、印章齐全、各联次内容和金额一致。填写错误的,应当另行填写。

因填写错误等原因而作废的纸质票据,应当加盖作废戳记或者注明"作废"字样,并完整保存各联次,不得擅自销毁。

第二十九条 填写财政票据应当统一使用中文。财政票据以两种文字监(印)制的,可以同时使用另一种文字填写。

第三十条 财政票据使用单位不得转让、出借、代开、买卖、擅自销毁、涂改财政票据;不得串用财政票据,不得将财政票据与其他票据互相替代。

第三十一条 省级财政部门监(印)制的财政票据应当在本行政区域内发放使用,但派驻外地的单位在派驻地使用的情形除外。

第三十二条 财政票据应当按照规定使用。不按规定使用的,付款单位和个人有权拒付款项,财务部门不得报销。

第三十三条 财政票据使用单位和付款单位应当准确、完整、有效接收和读取财政电子票据,并按照会计信息化和会计档案等有关管理要求归档入账。

第三十四条 纸质票据使用完毕,使用单位应当按照要求填写相关资料,按顺序清理纸质票据存根、装订成册、妥善保管。

纸质票据存根的保存期限一般为 5 年。保存期满需要销毁的,报经原核发票据的财政部门查验后销毁。保存期未满、但有特殊情况需要提前销毁的,应当报原核发票据的财政部门批准。

第三十五条 尚未使用但应予作废销毁的财政票据,使用单位应当登记造册,报原核发票据的财政部门核准、销毁。

第三十六条 财政票据使用单位发生合并、分立、撤销、职权变更,或者收费项目被依法取消或者名称变更的,应当自变动之日起 15 日内,向原核发票据的财政部门办理《财政票据领用证》的变更或者注销手续;对已使用财政票据的存根和尚未使用的财政票据应当分别登记造册,报财政部门核准、销毁。

第三十七条 财政票据或者《财政票据领用证》灭失的,财政票据使用单位应当查明原因,及时以书面形式报告原核发票据的财政部门,并自发现之日起 3 日内登报声明作废。

第三十八条 财政部门、财政票据印制企业、财政票据使用单位应当设置财政票据专用仓库或者专柜,指定专人负责保管,确保财政票据安全。

第六章　监督检查及罚则

第三十九条　财政部门应当建立健全财政票据监督检查制度，对财政票据监(印)制、使用、管理等情况进行检查。

第四十条　财政部门实施监督检查，应当按照规定程序和要求进行，不得滥用职权、徇私舞弊，不得向被检查单位收取费用。

第四十一条　财政票据使用单位和财政票据印制企业应当自觉接受财政部门的监督检查，如实反映情况，提供有关资料，不得隐瞒、弄虚作假或者拒绝、阻挠。

第四十二条　单位和个人违反本办法规定，有下列行为之一的，由县级以上财政部门责令改正并给予警告；对非经营活动中的违法行为，处以1000元以下罚款；对经营活动中的违法行为，有违法所得的，处以违法所得金额3倍以下不超过30000元的罚款，没有违法所得的，处以10000元以下罚款；构成犯罪的，依法追究刑事责任：

(一)违反规定印制财政票据；

(二)转让、出借、串用、代开财政票据；

(三)伪造、变造、买卖、擅自销毁财政票据；

(四)提供虚假信息骗取和冒领财政票据；

(五)伪造、使用伪造的财政票据监制章；

(六)未按规定使用财政票据监制章；

(七)在境外印制财政票据；

(八)其他违反财政票据管理规定的行为。

单位和个人违反本办法规定，对涉及财政收入的财政票据有本条第一款所列行为之一的，依照《财政违法行为处罚处分条例》第十六条的规定予以处理、处罚。

第四十三条　财政部门、行政事业单位工作人员违反本办法规定，在工作中徇私舞弊、玩忽职守、滥用职权的，依法给予处分；构成犯罪的，依法追究刑事责任。

第四十四条　单位和个人对处理、处罚决定不服的，可以依法申请行政复议或者提起行政诉讼。

国家工作人员对处分不服的，可以依照有关规定申请复审复核或者提出申诉。

第七章 附 则

第四十五条 中国人民解放军和中国人民武装警察部队适用《军队票据管理规定》。

第四十六条 省级财政部门可以依据本办法，结合本地区实际情况制定具体实施办法，报财政部备案。

第四十七条 本办法自2013年1月1日起施行。1998年9月21日财政部发布的《行政事业性收费和政府性基金票据管理规定》（财综字〔1998〕104号）同时废止。

互联网保险业务监管办法

（2020年12月7日中国银行保险监督管理委员会令2020年第13号公布 自2021年2月1日起施行 国司备字〔2021003635〕）

第一章 总 则

第一条 为规范互联网保险业务，有效防范风险，保护消费者合法权益，提升保险业服务实体经济和社会民生的水平，根据《中华人民共和国保险法》等法律、行政法规，制定本办法。

第二条 本办法所称互联网保险业务，是指保险机构依托互联网订立保险合同、提供保险服务的保险经营活动。

本办法所称保险机构包括保险公司（含相互保险组织和互联网保险公司）和保险中介机构；保险中介机构包括保险代理人（不含个人保险代理人）、保险经纪人、保险公估人；保险代理人（不含个人保险代理人）包括保险专业代理机构、银行类保险兼业代理机构和依法获得保险代理业务许可的互联网企业；保险专业中介机构包括保险专业代理机构、保险经纪人和保险公估人。

本办法所称自营网络平台，是指保险机构为经营互联网保险业务，依法设立的独立运营、享有完整数据权限的网络平台。保险机构分支机构以及与保险机构具有股权、人员等关联关系的非保险机构设立的网络平台，不属于自营网络平台。

本办法所称互联网保险产品，是指保险机构通过互联网销售的保险产品。

第三条 互联网保险业务应由依法设立的保险机构开展，其他机构和个人不得开展互联网保险业务。保险机构开展互联网保险业务，不得超出该机构许可证（备案表）上载明的业务范围。

第四条 保险机构开展互联网保险业务，应符合新发展理念，依法合规，防范风险，以人为本，满足人民群众多层次风险保障需求，不得损害消费者合法权益和社会公共利益。

保险机构开展互联网保险业务，应由总公司集中运营、统一管理，建立统一集中的业务平台、业务流程和管理制度。保险机构应科学评估自身风险管控能力、客户服务能力，合理确定适合互联网经营的保险产品及其销售范围，不能有效管控风险、保障售后服务质量的，不得开展互联网保险销售或保险经纪活动。

保险机构应持续提高互联网保险业务风险防控水平，健全风险监测预警和早期干预机制，保证自营网络平台运营的独立性，在财务、业务、信息系统、客户信息保护等方面与公司股东、实际控制人、公司高级管理人员等关联方实现有效隔离。

第五条 保险机构通过互联网和自助终端设备销售保险产品或提供保险经纪服务，消费者能够通过保险机构自营网络平台的销售页面独立了解产品信息，并能够自主完成投保行为的，适用本办法。

投保人通过保险机构及其从业人员提供的保险产品投保链接自行完成投保的，应同时满足本办法及所属渠道相关监管规定。涉及线上线下融合开展保险销售或保险经纪业务的，其线上和线下经营活动分别适用线上和线下监管规则；无法分开适用监管规则的，同时适用线上和线下监管规则，规则不一致的，坚持合规经营和有利于消费者的原则。

第六条 中国银行保险监督管理委员会（以下简称银保监会）及其派出机构依法对互联网保险业务实施监督管理。

第二章 基本业务规则

第一节 业务条件

第七条 开展互联网保险业务的保险机构及其自营网络平台应具备以下条件：

（一）服务接入地在中华人民共和国境内。自营网络平台是网站或移动应用程序（APP）的，应依法向互联网行业管理部门履行互联网信息服务备案手续、取得备案编号。自营网络平台不是网站或移动应用程序（APP）的，应符合相关法律法规的规定和相关行业主管部门的资质要求。

（二）具有支持互联网保险业务运营的信息管理系统和核心业务系统，并与保险机构其他无关的信息系统有效隔离。

（三）具有完善的网络安全监测、信息通报、应急处置工作机制，以及完善的边界防护、入侵检测、数据保护、灾难恢复等网络安全防护手段。

（四）贯彻落实国家网络安全等级保护制度，开展网络安全定级备案，定期开展等级保护测评，落实相应等级的安全保护措施。对于具有保险销售或投保功能的自营网络平台，以及支持该自营网络平台运营的信息管理系统和核心业务系统，相关自营网络平台和信息系统的安全保护等级应不低于三级；对于不具有保险销售和投保功能的自营网络平台，以及支持该自营网络平台运营的信息管理系统和核心业务系统，相关自营网络平台和信息系统的安全保护等级应不低于二级。

（五）具有合法合规的营销模式，建立满足互联网保险经营需求、符合互联网保险用户特点、支持业务覆盖区域的运营和服务体系。

（六）建立或明确互联网保险业务管理部门，并配备相应的专业人员，指定一名高级管理人员担任互联网保险业务负责人，明确各自营网络平台负责人。

（七）具有健全的互联网保险业务管理制度和操作规程。

（八）保险公司开展互联网保险销售，应符合银保监会关于偿付能力、消费者权益保护监管评价等相关规定。

（九）保险专业中介机构应是全国性机构，经营区域不限于总公司营业执照登记注册地所在省（自治区、直辖市、计划单列市），并符合银保监会关于保险专业中介机构分类监管的相关规定。

（十）银保监会规定的其他条件。

第八条 保险机构不满足本办法第七条规定的，应立即停止通过互联网销售保险产品或提供保险经纪服务，并在官方网站和自营网络平台发布公告。保险机构经整改后满足本办法第七条规定的，可恢复开展相关互联网保险业务。保险机构拟自行停止自营网络平台业务经营的，应至少提前20个工作日在官方网站和自营网络平台发布公告。涉及债权债务处置的，应一并进行公告。

第九条 保险公司开展互联网保险销售，应在满足本办法规定的前提下，优先选择形态简单、条款简洁、责任清晰、可有效保障售后服务的保险产品，并充分考虑投保的便利性、风控的有效性、理赔的及时性。

保险公司开发互联网保险产品应符合风险保障本质、遵循保险基本原理、符合互联网经济特点，并满足银保监会关于保险产品开发的相关监管规定，做到产品定价合理、公平和充足。不得违背公序良俗、不得进行噱头炒作、不得损害消费者合法权益和社会公共利益,不得危及公司偿付能力和财务稳健。

第十条 银保监会可根据互联网保险业务发展阶段、不同保险产品的服务保障需要,规定保险机构通过互联网销售或提供保险经纪服务的险种范围和相关条件。

第二节 销 售 管 理

第十一条 保险机构开展互联网保险业务,应加强销售管理,充分进行信息披露,规范营销宣传行为,优化销售流程,保护消费者合法权益。

第十二条 开展互联网保险业务的保险机构应建立官方网站,参照《保险公司信息披露管理办法》相关规定,设置互联网保险栏目进行信息披露,披露内容包括但不限于:

(一)营业执照、经营保险业务相关许可证(备案表)。

(二)自营网络平台的名称、网址,以及在中国保险行业协会官方网站上的信息披露访问链接。

(三)一年来综合偿付能力充足率、风险综合评级、消费者权益保护监管评价等相关监管评价信息,银保监会另有规定的从其规定。

(四)保险机构之间开展合作的,各保险机构应分别披露合作机构名称、业务合作范围及合作起止时间。

(五)互联网保险产品名称、产品信息(或链接),产品信息包括条款、审批类产品的批复文号、备案类产品的备案编号或产品注册号、报备文件编号或条款编码。

(六)互联网保险产品及保单的查询和验真途径。

(七)省级分支机构和落地服务机构的名称、办公地址、电话号码等。

(八)理赔、保全等客户服务及投诉渠道,相关联系方式。

(九)本办法第八条规定的经营变化情况。

(十)银保监会规定的其他内容。

第十三条 保险机构应在开展互联网保险业务的自营网络平台显著位置,列明以下信息:

(一)保险产品承保公司设有省级分支机构和落地服务机构的省(自治区、直辖市、计划单列市)清单。

(二)保险产品承保公司全国统一的客户服务及投诉方式,包括客服电话、在线服务访问方式、理赔争议处理机制和工作流程等。

(三)投保咨询方式、保单查询方式。

（四）针对消费者个人信息、投保交易信息和交易安全的保障措施。

（五）自营网络平台在中国保险行业协会官方网站上的信息披露访问链接。

（六）本办法第八条规定的经营变化情况。

（七）银保监会规定的其他内容。

第十四条 互联网保险产品的销售或详情展示页面上应包括以下内容：

（一）保险产品名称（条款名称和宣传名称），审批类产品的批复文号，备案类产品的备案编号或产品注册号，以及报备文件编号或条款编码。

（二）保险条款和保费（或链接），应突出提示和说明免除保险公司责任的条款，并以适当的方式突出提示理赔条件和流程，以及保险合同中的犹豫期、等待期、费用扣除、退保损失、保单现金价值等重点内容。

（三）保险产品为投连险、万能险等人身保险新型产品的，应按照银保监会关于新型产品信息披露的相关规定，清晰标明相关信息，用不小于产品名称字号的黑体字标注保单利益具有不确定性。

（四）投保人的如实告知义务，以及违反义务的后果。

（五）能否实现全流程线上服务的情况说明，以及因保险机构在消费者或保险标的所在地无分支机构而可能存在的服务不到位等问题的提示。

（六）保费的支付方式，以及保险单证、保费发票等凭证的送达方式。

（七）其他直接影响消费者权益和购买决策的事项。

第十五条 本办法所称互联网保险营销宣传，是指保险机构通过网站、网页、互联网应用程序等互联网媒介，以文字、图片、音频、视频或其他形式，就保险产品或保险服务进行商业宣传推广的活动。保险机构开展互联网保险营销宣传活动应符合《中华人民共和国广告法》、金融营销宣传以及银保监会相关规定。

保险机构应加强互联网保险营销宣传管理：

（一）保险机构应建立从业人员互联网保险营销宣传的资质、培训、内容审核和行为管理制度。

（二）保险机构应从严、精细管控所属从业人员互联网保险营销宣传活动，提高从业人员的诚信和专业水平。保险机构应对从业人员发布的互联网保险营销宣传内容进行监测检查，发现问题及时处置。

（三）保险机构从业人员应在保险机构授权范围内开展互联网保险营销宣传。从业人员发布的互联网保险营销宣传内容，应由所属保险机构统一制作，并在显著位置标明所属保险机构全称及个人姓名、执业证编号等信息。

（四）开展互联网保险营销宣传活动应遵循清晰准确、通俗易懂、符合社会公序良俗的原则，不得进行不实陈述或误导性描述，不得片面比较保险产品价格和简单排名，不得与其他非保险产品和服务混淆，不得片面或夸大宣传，不得违规承诺收益或承诺承担损失。

（五）互联网保险营销宣传内容应与保险合同条款保持一致，不得误导性解读监管政策，不得使用或变相使用监管机构及其工作人员的名义或形象进行商业宣传。

（六）互联网保险营销宣传页面应明确标识产品为保险产品，标明保险产品全称、承保保险公司全称以及提供销售或经纪服务的保险中介机构全称；应用准确的语言描述产品的主要功能和特点，突出说明容易引发歧义或消费者容易忽视的内容。

（七）保险机构及其从业人员应慎重向消费者发送互联网保险产品信息。消费者明确表示拒绝接收的，不得向其发送互联网保险产品信息。

（八）保险机构应对本机构及所属从业人员互联网保险营销宣传承担合规管理的主体责任。

第十六条 保险机构应通过其自营网络平台或其他保险机构的自营网络平台销售互联网保险产品或提供保险经纪、保险公估服务，投保页面须属于保险机构自营网络平台。政府部门为了公共利益需要，要求投保人在政府规定的网络平台完成投保信息录入的除外。

第十七条 保险机构应提高互联网保险产品销售的针对性，采取必要手段识别消费者的保险保障需求和消费能力，把合适的保险产品提供给消费者，并通过以下方式保障消费者的知情权和自主选择权：

（一）充分告知消费者售后服务能否全流程线上实现，以及保险机构因在消费者或保险标的所在地无分支机构而可能存在的服务不到位等问题。

（二）通过互联网销售投连险、万能险等人身保险新型产品或提供相关保险经纪服务的，应建立健全投保人风险承受能力评估及业务管理制度，向消费者做好风险提示。

（三）提供有效的售前在线咨询服务，帮助消费者客观、及时了解保险产品和服务信息。

（四）通过问卷、问询等方式有效提示消费者履行如实告知义务，提示消费者告知不准确可能带来的法律责任，不得诱导消费者隐瞒真实健康状况等实际情况。

（五）在销售流程的各个环节以清晰、简洁的方式保障消费者实现真实的购买意愿，不得采取默认勾选、限制取消自动扣费功能等方式剥夺消费者自主选择的权利。

第十八条 保险机构核保使用的数据信息应做到来源及使用方式合法。保险机构应丰富数据信息来源,深化技术应用,加强保险细分领域风险因素分析,不断完善核保模型,提高识别筛查能力,加强承保风险控制。

第十九条 保险公司通过自营网络平台开展互联网保险业务的,应通过自有保费收入专用账户直接收取投保人交付的保费;与保险中介机构合作开展互联网保险业务的,可通过该保险中介机构的保费收入专用账户代收保费。保费收入专用账户包括保险机构依法在商业银行及第三方支付平台开设的专用账户。

第二十条 保险机构开展互联网保险业务,可通过互联网、电话等多种方式开展回访工作,回访时应验证客户身份,保障客户投保后及时完整知悉合同主要内容。保险机构开展电子化回访应遵循银保监会相关规定。

第二十一条 保险机构通过互联网销售可以续保的保险产品或提供相关保险经纪服务的,应保障客户的续保权益,为其提供线上的续保或终止续保的途径,未经客户同意不得自动续保。

第二十二条 保险机构开展互联网保险业务,应向客户提供保单和发票,可优先提供电子保单和电子发票。采用纸质保单的,保险公司或合作的保险中介机构应以适当方式将保单送达客户。采用电子保单的,保险公司或合作的保险中介机构应向客户说明,并向客户提供可查询、下载电子保单的自营网络平台或行业统一查验平台的访问方式。

第二十三条 非保险机构不得开展互联网保险业务,包括但不限于以下商业行为:

(一)提供保险产品咨询服务。

(二)比较保险产品、保费试算、报价比价。

(三)为投保人设计投保方案。

(四)代办投保手续。

(五)代收保费。

第三节 服务管理

第二十四条 保险公司应建立健全在线核保、批改、保全、退保、理赔和投诉处理等全流程服务体系,加强互联网保险业务的服务过程管理和服务质量管理,并根据客户评价、投诉等情况,审视经营中存在的问题,及时改进产品管理,优化服务流程。服务水平无法达到本办法要求的,保险公司应主动限制互联网保险业务的险种和区域。

保险中介机构与保险公司合作,或接受保险公司委托,开展互联网保险相关业务活动的,应参照本办法关于保险公司的业务规则执行。

第二十五条 保险公司应在自营网络平台设立统一集中的客户服务业务办理入口,提升线上服务能力,与线下服务有机融合,并提供必要的人工辅助,保障客户获得及时有效的服务。

第二十六条 对于部分无法在线完成核保、保全、理赔等保险业务活动的,保险公司应通过本公司分支机构或线下合作机构做好落地服务,销售时应明确告知投保人相关情况。线下合作机构应是其他保险机构及其分支机构,包括区域性保险专业中介机构。对于完全无法在线完成批改、保全、退保、理赔等保险业务活动的,保险公司不得经营相关互联网保险产品。

保险公司委托其他合作机构提供技术支持和客户服务的,应建立委托合作全流程管理制度,审慎选择合作机构,进行有效的监测监督。

第二十七条 保险公司应不断加强互联网保险售后服务的标准化、规范化、透明化建设:

(一)在自营网络平台明示业务办理流程和客户权利义务,一次性告知业务办理所需材料清单,明确承诺服务时限。

(二)提供包含电话服务、在线服务在内的两种及以上服务方式。

(三)提供客户自助查询服务,及时向客户展示告知处理进程、处理依据、预估进展、处理结果。涉及保费、保险金、退保金等资金收付的,应说明资金的支付方式,以及资金额度基于保费、保险金额或现金价值的计算方法。

(四)提升销售和服务的透明化水平,可在自营网络平台提供消费者在线评价功能,为消费者提供消费参考信息。

第二十八条 保险公司为互联网保险客户提供保单批改和保全服务的,应识别、确认客户身份的真实性和合法性。对于线上变更受益人的请求,保险公司应确认该项业务已取得被保险人的同意。

第二十九条 保险公司应保障客户退保权益,不得隐藏相关业务的办理入口,不得阻碍或限制客户退保。

第三十条 保险公司为互联网保险客户提供查勘理赔服务的,应建立包括客户报案、查勘理赔、争议处理等环节在内的系统化工作流程,实现查勘理赔服务闭环完整。参与查勘理赔的各类机构和人员应做好工作衔接,做到响应及时准确、流程简捷流畅。

第三十一条 保险公司应建立健全理赔争议处理机制和工作流程,及时向客户说明理赔决定、原因依据和争议处理办法,探索多元纠纷解决机制,跟踪做好争议处理工作。

第三十二条 保险公司应建立完整的客户投诉处理流程,建设独立于销售、理赔等业务的专职处理互联网保险客户投诉的人员队伍。对于银保监会及其派出机构、相关行业组织、消费者权益保护组织、新闻媒体等转送的互联网保险业务投诉，保险公司应建立有效的转接管理制度，纳入互联网保险客户投诉处理流程。

第四节　运营管理

第三十三条　保险机构应采用有效技术手段对投保人身份信息的真实性进行验证，应完整记录和保存互联网保险主要业务过程，包括：产品销售页面的内容信息、投保人操作轨迹、保全理赔及投诉服务记录等，做到销售和服务等主要行为信息不可篡改并全流程可回溯。互联网保险业务可回溯管理的具体规则，由银保监会另行制定。

第三十四条　保险公司与保险中介机构合作开展互联网保险业务的，应审慎选择符合本办法规定、具有相应经营能力的保险中介机构，做好服务衔接、数据同步和信息共享。保险公司应与保险中介机构签订合作或委托协议，确定合作和委托范围，明确双方权利义务，约定不得限制对方获取客户信息等保险合同订立的必要信息。

第三十五条　保险机构授权在本机构执业的保险销售、保险经纪从业人员为互联网保险业务开展营销宣传、产品咨询的，应在其劳动合同或委托协议中约定双方的权利义务，并按照相关监管规定对其进行执业登记和管理，标识其从事互联网保险业务的资质以供公众查询。保险机构对所属从业人员的互联网保险业务行为依法承担责任。保险机构在互联网保险销售或经纪活动中，不得向未在本机构进行执业登记的人员支付或变相支付佣金及劳动报酬。

第三十六条　保险公司向保险中介机构支付相关费用，或保险机构向提供技术支持、客户服务等服务的合作机构支付相关费用，应按照合作协议约定的费用种类和标准，由总公司或其授权的省级分支机构通过银行或合法第三方支付平台转账支付，不得以现金形式进行结算。保险机构不得直接或间接给予合作协议约定以外的其他利益。

第三十七条　保险机构应严格按照网络安全相关法律法规，建立完善与互联网保险业务发展相适应的信息技术基础设施和安全保障体系，提升信息化和网络安全保障能力：

（一）按照国家相关标准要求，采取边界防护、入侵检测、数据保护以及灾难恢复等技术手段，加强信息系统和业务数据的安全管理。

（二）制定网络安全应急预案，定期开展应急演练，建立快速应急响应机制，开展网络安全实时监测，发现问题后立即采取防范和处置措施，并按照银行业保险业突发事件报告、应对相关规定及时向负责日常监管的银保监会或其派出机构、当地公安网安部门报告。

（三）对提供技术支持和客户服务的合作机构加强合规管理，督促其保障服务质量和网络安全，其相关信息系统至少应获得网络安全等级保护二级认证。

（四）防范假冒网站、假冒互联网应用程序等与互联网保险业务相关的违法犯罪活动，开辟专门渠道接受公众举报。

第三十八条 保险机构应承担客户信息保护的主体责任，收集、处理及使用个人信息应遵循合法、正当、必要的原则，保证信息收集、处理及使用的安全性和合法性：

（一）建立客户信息保护制度，明确数据安全责任人，构建覆盖全生命周期的客户信息保护体系，防范信息泄露。

（二）督促提供技术支持、客户服务等服务的合作机构建立有效的客户信息保护制度，在合作协议中明确约定客户信息保护责任，保障客户信息安全，明确约定合作机构不得限制保险机构获取客户投保信息，不得限制保险机构获取能够验证客户真实身份的相关信息。

（三）保险机构收集、处理及使用个人信息，应征得客户同意，获得客户授权。未经客户同意或授权，保险机构不得将客户信息用于所提供保险服务之外的用途，法律法规另有规定的除外。

第三十九条 保险机构应制定互联网保险业务经营中断应急处置预案。因突发事件、政策变化等原因导致互联网保险业务经营中断的，保险机构应在官方网站和自营网络平台及时发布公告，说明原因及后续处理方式，并按照银行业保险业突发事件报告、应对相关规定及时向负责日常监管的银保监会或其派出机构报告。

第四十条 保险机构应建立健全反洗钱内部控制制度、客户尽职调查制度、客户身份资料和交易记录保存制度、大额交易和可疑交易报告制度，履行《中华人民共和国反洗钱法》规定的反洗钱义务。

保险机构原则上应要求投保人使用本人账户支付保费。退保时保费应退还至原交费账户或投保人本人其他账户。保险金应支付到被保险人账户、受益人账户或保险合同约定的其他账户。保险机构应核对投保人账户信息的真实性。

第四十一条 保险机构应建立健全互联网保险业务反欺诈制度，加强对互联网保险欺诈的监控和报告，及时有效处置欺诈案件。保险机构应积极参与风险信息共享的行业协同机制，提高风险识别和反欺诈能力。

第四十二条 保险机构停止经营互联网保险相关业务的，应采取妥善措施做好存续业务的售后服务，有效保护客户合法权益。

第四十三条 保险机构应开展互联网保险业务舆情监测，积极做好舆情沟通，回应消费者和公众关切，及时有效处理因消费争议和纠纷产生的网络舆情。

第三章 特别业务规则

第一节 互联网保险公司

第四十四条 本办法所称互联网保险公司是指银保监会为促进保险业务与互联网、大数据等新技术融合创新，专门批准设立并依法登记注册，不设分支机构，在全国范围内专门开展互联网保险业务的保险公司。

第四十五条 互联网保险公司应提高线上全流程服务能力，提升线上服务体验和效率；应在自营网络平台设立统一集中的互联网保险销售和客户服务业务办理入口，提供销售、批改、保全、退保、报案、理赔和投诉等线上服务，与线下服务有机融合，向消费者提供及时有效的服务。

第四十六条 互联网保险公司应积极开发符合互联网经济特点、服务多元化保障需求的保险产品。产品开发应具备定价基础，符合精算原理，满足场景所需，让保险与场景、技术合理融合，充分考虑投保的便利性、风控的有效性、理赔的及时性。互联网保险公司应加强对产品开发、销售渠道和运营成本的管控，做到产品定价合理、公平和充足，保障稳健可持续经营。

第四十七条 互联网保险公司不得线下销售保险产品，不得通过其他保险机构线下销售保险产品。

第四十八条 互联网保险公司应不断提高互联网保险业务风险防控水平，健全风险监测预警和早期干预机制，运用数据挖掘、机器学习等技术提高风险识别和处置能力。

互联网保险公司应建立完善与互联网保险业务发展相适应的信息技术基础设施和安全保障体系，提升信息化能力，保障信息系统和相关基础设施安全稳定运行，有效防范、控制和化解信息技术风险。

第四十九条 互联网保险公司应指定高级管理人员分管投诉处理工作，设立专门的投诉管理部门和岗位，对投诉情况进行分析研究，协同公司产品开发、业务管理、运营管理等部门进行改进，完善消费者权益保护工作。

互联网保险公司应根据业务特点建立售后服务快速反应工作机制，对于投诉率异常增长的业务，应集中力量应对，及时妥善处理。

第二节 保险公司

第五十条 本节所称保险公司，是指互联网保险公司之外的保险公司。

保险公司应优化业务模式和服务体系，推动互联网、大数据等新技术向保险业务领域渗透，提升运营效率，改善消费体验；应为互联网保险业务配置充足的服务资源，保障与产品特点、业务规模相适应的后续服务能力。

第五十一条 保险公司总公司应对互联网保险业务实行统一、垂直管理。

保险公司总公司可将合作机构拓展、营销宣传、客户服务、投诉处理等相关业务授权省级分支机构开展。经总公司同意，省级分支机构可将营销宣传、客户服务和投诉处理相关工作授权下级分支机构开展。总公司、分支机构依法承担相应的法律责任。

第五十二条 经营财产保险业务的保险公司在具有相应内控管理能力且能满足客户落地服务需求的情况下，可将相关财产保险产品的经营区域拓展至未设立分公司的省（自治区、直辖市、计划单列市），具体由银保监会另行规定。

经营人身保险业务的保险公司在满足相关条件的基础上，可在全国范围内通过互联网经营相关人身保险产品，具体由银保监会另行规定。不满足相关条件的，不得通过互联网经营相关人身保险产品。

第五十三条 保险公司分支机构可在上级机构授权范围内为互联网保险业务提供查勘理赔、批改保全、医疗协助、退保及投诉处理等属地化服务。保险公司应为分支机构开展属地化服务建立明确的工作流程和制度，在保证服务时效和服务质量的前提下，提供该类服务可不受经营区域的限制。

第五十四条 保险公司开展互联网保险业务，应结合公司发展战略，做好互联网与其他渠道融合和联动，充分发挥不同销售渠道优势，提升业务可获得性和服务便利性，做好经营环节、人员职责和业务数据等方面的有效衔接，提高消费者享有的服务水平。

第五十五条 保险公司开展互联网保险业务核算统计，应将通过直销、专业代理、经纪、兼业代理等销售渠道开展的互联网保险业务，计入该销售渠道的线上业务部分，并将各销售渠道线上业务部分进行汇总，反映本公司的互联网保险业务经营成果。

第三节 保险中介机构

第五十六条 保险中介机构应从消费者实际保险需求出发，立足角色独立、贴近市场的优势，积极运用新技术，提升保险销售和服务能力，帮助消费者选择合适的保险产品和保险服务。保险中介机构应配合保险公司开展互联网保险业务合规管理工作。

保险中介机构应对互联网保险业务实行统一、垂直管理，具体要求参照本办法第五十一条、第五十三条规定。

第五十七条 保险中介机构应立足经济社会发展和民生需要，选择经营稳健、能保障服务质量的保险公司进行合作，并建立互联网保险产品筛选机制，选择符合消费者需求和互联网特点的保险产品进行销售或提供保险经纪服务。

第五十八条 保险中介机构开展互联网保险业务，经营险种不得突破承保公司的险种范围和经营区域，业务范围不得超出合作或委托协议约定的范围。

第五十九条 保险中介机构及其自营网络平台在使用简称时应清晰标识所属行业细分类别，不得使用“XX 保险”或“XX 保险平台”等容易混淆行业类别的字样或宣传用语。为保险机构提供技术支持、客户服务的合作机构参照执行。

第六十条 保险中介机构应在自营网络平台设立统一集中的客户服务专栏，提供服务入口或披露承保公司服务渠道，保障客户获得及时有效的服务。保险中介机构销售互联网保险产品、提供保险经纪服务和保险公估服务的，应在自营网络平台展示客户告知书。

第六十一条 保险专业中介机构将互联网保险业务转委托给其他保险中介机构开展的，应征得委托人同意，并充分向消费者进行披露。受托保险中介机构应符合本办法规定的条件。

保险经纪人、保险公估人接受消费者委托，为消费者提供互联网保险相关服务的，应签订委托合同，明确约定权利义务和服务项目，履行受托职责，提升受托服务意识和专业服务能力。

第六十二条 保险中介机构可积极运用互联网、大数据等技术手段，提高风险识别和业务运营能力，完善管理制度，与保险公司的运营服务相互补充，共同服务消费者。保险中介机构可发挥自身优势，建立完善相关保险领域数据库，创新数据应用，积极开展风险管理、健康管理、案件调查、防灾减损等服务。

第六十三条 保险中介机构开展互联网保险业务，应在有效隔离、风险可控的前提下，与保险公司系统互通、业务互联、数据对接。保险中介机构之间可依托互联网等技术手段加强协同合作，促进资源共享和优势互补，降低运营成本，提高服务效率和服务质量。

第六十四条 银行类保险兼业代理机构销售互联网保险产品应满足以下

要求：

（一）通过电子银行业务平台销售。

（二）符合银保监会关于电子银行业务经营区域的监管规定。地方法人银行开展互联网保险业务，应主要服务于在实体经营网点开户的客户，原则上不得在未开设分支机构的省（自治区、直辖市、计划单列市）开展业务。无实体经营网点、业务主要在线上开展，且符合银保监会规定的其他条件的银行除外。

（三）银行类保险兼业代理机构及其销售从业人员不得将互联网保险业务转委托给其他机构或个人。

第四节　互联网企业代理保险业务

第六十五条　互联网企业代理保险业务是指互联网企业利用符合本办法规定的自营网络平台代理销售互联网保险产品、提供保险服务的经营活动。

互联网企业代理保险业务应获得经营保险代理业务许可。

第六十六条　互联网企业代理保险业务应满足以下要求：

（一）具有较强的合规管理能力，能够有效防范化解风险，保障互联网保险业务持续稳健运营。

（二）具有突出的场景、流量和广泛触达消费者的优势，能够将场景流量与保险需求有机结合，有效满足消费者风险保障需求。

（三）具有系统的消费者权益保护制度和工作机制，能够不断改善消费体验，提高服务质量。

（四）具有敏捷完善的应急响应制度和工作机制，能够快速应对各类突发事件。

（五）具有熟悉保险业务的专业人员队伍。

（六）具有较强的信息技术实力，能够有效保护数据信息安全，保障信息系统高效、持续、稳定运行。

（七）银保监会规定的其他要求。

第六十七条　互联网企业代理保险业务，应明确高级管理人员负责管理，建立科学有效的管理制度和工作流程，实现互联网保险业务独立运营。

第六十八条　互联网企业可根据保险公司或保险专业中介机构委托代理保险业务，不得将互联网保险业务转委托给其他机构或个人。

互联网企业根据保险公司和保险专业中介机构委托代理保险业务的，应审慎选择符合本办法规定、具有相应经营能力的保险机构，签订委托协议，确定委托范围，明确双方权利义务。

第六十九条　互联网企业代理保险业务，应参照本办法第四十九条，建立互联网保险售后服务快速反应工作机制,增强服务能力。

第七十条 互联网企业代理保险业务,应进行有效的业务隔离:

(一)规范开展营销宣传,清晰提示保险产品与其他产品和服务的区别。

(二)建立支持互联网保险业务运营的信息管理系统和核心业务系统,并与其他无关的信息系统有效隔离。

(三)具有完善的边界防护、入侵检测、数据保护以及灾难恢复等网络安全防护手段和管理体系。

(四)符合银保监会规定的其他要求。

第四章 监督管理

第七十一条 银保监会在有效防范市场风险的基础上,创新监管理念和方式,落实审慎监管要求,推动建立健全适应互联网保险业务发展特点的新型监管机制,对同类业务、同类主体一视同仁,严厉打击非法经营活动,着力营造公平有序的市场环境,促进互联网保险业务规范健康发展。

第七十二条 银保监会统筹负责互联网保险业务监管制度制定,银保监会及其派出机构按照关于保险机构的监管分工实施互联网保险业务日常监测与监管。

对互联网保险业务的投诉或举报,由投诉人或举报人经常居住地的银保监局依据相关规定进行处理。投诉举报事项涉及多地的,其他相关银保监局配合,有争议的由银保监会指定银保监局承办。

银保监局可授权下级派出机构开展互联网保险业务相关监管工作。

第七十三条 银保监会建设互联网保险监管相关信息系统,开展平台管理、数据信息报送、业务统计、监测分析、监管信息共享等工作,提高监管的及时性、有效性和针对性。

第七十四条 保险机构开展互联网保险业务,应将自营网络平台、互联网保险产品、合作销售渠道等信息以及相关变更情况报送至互联网保险监管相关信息系统。

保险机构应于每年 4 月 30 日前向互联网保险监管相关信息系统报送上一年度互联网保险业务经营情况报告。报告内容包括但不限于:业务基本情况、营销模式、相关机构(含技术支持、客户服务机构)合作情况、网络安全建设、消费者权益保护和投诉处理、信息系统运行和故障情况、合规经营和外部合规审计情况等。保险机构总经理和互联网保险业务负责人应在报告上签字,并对报告内容的真实性和完整性负责。

保险机构应按照银保监会相关规定定期报送互联网保险业务监管数据和监管报表。

第七十五条 中国保险行业协会对互联网保险业务进行自律管理,开展保险机构互联网保险业务信息披露相关管理工作。

保险机构应通过中国保险行业协会官方网站的互联网保险信息披露专栏,对自营网络平台、互联网保险产品、合作销售渠道等信息及时进行披露,便于社会公众查询和监督。

第七十六条 银保监会及其派出机构发现保险机构不满足本办法第七条规定的经营条件的,或存在经营异常、经营风险的,或因售后服务保障不到位等问题而引发投诉率较高的,可责令保险机构限期改正;逾期未改正,或经营严重危害保险机构稳健运行,损害投保人、被保险人或受益人合法权益的,可依法采取相应监管措施。保险机构整改后,应向银保监会或其派出机构提交整改报告。

第七十七条 保险机构及其从业人员违反本办法相关规定,银保监会及其派出机构应依法采取监管措施或实施行政处罚。

第五章 附 则

第七十八条 保险机构对于通过非互联网渠道订立的保险合同开展线上营销宣传和线上售后服务的,以及通过互联网优化业务模式和业务形态的,参照本办法执行。

再保险业务及再保险经纪业务不适用本办法。

第七十九条 保险机构通过自营网络平台销售其他非保险产品或提供相关服务的,应符合银保监会相关规定,并与互联网保险业务有效隔离。保险机构不得在自营网络平台销售未经金融监管部门批准的非保险金融产品。

第八十条 银保监会根据互联网保险业务发展情况和风险状况,适时出台配套文件,细化、调整监管规定,推进互联网保险监管长效化、系统化、制度化。

第八十一条 保险机构应依据本办法规定对照整改,在本办法施行之日起3个月内完成制度建设、营销宣传、销售管理、信息披露等问题整改,6个月内完成业务和经营等其他问题整改,12个月内完成自营网络平台网络安全等级保护认证。

第八十二条 本办法自2021年2月1日起施行,《互联网保险业务监管暂行办法》(保监发〔2015〕69号)同时废止。

第八十三条 本办法由银保监会负责解释和修订。

生物制品批签发管理办法

（2020年12月11日国家市场监督管理总局令第33号公布　自2021年3月1日起施行　国司备字[2021003486]）

第一章　总　　则

第一条　为了加强生物制品监督管理，规范生物制品批签发行为，保证生物制品安全、有效，根据《中华人民共和国药品管理法》（以下简称《药品管理法》）、《中华人民共和国疫苗管理法》（以下简称《疫苗管理法》）有关规定，制定本办法。

第二条　本办法所称生物制品批签发，是指国家药品监督管理局对获得上市许可的疫苗类制品、血液制品、用于血源筛查的体外诊断试剂以及国家药品监督管理局规定的其他生物制品，在每批产品上市销售前或者进口时，经指定的批签发机构进行审核、检验，对符合要求的发给批签发证明的活动。

未通过批签发的产品，不得上市销售或者进口。依法经国家药品监督管理局批准免予批签发的产品除外。

第三条　批签发申请人应当是持有药品批准证明文件的境内外药品上市许可持有人。境外药品上市许可持有人应当指定我国境内企业法人办理批签发。

批签发产品应当按照经核准的工艺生产，并应当符合国家药品标准和药品注册标准。生产全过程应当符合药品生产质量管理规范的要求。药品上市许可持有人应当建立完整的生产质量管理体系，持续加强偏差管理。药品上市许可持有人对批签发产品生产、检验等过程中形成的资料、记录和数据的真实性负责。批签发资料应当经药品上市许可持有人的质量受权人审核并签发。

每批产品上市销售前或者进口时，批签发申请人应当主动提出批签发申请，依法履行批签发活动中的法定义务，保证申请批签发的产品质量可靠以及批签发申请资料和样品的真实性。

第四条　国家药品监督管理局主管全国生物制品批签发工作，负责规定批签发品种范围，指定批签发机构，明确批签发工作要求，指导批签发工作的实施。

省、自治区、直辖市药品监督管理部门负责本行政区域批签发申请人的监督管理，负责组织对本行政区域内批签发产品的现场检查；协助批签发机构开展现场核实，组织批签发产品的现场抽样及批签发不合格产品的处置，对批签发过程中发现的重大质量风险及违法违规行为进行调查处理，并将调查处理结果及时通知批签发机构；对企业生产过程中出现的可能影响产品质量的重大偏差进行调查，并出具审核评估报告；负责本行政区域内批签发机构的日常管理。

国家药品监督管理局指定的批签发机构负责批签发的受理、资料审核、样品检验等工作，并依法作出批签发决定。

中国食品药品检定研究院（以下简称中检院）组织制定批签发技术要求和技术考核细则，对拟承担批签发工作或者扩大批签发品种范围的药品检验机构进行能力评估和考核，对其他批签发机构进行业务指导、技术培训和考核评估；组织协调批签发机构批签发工作的实施。

国家药品监督管理局食品药品审核查验中心（以下简称核查中心）承担批签发过程中的境外现场检查等工作。

第五条 国家药品监督管理局对批签发产品建立基于风险的监督管理体系。必要时，可以通过现场核实验证批签发申请资料的真实性、可靠性。

第六条 生物制品批签发审核、检验应当依据国家药品标准和药品注册标准。

第二章 批签发机构确定

第七条 批签发机构及其所负责的批签发品种由国家药品监督管理局确定。

国家药品监督管理局根据批签发工作需要，适时公布新增批签发机构及批签发机构扩增批签发品种的评定标准、程序和条件。

第八条 药品检验机构可以按照评定标准和条件要求向省、自治区、直辖市药品监督管理部门提交承担批签发工作或者扩增批签发品种的相关工作材料。省、自治区、直辖市药品监督管理部门审查认为符合批签发机构评定标准的，向国家药品监督管理局提出批签发机构评估申请。中检院对提出申请的药品检验机构进行能力评估和考核。国家药品监督管理局根据考核结果确定由该药品检验机构承担相应品种的批签发工作，或者同意该批签发机构扩大批签发品种范围。

第九条 中检院应当根据批签发工作需要，对批签发机构进行评估，评估情况及时报告国家药品监督管理局。

第十条 批签发机构有下列情形之一的,国家药品监督管理局可以要求该机构停止批签发工作:

(一)发生重大差错、造成严重后果的;

(二)出具虚假检验报告的;

(三)经评估不再具备批签发机构评定标准和条件要求的。

第三章 批签发申请

第十一条 新批准上市的生物制品首次申请批签发前,批签发申请人应当在生物制品批签发管理系统内登记建档。登记时应当提交以下资料:

(一)生物制品批签发品种登记表;

(二)药品批准证明文件;

(三)合法生产的相关文件。

相关资料符合要求的,中检院应当在10日内完成所申请品种在生物制品批签发管理系统内的登记确认。

登记信息发生变化时,批签发申请人应当及时在生物制品批签发管理系统内变更。

第十二条 对拟申请批签发的每个品种,批签发申请人应当建立独立的批签发生产及检验记录摘要模板,报中检院核定后,由中检院分发给批签发机构和申请人。批签发申请人需要修订已核定的批签发生产及检验记录摘要模板的,应当向中检院提出申请,经中检院核定后方可变更。

第十三条 按照批签发管理的生物制品,批签发申请人在生产、检验完成后,应当在生物制品批签发管理系统内填写生物制品批签发申请表,并根据申请批签发产品的药品上市许可持有人所在地或者拟进口口岸所在地批签发机构设置情况,向相应属地的批签发机构申请批签发。

第十四条 批签发申请人凭生物制品批签发申请表向省、自治区、直辖市药品监督管理部门或者其指定的抽样机构提出抽样申请,抽样人员在5日内组织现场抽样,并将所抽样品封存。批签发申请人将封存样品在规定条件下送至批签发机构办理批签发登记,同时提交批签发申请资料。

省、自治区、直辖市药品监督管理部门负责组织本行政区域生产或者进口的批签发产品的抽样工作,按照国家药品监督管理局药品抽样规定制定抽样管理程序,确定相对固定的抽样机构和人员并在批签发机构备案,定期对抽样机构和人员进行培训,对抽样工作进行督查指导。

第十五条 批签发申请人申请批签发时,应当提供以下证明性文件、资料及样品：

（一）生物制品批签发申请表；

（二）药品批准证明文件；

（三）合法生产的相关文件；

（四）上市后变更的批准或者备案文件；

（五）质量受权人签字并加盖企业公章的批生产及检验记录摘要；

（六）数量满足相应品种批签发检验要求的同批号产品，必要时提供与检验相关的中间产品、标准物质、试剂等材料；

（七）生产管理负责人、质量管理负责人、质量受权人等关键人员变动情况的说明；

（八）与产品质量相关的其他资料。

申请疫苗批签发的，还应当提交疫苗的生产工艺偏差、质量差异、生产过程中的故障和事故以及采取措施的记录清单和对疫苗质量影响的评估结论；可能影响疫苗质量的，还应当提交偏差报告，包括偏差描述、处理措施、风险评估结论、已采取或者计划采取的纠正和预防措施等。对可能影响质量的重大偏差，应当提供所在地省、自治区、直辖市药品监督管理部门的审核评估报告。

进口疫苗类制品和血液制品应当同时提交生产企业所在国家或者地区的原产地证明以及药品管理当局出具的批签发证明文件。进口产品在本国免予批签发的，应当提供免予批签发的证明性文件。相关证明性文件应当同时提供经公证的中文译本。相关证明性文件为复印件的，应当加盖企业公章。

生物制品批生产及检验记录摘要，是指概述某一批生物制品全部生产工艺流程和质量控制关键环节检验结果的文件。该文件应当由企业质量管理部门和质量受权人审核确定。

第十六条 批签发机构收到申请资料及样品后，应当立即核对，交接双方登记签字确认后，妥善保存。批签发申请人无法现场签字确认的，应当提前递交书面承诺。

批签发机构应当在 5 日内决定是否受理。同意受理的，出具批签发受理通知书；不予受理的，予以退回，发给不予受理通知书并说明理由。

申请资料不齐全或者不符合规定形式的，批签发机构应当在 5 日内一次性书面告知批签发申请人需要补正的全部内容及资料补正时限。逾期不告知的，自收到申请资料和样品之日起即为受理。

批签发申请人收到补正资料通知后，应当在 10 日内补正资料，逾期未补正且无正当理由的，视为放弃申请，无需作出不予受理的决定。

申请资料存在可以当场更正的错误的，应当允许批签发申请人当场更正。

未获批签发机构受理的，不得更换其他批签发机构再次申请。

第十七条 对于国家疾病防控应急需要的生物制品，经国家药品监督管理局批准，企业在完成生产后即可向批签发机构申请同步批签发。

在批签发机构作出批签发合格结论前，批签发申请人应当将批签发申请资料补充完整并提交批签发机构。

第十八条 预防、控制传染病疫情或者应对突发事件急需的疫苗，经国家药品监督管理局批准，免予批签发。

第四章 审核、检验、检查与签发

第十九条 疫苗批签发应当逐批进行资料审核和抽样检验，其他生物制品批签发可以采取资料审核的方式，也可以采取资料审核和样品检验相结合的方式进行，并可根据需要进行现场核实。对不同品种检验项目和检验比例，由中检院负责组织论证，并抄报国家药品监督管理局。批签发机构按照确定的检验要求进行检验。

批签发机构在对具体品种的批签发过程中，可以根据该品种的工艺及质量控制成熟度和既往批签发等情况进行综合评估，动态调整该品种的检验项目和检验频次。批签发产品出现不合格项目的，批签发机构应当对后续批次产品的相应项目增加检验频次。

第二十条 资料审核的内容包括：

（一）申请资料内容是否符合要求；

（二）生产用原辅材料、菌种、毒种、细胞等是否与国家药品监督管理局批准的一致；

（三）生产工艺和过程控制是否与国家药品监督管理局批准的一致并符合国家药品标准要求；

（四）产品原液、半成品和成品的检验项目、检验方法和结果是否符合国家药品标准和药品注册标准的要求；

（五）产品关键质量指标趋势分析是否存在异常；

（六）产品包装、标签及说明书是否与国家药品监督管理局核准的内容一致；

（七）生产工艺偏差等对产品质量影响的风险评估报告；

（八）其他需要审核的项目。

第二十一条 有下列情形之一的，产品应当按照注册标准进行全部项目检验，至少连续生产的三批产品批签发合格后，方可进行部分项目检验：

（一）批签发申请人新获国家药品监督管理局批准上市的产品；

（二）生产场地发生变更并经批准的；

（三）生产工艺发生重大变更并经批准的；

（四）产品连续两年未申请批签发的；

（五）因违反相关法律法规被责令停产后经批准恢复生产的；

（六）有信息提示相应产品的质量或者质量控制可能存在潜在风险的。

第二十二条 批签发机构应当在本办法规定的工作时限内完成批签发工作。批签发申请人补正资料的时间、现场核实、现场检查和技术评估时间不计入批签发工作时限。

疫苗类产品应当在60日内完成批签发，血液制品和用于血源筛查的体外诊断试剂应当在35日内完成批签发。需要复试的，批签发工作时限可延长该检验项目的两个检验周期，并告知批签发申请人。

因品种特性及检验项目原因确需延长批签发时限的，经中检院审核确定后予以公开。

第二十三条 批签发机构因不可抗力或者突发公共卫生事件应急处置等原因，在规定的时限内不能完成批签发工作的，应当将批签发延期的时限、理由及预期恢复的时间书面通知批签发申请人。确实难以完成的，由中检院协调其他批签发机构承担。

第二十四条 批签发机构在保证资料审核和样品检验等技术审查工作独立性的前提下，可就批签发过程中需要解释的具体问题与批签发申请人进行沟通核实。核实工作可通过电话沟通、书面通知等形式进行，必要时可开展现场核实。需要批签发申请人提供说明或者补充资料的，应当书面通知，并明确回复时限。

批签发机构对批签发申请资料及样品真实性需要进一步核对的，应当及时派员到生产企业进行现场核实，可采取现场调阅原始记录、现场查看设备及日志等措施，并可视情况进行现场抽样检验。开展现场核实工作应当按照生物制品批签发现场核实相关要求进行，并通知省、自治区、直辖市药品监督管理部门派监管执法人员予以协助。

第二十五条 有下列情形之一的，批签发机构应当通报批签发申请人所在地和生产场地所在地省、自治区、直辖市药品监督管理部门，提出现场检查建议，并抄报国家药品监督管理局：

（一）无菌等重要安全性指标检验不合格的；

（二）效力等有效性指标连续两批检验不合格的；

（三）资料审核提示产品生产质量控制可能存在严重问题的，或者生产工艺偏差、质量差异、生产过程中的故障和事故需进一步核查的；

（四）批签发申请资料或者样品可能存在真实性问题的；

（五）其他提示产品存在重大质量风险的情形。

在上述问题调查处理期间，对批签发申请人相应品种可以暂停受理或者签发。

进口生物制品批签发中发现上述情形的，批签发机构应当报告国家药品监督管理局，并提出现场检查等相关建议。

第二十六条 省、自治区、直辖市药品监督管理部门接到批签发机构通报和现场检查建议后，应当在10日内进行现场检查。

检查结束后10日内，省、自治区、直辖市药品监督管理部门应当组织对批签发机构提出的相关批次产品的质量风险进行技术评估，作出明确结论；特殊情况下可适当延长期限并说明理由。国家药品监督管理局接到批签发机构关于进口产品通报和现场检查建议后，根据风险评估情况，及时组织核查中心进行境外现场检查。境外现场检查时限根据具体情况确定。

检查机构应当根据检查发现的风险程度和涉及范围，对可能需要采取紧急措施的，提出风险控制建议。接到通报的药品监督管理部门应当通知批签发机构对批签发申请人的相关产品或者所有产品不予批签发或者暂停批签发，并责令批签发申请人整改。

批签发申请人在查清问题原因并整改完成后，向药品监督管理部门和批签发机构报告。药品监督管理部门经确认符合要求后通知批签发机构，方可恢复批签发。

第二十七条 药品监督管理部门在监督检查中发现生物制品存在重大质量风险的，应当根据检查结果及时通知批签发机构对药品上市许可持有人的相关产品不予批签发或者暂停批签发。

第二十八条 批签发申请人申请撤回批签发的，应当说明理由，经批签发机构同意后方可撤回；批签发申请人应当向所在地省、自治区、直辖市药品监督管理部门报告批签发申请撤回情况。批签发机构已经确认资料审核提示缺陷、检验结果不符合规定的，批签发申请人不得撤回。

同步批签发过程中出现检验结果不符合规定情况等需要申请撤回批签发的，应当说明理由，经批签发机构同意后方可撤回。

第二十九条 批签发机构根据资料审核、样品检验或者现场检查等结果作出批签发结论。符合要求的，签发生物制品批签发证明，加盖批签发专用章，发给批签发申请人。

批签发机构签发的批签发电子证明与印制的批签发证明具有同等法律

效力。

按照批签发管理的生物制品在销售时,应当出具加盖企业印章的该批产品的生物制品批签发证明复印件或者电子文件。

第三十条 有下列情形之一的,不予批签发,向批签发申请人出具生物制品不予批签发通知书,并抄送批签发申请人所在地或者进口口岸所在地省、自治区、直辖市药品监督管理部门:

(一)资料审核不符合要求的;

(二)样品检验不合格的;

(三)现场核实发现存在真实性问题的;

(四)现场检查发现违反药品生产质量管理规范且存在严重缺陷的;

(五)现场检查发现产品存在系统性、重大质量风险的;

(六)批签发申请人无正当理由,未在规定时限内补正资料的;

(七)经综合评估存在重大质量风险的;

(八)其他不符合法律法规要求的。

第三十一条 不予批签发或者撤回批签发的生物制品,由所在地省、自治区、直辖市药品监督管理部门按照有关规定监督批签发申请人销毁。不予批签发或者撤回批签发的进口生物制品由口岸所在地药品监督管理部门监督销毁,或者依法进行其他处理。

第三十二条 在批签发工作中发现企业产品存在质量问题或者其他安全隐患,涉及已上市流通批次的,批签发机构应当立即通报批签发申请人所在地和生产场地所在地省、自治区、直辖市药品监督管理部门;涉及进口生物制品的应当通报进口口岸所在地省、自治区、直辖市药品监督管理部门。接到通报的药品监督管理部门立即通知批签发申请人。

批签发申请人应当立即采取停止销售、使用,召回缺陷产品等措施,并按照有关规定在药品监督管理部门的监督下予以销毁。批签发申请人将销毁记录同时报药品监督管理部门和相应的批签发机构。

药品监督管理部门可以根据风险评估情况,采取责任约谈、限期整改等措施。

批签发申请人召回产品的,不免除其依法应当承担的其他法律责任。

第三十三条 批签发机构应当对批签发工作情况进行年度总结,由中检院汇总分析后,于每年 3 月底前向国家药品监督管理局报告。

第五章 复　　审

第三十四条 批签发申请人对生物制品不予批签发通知书有异议的,可以自收到生物制品不予批签发通知书之日起7日内,向原批签发机构或者直接向中检院提出复审申请。

第三十五条 原批签发机构或者中检院应当在收到批签发申请人的复审申请之日起20日内作出是否复审的决定,复审内容仅限于原申请事项及原报送资料。需要复验的,其样品为原批签发机构保留的样品,其时限按照本办法第二十二条规定执行。

有下列情形之一的,不予复审:

(一)不合格项目为无菌、热原(细菌内毒素)等药品监督管理部门规定不得复验的项目;

(二)样品明显不均匀的;

(三)样品有效期不能满足检验需求的;

(四)批签发申请人书面承诺放弃复验的;

(五)未在规定时限内提出复审申请的;

(六)其他不宜进行复审的。

第三十六条 复审维持原决定的,发给生物制品批签发复审结果通知书,不再受理批签发申请人再次提出的复审申请;复审改变原结论的,收回原生物制品不予批签发通知书,发给生物制品批签发证明。

第六章 信息公开

第三十七条 国家药品监督管理局建立统一的生物制品批签发信息平台,公布批签发机构及调整情况、重大问题处理决定等信息,向批签发申请人提供可查询的批签发进度、批签发结论,及时公布已通过批签发的产品信息,供公众查询。

中检院负责生物制品批签发信息平台的日常运行和维护。

第三十八条 批签发机构应当在本机构网站或者申请受理场所公开批签发申请程序、需要提交的批签发材料目录和申请书示范文本、时限要求等信息。

第三十九条 已通过批签发的,批签发机构应当在7日内公开产品名称、批号、企业、效期、批签发证明编号等信息。

第七章 法律责任

第四十条 药品监督管理部门、批签发机构、核查中心及其工作人员在批签发工作中有下列情形之一的，依法对直接负责的主管人员和其他直接责任人员给予处分；构成犯罪的，依法追究刑事责任：

（一）对不符合法定条件的申请作出准予批签发结论或者超越法定职权作出批签发结论的；

（二）对符合法定条件的申请作出不予批签发结论的；

（三）批签发过程中违反程序要求，私自向批签发申请人或者第三方透露相关工作信息，造成严重后果的；

（四）批签发过程中收受、索取批签发申请人财物或者谋取其他利益的；

（五）未按规定进行现场检查的。

第四十一条 批签发机构在承担批签发相关工作时，出具虚假检验报告的，依照《药品管理法》第一百三十八条的规定予以处罚。

第四十二条 批签发申请人提供虚假资料或者样品，或者故意瞒报影响产品质量的重大变更情况，骗取生物制品批签发证明的，依照《药品管理法》第一百二十三条的规定予以处罚。

申请疫苗批签发提供虚假数据、资料、样品或者有其他欺骗行为的，依照《疫苗管理法》第八十一条的规定予以处罚。

伪造生物制品批签发证明的，依照《药品管理法》第一百二十二条的规定予以处罚。

第四十三条 销售、使用未获得生物制品批签发证明的生物制品的，依照《药品管理法》第一百二十四条的规定予以处罚。

第八章 附 则

第四十四条 本办法规定的期限以工作日计算，不含法定节假日。

第四十五条 按照批签发管理的生物制品进口时，还应当符合药品进口相关法律法规的规定。国家药品监督管理局规定批签发的生物制品，生物制品批签发证明可作为产品合格的通关证明。

出口疫苗应当符合进口国（地区）的标准或者合同要求，可按照进口国（地区）的标准或者合同要求申请批签发。

第四十六条 国家药品监督管理局负责颁布和更新批签发机构专用章，生物制品批签发专用章命名为“国家批签发机构专用章（X）”。其中，X 代表批签发机构简称。

生物制品批签发申请表、生物制品批签发登记表、生物制品批签发证明、生物制品不予批签发通知书、生物制品批签发复审申请表、生物制品批签发复审结果通知书的格式由中检院统一制定并公布。

生物制品批签发证明、生物制品不予批签发通知书、生物制品批签发复审结果通知书,统一加盖生物制品批签发专用章。

第四十七条 生物制品批签发证明、生物制品不予批签发通知书、生物制品批签发复审结果通知书由批签发机构按照国家药品监督管理局规定的顺序编号,其格式为"批签X(进)检XXXXXXXX",其中,前X符号代表批签发机构所在地省、自治区、直辖市行政区域或者机构的简称,进口生物制品使用"进"字;后8个X符号的前4位为公元年号,后4位为年内顺序号。

第四十八条 本办法自2021年3月1日起施行。2017年12月29日原国家食品药品监督管理总局令第39号公布的《生物制品批签发管理办法》同时废止。

生态环境标准管理办法

(2020年12月15日生态环境部令第17号公布 自2021年2月1日起施行 国司备字[2021003629])

第一章 总 则

第一条 为加强生态环境标准管理工作,依据《中华人民共和国环境保护法》《中华人民共和国标准化法》等法律法规,制定本办法。

第二条 本办法适用于生态环境标准的制定、实施、备案和评估。

第三条 本办法所称生态环境标准,是指由国务院生态环境主管部门和省级人民政府依法制定的生态环境保护工作中需要统一的各项技术要求。

第四条 生态环境标准分为国家生态环境标准和地方生态环境标准。

国家生态环境标准包括国家生态环境质量标准、国家生态环境风险管控标准、国家污染物排放标准、国家生态环境监测标准、国家生态环境基础标准和国家生态环境管理技术规范。国家生态环境标准在全国范围或者标准指定区域范围执行。

地方生态环境标准包括地方生态环境质量标准、地方生态环境风险管控标准、地方污染物排放标准和地方其他生态环境标准。地方生态环境标准在发布该标准的省、自治区、直辖市行政区域范围或者标准指定区域范围执行。

有地方生态环境质量标准、地方生态环境风险管控标准和地方污染物排放标准的地区,应当依法优先执行地方标准。

第五条 国家和地方生态环境质量标准、生态环境风险管控标准、污染物排放标准和法律法规规定强制执行的其他生态环境标准，以强制性标准的形式发布。法律法规未规定强制执行的国家和地方生态环境标准，以推荐性标准的形式发布。

强制性生态环境标准必须执行。

推荐性生态环境标准被强制性生态环境标准或者规章、行政规范性文件引用并赋予其强制执行效力的，被引用的内容必须执行，推荐性生态环境标准本身的法律效力不变。

第六条 国务院生态环境主管部门依法制定并组织实施国家生态环境标准，评估国家生态环境标准实施情况，开展地方生态环境标准备案，指导地方生态环境标准管理工作。

省级人民政府依法制定地方生态环境质量标准、地方生态环境风险管控标准和地方污染物排放标准，并报国务院生态环境主管部门备案。机动车等移动源大气污染物排放标准由国务院生态环境主管部门统一制定。

地方各级生态环境主管部门在各自职责范围内组织实施生态环境标准。

第七条 制定生态环境标准，应当遵循合法合规、体系协调、科学可行、程序规范等原则。

制定国家生态环境标准，应当根据生态环境保护需求编制标准项目计划，组织相关事业单位、行业协会、科研机构或者高等院校等开展标准起草工作，广泛征求国家有关部门、地方政府及相关部门、行业协会、企业事业单位和公众等方面的意见，并组织专家进行审查和论证。具体工作程序与要求由国务院生态环境主管部门另行制定。

第八条 制定生态环境标准，不得增加法律法规规定之外的行政权力事项或者减少法定职责；不得设定行政许可、行政处罚、行政强制等事项，增加办理行政许可事项的条件，规定出具循环证明、重复证明、无谓证明的内容；不得违法减损公民、法人和其他组织的合法权益或者增加其义务；不得超越职权规定应由市场调节、企业和社会自律、公民自我管理的事项；不得违法制定含有排除或者限制公平竞争内容的措施，违法干预或者影响市场主体正常生产经营活动，违法设置市场准入和退出条件等。

生态环境标准中不得规定采用特定企业的技术、产品和服务，不得出现特定企业的商标名称，不得规定采用尚在保护期内的专利技术和配方不公开的试剂，不得规定使用国家明令禁止或者淘汰使用的试剂。

第九条 生态环境标准发布时，应当留出适当的实施过渡期。

生态环境质量标准、生态环境风险管控标准、污染物排放标准等标准发布前，应当明确配套的污染防治、监测、执法等方面的指南、标准、规范及相关制定或者修改计划，以及标准宣传培训方案，确保标准有效实施。

第二章　生态环境质量标准

第十条　为保护生态环境，保障公众健康，增进民生福祉，促进经济社会可持续发展，限制环境中有害物质和因素，制定生态环境质量标准。

第十一条　生态环境质量标准包括大气环境质量标准、水环境质量标准、海洋环境质量标准、声环境质量标准、核与辐射安全基本标准。

第十二条　制定生态环境质量标准，应当反映生态环境质量特征，以生态环境基准研究成果为依据，与经济社会发展和公众生态环境质量需求相适应，科学合理确定生态环境保护目标。

第十三条　生态环境质量标准应当包括下列内容：

（一）功能分类；

（二）控制项目及限值规定；

（三）监测要求；

（四）生态环境质量评价方法；

（五）标准实施与监督等。

第十四条　生态环境质量标准是开展生态环境质量目标管理的技术依据，由生态环境主管部门统一组织实施。

实施大气、水、海洋、声环境质量标准，应当按照标准规定的生态环境功能类型划分功能区，明确适用的控制项目指标和控制要求，并采取措施达到生态环境质量标准的要求。

实施核与辐射安全基本标准，应当确保核与辐射的公众暴露风险可控。

第三章　生态环境风险管控标准

第十五条　为保护生态环境，保障公众健康，推进生态环境风险筛查与分类管理，维护生态环境安全，控制生态环境中的有害物质和因素，制定生态环境风险管控标准。

第十六条　生态环境风险管控标准包括土壤污染风险管控标准以及法律法规规定的其他环境风险管控标准。

第十七条　制定生态环境风险管控标准，应当根据环境污染状况、公众健康风险、生态环境风险、环境背景值和生态环境基准研究成果等因素，区分不同保护对象和用途功能,科学合理确定风险管控要求。

第十八条 生态环境风险管控标准应当包括下列内容:

(一)功能分类;

(二)控制项目及风险管控值规定;

(三)监测要求;

(四)风险管控值使用规则;

(五)标准实施与监督等。

第十九条 生态环境风险管控标准是开展生态环境风险管理的技术依据。

实施土壤污染风险管控标准,应当按照土地用途分类管理,管控风险,实现安全利用。

第四章 污染物排放标准

第二十条 为改善生态环境质量,控制排入环境中的污染物或者其他有害因素,根据生态环境质量标准和经济、技术条件,制定污染物排放标准。

国家污染物排放标准是对全国范围内污染物排放控制的基本要求。地方污染物排放标准是地方为进一步改善生态环境质量和优化经济社会发展,对本行政区域提出的国家污染物排放标准补充规定或者更加严格的规定。

第二十一条 污染物排放标准包括大气污染物排放标准、水污染物排放标准、固体废物污染控制标准、环境噪声排放控制标准和放射性污染防治标准等。

水和大气污染物排放标准,根据适用对象分为行业型、综合型、通用型、流域(海域)或者区域型污染物排放标准。

行业型污染物排放标准适用于特定行业或者产品污染源的排放控制;综合型污染物排放标准适用于行业型污染物排放标准适用范围以外的其他行业污染源的排放控制;通用型污染物排放标准适用于跨行业通用生产工艺、设备、操作过程或者特定污染物、特定排放方式的排放控制;流域(海域)或者区域型污染物排放标准适用于特定流域(海域)或者区域范围内的污染源排放控制。

第二十二条 制定行业型或者综合型污染物排放标准,应当反映所管控行业的污染物排放特征,以行业污染防治可行技术和可接受生态环境风险为主要依据,科学合理确定污染物排放控制要求。

制定通用型污染物排放标准,应当针对所管控的通用生产工艺、设备、操作过程的污染物排放特征,或者特定污染物、特定排放方式的排放特征,以污染防治可行技术、可接受生态环境风险、感官阈值等为主要依据,科学合理确定污染物排放控制要求。

制定流域(海域)或者区域型污染物排放标准,应当围绕改善生态环境质量、防范生态环境风险、促进转型发展,在国家污染物排放标准基础上作出补充规定或者更加严格的规定。

第二十三条 污染物排放标准应当包括下列内容:

(一)适用的排放控制对象、排放方式、排放去向等情形;

(二)排放控制项目、指标、限值和监测位置等要求,以及必要的技术和管理措施要求;

(三)适用的监测技术规范、监测分析方法、核算方法及其记录要求;

(四)达标判定要求;

(五)标准实施与监督等。

第二十四条 污染物排放标准按照下列顺序执行:

(一)地方污染物排放标准优先于国家污染物排放标准;地方污染物排放标准未规定的项目,应当执行国家污染物排放标准的相关规定。

(二)同属国家污染物排放标准的,行业型污染物排放标准优先于综合型和通用型污染物排放标准;行业型或者综合型污染物排放标准未规定的项目,应当执行通用型污染物排放标准的相关规定。

(三)同属地方污染物排放标准的,流域(海域)或者区域型污染物排放标准优先于行业型污染物排放标准,行业型污染物排放标准优先于综合型和通用型污染物排放标准。流域(海域)或者区域型污染物排放标准未规定的项目,应当执行行业型或者综合型污染物排放标准的相关规定;流域(海域)或者区域型、行业型或者综合型污染物排放标准均未规定的项目,应当执行通用型污染物排放标准的相关规定。

第二十五条 污染物排放标准规定的污染物排放方式、排放限值等是判定污染物排放是否超标的技术依据。排放污染物或者其他有害因素,应当符合污染物排放标准规定的各项控制要求。

第五章 生态环境监测标准

第二十六条 为监测生态环境质量和污染物排放情况,开展达标评定和风险筛查与管控,规范布点采样、分析测试、监测仪器、卫星遥感影像质量、量值传递、质量控制、数据处理等监测技术要求,制定生态环境监测标准。

第二十七条 生态环境监测标准包括生态环境监测技术规范、生态环境监测分析方法标准、生态环境监测仪器及系统技术要求、生态环境标准样品等。

第二十八条 制定生态环境监测标准应当配套支持生态环境质量标准、生态环境风险管控标准、污染物排放标准的制定和实施,以及优先控制化学品环境管理、国际履约等生态环境管理及监督执法需求,采用稳定可靠且经过验证的方法,在保证标准的科学性、合理性、普遍适用性的前提下提高便捷性,易于推广使用。

第二十九条 生态环境监测技术规范应当包括监测方案制定、布点采样、监测项目与分析方法、数据分析与报告、监测质量保证与质量控制等内容。

生态环境监测分析方法标准应当包括试剂材料、仪器与设备、样品、测定操作步骤、结果表示等内容。

生态环境监测仪器及系统技术要求应当包括测定范围、性能要求、检验方法、操作说明及校验等内容。

第三十条 制定生态环境质量标准、生态环境风险管控标准和污染物排放标准时,应当采用国务院生态环境主管部门制定的生态环境监测分析方法标准;国务院生态环境主管部门尚未制定适用的生态环境监测分析方法标准的,可以采用其他部门制定的监测分析方法标准。

对生态环境质量标准、生态环境风险管控标准和污染物排放标准实施后发布的生态环境监测分析方法标准,未明确是否适用于相关标准的,国务院生态环境主管部门可以组织开展适用性、等效性比对;通过比对的,可以用于生态环境质量标准、生态环境风险管控标准和污染物排放标准中控制项目的测定。

第三十一条 对地方生态环境质量标准、地方生态环境风险管控标准或者地方污染物排放标准中规定的控制项目,国务院生态环境主管部门尚未制定适用的国家生态环境监测分析方法标准的,可以在地方生态环境质量标准、地方生态环境风险管控标准或者地方污染物排放标准中规定相应的监测分析方法,或者采用地方生态环境监测分析方法标准。适用于该控制项目监测的国家生态环境监测分析方法标准实施后,地方生态环境监测分析方法不再执行。

第六章 生态环境基础标准

第三十二条 为统一规范生态环境标准的制订技术工作和生态环境管理

工作中具有通用指导意义的技术要求，制定生态环境基础标准，包括生态环境标准制订技术导则，生态环境通用术语、图形符号、编码和代号（代码）及其相应的编制规则等。

第三十三条 制定生态环境标准制订技术导则，应当明确标准的定位、基本原则、技术路线、技术方法和要求，以及对标准文本及编制说明等材料的内容和格式要求。

第三十四条 制定生态环境通用术语、图形符号、编码和代号（代码）编制规则等，应当借鉴国际标准和国内标准的相关规定，做到准确、通用、可辨识，力求简洁易懂。

第三十五条 制定生态环境标准，应当符合相应类别生态环境标准制订技术导则的要求，采用生态环境基础标准规定的通用术语、图形符号、编码和代号（代码）编制规则等，做到标准内容衔接、体系协调、格式规范。

在生态环境保护工作中使用专业用语和名词术语，设置图形标志，对档案信息进行分类、编码等，应当采用相应的术语、图形、编码技术标准。

第七章 生态环境管理技术规范

第三十六条 为规范各类生态环境保护管理工作的技术要求，制定生态环境管理技术规范，包括大气、水、海洋、土壤、固体废物、化学品、核与辐射安全、声与振动、自然生态、应对气候变化等领域的管理技术指南、导则、规程、规范等。

第三十七条 制定生态环境管理技术规范应当有明确的生态环境管理需求，内容科学合理，针对性和可操作性强，有利于规范生态环境管理工作。

第三十八条 生态环境管理技术规范为推荐性标准，在相关领域环境管理中实施。

第八章 地方生态环境标准

第三十九条 地方生态环境质量标准、地方生态环境风险管控标准和地方污染物排放标准可以对国家相应标准中未规定的项目作出补充规定，也可以对国家相应标准中已规定的项目作出更加严格的规定。

第四十条 对本行政区域内没有国家污染物排放标准的特色产业、特有污染物，或者国家有明确要求的特定污染源或者污染物，应当补充制定地方污染物排放标准。

有下列情形之一的,应当制定比国家污染物排放标准更严格的地方污染物排放标准:

(一)产业密集、环境问题突出的;

(二)现有污染物排放标准不能满足行政区域内环境质量要求的;

(三)行政区域环境形势复杂,无法适用统一的污染物排放标准的。

国务院生态环境主管部门应当加强对地方污染物排放标准制定工作的指导。

第四十一条 制定地方流域(海域)或者区域型污染物排放标准,应当按照生态环境质量改善要求,进行合理分区,确定污染物排放控制要求,促进流域(海域)或者区域内行业优化布局、调整结构、转型升级。

第四十二条 制定地方生态环境标准,或者提前执行国家污染物排放标准中相应排放控制要求的,应当根据本行政区域生态环境质量改善需求和经济、技术条件,进行全面评估论证,并充分听取各方意见。

第四十三条 地方生态环境质量标准、地方生态环境风险管控标准和地方污染物排放标准发布后,省级人民政府或者其委托的省级生态环境主管部门应当依法报国务院生态环境主管部门备案。

第四十四条 地方生态环境质量标准、地方生态环境风险管控标准和地方污染物排放标准报国务院生态环境主管部门备案时,应当提交标准文本、编制说明、发布文件等材料。

标准编制说明应当设立专章,说明与该标准适用范围相同或者交叉的国家生态环境标准中控制要求的对比分析情况。

第四十五条 国务院生态环境主管部门收到地方生态环境标准备案材料后,予以备案,并公开相关备案信息;发现问题的,可以告知相关省级生态环境主管部门,建议按照法定程序修改。

第四十六条 依法提前实施国家机动车大气污染物排放标准中相应阶段排放限值的,应当报国务院生态环境主管部门备案。

第四十七条 新发布实施的国家生态环境质量标准、生态环境风险管控标准或者污染物排放标准规定的控制要求严于现行的地方生态环境质量标准、生态环境风险管控标准或者污染物排放标准的,地方生态环境质量标准、生态环境风险管控标准或者污染物排放标准,应当依法修订或者废止。

第九章 标准实施评估及其他规定

第四十八条 为掌握生态环境标准实际执行情况及存在的问题,提升生态环境标准科学性、系统性、适用性，标准制定机关应当根据生态环境和经济社会发展形势，结合相关科学技术进展和实际工作需要，组织评估生态环境标准实施情况，并根据评估结果对标准适时进行修订。

第四十九条 强制性生态环境标准应当定期开展实施情况评估，与其配套的推荐性生态环境标准实施情况可以同步开展评估。

第五十条 生态环境质量标准实施评估，应当依据生态环境基准研究进展，针对生态环境质量特征的演变，评估标准技术内容的科学合理性。

生态环境风险管控标准实施评估，应当依据环境背景值、生态环境基准和环境风险评估研究进展，针对环境风险特征的演变，评估标准风险管控要求的科学合理性。

污染物排放标准实施评估，应当关注标准实施中普遍反映的问题，重点评估标准规定内容的执行情况，论证污染控制项目、排放限值等设置的合理性，分析标准实施的生态环境效益、经济成本、达标技术和达标率，开展影响标准实施的制约因素分析并提出解决建议。

生态环境监测标准和生态环境管理技术规范的实施评估，应当结合标准使用过程中反馈的问题、建议和相关技术手段的发展，重点评估标准规定内容的适用性和科学性，以及与生态环境质量标准、生态环境风险管控标准和污染物排放标准的协调性。

第五十一条 生态环境标准由其制定机关委托的出版机构出版、发行，依法公开。省级以上人民政府生态环境主管部门应当在其网站上公布相关的生态环境标准，供公众免费查阅、下载。

第五十二条 生态环境标准由其制定机关负责解释，标准解释与标准正文具有同等效力。相关技术单位可以受标准制定机关委托，对标准内容提供技术咨询。

第十章 附 则

第五十三条 本办法由国务院生态环境主管部门负责解释。

第五十四条 本办法自 2021 年 2 月 1 日起施行。《环境标准管理办法》(国家环境保护总局令第 3 号)和《地方环境质量标准和污染物排放标准备案管理办法》(环境保护部令第 9 号)同时废止。

网络招聘服务管理规定

（2020年12月18日人力资源和社会保障部令第44号公布　自2021年3月1日起施行　国司备字[2021003630]）

第一章　总　　则

第一条　为了规范网络招聘服务，促进网络招聘服务业态健康有序发展，促进就业和人力资源流动配置，根据《中华人民共和国就业促进法》《中华人民共和国网络安全法》《中华人民共和国电子商务法》《人力资源市场暂行条例》《互联网信息服务管理办法》等法律、行政法规，制定本规定。

第二条　本规定所称网络招聘服务，是指人力资源服务机构在中华人民共和国境内通过互联网等信息网络，以网络招聘服务平台、平台内经营、自建网站或者其他网络服务方式，为劳动者求职和用人单位招用人员提供的求职、招聘服务。

人力资源服务机构包括公共人力资源服务机构和经营性人力资源服务机构。

第三条　国务院人力资源社会保障行政部门负责全国网络招聘服务的综合管理。

县级以上地方人民政府人力资源社会保障行政部门负责本行政区域网络招聘服务的管理工作。

县级以上人民政府有关部门在各自职责范围内依法对网络招聘服务实施管理。

第四条　从事网络招聘服务，应当遵循合法、公平、诚实信用的原则，履行网络安全和信息保护等义务，承担服务质量责任，接受政府和社会的监督。

第五条　对从事网络招聘服务的经营性人力资源服务机构提供公益性人力资源服务的，按照规定给予补贴或者通过政府购买服务等方式给予支持。

第六条　人力资源社会保障行政部门加强网络招聘服务标准化建设，支持企业、研究机构、高等学校、行业协会参与网络招聘服务国家标准、行业标准的制定。

第七条　人力资源服务行业协会应当依照法律、行政法规、规章及其章程的规定，加强网络招聘服务行业自律，推进行业诚信建设，促进行业公平竞争。

第二章　网络招聘服务活动准入

第八条　从事网络招聘服务，应当符合就业促进、人力资源市场管理、电信和互联网管理等法律、行政法规规定的条件。

第九条　经营性人力资源服务机构从事网络招聘服务，应当依法取得人力资源服务许可证。涉及经营电信业务的，还应当依法取得电信业务经营许可证。

第十条　对从事网络招聘服务的经营性人力资源服务机构，人力资源社会保障行政部门应当在其服务范围中注明“开展网络招聘服务”。

第十一条　网络招聘服务包括下列业务：

（一）为劳动者介绍用人单位；

（二）为用人单位推荐劳动者；

（三）举办网络招聘会；

（四）开展高级人才寻访服务；

（五）其他网络求职、招聘服务。

第十二条　从事网络招聘服务的经营性人力资源服务机构变更名称、住所、法定代表人或者终止网络招聘服务的，应当自市场主体变更登记或者注销登记办理完毕之日起15日内，书面报告人力资源社会保障行政部门，办理人力资源服务许可变更、注销。

第十三条　从事网络招聘服务的经营性人力资源服务机构应当依法在其网站、移动互联网应用程序等首页显著位置，持续公示营业执照、人力资源服务许可证等信息，或者上述信息的链接标识。

前款规定的信息发生变更的，从事网络招聘服务的经营性人力资源服务机构应当及时更新公示信息。

从事网络招聘服务的经营性人力资源服务机构自行终止从事网络招聘服务的，应当提前30日在首页显著位置持续公示有关信息。

第十四条　人力资源社会保障行政部门应当及时向社会公布从事网络招聘服务的经营性人力资源服务机构名单及其变更、注销等情况。

第三章　网络招聘服务规范

第十五条　用人单位向人力资源服务机构提供的单位基本情况、招聘人数、招聘条件、用工类型、工作内容、工作条件、工作地点、基本劳动报酬等网络招聘信息，应当合法、真实，不得含有民族、种族、性别、宗教信仰等方面的歧视性内容。

前款网络招聘信息不得违反国家规定在户籍、地域、身份等方面设置限制人力资源流动的条件。

第十六条 劳动者通过人力资源服务机构进行网络求职，应当如实提供本人基本信息以及与应聘岗位相关的知识、技能、工作经历等情况。

第十七条 从事网络招聘服务的人力资源服务机构应当建立完备的网络招聘信息管理制度，依法对用人单位所提供材料的真实性、合法性进行审查。审查内容应当包括以下方面：

（一）用人单位招聘简章；

（二）用人单位营业执照或者有关部门批准设立的文件；

（三）招聘信息发布经办人员的身份证明、用人单位的委托证明。

用人单位拟招聘外国人的，应当符合《外国人在中国就业管理规定》的有关要求。

第十八条 人力资源服务机构对其发布的网络求职招聘信息、用人单位对所提供的网络招聘信息应当及时更新。

第十九条 从事网络招聘服务的人力资源服务机构，不得以欺诈、暴力、胁迫或者其他不正当手段，牟取不正当利益。

从事网络招聘服务的经营性人力资源服务机构，不得向劳动者收取押金，应当明示其服务项目、收费标准等事项。

第二十条 从事网络招聘服务的人力资源服务机构应当按照国家网络安全法律、行政法规和网络安全等级保护制度要求，加强网络安全管理，履行网络安全保护义务，采取技术措施或者其他必要措施，确保招聘服务网络、信息系统和用户信息安全。

第二十一条 人力资源服务机构从事网络招聘服务时收集、使用其用户个人信息，应当遵守法律、行政法规有关个人信息保护的规定。

人力资源服务机构应当建立健全网络招聘服务用户信息保护制度，不得泄露、篡改、毁损或者非法出售、非法向他人提供其收集的个人公民身份号码、年龄、性别、住址、联系方式和用人单位经营状况等信息。

人力资源服务机构应当对网络招聘服务用户信息保护情况每年至少进行一次自查，记录自查情况，及时消除自查中发现的安全隐患。

第二十二条 从事网络招聘服务的人力资源服务机构因业务需要，确需向境外提供在中华人民共和国境内运营中收集和产生的个人信息和重要数据的，应当遵守国家有关法律、行政法规规定。

第二十三条 从事网络招聘服务的人力资源服务机构应当建立网络招聘服务有关投诉、举报制度，健全便捷有效的投诉、举报机制，公开有效的联系方式，及时受理并处理有关投诉、举报。

第二十四条 以网络招聘服务平台方式从事网络招聘服务的人力资源服务机构应当遵循公开、公平、公正的原则，制定平台服务协议和服务规则，明确进入和退出平台、服务质量保障、求职者权益保护、个人信息保护等方面的权利和义务。

鼓励从事网络招聘服务的人力资源服务机构运用大数据、区块链等技术措施，保证其网络招聘服务平台的网络安全、稳定运行，防范网络违法犯罪活动，保障网络招聘服务安全，促进人力资源合理流动和优化配置。

第二十五条 以网络招聘服务平台方式从事网络招聘服务的人力资源服务机构应当要求申请进入平台的人力资源服务机构提交其营业执照、地址、联系方式、人力资源服务许可证等真实信息，进行核验、登记，建立登记档案，并定期核验更新。

第二十六条 以网络招聘服务平台方式从事网络招聘服务的人力资源服务机构应当记录、保存平台上发布的招聘信息、服务信息，并确保信息的完整性、保密性、可用性。招聘信息、服务信息保存时间自服务完成之日起不少于3年。

第四章 监督管理

第二十七条 人力资源社会保障行政部门采取随机抽取检查对象、随机选派执法人员的方式，对经营性人力资源服务机构从事网络招聘服务情况进行监督检查，并及时向社会公布监督检查的情况。

人力资源社会保障行政部门运用大数据等技术，推行远程监管、移动监管、预警防控等非现场监管，提升网络招聘服务监管精准化、智能化水平。

第二十八条 人力资源社会保障行政部门应当加强网络招聘服务诚信体系建设，健全信用分级分类管理制度，完善守信激励和失信惩戒机制。对性质恶劣、情节严重、社会危害较大的网络招聘服务违法失信行为，按照国家有关规定实施联合惩戒。

第二十九条 从事网络招聘服务的经营性人力资源服务机构应当在规定期限内，向人力资源社会保障行政部门提交经营情况年度报告。人力资源社会保障行政部门可以依法公示或者引导从事网络招聘服务的经营性人力资源服务机构依法通过互联网等方式公示年度报告的有关内容。

第三十条 人力资源社会保障行政部门应当加强与其他部门的信息共享，提高对网络招聘服务的监管时效和能力。

第三十一条 人力资源社会保障行政部门应当畅通对从事网络招聘服务的人力资源服务机构的举报投诉渠道，依法及时处理有关举报投诉。

第五章 法律责任

第三十二条 违反本规定第九条规定，未取得人力资源服务许可证擅自从事网络招聘服务的，由人力资源社会保障行政部门依照《人力资源市场暂行条例》第四十二条第一款的规定予以处罚。

违反本规定第十二条规定，办理变更或者注销登记未书面报告的，由人力资源社会保障行政部门依照《人力资源市场暂行条例》第四十二条第二款的规定予以处罚。

第三十三条 未按照本规定第十三条规定公示人力资源服务许可证等信息，未按照本规定第十九条第二款规定明示有关事项，未按照本规定第二十九条规定提交经营情况年度报告的，由人力资源社会保障行政部门依照《人力资源市场暂行条例》第四十四条的规定予以处罚。

第三十四条 违反本规定第十五条第一款规定，发布的招聘信息不真实、不合法的，由人力资源社会保障行政部门依照《人力资源市场暂行条例》第四十三条的规定予以处罚。

违反本规定第十五条第二款规定，违法设置限制人力资源流动的条件，违反本规定第十七条规定，未依法履行信息审查义务的，由人力资源社会保障行政部门责令改正；拒不改正，无违法所得的，处1万元以下的罚款；有违法所得的，没收违法所得，并处1万元以上3万元以下的罚款。

第三十五条 违反本规定第十九条第一款规定，牟取不正当利益的，由人力资源社会保障行政部门依照《人力资源市场暂行条例》第四十三条的规定予以处罚。

违反本规定第十九条第二款规定，向劳动者收取押金的，由人力资源社会保障行政部门依照《中华人民共和国就业促进法》第六十六条的规定予以处罚。

第三十六条 违反本规定第二十一条、第二十二条规定，未依法进行信息收集、使用、存储、发布的，由有关主管部门依照《中华人民共和国网络安全法》等法律、行政法规的规定予以处罚。

第三十七条 违反本规定第二十五条规定，不履行核验、登记义务，违反本规定第二十六条规定,不履行招聘信息、服务信息保存义务的,由人力资源社会保障行政部门依照《中华人民共和国电子商务法》第八十条的规定予以处罚。法律、行政法规对违法行为的处罚另有规定的,依照其规定执行。

第三十八条 公共人力资源服务机构违反本规定从事网络招聘服务的,由上级主管机关责令改正;拒不改正的,对直接负责的主管人员和其他直接责任人员依法给予处分。

第三十九条 人力资源社会保障行政部门及其工作人员玩忽职守、滥用职权、徇私舞弊的,对直接负责的领导人员和其他直接责任人员依法给予处分。

第四十条 违反本规定,给他人造成损害的,依法承担民事责任。违反其他法律、行政法规的,由有关主管部门依法给予处罚。

违反本规定,构成违反治安管理行为的,依法给予治安管理处罚;构成犯罪的,依法追究刑事责任。

第六章 附 则

第四十一条 本规定自2021年3月1日起施行。

外商投资安全审查办法

(2020年12月19日国家发展和改革委员会、商务部令第37号公布 自2021年1月18日起施行 国司备字[2021003711])

第一条 为了适应推动形成全面开放新格局的需要,在积极促进外商投资的同时有效预防和化解国家安全风险,根据《中华人民共和国外商投资法》《中华人民共和国国家安全法》和相关法律,制定本办法。

第二条 对影响或者可能影响国家安全的外商投资,依照本办法的规定进行安全审查。

本办法所称外商投资,是指外国投资者直接或者间接在中华人民共和国境内(以下简称境内)进行的投资活动,包括下列情形:

(一)外国投资者单独或者与其他投资者共同在境内投资新建项目或者设立企业;

(二)外国投资者通过并购方式取得境内企业的股权或者资产;

(三)外国投资者通过其他方式在境内投资。

第三条 国家建立外商投资安全审查工作机制(以下简称工作机制),负责组织、协调、指导外商投资安全审查工作。

工作机制办公室设在国家发展改革委,由国家发展改革委、商务部牵头,承担外商投资安全审查的日常工作。

第四条 下列范围内的外商投资,外国投资者或者境内相关当事人(以下统称当事人)应当在实施投资前主动向工作机制办公室申报:

(一)投资军工、军工配套等关系国防安全的领域,以及在军事设施和军工设施周边地域投资;

(二)投资关系国家安全的重要农产品、重要能源和资源、重大装备制造、重要基础设施、重要运输服务、重要文化产品与服务、重要信息技术和互联网产品与服务、重要金融服务、关键技术以及其他重要领域,并取得所投资企业的实际控制权。

前款第二项所称取得所投资企业的实际控制权,包括下列情形:

(一)外国投资者持有企业50%以上股权;

(二)外国投资者持有企业股权不足50%,但其所享有的表决权能够对董事会、股东会或者股东大会的决议产生重大影响;

(三)其他导致外国投资者能够对企业的经营决策、人事、财务、技术等产生重大影响的情形。

对本条第一款规定范围(以下称申报范围)内的外商投资,工作机制办公室有权要求当事人申报。

第五条 当事人向工作机制办公室申报外商投资前,可以就有关问题向工作机制办公室进行咨询。

第六条 当事人向工作机制办公室申报外商投资,应当提交下列材料:

(一)申报书;

(二)投资方案;

(三)外商投资是否影响国家安全的说明;

(四)工作机制办公室规定的其他材料。

申报书应当载明外国投资者的名称、住所、经营范围、投资的基本情况以及工作机制办公室规定的其他事项。

工作机制办公室根据工作需要,可以委托省、自治区、直辖市人民政府有关部门代为收取并转送本条第一款规定的材料。

第七条 工作机制办公室应当自收到当事人提交或者省、自治区、直辖市人民政府有关部门转送的符合本办法第六条规定的材料之日起15个工作日内,对申报的外商投资作出是否需要进行安全审查的决定,并书面通知当事人。工作机制办公室作出决定前,当事人不得实施投资。

工作机制办公室作出不需要进行安全审查决定的,当事人可以实施投资。

第八条 外商投资安全审查分为一般审查和特别审查。工作机制办公室决定对申报的外商投资进行安全审查的,应当自决定之日起30个工作日内完成一般审查。审查期间,当事人不得实施投资。

经一般审查,认为申报的外商投资不影响国家安全的,工作机制办公室应当作出通过安全审查的决定;认为影响或者可能影响国家安全的,工作机制办公室应当作出启动特别审查的决定。工作机制办公室作出的决定应当书面通知当事人。

第九条 工作机制办公室决定对申报的外商投资启动特别审查的,审查后应当按照下列规定作出决定,并书面通知当事人:

(一)申报的外商投资不影响国家安全的,作出通过安全审查的决定;

(二)申报的外商投资影响国家安全的,作出禁止投资的决定;通过附加条件能够消除对国家安全的影响,且当事人书面承诺接受附加条件的,可以作出附条件通过安全审查的决定,并在决定中列明附加条件。

特别审查应当自启动之日起60个工作日内完成;特殊情况下,可以延长审查期限。延长审查期限应当书面通知当事人。审查期间,当事人不得实施投资。

第十条 工作机制办公室对申报的外商投资进行安全审查期间,可以要求当事人补充提供相关材料,并向当事人询问有关情况。当事人应当予以配合。

当事人补充提供材料的时间不计入审查期限。

第十一条 工作机制办公室对申报的外商投资进行安全审查期间,当事人可以修改投资方案或者撤销投资。

当事人修改投资方案的,审查期限自工作机制办公室收到修改后的投资方案之日起重新计算;当事人撤销投资的,工作机制办公室终止审查。

第十二条 工作机制办公室对申报的外商投资作出通过安全审查决定的,当事人可以实施投资;作出禁止投资决定的,当事人不得实施投资,已经实施的,应当限期处分股权或者资产以及采取其他必要措施,恢复到投资实施前的状态,消除对国家安全的影响;作出附条件通过安全审查决定的,当事人应当按照附加条件实施投资。

第十三条 外商投资安全审查决定,由工作机制办公室会同有关部门、地方人民政府监督实施;对附条件通过安全审查的外商投资,可以采取要求提供有关证明材料、现场检查等方式,对附加条件的实施情况进行核实。

第十四条 工作机制办公室对申报的外商投资作出不需要进行安全审查或者通过安全审查的决定后，当事人变更投资方案，影响或者可能影响国家安全的，应当依照本办法的规定重新向工作机制办公室申报。

第十五条 有关机关、企业、社会团体、社会公众等认为外商投资影响或者可能影响国家安全的，可以向工作机制办公室提出进行安全审查的建议。

第十六条 对申报范围内的外商投资，当事人未依照本办法的规定申报即实施投资的，由工作机制办公室责令限期申报；拒不申报的，责令限期处分股权或者资产以及采取其他必要措施，恢复到投资实施前的状态，消除对国家安全的影响。

第十七条 当事人向工作机制办公室提供虚假材料或者隐瞒有关信息的，由工作机制办公室责令改正；提供虚假材料或者隐瞒有关信息骗取通过安全审查的，撤销相关决定；已经实施投资的，责令限期处分股权或者资产以及采取其他必要措施，恢复到投资实施前的状态，消除对国家安全的影响。

第十八条 附条件通过安全审查的外商投资，当事人未按照附加条件实施投资的，由工作机制办公室责令改正；拒不改正的，责令限期处分股权或者资产以及采取其他必要措施，恢复到投资实施前的状态，消除对国家安全的影响。

第十九条 当事人有本办法第十六条、第十七条、第十八条规定情形的，应当将其作为不良信用记录纳入国家有关信用信息系统，并按照国家有关规定实施联合惩戒。

第二十条 国家机关工作人员在外商投资安全审查工作中，滥用职权、玩忽职守、徇私舞弊、泄露国家秘密或者其所知悉的商业秘密的，依法给予处分；构成犯罪的，依法追究刑事责任。

第二十一条 香港特别行政区、澳门特别行政区、台湾地区投资者进行投资，影响或者可能影响国家安全的，参照本办法的规定执行。

第二十二条 外国投资者通过证券交易所或者国务院批准的其他证券交易场所购买境内企业股票，影响或者可能影响国家安全的，其适用本办法的具体办法由国务院证券监督管理机构会同工作机制办公室制定。

第二十三条 本办法自公布之日起三十日后施行。

航道养护管理规定

（2020年12月20日交通运输部令2020年第20号公布 自2021年2月1日起施行 国司备字[2021003588]）

第一章 总 则

第一条 为规范和加强航道养护管理工作，保障航道畅通，根据《中华人民共和国航道法》等有关法律、行政法规，制定本规定。

第二条 在中华人民共和国境内从事航道养护活动的，适用本规定。

本规定所称航道养护，是指为保证航道符合相关技术要求而采取的保持或者恢复通航条件的活动。

航道养护分为日常养护和应急抢通。日常养护包括例行养护和专项养护。

第三条 交通运输部主管全国航道养护管理工作，并按照国务院的规定直接负责跨省、自治区、直辖市的重要干线航道和国际、国境河流航道等重要航道的养护管理工作。

县级以上地方人民政府交通运输主管部门按照省、自治区、直辖市人民政府的规定主管所辖航道的养护管理工作。

交通运输部设置的负责航道管理的机构和县级以上地方人民政府负责航道管理的部门或者机构（以下统称航道养护管理部门），具体承担航道养护管理工作。

第四条 航道养护资金包括国务院和县级以上地方人民政府根据经济社会发展水平和航道养护需要安排的财政预算资金以及依法依规通过其他方式筹集的资金。

第五条 航道养护管理工作坚持统筹协调、安全环保、科学高效的原则，满足防洪、通航等方面的要求。

鼓励采用新技术、新材料，使用现代化的设施装备，积极推进航道养护智能化。

第二章 养护计划

第六条 航道养护计划是航道养护管理部门对所辖航道日常养护、应急抢通等组织编制的年度性工作安排。

航道养护计划应当包括养护内容、养护标准、工作量、生产安全、质量和绿色环保目标、养护费用等。

第七条 航道养护计划应当根据航道现状技术等级，按照国家有关强制性标准和技术规范制定。

本规定第三条第一款所规定的航道的养护计划由交通运输部组织制定。

航道条件、航运需求发生变化的，航道养护管理部门应当及时更新航道现状技术等级并相应调整航道养护计划。

第八条 辖区界航道、跨辖区河流上下游航道的养护计划，相关航道养护管理部门应当共同协商确定，相互协调；协商不成的，由共同的上一级交通运输主管部门确定。

通航建筑物的养护停航安排还应当合理衔接。

第三章 养护实施

第九条 航道养护管理部门应当按照航道养护计划组织实施航道养护。

航道养护管理部门所属的承担航道养护事务性工作的机构具体实施航道养护，不具备条件时，可以通过招标等方式组织实施航道养护。

承担航道养护事务性工作的机构可以协助航道养护管理部门编制航道养护计划。

第十条 实施航道养护的单位应当定期开展航道例行养护巡查、扫测等，发现航道实际尺度达不到航道维护尺度或者有其他不符合船舶通航安全要求的情形，应当及时进行养护，并报告航道养护管理部门。

通航建筑物应当加强日常监测维护，降低停航检修频率，缩短停航时间。

第十一条 对于规模较大、技术复杂、需要集中作业的航道养护活动，实施航道养护的单位应当编制专项养护技术方案，经航道养护管理部门组织专家评审后实施。

实施航道养护的单位应当按照技术方案要求开展专项养护作业。养护作业完成后，航道养护管理部门应当及时进行核验。

第十二条 航道养护管理部门应当制定航道突发事件应急预案，建立健全突发事件应急管理体系，定期开展应急演练。

发生航道损坏、阻塞等突发事件，航道养护管理部门应当按照应急预案组织应急抢通，并按照应急预案向地方人民政府、有关主管部门报告。

第十三条 航道养护管理部门应当在枯水期加强与上下游水工程运行和

管理单位的应急调度协调,以保证足够的下泄流量和通航水位并及时通报水情调度信息,保障航道维护尺度和通航建筑物运行安全。

在洪水期、枯水期及其他特殊水文、气象条件下,或者重点时段、重大突发事件等特殊时期,实施航道养护的单位应当增加航道巡查和通航建筑物运行监测频次。

第十四条 航道养护应当避免可能造成限制通航的集中作业或者在通航高峰期作业。实施航道疏浚、清障等影响通航的航道养护活动,或者确需限制通航的养护作业,实施航道养护的单位应当提前向航道养护管理部门报告。

实施航道养护的单位实施养护作业时,应当设置明显的作业标志,采取必要的安全措施。养护作业完成后,实施航道养护的单位应当及时撤除相关作业标志,清除影响航道通航条件的其他残留物。

实施应急抢通的养护船舶作业时,实施航道养护的单位可以在不影响过往船舶安全通行的前提条件下,在执行该作业所必需的限度内确定航行路线和方向,并及时将有关情况通报海事管理机构。

进行航道养护作业可能造成航道堵塞的,航道养护管理部门和海事管理机构应当按照有关规定制定船舶疏导方案,并向社会公告。

第十五条 航道养护管理部门收到本规定第十条、第十四条规定的实施航道养护的单位报告的,应当及时发布航道通告,并提前通报海事管理机构。

第十六条 实施航道养护的单位应当按照国家有关规定合理处置航道养护疏浚土。

鼓励对疏浚土资源再利用。实施航道养护的单位再利用疏浚土的,应当按照国家有关规定办理手续。

第十七条 实施航道养护的单位应当根据国家有关绿色环保的要求,采用节能环保的设备设施和作业方式。

第十八条 航道养护管理部门应当按照交通运输部制定的航道养护技术核查标准,对航道养护情况进行年度技术核查。

航道养护技术核查可以委托第三方技术咨询单位开展。

第十九条 实施航道养护的单位应当按照航道养护管理部门的要求,留存航道养护作业相关技术资料,其中航道测绘资料等应当长期保留。

第二十条 实施航道养护的单位应当按照国家有关规定做好航道养护数据的统计和上报工作。

第四章　信息公开

第二十一条 承担航道养护事务性工作的机构应当向社会公布所辖航道

的维护尺度、通航建筑物停航复航安排等航道公共服务信息。

内河五级以上航道的维护尺度每月至少公布一次，通航建筑物停航复航安排至少提前30日公布，应急停航应当及时公布。

第二十二条 航道养护管理部门应当公布内河等级航道图并定期更新，公布前应当进行技术和保密审查。

内河等级航道图中应当标注航道尺度、航标、通航建筑物，以及桥梁、隧道、港口设施等信息。

航道养护管理部门应当组织推广应用内河电子航道图。内河电子航道图的生产和应用应当符合相关技术规范要求。

第二十三条 航道养护管理部门应当建设航道运行监测和预警系统、通航建筑物联合调度系统，推进航道通航条件信息共享。

第五章 监督管理

第二十四条 航道养护管理部门应当依据职责采取重点检查或者不定期抽查等方式，加强对航道养护工作的监督管理。

第二十五条 航道养护监督应当重点对航道养护计划执行情况、养护技术核查情况进行检查。

第二十六条 被检查单位和有关人员应当配合航道养护管理部门的监督检查，如实提供有关情况和资料，不得隐匿、谎报或者拒绝检查。

第二十七条 实施航道养护的单位有违反本规定情形的，航道养护管理部门应当责令限期整改，并对整改情况进行跟踪检查。

第六章 附 则

第二十八条 承担航道养护事务性工作的机构，是指为航道养护管理部门履行管理职责提供决策支持及技术性、辅助性保障工作的事业单位。

第二十九条 进出军事港口、渔业港口的专用航道不适用本规定。其他单位的专用航道养护由专用单位负责，参照本规定执行。

第三十条 国际、国境河流航道的养护管理应当符合与我国缔结的有关双边、多边协定要求。

第三十一条 本规定自2021年2月1日起施行。

交通运输部关于修改《港口经营管理规定》的决定

（2020年12月20日交通运输部令2020年第21号公布 自2021年2月1日起施行 国司备字[2021003587]）

交通运输部决定对《港口经营管理规定》(交通运输部令2019年第36号)作如下修改：

一、将第七条第二项第1目中的“码头、客运站、库场、储罐、污水处理设施”修改为“码头、客运站、库场、储罐、岸电、污水预处理设施”。

二、删去第八条第一项中的“在申请经营的港口所在地注册”。

三、将第九条第一款第二项中的“港口码头、库场、储罐、污水处理等固定设施”修改为“港口码头、客运站、库场、储罐、岸电、污水预处理等固定设施”。

四、将第十条第一款中的“书面申请”修改为“申请”，“30个工作日内”修改为“20个工作日内”，“法定代表人”修改为“法定代表人或者负责人”。

五、删去第十一条中的“省级交通运输主管部门”。

六、删去第十三条第一款中的“并到市场监督管理部门办理相应的变更登记手续”；将第二款中的“法定代表人”修改为“法定代表人或者负责人”。

七、将第十四条第二款第二项修改为：“本规定第九条第一款第(四)(五)(六)项材料。”

八、增加一条，作为第十九条：“港口经营人应当落实船舶污染物接收设施配置责任，按照国家有关规定加强港口接收设施与城市公共转运、处置设施的衔接，不得拒绝接收船舶送交的垃圾、生活污水、含油污水。

鼓励港口经营人优先使用清洁能源或者新能源的设施设备，并采取有效措施，防止港口作业过程造成污染。”

九、第十九条改为第二十条，将其中的“码头、堆场、仓库、储罐和污水垃圾处理设施”修改为“码头、客运站、堆场、仓库、储罐、岸电和污水预处理设施”。

十、增加一条，作为第二十一条：“港口经营人、港口理货业务经营人应当建立健全安全生产责任制和安全生产规章制度，推进安全生产标准化建设，依法提取和使用安全生产费用，完善安全生产条件，建立实施安全风险分级管控和隐患排查治理制度，并严格落实治理措施；对从业人员进行安全生产教育、培训并如实记录相关情况，确保安全生产。

港口经营人应当按照国家有关规定落实港口大型机械防阵风防台风措施。”

十一、增加一条，作为第二十二条：“港口经营人应当按照码头竣工验收确定的泊位性质和功能接靠船舶，不得超过码头靠泊等级接靠船舶，但按照交通运输部的规定接靠满足相关条件的减载船舶除外。”

十二、增加一条，作为第二十三条：“港口经营人不得安排超过船舶载(乘)客定额数量的旅客上船。

港口经营人不得装载超过最大营运总质量的集装箱，不得超出船舶、车辆载货定额装载货物。沿海港口经营人不得为超出航区的内河船舶提供货物装卸服务。港口经营人应当配合海事管理机构做好恶劣天气条件下船舶靠离泊管理。”

十三、增加一条，作为第二十四条：“港口作业委托人应当向港口经营人如实提供其身份信息以及货物和集装箱信息，不得在委托作业的普通货物中夹带危险货物和禁止运输的物品，不得匿报、谎报危险货物和禁止运输的物品。未提供上述信息的，港口经营人不得接受港口作业委托。

港口经营人收到实名举报或者相关证据证明港口作业委托人涉嫌在普通货物中夹带危险货物或者将危险货物匿报、谎报为普通货物的，应当对相关货物进行检查。港口经营人发现存在上述情形或者港口作业委托人不接受检查的，应当拒绝提供港口服务，并按照规定及时将核实情况向海事管理机构、港口行政管理部门及有关部门报告。

危险货物装卸作业前，船舶应当向危险货物港口经营人提供船舶适装证书；对于不符合船舶适装证书所明确的危险货物范围的，港口经营人不得安排装卸作业。”

十四、第二十条改为第二十五条，第一款修改为：“从事港口旅客运输服务的经营人，应当按照国家有关规定设置安全、消防、救生以及反恐防范设施设备，配备安全检查人员和必要的安全检查设施设备，对登船旅客及其携带或者托运的行李、物品以及滚装车辆进行安全检查，落实旅客实名制相关要求，保证旅客基本生活用品的供应，保持安全、快捷、良好的候船条件和环境”；增加一款，作为第二款：“旅客或者滚装车辆拒绝接受安全检查或者携带国家规定禁止上船物品的，不得上船。”

十五、第二十一条改为第二十六条，第一款修改为：“港口经营人应当优先安排突发事件处置、关系国计民生紧急运输和国防建设急需物资及人员的港口作业”；将第二款中的“征用”修改为“征收征用”。

十六、第二十四条改为第二十九条，删去第一款；将第二款中的“并保障组织实施”修改为“按照国家有关规定落实配备应急物资、定期开展应急培训和演练、修订相关预案等组织保障措施”；将第三款修改为：“港口经营人、港口理货业务经营人按照前款规定制定的各项预案应当与港口行政管理部门及有关部门制定的预案做好衔接，并报送港口行政管理部门和港口所在地海事管理机构备案。”

十七、第二十六条改为第三十一条，在“经营服务收费项目和收费标准”后增加“并通过多种渠道公开”。

十八、第二十九条改为第三十四条，删去第一款。

十九、删去第三十条。

二十、第三十六条改为第四十条，修改为：“港口经营人、港口理货业务经营人以及从事船舶港口服务、港口设施设备和机械租赁维修的经营人有违反本规定行为的，港口行政管理部门依照有关法律、行政法规的规定将其信用信息录入水路运输信用信息管理系统，并予以公示。”

二十一、第三十八条改为第四十二条，删去第二款中的“港口理货业务经营人”；增加一款，作为第三款：“港口经营人有下列行为之一的，由港口行政管理部门责令改正，并处1万元以上3万元以下罚款：

（一）未按照国家有关规定落实港口大型机械防阵风防台风措施的；

（二）未按照码头泊位性质和功能接靠船舶或者超过码头靠泊等级接靠船舶的，但接靠满足相关条件的减载船舶除外；

（三）未对登船旅客及其携带或者托运的行李、物品以及滚装车辆进行安全检查的；

（四）装载超出最大营运总质量的集装箱或者超出船舶、车辆载货定额装载货物的；

（五）未按照国家有关规定设置相应设施设备或者配备安全检查人员的。”

二十二、第四十条改为第四十四条，将其中的“违反本规定第二十四条”修改为“违反本规定第二十一条第一款、第二十九条第一款”。

条文序号和个别文字作相应调整。

本决定自2021年2月1日起施行。

《港口经营管理规定》根据本决定作相应修正，重新发布。

港口经营管理规定

（2009年11月6日交通运输部发布　根据2014年12月23日《交通运输部关于修改〈港口经营管理规定〉的决定》第一次修订　根据2016年4月19日《交通运输部关于修改〈港口经营管理规定〉的决定》第二次修订　根据2018年7月31日《交通运输部关于修改〈港口经营管理规定〉的决定》第三次修订　根据2019年4月9日《交通运输部关于修改〈港口经营管理规定〉的决定》第四次修订　根据2019年11月28日《交通运输部关于修改〈港口经营管理规定〉的决定》第五次修订　根据2020年12月20日《交通运输部关于修改〈港口经营管理规定〉的决定》第六次修订）

第一章　总　　则

第一条　为规范港口经营行为，维护港口经营秩序，依据《中华人民共和国港口法》和其他有关法律、法规，制定本规定。

第二条　本规定适用于港口经营及相关活动。

第三条　本规定下列用语的含义是：

（一）港口经营，是指港口经营人在港口区域内为船舶、旅客和货物提供港口设施或者服务的活动，主要包括下列各项：

1. 为船舶提供码头、过驳锚地、浮筒等设施；

2. 为旅客提供候船和上下船舶设施和服务；

3. 从事货物装卸（含过驳）、仓储、港区内驳运；

4. 为船舶进出港、靠离码头、移泊提供顶推、拖带等服务。

（二）港口经营人，是指依法取得经营资格从事港口经营活动的组织和个人。

（三）港口理货业务经营人，是指为委托人提供货物交接过程中的点数和检查货物表面状况的理货服务的组织和个人。

（四）港口设施，是指为从事港口经营而建造和设置的建（构）筑物。

第四条　交通运输部主管全国港口经营行政管理工作。

省、自治区、直辖市人民政府交通运输（港口）主管部门负责本行政区域内的港口经营行政管理工作。

省、自治区、直辖市人民政府、港口所在地设区的市（地）、县人民政府确定的具体实施港口行政管理的部门负责该港口的港口经营行政管理工作。本款上述部门统称港口行政管理部门。

第五条 国家鼓励港口经营性业务实行多家经营、公平竞争。港口经营人、港口理货业务经营人不得实施垄断行为。任何组织和部门不得以任何形式实施地区保护和部门保护。

第二章 资质管理

第六条 从事港口经营,应当申请取得港口经营许可。

实施港口经营许可,应当遵循公平、公正和公开透明的原则,不得收取费用,并应当接受社会监督。

第七条 从事港口经营(港口拖轮经营除外),应当具备下列条件:

(一)有固定的经营场所;

(二)有与经营范围、规模相适应的港口设施、设备,其中:

1. 码头、客运站、库场、储罐、岸电、污水预处理设施等固定设施应当符合港口总体规划和法律、法规及有关技术标准的要求;

2. 为旅客提供上、下船服务的,应当具备至少能遮蔽风、雨、雪的候船和上、下船设施,并按相关规定配备无障碍设施;

3. 为船舶提供码头、过驳锚地、浮筒等设施的,应当有相应的船舶污染物、废弃物接收能力和相应污染应急处理能力,包括必要的设施、设备和器材;

(三)有与经营规模、范围相适应的专业技术人员、管理人员;

(四)有健全的经营管理制度和安全管理制度以及生产安全事故应急预案,应急预案经专家审查通过;依法设置安全生产管理机构或者配备专职安全管理人员。

第八条 从事港口拖轮经营,应当具备下列条件:

(一)具备企业法人资格;

(二)有满足拖轮停靠的自有泊位或者租用泊位;

(三)在沿海港口从事拖轮经营的,应当至少自有并经营2艘沿海拖轮;在内河港口从事拖轮经营的,应当至少自有并经营1艘内河拖轮;

(四)海务、机务管理人员数量满足附件的要求,海务、机务管理人员具有不低于大副、大管轮的从业资历且在申请经营的港口从事拖轮服务满1年以上;

(五)有健全的经营管理制度和符合有关规定的安全与防污染管理制度。

第九条 申请从事港口经营,应当提交下列相应文件和资料:

（一）港口经营业务申请书；

（二）港口码头、客运站、库场、储罐、岸电、污水预处理等固定设施符合国家有关规定的竣工验收合格证明；

（三）使用港口岸线的，港口岸线的使用批准文件；

（四）提供拖轮服务的，拖轮的有效船舶证书及停靠泊位的相关证明材料；

（五）依法设置安全生产管理机构或者配备安全生产管理人员的相关证明材料，其中从事拖轮经营的，提供海务、机务管理人员的相关证明材料；

（六）证明符合第七条规定条件的其他文件和资料。

从事港口拖轮经营的，应当提供上述（一）（四）（五）项规定的材料和证明符合第八条规定条件的其他文件和材料。

第十条 申请从事港口经营，申请人应当向港口行政管理部门提出申请和第九条规定的相关文件资料。港口行政管理部门应当自受理申请之日起20个工作日内作出许可或者不许可的决定。符合资质条件的，由港口行政管理部门发给《港口经营许可证》，并通过信息网络或者报刊公布；不符合条件的，不予行政许可，并应当将不予许可的决定及理由书面通知申请人。《港口经营许可证》应当明确港口经营人的名称与办公地址、法定代表人或者负责人、经营项目、经营地域、主要设施设备、发证日期、许可证有效期和证书编号。

《港口经营许可证》的有效期为3年。

第十一条 港口行政管理部门对申请人提出的港口经营许可申请，应当根据下列情况分别做出处理：

（一）申请事项依法不需要取得行政许可的，应当即时告知申请人不受理；

（二）申请事项依法不属于港口行政管理部门职权范围的，应当即时告知申请人向有关行政机关申请；

（三）申请材料存在可以当场更正的错误的，应当允许申请人当场更正；

（四）申请材料不齐全或者不符合法定形式的，应当当场或者在5日内一次告知申请人需要补正的全部内容，逾期不告知的，自收到申请材料之日起即为受理；

（五）申请事项属于港口行政管理部门职权范围，申请材料齐全、符合法定形式，或者申请人按照要求提交全部补正申请材料的，应当受理经营业务许可申请。

受理或者不受理经营业务许可申请，应当出具加盖许可机关专用印章和注明日期的书面凭证。

第十二条 港口经营人应当按照港口行政管理部门许可的经营范围从事港口经营活动。

第十三条 港口经营人变更经营范围的,应当就变更事项按照本规定第十条规定办理许可手续。

港口经营人变更企业法定代表人或者负责人、办公地址的,应当向港口行政管理部门备案并换发《港口经营许可证》。

第十四条 港口经营人应当在《港口经营许可证》有效期届满之日30日以前,向《港口经营许可证》发证机关申请办理延续手续。

申请办理《港口经营许可证》延续手续,应当提交下列材料:

(一)《港口经营许可证》延续申请;

(二)本规定第九条第一款第(四)(五)(六)项材料。

第十五条 港口经营人停业或者歇业,应当提前30个工作日告知原许可机关。原许可机关应当收回并注销其《港口经营许可证》,并以适当方式向社会公布。

第三章 经营管理

第十六条 为船舶提供岸电、燃物料、生活品供应、水上船员接送及船舶污染物(含油污水、残油、洗舱水、生活污水及垃圾)接收、围油栏供应服务等船舶港口服务的单位,港口设施设备和机械租赁维修业务的单位以及港口理货业务经营人,应当向港口行政管理部门办理备案手续。港口行政管理部门应当建立备案情况档案。

从事船舶港口服务、港口设施设备和机械租赁维修的经营人以及港口理货业务经营人名称、固定经营场所、法定代表人、经营范围等事项发生变更或者终止经营的,应当在变更或者终止经营之日起15个工作日内办理变更备案。

第十七条 港口理货业务经营人不得兼营港口货物装卸经营业务和仓储经营业务。

第十八条 港口行政管理部门及相关部门应当保证港口公用基础设施的完好、畅通。

港口经营人、港口理货业务经营人以及从事船舶港口服务、港口设施设备和机械租赁维修的经营人应当按照核定的功能使用和维护港口经营设施、设备,并使其保持正常状态。

为国际航线船舶服务的码头(包括过驳锚地、浮筒),应当具备对外开放资格。

第十九条 港口经营人应当落实船舶污染物接收设施配置责任,按照国家有关规定加强港口接收设施与城市公共转运、处置设施的衔接，不得拒绝接收船舶送交的垃圾、生活污水、含油污水。

鼓励港口经营人优先使用清洁能源或者新能源的设施设备，并采取有效措施，防止港口作业过程造成污染。

第二十条 港口经营人变更或者改造码头、客运站、堆场、仓库、储罐、岸电和污水预处理设施等固定经营设施，应当依照有关法律、法规和规章的规定履行相应手续。依照有关规定无需经港口行政管理部门审批的，港口经营人应当向港口行政管理部门备案。

第二十一条 港口经营人、港口理货业务经营人应当建立健全安全生产责任制和安全生产规章制度，推进安全生产标准化建设，依法提取和使用安全生产费用，完善安全生产条件，建立实施安全风险分级管控和隐患排查治理制度，并严格落实治理措施；对从业人员进行安全生产教育、培训并如实记录相关情况，确保安全生产。

港口经营人应当按照国家有关规定落实港口大型机械防阵风防台风措施。

第二十二条 港口经营人应当按照码头竣工验收确定的泊位性质和功能接靠船舶，不得超过码头靠泊等级接靠船舶，但按照交通运输部的规定接靠满足相关条件的减载船舶除外。

第二十三条 港口经营人不得安排超过船舶载(乘)客定额数量的旅客上船。

港口经营人不得装载超过最大营运总质量的集装箱，不得超出船舶、车辆载货定额装载货物。沿海港口经营人不得为超出航区的内河船舶提供货物装卸服务。港口经营人应当配合海事管理机构做好恶劣天气条件下船舶靠离泊管理。

第二十四条 港口作业委托人应当向港口经营人如实提供其身份信息以及货物和集装箱信息，不得在委托作业的普通货物中夹带危险货物和禁止运输的物品，不得匿报、谎报危险货物和禁止运输的物品。未提供上述信息的，港口经营人不得接受港口作业委托。

港口经营人收到实名举报或者相关证据证明港口作业委托人涉嫌在普通货物中夹带危险货物或者将危险货物匿报、谎报为普通货物的，应当对相关货物进行检查。港口经营人发现存在上述情形或者港口作业委托人不接受检查的，应当拒绝提供港口服务，并按照规定及时将核实情况向海事管理机构、港口行政管理部门及有关部门报告。

危险货物装卸作业前，船舶应当向危险货物港口经营人提供船舶适装证书；对于不符合船舶适装证书所明确的危险货物范围的，港口经营人不得安排装卸作业。

第二十五条 从事港口旅客运输服务的经营人，应当按照国家有关规定设置安全、消防、救生以及反恐防范设施设备，配备安全检查人员和必要的安全检查设施设备，对登船旅客及其携带或者托运的行李、物品以及滚装车辆进行安全检查，落实旅客实名制相关要求，保证旅客基本生活用品的供应，保持安全、快捷、良好的候船条件和环境。

旅客或者滚装车辆拒绝接受安全检查或者携带国家规定禁止上船物品的，不得上船。

在港区内从事水上船员接送服务的，应当使用符合相关要求的船舶。

第二十六条 港口经营人应当优先安排突发事件处置、关系国计民生紧急运输和国防建设急需物资及人员的港口作业。

政府在紧急情况下征收征用港口设施，港口经营人应当服从指挥。港口经营人因此而产生费用或者遭受损失的，下达征收征用任务的机关应当依法给予相应的经济补偿。

第二十七条 在旅客严重滞留或者货物严重积压阻塞港口的紧急情况下，港口行政管理部门应当采取措施进行疏港。港口所在地的市、县人民政府认为必要时，可以直接采取措施，进行疏港。港口内的单位、个人及船舶、车辆应当服从疏港指挥。

第二十八条 港口行政管理部门应当依法制定可能危及社会公共利益的港口危险货物事故应急预案、重大生产安全事故的旅客紧急疏散和救援预案以及预防自然灾害预案，建立健全港口重大生产安全事故的应急救援体系。

港口行政管理部门按照前款规定制定的各项预案应当予以公布，并报送省级交通运输（港口）主管部门备案。

第二十九条 港口经营人、港口理货业务经营人应当依法制定本单位的危险货物事故应急预案、重大生产安全事故的旅客紧急疏散和救援预案以及预防自然灾害预案，按照国家有关规定落实配备应急物资、定期开展应急培训和演练、修订相关预案等组织保障措施。

港口经营人、港口理货业务经营人按照前款规定制定的各项预案应当与港口行政管理部门及有关部门制定的预案做好衔接，并报送港口行政管理部门和港口所在地海事管理机构备案。

第三十条 港口经营人、港口理货业务经营人以及从事船舶港口服务、港口设施设备和机械租赁维修的经营人从事港口经营和理货等业务，应当遵守有关法律、法规、规章以及相关服务标准和规范的规定，依法履行合同约定的义务，公正、准确地办理港口经营和理货等业务，为客户提供公平、良好的服务。

第三十一条 港口经营人、港口理货业务经营人以及从事船舶港口服务的经营人应当遵守国家有关港口经营价格和收费的规定，应当在其经营场所公布经营服务收费项目和收费标准，并通过多种渠道公开，使用国家规定的港口经营票据。

第三十二条 港口经营人、港口理货业务经营人以及从事船舶港口服务、港口设施设备和机械租赁维修的经营人不得采取不正当手段，排挤竞争对手，限制或者妨碍公平竞争；不得对具有同等条件的服务对象实行歧视；不得以任何手段强迫他人接受其提供的港口服务。

第三十三条 从事港口拖轮业务的经营人，应当公布所经营拖轮的实时状态，供船舶运输经营人自主选择。

第三十四条 港口经营人、港口理货业务经营人以及从事船舶港口服务、港口设施设备和机械租赁维修的经营人的合法权益受法律保护。任何单位和个人不得向港口经营人、港口理货业务经营人以及从事船舶港口服务、港口设施设备和机械租赁维修的经营人摊派或者违法收取费用。

港口经营人、港口理货业务经营人以及从事船舶港口服务、港口设施设备和机械租赁维修的经营人有权拒绝违反规定收取或者摊派的各种费用。

第三十五条 港口经营人、港口理货业务经营人以及从事船舶港口服务、港口设施设备和机械租赁维修的经营人应当按照国家有关规定，及时向港口行政管理部门如实提供港口统计资料及有关信息。

各级交通运输（港口）主管部门和港口行政管理部门应当按照有关规定向交通运输部和上级交通运输（港口）主管部门报送港口统计资料和相关信息，并结合本地区的实际建设港口管理信息系统。

上述部门的工作人员应当为港口经营人、港口理货业务经营人以及从事船舶港口服务、港口设施设备和机械租赁维修的经营人保守商业秘密。

第四章 监督检查

第三十六条 港口行政管理部门应当依法对港口安全生产情况和本规定执行情况实施监督检查，并将检查的结果向社会公布。港口行政管理部门应当对旅客集中、货物装卸量较大或者特殊用途的码头进行重点巡查。检查中发现安全隐患的，应当责令被检查人立即排除或者限期排除。

各级交通运输（港口）主管部门应当加强对港口行政管理部门实施《中华人民共和国港口法》和本规定的监督管理，切实落实法律规定的各项制度，及时纠正行政执法中的违法行为。

第三十七条 港口行政管理部门的监督检查人员依法实施监督检查时，有权向被检查单位和有关人员了解情况，并可查阅、复制有关资料。

监督检查人员应当对检查中知悉的商业秘密保密。

监督检查人员实施监督检查，应当两个人以上，并出示执法证件。

第三十八条 监督检查人员应当将监督检查的时间、地点、内容、发现的问题及处理情况作出书面记录，并由监督检查人员和被检查单位的负责人签字；被检查单位的负责人拒绝签字的，监督检查人员应当将情况记录在案，并向港口行政管理部门报告。

第三十九条 被检查单位和有关人员应当接受港口行政管理部门依法实施的监督检查，如实提供有关情况和资料，不得拒绝检查或者隐匿、谎报有关情况和资料。

第四十条 港口经营人、港口理货业务经营人以及从事船舶港口服务、港口设施设备和机械租赁维修的经营人有违反本规定行为的，港口行政管理部门依照有关法律、行政法规的规定将其信用信息录入水路运输信用信息管理系统，并予以公示。

第五章 法律责任

第四十一条 有下列行为之一的，由港口行政管理部门责令停止违法经营，没收违法所得；违法所得10万元以上的，并处违法所得2倍以上5倍以下罚款；违法所得不足10万元的，处5万元以上20万元以下罚款：

（一）未依法取得港口经营许可证，从事港口经营的；

（二）港口理货业务经营人兼营货物装卸经营业务、仓储经营业务的。

第四十二条 经检查或者调查证实，港口经营人在取得经营许可后又不符合本规定第七、八条规定一项或者几项条件的，由港口行政管理部门责令其停止经营，限期改正；逾期不改正的，由作出行政许可决定的行政机关吊销《港口经营许可证》，并以适当方式向社会公布。

从事船舶港口服务、港口设施设备和机械租赁维修的经营人未按规定进行备案的，由港口行政管理部门责令改正，并处1万元以上3万元以下罚款。

港口经营人有下列行为之一的，由港口行政管理部门责令改正，并处1万元以上3万元以下罚款：

（一）未按照国家有关规定落实港口大型机械防阵风防台风措施的；

（二）未按照码头泊位性质和功能接靠船舶或者超过码头靠泊等级接靠船

舶的，但接靠满足相关条件的减载船舶除外；

（三）未对登船旅客及其携带或者托运的行李、物品以及滚装车辆进行安全检查的；

（四）装载超出最大营运总质量的集装箱或者超出船舶、车辆载货定额装载货物的；

（五）未按照国家有关规定设置相应设施设备或者配备安全检查人员的。

第四十三条 港口经营人不优先安排抢险物资、救灾物资、国防建设急需物资的作业的，由港口行政管理部门责令改正；造成严重后果的，吊销《港口经营许可证》，并以适当方式向社会公布。

第四十四条 港口经营人、港口理货业务经营人违反本规定第二十一条第一款、第二十九条第一款关于安全生产规定的，由港口行政管理部门或者其他依法负有安全生产监督管理职责的部门依法给予处罚；情节严重的，由港口行政管理部门吊销《港口经营许可证》（港口理货业务经营人除外）；构成犯罪的，依法追究刑事责任。

第四十五条 港口经营人、港口理货业务经营人以及从事船舶港口服务、港口设施设备和机械租赁维修的经营人违反本规定第三十一条、第三十二条规定，港口行政管理部门应当进行调查，并协助相关部门进行处理。

第四十六条 港口经营人、港口理货业务经营人以及从事船舶港口服务、港口设施设备和机械租赁维修的经营人违反本规定第三十五条规定不及时和不如实向港口行政管理部门提供港口统计资料及有关信息的，由港口行政管理部门按照有关法律、法规的规定予以处罚。

第四十七条 港口行政管理部门不依法履行职责，有下列行为之一的，对直接负责的主管人员和其他直接责任人员依法给予行政处分；构成犯罪的，依法追究刑事责任：

（一）对不符合法定条件的申请人给予港口经营许可的；

（二）发现取得经营许可的港口经营人不再具备法定许可条件而不及时吊销许可证的；

（三）不依法履行监督检查职责，对未经依法许可从事港口经营的行为，不遵守安全生产管理规定的行为，危及港口作业安全的行为，以及其他违反本法规定的行为，不依法予以查处的。

第四十八条 港口行政管理部门违法干预港口经营人、港口理货业务经营人以及从事船舶港口服务、港口设施设备和机械租赁维修的经营人的经营自主权的，由其上级行政机关或者监察机关责令改正。向港口经营人、港口理货业务经营人以及从事船舶港口服务、港口设施设备和机械租赁维修的经营人摊派财物或者违法收取费用的，责令退回；情节严重的，对直接负责的主管人员和其他直接责任人员依法给予行政处分。

第六章　附　　则

第四十九条　《港口经营许可证》的式样由交通运输部统一规定，由省级交通运输（港口）主管部门负责印制。

第五十条　港口行政管理部门按照《中华人民共和国港口法》制定的港口章程应当在公布的同时送上级交通运输（港口）主管部门和交通运输部备案。

第五十一条　港口引航适用《船舶引航管理规定》（交通部令 2001 年第 10 号）。从事危险货物港口作业的，应当同时遵守《港口危险货物安全管理规定》（交通运输部令 2019 年第 34 号）。

第五十二条　本规定自 2010 年 3 月 1 日起施行。2003 年 12 月 26 日交通部发布的《港口经营管理规定》（交通部令 2004 年第 4 号）同时废止。

附件：海务、机务管理人员最低配额表（人）

海务、机务管理人员最低配额表（人）

<table>
<tr><td>拖轮艘数</td><td>1－10 艘</td><td>11－20 艘</td><td>21－30 艘</td><td>31－50 艘</td><td>51 艘及以上</td></tr>
<tr><td>沿海拖轮</td><td>1</td><td>2</td><td>3</td><td>4</td><td>每增加 20 艘按 1 人计，不足 20 艘按 20 艘计</td></tr>
<tr><td>内河拖轮</td><td>1</td><td colspan="3">2</td><td>每增加 50 艘按 1 人计，不足 50 艘按 50 艘计</td></tr>
</table>

小微型客车租赁经营服务管理办法

（2020 年 12 月 20 日交通运输部令 2020 年第 22 号公布　自 2021 年 4 月 1 日起施行　国司备字[2021003589]）

第一章　总　　则

第一条　为规范小微型客车租赁经营服务行为，保护经营者和承租人合法权益，制定本办法。

第二条 从事小微型客车租赁经营服务，应当遵守本办法。

本办法所称小微型客车租赁经营服务，是指小微型客车租赁经营者与承租人订立租赁合同，将9座及以下的小微型客车交付承租人使用，收取租赁费用的经营活动。

第三条 交通运输部负责指导全国小微型客车租赁管理工作。

县级以上地方人民政府负责小微型客车租赁管理的行政主管部门（以下统称小微型客车租赁行政主管部门）负责本行政区域内小微型客车租赁管理工作。

第四条 小微型客车租赁经营者应当依法经营，诚实守信，优质服务，公平竞争。

第五条 国家鼓励小微型客车租赁实行规模化、网络化经营，鼓励使用新能源汽车开展小微型客车租赁。

第二章 经营服务

第六条 从事小微型客车租赁经营的，应当具备下列条件：

（一）取得企业法人资格；

（二）投入经营的小微型客车应当经检验合格且登记的使用性质为租赁（以下称租赁小微型客车）；

（三）有与租赁业务相适应的经营场所、管理人员；

（四）在经营所在地有相应服务机构及服务能力；

（五）有健全的经营管理制度、服务规程、安全管理制度和应急救援预案。

从事分时租赁经营的，还应当具备以下服务能力：

（一）有与开展分时租赁业务相适应的信息数据交互及处理能力，保证服务平台运行可靠；

（二）有相应服务人员负责调配租赁小微型客车。

第七条 从事小微型客车租赁经营的，应当在向市场监督管理部门办理有关登记手续或者新设服务机构开展经营活动后60日内，就近向经营所在地市级或者县级小微型客车租赁行政主管部门办理备案，并附送本办法第六条相应的材料。

备案材料不完备或者不符合要求的，受理备案的小微型客车租赁行政主管部门应当书面通知备案人补充完善。

第八条 小微型客车租赁行政主管部门受理备案后，应当将小微型客车租赁经营者的企业名称、经营范围、企业注册地址、服务机构地址和联系方式，以及租赁小微型客车号牌号码、车辆类型、所有人、使用性质、品牌型号、注册日期、核定载人数等备案信息进行建档管理。

第九条 备案事项发生变更的，小微型客车租赁经营者应当在变更之日起15日内到原备案机构办理变更备案。

小微型客车租赁经营者暂停或者终止经营的，应当在暂停或者终止经营之日起15日内，向原备案机构书面报告。

暂停或者终止分时租赁经营的，应当提前30日向社会公告，并同时向原备案机构书面报告。

第十条 小微型客车租赁经营者和接受委托提供小微型客车租赁交易撮合、信息发布等服务的电子商务平台经营者，应当遵守国家网络安全、个人信息保护、数据安全、电子商务等方面的法律法规，依法收集相关信息和数据，严格保护个人信息和重要数据，维护网络数据安全，支持配合有关部门开展相关监管工作。

第十一条 小微型客车租赁经营者应当按照国家有关标准规范为承租人提供安全便利优质的小微型客车租赁服务，确保车辆安全、卫生状况良好。

小微型客车租赁经营者不得随车提供驾驶劳务。

第十二条 小微型客车租赁经营者还应当遵守下列规定：

（一）在经营场所或者服务平台以显著方式明示服务项目、租赁流程、租赁车辆类型、收费标准、押金收取与退还、客服与监督电话等事项；

（二）按照合同约定将租赁小微型客车交付承租人，交付的租赁小微型客车在租赁期间应当符合《中华人民共和国道路交通安全法》规定的上路行驶条件，车内设施设备功能齐全正常，外观内饰完好整洁；

（三）随车配备租赁小微型客车机动车行驶证；

（四）按照国家有关规定对租赁小微型客车进行检测、维护，确保技术性能良好；

（五）建立救援服务体系，租赁小微型客车在租赁期间出现故障或者发生事故时，按照合同约定提供救援、换车服务；

（六）建立租赁经营管理档案，保存租赁经营信息，并按照要求报送相关数据信息；

（七）从事分时租赁经营的，应当按照国家有关规定计程计时，收取承租人押金和预付资金的，还应当按照国家有关规定管理押金和预付资金。

第十三条 承租人应当遵守下列规定：

（一）承租人为自然人的，应当持其机动车驾驶证租赁小微型客车；承租人为法人或者其他组织的，应当持实际驾驶人的机动车驾驶证租赁小微型客车；

（二）上路行驶期间，随车携带租赁小微型客车机动车行驶证；

（三）按照操作规范驾驶租赁小微型客车，遵守道路交通安全相关法律法规；

（四）按照合同约定使用租赁小微型客车，不得携带易燃、易爆、毒害性、放射性、腐蚀性物质或者传染病病原体等危害公共安全的危险物质，不得利用租赁小微型客车从事违法犯罪活动；

（五）妥善保管租赁小微型客车，未经小微型客车租赁经营者同意，不得改动租赁小微型客车部件、设施和变更机动车使用性质，不得将租赁小微型客车抵押、变卖、转租；

（六）租赁期间租赁小微型客车发生交通违法、交通事故的，按照相关法律、行政法规接受处理。

第十四条 小微型客车租赁经营者应当与承租人订立租赁合同。在订立租赁合同前，小微型客车租赁经营者应当对承租人身份进行查验，并留存有关信息。承租人为自然人的，应当查验其身份证件。承租人为企业法人或者其他组织的，应当查验企业法人营业执照或者其他有效登记证件、授权委托书、经办人身份证件。

租赁小微型客车应当交付给经过身份查验的承租人，对身份不明、拒绝身份查验的，不得提供租赁服务。

第十五条 小微型客车租赁经营者应当按照安全生产相关法律法规，落实安全生产责任，完善安全生产规章制度，加强安全生产管理。

第十六条 鼓励小微型客车租赁经营者办理车上人员责任险等保险。

第十七条 小微型客车租赁经营者应当建立服务投诉制度，公布服务监督电话，指定部门或者人员受理投诉。接到投诉后，应当及时受理，于10日内处理完毕并告知投诉人处理结果。

第十八条 机动车使用性质登记为租赁的小微型客车不得擅自用于道路运输经营。利用租赁小微型客车从事道路运输经营的，应当先按照道路运输经营相关管理规定办理行政许可和机动车使用性质变更手续。

第十九条 租赁小微型客车按照租赁载客汽车使用年限执行报废管理。租赁小微型客车使用性质由租赁变更为营运的，应当按照小微型营运载客汽车使用年限执行报废管理。

第三章 监督管理

第二十条 小微型客车租赁行政主管部门应当在小微型客车租赁经营者

办理备案后2个工作日内，通过政府监管平台或者相关政府网站向社会公布本办法第八条规定的建档信息，并传送至全国互联网道路运输便民政务服务系统。

鼓励小微型客车租赁经营者运营系统与政府监管平台实现信息对接。

第二十一条 小微型客车租赁行政主管部门应当依法加强市场监管和企业信用管理，定期组织开展小微型客车租赁服务质量信誉考核并及时公布考核情况。

第二十二条 小微型客车租赁行政主管部门应当按照法定职责督促指导小微型客车租赁经营者落实承租人身份查验要求。

第二十三条 小微型客车租赁行政主管部门应当建立投诉举报制度，公开投诉电话、通信地址或者电子邮箱，明确投诉办结时限，接受小微型客车租赁相关投诉和社会监督。

第二十四条 汽车租赁行业协会应当加强行业自律，建立完善行业自律性管理约束机制，规范会员行为，维护公平竞争的市场环境。

第四章 法律责任

第二十五条 小微型客车租赁经营者违反本办法，有下列行为之一的，由小微型客车租赁行政主管部门责令改正，并处5000元以上3万元以下罚款：

（一）未按照规定办理备案或者变更备案的；

（二）提供的租赁小微型客车不符合《中华人民共和国道路交通安全法》规定的上路行驶条件的；

（三）未建立小微型客车租赁经营管理档案或者未按照规定报送相关数据信息的；

（四）未在经营场所或者服务平台以显著方式明示服务项目、租赁流程、租赁车辆类型、收费标准、押金收取与退还、客服与监督电话等事项的。

小微型客车租赁经营者未取得道路运输经营许可或者出租汽车经营许可，随车提供驾驶劳务的，按照《中华人民共和国道路运输条例》《巡游出租汽车经营服务管理规定》《网络预约出租汽车经营服务管理暂行办法》中关于从事非法营运的规定进行处罚。

第二十六条 小微型客车租赁经营者和受委托的电子商务平台经营者，违反国家反恐怖、道路运输经营、网络安全、个人信息保护、数据安全、电子商务等方面的法律法规，按照相关规定进行处罚。

第五章　附　　则

第二十七条　本办法所称分时租赁，是指利用移动互联网、卫星定位等信息技术构建服务平台，以分钟或者小时等为计时单位，为承租人提供自助式小微型客车预定和取还、费用结算等服务的租赁经营方式。

第二十八条　本办法自2021年4月1日起施行。

中小学教育惩戒规则（试行）

（2020年12月23日教育部令第49号公布　自2021年3月1日起施行　国司备字[2021003713]）

第一条　为落实立德树人根本任务，保障和规范学校、教师依法履行教育教学和管理职责，保护学生合法权益，促进学生健康成长、全面发展，根据教育法、教师法、未成年人保护法、预防未成年人犯罪法等法律法规和国家有关规定，制定本规则。

第二条　普通中小学校、中等职业学校（以下称学校）及其教师在教育教学和管理过程中对学生实施教育惩戒，适用本规则。

本规则所称教育惩戒，是指学校、教师基于教育目的，对违规违纪学生进行管理、训导或者以规定方式予以矫治，促使学生引以为戒、认识和改正错误的教育行为。

第三条　学校、教师应当遵循教育规律，依法履行职责，通过积极管教和教育惩戒的实施，及时纠正学生错误言行，培养学生的规则意识、责任意识。

教育行政部门应当支持、指导、监督学校及其教师依法依规实施教育惩戒。

第四条　实施教育惩戒应当符合教育规律，注重育人效果；遵循法治原则，做到客观公正；选择适当措施，与学生过错程度相适应。

第五条　学校应当结合本校学生特点，依法制定、完善校规校纪，明确学生行为规范，健全实施教育惩戒的具体情形和规则。

学校制定校规校纪，应当广泛征求教职工、学生和学生父母或者其他监护人（以下称家长）的意见；有条件的，可以组织有学生、家长及有关方面代表参加的听证。校规校纪应当提交家长委员会、教职工代表大会讨论，经校长办公会议审议通过后施行，并报主管教育部门备案。

教师可以组织学生、家长以民主讨论形式共同制定班规或者班级公约，报学校备案后施行。

第六条 学校应当利用入学教育、班会以及其他适当方式，向学生和家长宣传讲解校规校纪。未经公布的校规校纪不得施行。

学校可以根据情况建立校规校纪执行委员会等组织机构，吸收教师、学生及家长、社会有关方面代表参加，负责确定可适用的教育惩戒措施，监督教育惩戒的实施，开展相关宣传教育等。

第七条 学生有下列情形之一，学校及其教师应当予以制止并进行批评教育，确有必要的，可以实施教育惩戒：

（一）故意不完成教学任务要求或者不服从教育、管理的；

（二）扰乱课堂秩序、学校教育教学秩序的；

（三）吸烟、饮酒，或者言行失范违反学生守则的；

（四）实施有害自己或者他人身心健康的危险行为的；

（五）打骂同学、老师，欺凌同学或者侵害他人合法权益的；

（六）其他违反校规校纪的行为。

学生实施属于预防未成年人犯罪法规定的不良行为或者严重不良行为的，学校、教师应当予以制止并实施教育惩戒，加强管教；构成违法犯罪的，依法移送公安机关处理。

第八条 教师在课堂教学、日常管理中，对违规违纪情节较为轻微的学生，可以当场实施以下教育惩戒：

（一）点名批评；

（二）责令赔礼道歉、做口头或者书面检讨；

（三）适当增加额外的教学或者班级公益服务任务；

（四）一节课堂教学时间内的教室内站立；

（五）课后教导；

（六）学校校规校纪或者班规、班级公约规定的其他适当措施。

教师对学生实施前款措施后，可以以适当方式告知学生家长。

第九条 学生违反校规校纪，情节较重或者经当场教育惩戒拒不改正的，学校可以实施以下教育惩戒，并应当及时告知家长：

（一）由学校德育工作负责人予以训导；

（二）承担校内公益服务任务；

（三）安排接受专门的校规校纪、行为规则教育；

（四）暂停或者限制学生参加游览、校外集体活动以及其他外出集体活动；

（五）学校校规校纪规定的其他适当措施。

第十条 小学高年级、初中和高中阶段的学生违规违纪情节严重或者影响恶劣的，学校可以实施以下教育惩戒，并应当事先告知家长：

（一）给予不超过一周的停课或者停学，要求家长在家进行教育、管教；

（二）由法治副校长或者法治辅导员予以训诫；

（三）安排专门的课程或者教育场所，由社会工作者或者其他专业人员进行心理辅导、行为干预。

对违规违纪情节严重，或者经多次教育惩戒仍不改正的学生，学校可以给予警告、严重警告、记过或者留校察看的纪律处分。对高中阶段学生，还可以给予开除学籍的纪律处分。

对有严重不良行为的学生，学校可以按照法定程序，配合家长、有关部门将其转入专门学校教育矫治。

第十一条 学生扰乱课堂或者教育教学秩序，影响他人或者可能对自己及他人造成伤害的，教师可以采取必要措施，将学生带离教室或者教学现场，并予以教育管理。

教师、学校发现学生携带、使用违规物品或者行为具有危险性的，应当采取必要措施予以制止；发现学生藏匿违法、危险物品的，应当责令学生交出并可以对可能藏匿物品的课桌、储物柜等进行检查。

教师、学校对学生的违规物品可以予以暂扣并妥善保管，在适当时候交还学生家长；属于违法、危险物品的，应当及时报告公安机关、应急管理部门等有关部门依法处理。

第十二条 教师在教育教学管理、实施教育惩戒过程中，不得有下列行为：

（一）以击打、刺扎等方式直接造成身体痛苦的体罚；

（二）超过正常限度的罚站、反复抄写，强制做不适的动作或者姿势，以及刻意孤立等间接伤害身体、心理的变相体罚；

（三）辱骂或者以歧视性、侮辱性的言行侵犯学生人格尊严；

（四）因个人或者少数人违规违纪行为而惩罚全体学生；

（五）因学业成绩而教育惩戒学生；

（六）因个人情绪、好恶实施或者选择性实施教育惩戒；

（七）指派学生对其他学生实施教育惩戒；

（八）其他侵害学生权利的。

第十三条 教师对学生实施教育惩戒后，应当注重与学生的沟通和帮扶，对改正错误的学生及时予以表扬、鼓励。

学校可以根据实际和需要，建立学生教育保护辅导工作机制，由学校分管负责人、德育工作机构负责人、教师以及法治副校长(辅导员)、法律以及心理、社会工作等方面的专业人员组成辅导小组,对有需要的学生进行专门的心理辅导、行为矫治。

第十四条 学校拟对学生实施本规则第十条所列教育惩戒和纪律处分的,应当听取学生的陈述和申辩。学生或者家长申请听证的,学校应当组织听证。

学生受到教育惩戒或者纪律处分后,能够诚恳认错、积极改正的,可以提前解除教育惩戒或者纪律处分。

第十五条 学校应当支持、监督教师正当履行职务。教师因实施教育惩戒与学生及其家长发生纠纷,学校应当及时进行处理,教师无过错的,不得因教师实施教育惩戒而给予其处分或者其他不利处理。

教师违反本规则第十二条,情节轻微的,学校应当予以批评教育;情节严重的,应当暂停履行职责或者依法依规给予处分;给学生身心造成伤害,构成违法犯罪的,由公安机关依法处理。

第十六条 学校、教师应当重视家校协作,积极与家长沟通,使家长理解、支持和配合实施教育惩戒,形成合力。家长应当履行对子女的教育职责,尊重教师的教育权利,配合教师、学校对违规违纪学生进行管教。

家长对教师实施的教育惩戒有异议或者认为教师行为违反本规则第十二条规定的,可以向学校或者主管教育行政部门投诉、举报。学校、教育行政部门应当按照师德师风建设管理的有关要求,及时予以调查、处理。家长威胁、侮辱、伤害教师的,学校、教育行政部门应当依法保护教师人身安全、维护教师合法权益;情形严重的,应当及时向公安机关报告并配合公安机关、司法机关追究责任。

第十七条 学生及其家长对学校依据本规则第十条实施的教育惩戒或者给予的纪律处分不服的,可以在教育惩戒或者纪律处分作出后15个工作日内向学校提起申诉。

学校应当成立由学校相关负责人、教师、学生以及家长、法治副校长等校外有关方面代表组成的学生申诉委员会,受理申诉申请,组织复查。学校应当明确学生申诉委员会的人员构成、受理范围及处理程序等并向学生及家长公布。

学生申诉委员会应当对学生申诉的事实、理由等进行全面审查,作出维持、变更或者撤销原教育惩戒或者纪律处分的决定。

第十八条 学生或者家长对学生申诉处理决定不服的,可以向学校主管教育部门申请复核;对复核决定不服的,可以依法提起行政复议或者行政诉讼。

第十九条 学校应当有针对性地加强对教师的培训，促进教师更新教育理念、改进教育方式方法，提高教师正确履行职责的意识与能力。

每学期末，学校应当将学生受到本规则第十条所列教育惩戒和纪律处分的信息报主管教育行政部门备案。

第二十条 本规则自2021年3月1日起施行。

各地可以结合本地实际，制定本地方实施细则或者指导学校制定实施细则。

鼓励外商投资产业目录(2020年版)

（2020年12月27日国家发展和改革委员会、商务部令第38号公布　自2021年1月27日起施行　国司备字[2021003775]）

全国鼓励外商投资产业目录

一、农、林、牧、渔业

1. 木本食用油料、调料和工业原料的种植、开发、生产

2. 绿色、有机蔬菜(含食用菌、西甜瓜)、干鲜果品、茶叶栽培技术开发、种植及产品生产

3. 酿酒葡萄育种、种植、生产

4. 啤酒原料育种、种植、生产

5. 糖料、果树、牧草等农作物栽培新技术开发及产品生产

6. 高产高效青贮饲料专用植物新品种培育、开发

7. 花卉生产与苗圃基地的建设、经营

8. 橡胶、油棕、剑麻、咖啡种植

9. 芳香植物的育种、种植，精油的萃取

10. 中药材种植、养殖

11. 农作物秸秆资源综合利用、有机肥料资源的开发、生产

12. 森林资源培育(速生丰产用材林、大径级用材林、竹林、油茶等经济林、珍贵树种用材林等)

13. 林下生态种养

14. 畜禽标准化规模养殖技术开发与应用

15. 种畜禽和水产苗种繁育(不含我国特有的珍贵优良品种)

16. 防治荒漠化、水土保持和国土绿化等生态环境保护工程建设、经营

17. 水产品养殖、深水网箱养殖、工厂化水产养殖、生态型海洋增养殖

二、采矿业

18. 石油、天然气的勘探、开发和矿井瓦斯利用

19. 提高原油采收率(以工程服务形式)及相关新技术的开发与应用

20. 物探、钻井、测井、录井、井下作业等石油勘探开发新技术的开发与应用

21. 提高矿山尾矿利用率的新技术开发与应用及矿山生态恢复技术的综合应用

22. 我国紧缺矿种(如钾盐、铬铁矿等)的勘探、开采和选矿

三、制造业

(一)农副食品加工业

23. 安全高效环保饲料及饲料添加剂(含维生素、蛋氨酸),动物促生长用抗菌药物替代产品开发、生产

24. 宠物饲料、食品开发、生产

25. 水产品加工、贝类净化及加工、海藻保健食品开发

26. 蔬菜、干鲜果品、禽畜产品加工

27. 生物乙醇(不含粮食转化乙醇)的开发、生产

(二)食品制造业

28. 高温杀菌乳(130℃2 秒以上杀菌)的开发、生产

29. 奶酪和再制奶酪、奶酪调理食品生产

30. 婴幼儿配方食品、婴幼儿辅助食品、特殊医学用途配方食品及保健食品的开发、生产

31. 针对老龄人口和改善老龄人口生活品质的营养保健食品、食品添加剂和配方食品的开发、生产

32. 烘焙食品(含使用天然可可豆的巧克力及其制品)、方便食品及其相关配料的开发、生产

33. 糖果、口香糖、蜜饯、冰淇淋、膨化食品、酸奶生产

34. 森林食品加工

35. 植物蛋白仿生肉食品开发、生产

36. 天然食品添加剂、调味品、酶制剂、发酵制品、天然香料新技术开发、生产

37. 无菌液态食品包装材料的开发、生产

(三)酒、饮料和精制茶制造业

38. 果蔬饮料、蛋白饮料、茶饮料、咖啡饮料、植物饮料的开发、生产

(四)纺织业

39. 采用非织造、机织、针织、编织等工艺及多种工艺复合、长效整理等新技术,生产功能性产业用纺织品

40. 采用数字化智能化印染技术装备、染整清洁生产技术(酶处理、高效短流程前处理、针织物连续平幅前处理、低温前处理及染色、低盐或无盐染色、低尿素印花、小浴比气流或气液染色、数码喷墨印花、泡沫整理等)、功能性整理技术、新型染色加工技术、复合面料加工技术,生产高档纺织面料;智能化筒子纱染色技术装备开发与应用

41. 符合环保要求的特种动物纤维、麻纤维、桑柞蚕丝、彩色棉花、彩色桑茧丝类天然纤维的加工技术与产品生产

42. 废旧纺织品回收利用

(五)纺织服装、服饰业

43. 高支棉纱的生产

44. 采用计算机集成制造系统的服装及服装半成品生产

45. 功能性特种服装生产

(六)皮革、毛皮、羽毛及其制品和制鞋业

46. 皮革和毛皮清洁化技术加工

47. 皮革后整饰新技术加工

48. 皮革废弃物综合利用

49. 高性能弹性体鞋材生产

(七)木材加工和木、竹、藤、棕、草制品业

50. 林业三剩物,"次、小、薪"材、废旧木材和竹材的综合利用新技术、新产品开发、生产,木竹材生产污染控制治理、细微颗粒物减排与粉尘防爆技术开发与应用

(八)文教、工美、体育和娱乐用品制造业

51. 高档地毯、刺绣、抽纱产品生产

(九)石油加工、炼焦和核燃料加工业

52. 酚油加工、洗油加工、煤沥青制备高端化学品(不含改质沥青)

(十)化学原料和化学制品制造业

53. 聚氯乙烯和有机硅新型下游产品开发、生产

54. 合成材料的配套原料:过氧化氢氧化丙烯法环氧丙烷、过氧化氢氧化氯丙烯法环氧氯丙烷、萘二甲酸二甲酯(NDC)、1,4-环己烷二甲醇(CHDM)、5万吨/年及以上丁二烯法己二腈、己二胺、高性能聚氨酯组合料生产

55. 多乙烯多胺产品生产

56. 高碳α烯烃共聚茂金属聚乙烯等高端聚烯烃的开发、生产

57. 合成纤维原料生产：尼龙66盐、1,3－丙二醇

58. 合成橡胶生产：聚氨酯橡胶、丙烯酸酯橡胶、氯醇橡胶，以及氟橡胶、硅橡胶等特种橡胶

59. 工程塑料及塑料合金生产：6万吨/年及以上非光气法聚碳酸酯（PC）、聚甲醛、聚苯硫醚、聚醚醚酮、聚酰亚胺、聚砜、聚醚砜、聚芳酯（PAR）、聚苯醚、聚对苯二甲酸丁二醇酯（PBT）、聚酰胺（PA）及其改性材料、液晶聚合物等产品

60. 精细化工：催化剂新产品、新技术，染（颜）料商品化加工技术，电子化学品和造纸化学品，皮革化学品（N－N二甲基甲酰胺除外），油田助剂，表面活性剂，水处理剂，胶粘剂、密封胶、胶粘带，无机纤维、无机纳米材料生产，颜料包膜处理深加工

61. 高纯电子级氢氟酸（9N以上）、氟化氢生产

62. 水性油墨、电子束固化紫外光固化等低挥发性油墨、环保型有机溶剂生产

63. 天然香料、合成香料、单离香料以及香料组分的中间体柠檬醛的生产

64. 高性能涂料，高固体份、无溶剂涂料及配套树脂，水性工业涂料及配套水性树脂生产

65. 高性能氟树脂、氟膜材料，医用含氟中间体，环境友好型含氟制冷剂、清洁剂、发泡剂生产

66. 氢燃料生产、储存、运输、液化

67. 大型、高压、高纯度工业气体（含电子气体）的生产和供应

68. 碳捕集、利用与封存（CCUS）项目建设和经营

69. 从磷化工、铝冶炼中回收氟资源生产

70. 林业化学产品新技术、新产品开发、生产

71. 环保用无机、有机和生物膜开发、生产

72. 新型肥料开发、生产：高浓度钾肥、复合型微生物接种剂、复合微生物肥料、秸杆及垃圾腐熟剂、特殊功能微生物制剂

73. 高效、安全、环境友好的农药新品种、新剂型、专用中间体、助剂的开发、生产，以及相关清洁生产工艺的开发与应用、定向合成法手性和立体结构农药生产

74. 生物农药及生物防治产品开发、生产：微生物杀虫剂、微生物杀菌剂、农用抗生素、生物刺激素、昆虫信息素、天敌昆虫、微生物除草剂

75. 废气、废液、废渣综合利用和处理、处置

76. 有机高分子材料生产：飞机蒙皮涂料、稀土硫化铈红色染料、无铅化电

子封装材料、彩色等离子体显示屏专用系列光刻浆料、小直径大比表面积超细纤维、高精度燃油滤纸、锂离子电池隔膜、表面处理自我修复材料、超疏水纳米涂层材料

（十一）医药制造业

77. 新型化合物药物或活性成份药物的生产（包括原料药和制剂）

78. 氨基酸类：发酵法生产色氨酸、组氨酸、蛋氨酸等生产

79. 新型抗癌药物、新型心脑血管药及新型神经系统用药的开发、生产

80. 采用生物工程技术的新型药物生产

81. 艾滋病疫苗、丙肝疫苗、避孕疫苗及宫颈癌、疟疾、手足口病等新型疫苗生产

82. 海洋药物的开发、生产

83. 药品制剂生产：采用缓释、控释、靶向、透皮吸收等新技术的新剂型、新产品

84. 新型药用辅料的开发、生产

85. 动物专用抗菌原料药生产（包括抗生素、化学合成类）

86. 兽用抗菌药、驱虫药、杀虫药、抗球虫药新产品及新剂型生产

87. 新型诊断试剂的开发、生产

88. 细胞治疗药物研发与生产（禁止外商投资领域除外）

89. 疫苗、细胞治疗药物等生产用新型关键原材料、大规模细胞培养产品的开发、生产

90. 新型药用包装材料与技术的开发、生产（中性硼硅药用玻璃，化学稳定性好、可降解，具有避光、高阻隔性的功能性材料，气雾剂、粉雾剂、自我给药、预灌封、自动混药等新型包装给药系统及给药装置）

（十二）化学纤维制造业

91. 差别化、功能性聚酯（PET）的连续共聚改性［阳离子染料可染聚酯（CDP、ECDP）、碱溶性聚酯（COPET）、高收缩聚酯（HSPET）、阻燃聚酯、低熔点聚酯、非结晶聚酯、生物可降解聚酯、采用绿色催化剂生产的聚酯等］；阻燃、抗静电、抗紫外、抗菌、相变储能、光致变色、原液着色等差别化、功能性化学纤维的高效柔性化制备技术研发；智能化、超仿真等功能性化学纤维生产；原创性开发高速纺丝加工用绿色高效环保油剂生产

92. 高性能纤维及制品的开发、生产：碳纤维（CF）、芳纶（AF）、芳砜纶（PSA）、超高分子量聚乙烯纤维（UHMWPE）、聚苯硫醚纤维（PPS）、聚酰亚胺纤维（PI）、聚四氟乙烯纤维（PTFE）、聚苯并双噁唑纤维（PBO）、聚芳噁二唑纤维（POD）、玄武岩纤维（BF）、碳化硅纤维（SiCF）、聚醚醚酮纤维（PEEK）、高强

型玻璃纤维(HT-AR)、聚(2,5-二羟基-1,4-苯撑吡啶并二咪唑)(PIPD)纤维

93. 纤维及非纤维用新型聚酯生产:聚对苯二甲酸丙二醇酯(PTT)、聚萘二甲酸乙二醇酯(PEN)、聚对苯二甲酸环已烷二甲醇酯(PCT)、二元醇改性聚对苯二甲酸乙二醇酯(PETG)

94. 利用新型可再生资源和绿色环保工艺生产生物质纤维,包括新溶剂法纤维素纤维(Lyocell)、以竹、麻等为原料的再生纤维素纤维、聚乳酸纤维(PLA)、甲壳素纤维、聚羟基脂肪酸酯纤维(PHA)、动植物蛋白纤维等

95. 尼龙11、尼龙12、尼龙1414、尼龙46、长碳链尼龙、耐高温尼龙等新型聚酰胺,差别化、功能性、高附加值改性尼龙(包括尼龙弹性体、共聚尼龙、尼龙工程塑料、阻燃尼龙)开发、生产

(十三)橡胶和塑料制品业

96. 有机硅制品的开发、生产、应用

97. 生物可降解塑料及其制品的开发、生产、应用

98. 新型光生态多功能宽幅农用薄膜、无污染可降解农用薄膜开发、生产

99. 废旧塑料的回收和再利用

100. 塑料软包装新技术、新产品(高阻隔、多功能膜及原料)开发、生产

(十四)非金属矿物制品业

101. 节能、环保、利废、轻质高强、高性能、多功能建筑材料开发、生产

102. 模压注塑一体化成型产品开发、生产

103. 以塑代钢、以塑代木、节能高效的化学建材品生产

104. 新型装配式建筑构件智能制造

105. 年产1000万平方米及以上弹性体、塑性体改性沥青防水卷材,宽幅(2米以上)三元乙丙橡胶防水卷材及配套材料,宽幅(2米以上)聚氯乙烯防水卷材,热塑性聚烯烃(TPO)防水卷材生产

106. 新技术功能玻璃开发、生产:屏蔽电磁波玻璃、微电子用玻璃基板、透红外线无铅硫系玻璃及制品、电子级大规格石英玻璃制品(管、板、坩埚、仪器器皿等)、光学性能优异多功能风挡玻璃(光透射率≥70%)、镀膜隐私风挡玻璃、隔音风挡玻璃、太阳能风挡玻璃、导电变色风挡玻璃、电加热风挡玻璃、抬头显示风挡玻璃、信息技术用极端材料及制品(包括波导级高精密光纤预制棒石英玻璃套管和陶瓷基板)、高纯(≥99.998%)超纯(≥99.999%)水晶原料提纯加工

107. 蓝宝石基板研发、生产

108. 薄膜电池导电玻璃、太阳能集光镜玻璃、建筑用导电玻璃生产

109. 玻璃纤维制品及特种玻璃纤维生产：超细玻璃纤维（单丝直径≤5微米）、可降解玻璃纤维、异形截面玻璃纤维、耐碱玻璃纤维、低介电玻璃纤维、石英玻璃纤维、高硅氧玻璃纤维、高强高弹玻璃纤维、陶瓷纤维等及其制品

110. 光学纤维及制品生产：传像束及激光医疗光纤、超二代和三代微通道板、光学纤维面板、倒像器及玻璃光锥

111. 陶瓷原料的标准化精制、陶瓷用高档装饰材料生产

112. 水泥、电子玻璃、陶瓷、微孔炭砖等窑炉用长寿命节能环保（无铬化）耐火材料生产

113. 多孔陶瓷生产

114. 无机非金属新材料及制品生产：复合材料、特种陶瓷、特种密封材料（含高速油封材料）、特种摩擦材料（含高速摩擦制动制品）、特种胶凝材料、特种乳胶材料、水声橡胶制品、纳米材料

115. 有机－无机复合泡沫保温材料生产、建筑高性能节能保温材料、现代集中农业养殖业保温隔离材料生产

116. 高技术复合材料生产：连续纤维增强热塑性复合材料和预浸料、耐温>300℃树脂基复合材料成型用工艺辅助材料、可生物降解树脂基复合材料、增材制造用树脂基复合材料、树脂基复合材料（包括体育用品、轻质高强交通工具部件）、特种功能复合材料及制品（包括深水及潜水复合材料制品、医用及康复用复合材料制品）、碳/碳复合材料、高性能陶瓷基复合材料及制品、金属基和玻璃基复合材料及制品、金属层状复合材料及制品、压力≥320MPa超高压复合胶管、大型客机航空轮胎、聚酯结构发泡材料（用于轻质高强交通工具部件、风电叶片芯材、建筑建材等领域）

117. 精密高性能陶瓷原料生产：碳化硅（SiC）超细粉体（纯度>99%，平均粒径<1μm）、氮化硅（Si_3N_4）超细粉体（纯度>99%，平均粒径<1μm）、高纯超细氧化铝微粉（纯度>99.9%，平均粒径<0.5μm）、低温烧结氧化锆（ZrO_2）粉体（烧结温度<1350℃）、高纯氮化铝（AlN）粉体（纯度>99%，平均粒径<1μm）、金红石型TiO_2粉体（纯度>98.5%）、白炭黑（粒径<100nm）、钛酸钡（纯度>99%，粒径<1μm）

118. 高品质人工晶体及晶体薄膜制品开发、生产：高品质人工合成水晶（压电晶体及透紫外光晶体）、超硬晶体（立方氮化硼晶体）、耐高温高绝缘人工合成绝缘晶体（人工合成云母）、新型电光晶体、大功率激光晶体及大规格闪烁晶体、金刚石膜工具、厚度0.3mm及以下超薄人造金刚石锯片

119. 非金属矿精细加工（超细粉碎、高纯、精制、改性）

120. 超高功率石墨电极生产

121. 珠光云母生产(粒径 3－150μm)

122. 多维多向整体编制织物及仿形织物生产

123. 利用新型干法水泥窑、烧结墙体材料生产无害化处置固体废弃物

124. 建筑垃圾再生利用

125. 工业副产石膏等产业废弃物综合利用

126. 非金属矿山尾矿综合利用的新技术开发与应用及矿山生态恢复

(十五)有色金属冶炼和压延加工业

127. 高新技术有色金属材料及其产品生产：化合物半导体材料(砷化镓、磷化镓、磷化铟、氮化镓)，高温超导材料，记忆合金材料(钛镍、铜基及铁基记忆合金材料)，超细(纳米)碳化钙及超细(纳米)晶硬质合金，超硬复合材料，贵金属复合材料，轻金属复合材料，散热器用铝箔，中高压阴极电容铝箔，锂电池电极用铝箔，电解铜箔，大断面、复杂截面铝合金型材，铝合金精密模锻件，电气化铁路架空导线，超薄铜带，耐蚀热交换器铜合金材，高性能铜镍、铜铁合金带，铍铜带、线、管及棒加工材，耐高温抗衰钨丝，镁合金铸件，无铅焊料，镁合金及其应用产品，泡沫铝，钛合金冶炼及加工，原子能级海绵锆，钨及钼深加工产品

128. 符合稀土新材料要求的稀土高端应用产品加工

(十六)金属制品业

129. 航空、航天、船舶、汽车、摩托车轻量化及环保型新材料研发、制造(专用铝板、铝镁合金材料、摩托车铝合金车架等)

130. 轻金属半固态快速成形材料及其产品研发、制造

131. 用于包装各类粮油食品、果蔬、饮料、日化产品等内容物的金属包装制品(应为完整品，容器壁厚度小于0.3毫米)的制造及加工(包括制品的内外壁印涂加工)

132. 建筑用钢纤维制造

(十七)通用设备制造业

133. 高档数控机床及关键零部件制造：五轴联动数控机床、数控坐标镗铣加工中心、数控坐标磨床

134. 1000 吨及以上多工位镦锻成型机制造

135. 大型(装炉量 1 吨以上)多功能可控气氛热处理设备、程控化学热处理设备、程控多功能真空热处理设备及装炉量 500 公斤以上真空热处理设备、全纤维炉衬热处理加热炉制造

136. 报废汽车拆解、破碎及后处理分选设备制造

137. FTL 柔性生产线制造

138. 机器人及工业机器人成套系统，机器人专用高精密减速器、高性能伺服电机和驱动器、全自主编程等高性能控制器、传感器、末端执行器、工业智能网关的开发与制造

139. 高端精密工具制造、纳米复合涂层及高端加工设备生产制造

140. 亚微米级超细粉碎机制造

141. 400 吨及以上轮式、履带式起重机械制造

142. 工作压力≥35MPa 高压柱塞泵及马达、工作压力≥35MPa 低速大扭矩马达的设计与制造

143. 工作压力≥25MPa 的整体式液压多路阀，电液比例伺服元件制造

144. 阀岛、功率 0.35W 以下气动电磁阀、200Hz 以上高频电控气阀设计与制造

145. 使用温度在 -120℃以下或 530℃以上的阀门生产

146. 静液压驱动装置设计、制造

147. 压力 10MPa 以上非接触式气膜密封、压力 10MPa 以上干气密封(包括实验装置)的开发、制造

148. 重复精度小于等于 0.03 度，轴向跳动小于等于 0.02mm 气动执行器设计、制造

149. 噪声与振动污染控制设备制造：声屏障、消声器、阻尼弹簧隔振器

150. 汽车用高分子材料(摩擦片、改型酚醛活塞、非金属液压总分泵等)设备开发、制造

151. 第三代及以上轿车轮毂轴承、高中档数控机床和加工中心轴承、高速线材和板材轧机轴承、高速铁路轴承、振动值 Z4 以下低噪音轴承、各类轴承的 P4 和 P2 级轴承、风力发电机组轴承、航空轴承、飞机发动机轴承及其他航空轴承、医疗 CT 机轴承、深井超深井石油钻机轴承、海洋工程轴承、电动汽车驱动电机系统高速轴承(转速≥1.2 万转/分钟)、工业机器人 RV 减速机谐波减速机轴承制造

152. 高密度、高精度、形状复杂的粉末冶金零件及汽车、工程机械等用链条的制造

153. 风电、高速列车用齿轮变速器，船用可变桨齿轮传动系统，大型、重载齿轮箱的制造

154. 耐高温绝缘材料(绝缘等级为 F、H 级)及绝缘成型件制造

155. 蓄能器胶囊、液压气动用橡塑密封件开发与制造

156. 高精度、高强度(12.9 级以上)、异形、组合类紧固件制造

157. 微型精密传动联结件(离合器)制造

158. 大型轧机连接轴制造

159. 机床、工程机械、铁路机车装备等机械设备再制造，汽车零部件再制造，医用成像设备等高端医疗器械及其关键部件再制造，复印机等办公设备再制造

160. 1000万像素以上或水平视场角120度以上数字照相机及其光学镜头、光电模块的开发、制造

161. 办公机械（含工业用途）制造：多功能一体化办公设备（复印、打印、传真、扫描），打印设备，精度2400dpi及以上高分辨率彩色打印机头，感光鼓

162. 电影机械制造：2K、4K数字电影放映机，数字电影摄像机，数字影像制作、编辑设备

163. 船舶污染物港口接收处置设施建设及设备制造，港口危险化学品、油品应急设施建设及设备制造

（十八）专用设备制造业

164. 矿山无轨采、装、运设备制造：200吨及以上机械传动矿用自卸车，移动式破碎机，5000立方米/小时及以上斗轮挖掘机，8立方米及以上矿用装载机，2500千瓦以上电牵引采煤机设备等

165. 物探（不含重力、磁力测量）、测井设备制造：MEME地震检波器，数字遥测地震仪，数字成像、数控测井系统，水平井、定向井、钻机装置及器具，MWD随钻测井仪

166. 石油勘探、钻井、集输设备制造：工作水深大于1500米的浮式钻井系统和浮式生产系统及配套海底采油、集输设备

167. 页岩气装备制造

168. 口径2米以上深度30米以上大口径旋挖钻机、直径1.2米以上顶管机、回拖力300吨以上大型非开挖铺设地下管线成套设备、地下连续墙施工钻机制造

169. 520马力及以上大型推土机设计、制造

170. 100立方米/小时及以上规格的清淤机、1000吨及以上挖泥船的挖泥装置设计、制造

171. 防汛堤坝用混凝土防渗墙施工装备设计、制造

172. 土木工程结构防震减灾装置制造

173. 水下土石方施工机械制造：水深9米以下推土机、装载机、挖掘机等

174. 公路桥梁养护、自动检测设备制造

175. 公路隧道营运监控、通风、防灾和救助系统设备制造

176. 铁路大型施工、铁路线路、桥梁、隧道维修养护机械和检查、监测设备

及其关键零部件的设计、制造

177.(沥青)油毡瓦设备、镀锌钢板等金属屋顶生产设备制造

178.环保节能型现场喷涂聚氨酯防水保温系统设备、聚氨酯密封膏配制技术与设备、改性硅酮密封膏配制技术和生产设备制造

179.高精度带材轧机(厚度精度10微米)设计、制造

180.多元素、细颗粒、难选冶金属矿产的选矿装置制造

181.100万吨/年及以上乙烯成套设备中的关键设备制造:年处理能力40万吨以上混合造粒机,直径1000毫米及以上螺旋卸料离心机,小流量高扬程离心泵

182.金属制品模具(铜、铝、钛、锆的管、棒、型材挤压模具)设计、制造

183.汽车车身外覆盖件冲压模具,汽车仪表板、保险杠等大型注塑模具,汽车及摩托车夹具、检具设计、制造

184.汽车动力电池专用生产设备的设计、制造

185.精密模具(冲压模具精度高于0.02毫米、型腔模具精度高于0.05毫米)设计、制造

186.非金属制品模具设计、制造

187.6万瓶/小时及以上啤酒灌装设备、5万瓶/小时及以上饮料中温及热灌装设备、3.6万瓶/小时及以上无菌灌装设备制造

188.氨基酸、酶制剂、食品添加剂等生产技术及关键设备制造

189.10吨/小时及以上的饲料加工成套设备及关键部件制造

190.楞高0.75毫米及以下的轻型瓦楞纸板及纸箱设备制造

191.单张纸多色胶印机(幅宽≥750毫米,印刷速度:单面多色≥16000张/小时,双面多色≥13000张/小时)制造

192.单幅单纸路卷筒纸平版印刷机印刷速度大于75000对开张/小时(787×880毫米)、双幅单纸路卷筒纸平版印刷机印刷速度大于170000对开张/小时(787×880毫米)、商业卷筒纸平版印刷机印刷速度大于50000对开张/小时(787×880毫米)制造

193.多色宽幅柔性版印刷机(印刷宽度≥1300毫米,印刷速度≥350米/秒),喷墨数字印刷机(出版用:印刷速度≥150米/分,分辨率≥600dpi;包装用:印刷速度≥30米/分,分辨率≥1000dpi;可变数据用:印刷速度≥100米/分,分辨率≥300dpi)制造

194.计算机墨色预调、墨色遥控、水墨速度跟踪、印品质量自动检测和跟踪系统、无轴传动技术、速度在75000张/小时的高速自动接纸机、给纸机和可以自动遥控调节的高速折页机、自动套印系统、冷却装置、加硅系统、调偏装置

等制造

195. 电子枪自动镀膜机制造

196. 平板玻璃深加工技术及设备制造

197. 新型造纸机械（含纸浆）等成套设备制造

198. 皮革后整饰新技术设备制造

199. 土壤污染治理及修复设备制造

200. 农产品加工及储藏新设备开发、制造：粮食、油料、蔬菜、干鲜果品、肉食品、水产品等产品的加工储藏、保鲜、分级、包装、干燥等新设备，农产品品质检测仪器设备，农产品品质无损伤检测仪器设备，流变仪，粉质仪，超微粉碎设备，高效脱水设备，五效以上高效果汁浓缩设备，粉体食品物料杀菌设备，固态及半固态食品无菌包装设备，碟片式分离离心机

201. 农业机械制造：农业设施设备（温室自动灌溉设备、营养液自动配置与施肥设备、高效蔬菜育苗设备、土壤养分分析仪器），配套发动机功率200千瓦以上拖拉机及配套农具，低油耗低噪音低排放柴油机，大型拖拉机配套的带有残余雾粒回收装置的喷雾机，高性能水稻插秧机，棉花采摘机及棉花采摘台，适应多种行距的自走式玉米联合收割机（液压驱动或机械驱动），花生收获机，油菜籽收获机，甘蔗收割机，甜菜收割机、自走式葡萄收获机

202. 林业设施设备制造：苗木花卉智能温室、精准灌溉、施肥、育苗等设备，苗木干径叶根系径流、种子活力、土壤养分等分析仪器，大功率（240KW）林地作业底盘及其配套机具，多功能整地、植树、抚育、采伐、集材等中小型机，困难立地造林机械，林地剩余物收集、打捆、木片、粉碎及其综合利用机，大中型植保与施药喷雾机，小型精准施药装备或仿生施药机器人，林木球果采集、油料果实收获机，大中型树木移植机、灌木平茬装备、高效剪枝设备，林木蓄积量快速测量设备

203. 木材加工设备制造：快速色差识别技术设备，快速实木板材量尺设备，快速结疤检测设备，实木表面缺陷检测设备，锯木制材成套装备技术，人造板材表面缺陷快速检测设备、在线质量分级设备，旋切单板质量在线检测设备，实木家具漆膜打磨粉尘处理设备、智能打磨机器人，多色自动切换喷漆机器人，家具包装、裁切、堆垛机器人，板式家具板件快速分拣设备，家具制造智能仓库

204. 林业灾情监控设备制造：林区快速救援装备、高精度导航定位设备，无人机火情、灾情监测预警设备，灭火、除虫设备

205. 农作物秸秆收集、打捆及综合利用设备制造

206. 农用废物的资源化利用及规模化畜禽养殖废物的资源化利用设备

制造

207. 皮革、毛皮及其制品先进智能制造加工专用设备制造

208. 节肥、节(农)药、节水型农业技术设备制造

209. 机电井清洗设备及清洗药物生产设备制造

210. 电子内窥镜制造

211. 眼底摄影机制造

212. 医用成像设备(高场强超导型磁共振成像设备、X线计算机断层成像设备、数字化彩色超声诊断设备等)、医疗影像智能辅助诊断系统及关键部件的制造

213. 医用超声换能器(3D)制造

214. 硼中子俘获治疗设备制造

215. 图像引导适型调强放射治疗系统制造

216. 血液透析机、血液过滤机制造

217. 全自动生化监测设备、五分类血液细胞分析仪、全自动化学发光免疫分析仪、高通量基因测序系统制造

218. 药品质量控制新技术、新设备制造

219. 天然药物有效物质分析的新技术、提取的新工艺、新设备开发、制造

220. 生物医药配套耗材生产设备研发、制造

221. 非 PVC 医用输液袋多层共挤水冷式薄膜吹塑装备制造

222. 人工智能辅助医疗设备制造

223. 高端放射治疗设备制造

224. 高端手术器械、理疗康复设备、可穿戴智能化健康装备制造

225. 危重病用生命支持设备制造

226. 移动与远程诊疗设备制造

227. 呼吸机、ECMO、监护仪、PCR 仪制造

228. 微创手术医疗设备开发、生产:3D 成像、电子显微系统、手术机器人、机械臂等

229. 钕激光和二氧化碳激光治疗类产品的研发、生产

230. 新型支架、假体等高端植入介入设备与材料及增材制造技术开发与应用

231. 应急救援装备生产制造

232. 新型纺织机械、关键零部件及纺织检测、实验仪器开发、制造

233. 电脑提花人造毛皮机制造

234. 高新太阳能电池生产专用设备制造

235. 二氧化碳捕集、利用、封存与监测设备制造

236. 大气污染防治设备制造：耐高温及耐腐蚀滤料、低 NOx 燃烧装置、烟气脱氮催化剂及脱氮成套装置、烟气脱硫设备、烟气除尘设备、工业有机废气净化设备、柴油车排气净化装置、含重金属废气处理装置

237. 水污染防治设备制造：卧式螺旋离心脱水机、膜及膜材料、50kg/h 以上的臭氧发生器、10kg/h 以上的二氧化氯发生器、紫外消毒装置、农村小型生活污水处理设备、含重金属废水处理装置

238. 固体废物处理处置设备制造：污水处理厂污泥处置及资源利用设备、日处理量 500 吨以上垃圾焚烧成套设备、垃圾填埋渗滤液处理技术装备、垃圾填埋场防渗土工膜、建筑垃圾处理和资源化利用装备、危险废物处理装置、垃圾填埋场沼气发电装置、废钢铁处理设备、医疗废物集中处置设施

239. 铝工业赤泥综合利用设备开发、制造

240. 尾矿综合利用设备制造

241. 废旧塑料、电器、橡胶、电池回收处理再生利用设备制造

242. 废旧纺织品回收处理设备制造

243. 废旧机电产品再制造设备制造

244. 废旧轮胎综合利用装置制造

245. 余热余压余气利用设备制造

246. 水生生态系统的环境保护技术、设备制造

247. 移动式组合净水设备制造

248. 非常规水处理、重复利用设备与水质监测仪器制造

249. 工业水管网和设备(器具)的检漏设备和仪器制造

250. 日产 10 万立方米及以上海水淡化及循环冷却技术和成套设备开发、制造

251. 钢铁、造纸、纺织、石化、化工、冶金等高耗水行业节水工业设备制造

252. 特种气象观测及分析设备制造

253. 地震台站、台网和流动地震观测技术系统开发及仪器设备制造

254. 四鼓及以上子午线轮胎成型机制造

255. 滚动阻力试验机、轮胎噪音试验室制造

256. 供热计量、温控装置新技术设备制造

257. 氢能制备与储运设备及检查系统制造

258. 新型重渣油气化雾化喷嘴、漏汽率 0.5% 及以下高效蒸汽疏水阀、1000℃及以上高温陶瓷换热器制造

259. 海上溢油回收装置制造

260. 低浓度煤矿瓦斯和乏风利用设备制造

261. 洁净煤技术产品的开发与利用及设备制造(煤炭气化、液化、水煤浆、工业型煤)

262. 大型公共建筑、高层建筑、石油化工设施、森林、山岳、水域和地下设施消防灭火救援技术开发与设备制造

263. 智能化紧急医学救援设备制造

264. 水文监测传感器制造

265. 核反应堆主工艺设备设计、研发、制造

(十九)汽车制造业

266. 汽车发动机制造及发动机研发机构建设:升功率不低于 70 千瓦的汽油发动机、升功率不低于 50 千瓦的排量 3 升以下柴油发动机、升功率不低于 40 千瓦的排量 3 升以上柴油发动机、燃料电池和混合燃料等新能源发动机

267. 汽车关键零部件制造及关键技术研发:双离合器变速器(DCT)、无级自动变速器(CVT)、电控机械变速器(AMT)、汽油发动机涡轮增压器、粘性连轴器(四轮驱动用)、自动变速器执行器(电磁阀)、液力缓速器、电涡流缓速器、汽车安全气囊用气体发生器、燃油共轨喷射技术(最大喷射压力大于 2000 帕)、可变截面涡轮增压技术(VGT)、可变喷嘴涡轮增压技术(VNT)、达到中国第六阶段污染物排放标准的发动机排放控制装置、智能扭矩管理系统(ITM)及耦合器总成、线控转向系统、颗粒捕捉器、低地板大型客车专用车桥、吸能式转向系统、低拖滞盘式制动器总成、铝制转向节、大中型客车变频空调系统、汽车用特种橡胶配件,以及上述零部件的关键零件、部件

268. 汽车电子装置研发、制造:发动机和底盘电子控制系统及关键零部件,车载电子技术(汽车信息系统和导航系统),汽车电子总线网络技术,电子控制系统的输入(传感器和采样系统)输出(执行器)部件,电动助力转向系统电子控制器,嵌入式电子集成系统、电控式空气弹簧,电子控制式悬挂系统,电子气门系统装置,电子组合仪表,ABS/TCS/ESP 系统,电路制动系统(BBW),变速器电控单元(TCU),轮胎气压监测系统(TPMS),车载故障诊断仪(OBD),发动机防盗系统,自动避撞系统,汽车、摩托车型试验及维修用检测系统,自动驾驶系统、车载电子操作系统、车载电子操作系统应用程序开发(APP)、抬头显示技术、智能网联汽车避让转向辅助系统、碰撞报警系统(FCW)、自动制动控制系统(ABC)、自动紧急制动系统(AEB)、电子驻车制动系统(EPB)、线控制动系统、自适应巡航系统(ACC)、前视摄像系统、轮速传感器、车联网技术

269. 新能源汽车关键零部件研发、制造:能量型动力电池单体;电池正极材料(比容量≥180mAh/g,循环寿命 2000 次不低于初始放电容量的 80%)及

前驱体材料，电池负极材料（比容量≥500mAh/g，循环寿命2000次不低于初始放电容量的80%）、电池隔膜（厚度≤12μm，孔隙率35%～60%）；电池管理系统，电机控制器，电动汽车电控集成；电动汽车驱动电机系统（高效区：85%工作区效率≥80%），车用DC/DC（输入电压100V～400V），大功率电子器件（IGBT，电压等级≥750V，电流≥300A）；插电式混合动力机电耦合驱动系统；燃料电池发动机（质量比功率≥350W/kg）、燃料电池堆（体积比功率≥3kW/L）、膜电极（铂用量≤0.3g/kW）、质子交换膜（质子电导率≥0.08S/cm）、双极板（金属双极板厚度≤1.2mm，其他双极板厚度≤1.6mm）、低铂催化剂、碳纸（电阻率≤3mΩ·cm）、空气压缩机、氢气循环泵、氢气引射器、增湿器、燃料电池控制系统、升压DC/DC、70MPa氢瓶、车载氢气浓度传感器；电动汽车用热泵空调；电机驱动控制专用32位及以上芯片（不少于2个硬件内核，主频不低于180MHz，具备硬件加密等功能，芯片设计符合功能安全ASIL C以上要求）；一体化电驱动总成（功率密度≥2.5kW/kg）；高速减速器（最高输入转速≥12000rpm，噪声低于75dB）

270. 车载充电机（满载输出工况下效率≥95%）、双向车载充电机、非车载充电设备（输出电压250V～950V，电压范围内效率≥88%）和高功率密度、高转换效率、高适用性无线充电、移动充电技术开发及装备制造

271. 智能汽车关键零部件研发、制造：传感器、车载芯片、中央处理器、车载操作系统和信息控制系统、车网通信系统设备、视觉识别系统、高精度定位装置、线控底盘系统；新型智能终端模块、多核异构智能计算平台技术、全天候复杂交通场景高精度定位和地图技术、传感器融合感知技术、车用无线通信关键技术、基础云控平台技术；新型安全隔离架构技术、软硬件协同攻击识别技术、终端芯片安全加密和应用软件安全防护技术、无线通信安全加密技术、安全通讯及认证授权技术、数据加密技术；测试评价体系架构研发，虚拟仿真、实车道路测试等技术和验证工具，整车级和系统级测试评价方法，测试基础数据库建设

272. 与L3/L4/L5自动驾驶相关的硬件制造：激光雷达，毫米波雷达

273. 充电桩、储能充电桩制造

（二十）铁路、船舶、航空航天和其他运输设备制造业

274. 达到中国摩托车第四阶段污染物排放标准的大排量（排量>250ml）摩托车发动机排放控制装置制造

275. 民用飞机设计、制造、维修：干线、支线飞机，通用飞机

276. 民用飞机零部件制造、维修

277. 民用直升机设计、制造

278. 民用直升机零部件制造

279. 地面、水面效应航行器制造及无人机、浮空器设计、制造

280. 航空发动机及零部件、航空辅助动力系统设计、制造、维修

281. 航空航天用新型材料开发、生产

282. 民用航空机载设备设计、制造

283. 航空地面设备制造:民用机场设施、民用机场运行保障设备、民用机场安全保卫设施、飞行试验地面设备、飞行模拟与训练设备、航空测试与计量设备、航空地面试验设备、机载设备综合测试设备、航空制造专用设备、航空材料试制专用设备、民用航空器地面接收及应用设备、运载火箭地面测试设备、运载火箭力学及环境实验设备

284. 民用卫星设计、制造,民用卫星有效载荷制造

285. 民用卫星零部件制造

286. 星上产品检测设备制造

287. 豪华邮轮及深水(3000 米以上)海洋工程装备的设计

288. 海底矿产资源开发装备的设计

289. 船舶低、中速柴油机及其零部件的设计

290. 船舶舱室机械的设计

291. 船舶通讯导航设备的设计

292. 游艇的设计

293. 智能船舶的设计及相关智能系统的研发

294. 客船导航和通讯系统研发、制造

(二十一)电气机械和器材制造业

295. 100 万千瓦超超临界火电机组用关键辅机设备制造:安全阀、调节阀

296. 钢铁行业烧结机脱硝技术装备制造

297. 火电设备的密封件设计、制造

298. 燃煤电站、水电站设备用大型铸锻件制造

299. 水电机组用关键辅机设备制造

300. 输变电设备及关键组部件制造

301. 新能源发电成套设备或关键设备制造:光伏发电、光热发电、地热发电、潮汐发电、波浪发电、垃圾发电、沼气发电、2.5 兆瓦及以上风力发电设备

302. 斯特林发电机组制造

303. 直线和平面电机及其驱动系统开发、制造

304. 高技术绿色电池制造:动力镍氢电池、锌镍蓄电池、钠盐电池、锌银蓄电池、锂离子电池、太阳能电池、燃料电池等

305. 电动机采用直流调速技术的制冷空调用压缩机、采用 CO2 自然工质制冷空调压缩机、应用可再生能源(空气源、水源、地源)制冷空调设备制造

306. 太阳能空调、采暖系统、太阳能干燥装置制造

307. 生物质干燥热解系统、生物质气化装置制造

308. 生物天然气原料预处理及进料、发酵、提纯、沼液处理装置制造

309. 交流调频调压牵引装置制造

310. 高压真空元件及开关设备,智能化中压开关元件及成套设备,使用环保型中压气体的绝缘开关柜,智能型(可通信)低压电器,非晶合金、卷铁芯等节能配电变压器制造

(二十二)计算机、通信和其他电子设备制造业

311. 高清数字摄录机、数字放声设备制造

312. TFT-LCD、OLED、AMOLED、激光显示、量子点、3D 显示等平板显示屏、显示屏材料制造(6 代及 6 代以下 TFT-LCD 玻璃基板除外)

313. 偏光片基膜、扩散膜研发、制造

314. 电子书材料(电子墨水屏等)的研发、制造

315. 直径 8 英寸及以上硅单晶制造

316. 直径 12 英寸及以上硅片制造

317. 大屏幕彩色投影显示器用光学引擎、光源、投影屏、高清晰度投影管和微显投影设备模块等关键件制造

318. 激光投影设备制造

319. 超高清及高新视频产品制造:4K/8K 超高清电视机、4K 摄像头、监视器以及互动式视频、沉浸式视频、VR 视频、云游戏等高新视频端到端关键软硬件等

320. 数字音、视频编解码设备,数字广播电视演播室设备,数字有线电视系统设备,数字音频广播发射设备,数字电视上下变换器,数字电视地面广播单频网(SFN)设备,卫星数字电视上行站设备制造

321. 集成电路设计,线宽 28 纳米及以下大规模数字集成电路制造,0.11 微米及以下模拟、数模集成电路制造,掩膜版制造,MEMS 和化合物半导体集成电路制造及 BGA、PGA、CSP、MCM 等先进封装与测试

322. 大中型电子计算机、万万亿次高性能计算机、便携式微型计算机、大型模拟仿真系统、工业控制机及控制器制造

323. 量子、类脑等新机理计算机系统的研发、制造

324. 超大规模集成电路制造用刻蚀机、PVD、CVD、氧化炉、清洗机、扩散炉、MFC 等开发、制造

325. 集成电路封装及测试设备制造

326. 计算机数字信号处理系统及板卡制造

327. 图形图像识别和处理系统制造

328. 大容量光、磁盘驱动器及其部件开发、制造

329. 100TB 及以上存储系统制造、8TB 及以上 SSD 固态硬盘制造及智能化存储设备制造

330. 计算机辅助设计（三维 CAD）、电子设计自动化（EDA）、辅助测试（CAT）、辅助制造（CAM）、辅助工程（CAE）系统及其他计算机应用系统制造

331. 软件产品开发、生产

332. 电子专用材料开发、制造（光纤预制棒开发与制造除外）

333. 电子专用设备、测试仪器、工模具制造

334. 新型电子元器件制造：片式元器件、敏感元器件及传感器、频率控制与选择元件、混合集成电路、电力电子器件、光电子器件、新型机电元件、高分子固体电容器、超级电容器、无源集成元件、高密度互连积层板、单层、双层及多层挠性板、刚挠印刷电路板及封装载板、高密度高细线路（线宽/线距≤0.05mm）柔性电路板等

335. 触控系统（触控屏幕、触控组件等）制造及组装

336. 虚拟现实（VR）、增强现实（AR）设备研发、制造

337. 发光效率 140lm/W 以上高亮度发光二极管、发光效率 140lm/W 以上发光二极管外延片（蓝光）、发光效率 140lm/W 以上且功率 200mW 以上白色发光管制造

338. 高密度数字光盘机用关键件开发、生产

339. 可录类光盘生产

340. 3D 打印设备及其关键零部件研发、制造

341. 卫星通信系统设备制造

342. 光通信测量仪表、速率 40Gbps 及以上光收发器制造

343. 超宽带（UWB）通信设备制造

344. 无线局域网（含支持 WAPI）、广域网设备制造

345. 100Gbps 及以上速率时分复用设备（TDM）、密集波分复用设备（DWDM）、宽带无源网络设备（包括 EPON、GPON、WDM－PON 等）、下一代 DSL 芯片及设备、光交叉连接设备（OXC）、自动光交换网络设备（ASON）、40Gbps 以上 SDH 光纤通信传输设备制造

346. 基于 IPv6 的下一代互联网系统设备、终端设备、检测设备、软件、芯片开发、制造

347. 第四代及第五代及后续移动通信系统手机、基站、核心网设备、光传输设备、网络检测设备开发、制造

348. 应用于第五代移动终端（手机、汽车、无人机、虚拟现实与增强显示等）的视觉传感器（数字相机、数字摄像头、3D 传感器、激光雷达、毫米波雷达等）及其核心元组件（光学镜片与镜头、激光器、感光芯片、马达、光电模块等）、物联网终端的开发、制造

349. 云计算设备（包括服务器、存储设备云及云服务设备高精密机构件等）、软件和系统开发

350. 整机处理能力大于 6.4Tbps（双向）的高端路由器、交换容量大于 40Tbps 的交换机开发、制造

351. 空中交通管制系统设备制造

352. 基于声、光、电、触控等计算机信息技术的中医药电子辅助教学设备，虚拟病理、生理模型人设备的开发、制造

353. 可穿戴智能设备、智能无人飞行器、服务消费机器人等智能消费设备制造

354. 智能家居平台系统及设备制造

（二十三）仪器仪表制造业

355. 土壤墒情监测设备制造

356. 工业过程自动控制系统与装置制造：现场总线控制系统，大型可编程控制器（PLC），两相流量计，固体流量计，新型传感器及现场测量仪表

357. 自动化、智能化、多功能材料力学性能测试仪器，工业 CT、三维超声波探伤仪等无损检测设备制造

358. 大型精密仪器、高分辨率显微镜（分辨率小于 200nm）开发、制造

359. 高精度数字电压表、电流表制造（显示量程七位半以上）

360. 无功功率自动补偿装置制造

361. 安全生产新仪器设备制造

362. VXI 总线式自动测试系统（符合 IEEE1155 国际规范）制造

363. 煤矿井下监测及灾害预报系统、煤炭安全检测综合管理系统开发、制造

364. 工程测量和地球物理观测设备制造

365. 环境监测仪器制造

366. 无线远传智能水表制造

367. 水库大坝安全智能监控仪器制造

368. 水文数据采集、处理与传输和防洪预警仪器及设备制造

369. 海洋勘探监测仪器和设备制造

370. 市政管网和输水管道渗漏监测仪器制造

371. 核仪器、仪表研发和制造

(二十四)废弃资源综合利用业

372. 煤炭洗选及粉煤灰(包括脱硫石膏)、煤矸石等综合利用

373. 全生物降解材料的生产

374. 废旧电器电子产品、汽车、机电设备、橡胶、金属、电池回收处理

375. 赤泥及其他冶炼废渣综合利用

四、电力、热力、燃气及水生产和供应业

376. 单机 60 万千瓦及以上超超临界机组电站的建设、经营

377. 采用背压型热电联产、热电冷多联产、30 万千瓦及以上超(超)临界热电联产机组电站的建设、经营

378. 缺水地区单机 60 万千瓦及以上大型空冷机组电站的建设、经营

379. 整体煤气化联合循环发电等洁净煤发电项目的建设、经营

380. 单机 30 万千瓦及以上采用流化床锅炉并利用煤矸石、中煤、煤泥等发电项目的建设、经营

381. 发电为主的大型水电站及抽水蓄能电站建设、经营

382. 核电站的建设、经营

383. 新能源电站(包括太阳能、风能、地热能、潮汐能、潮流能、波浪能、生物质能等)建设、经营

384. 重要负荷中心且气源有保障地区天然气调峰电站、天然气分布式能源站的建设、经营

385. 燃气发电与可再生发电互补系统开发与应用

386. 垃圾焚烧发电厂建设、经营

387. 清洁能源微电网的建设、经营

388. 使用天然气、电力和可再生能源驱动的区域供能(冷、热)项目的建设、经营

389. 海水利用(海水直接利用、海水淡化)、苦咸水利用

390. 供水厂的设计、建设、经营

391. 再生水厂的设计、建设、经营

392. 污水处理厂的设计、建设、经营

393. 机动车充电站、电池更换站建设、经营

394. 加氢站建设、经营

395. 生物天然气项目建设、经营

396. 绿色植物绝缘油的研发、应用、生产

五、交通运输、仓储和邮政业

397. 铁路干线路网及铁路专用线的建设、经营

398. 城际铁路、市域（郊）铁路、资源型开发铁路和支线铁路及其桥梁、隧道、轮渡和站场设施的建设、经营

399. 高速铁路、城际铁路基础设施综合维修

400. 公路、独立桥梁和隧道的建设、经营

401. 公路货物运输公司

402. 港口公用码头设施的建设、经营

403. 民用机场的建设、经营（不包含空中交通管制）

404. 公共航空运输公司

405. 农、林、渔业通用航空公司

406. 国际海上运输公司

407. 邮轮旅客国际海上运输业务

408. 国际集装箱多式联运转运设施建设及快速转运换装设备、标准化运载单元的研发、推广、应用

409. 国际船舶管理机构、船员外派机构

410. 输油（气）管道、油（气）库的建设、经营（不包括航空输油管道、油库）

411. 煤炭管道运输设施的建设、经营

412. 物流业务相关仓储设施建设，特别是自动化高架立体仓储设施，包装、加工、配送业务相关的仓储一体化设施建设、经营

413. 与快递服务相关科技装备及绿色包装的研发应用、绿色物流设施设备的研发应用

414. 托盘及集装单元共用系统建设、经营

415. 农村、社区连锁配送

416. 一般商品的共同配送、鲜活农产品冷链物流和特殊药品低温配送等物流及相关技术服务的提供和运用

417. 大宗商品进出口分拨物流中心建设

六、批发和零售业

418. 跨境电子商务零售

419. 跨境电子商务供应链公司

420. 商贸企业的统一配送和分销网络建设

421. 氦气的经营

422. 汽车加气站建设、运营

七、信息传输、软件和技术服务业

423. 电子商务系统开发与应用服务，各类专业资产交易平台建设、经营

424. 在线教育、在线医疗、在线办公系统开发与应用服务

八、租赁和商务服务业

425. 国际经济、科技、环保、物流信息、商务、会计、税务咨询服务

426. 工程咨询服务

427. 以承接服务外包方式从事系统应用管理和维护、信息技术支持管理、银行后台服务、财务结算、软件开发、离岸呼叫中心、数据处理等信息技术和业务流程外包服务

428. 现代高端装备的维护与维修、数字化生产线改造与集成、专业维修服务和供应链服务

429. 会议、展览及相关服务

430. 创业投资企业

431. 知识产权服务

432. 家庭服务业

九、科学研究和技术服务业

433. 生物工程与生物医学工程技术、生物质能源开发技术研发

434. DNA 编码化合物库技术研发

435. 兽医和宠物营养科学研究、技术服务

436. 智能器件、机器人、神经网络芯片、神经元传感器等人工智能技术研发与应用

437. 同位素、辐射及激光技术研发

438. 海洋开发及海洋能开发技术、海洋化学资源综合利用技术、相关产品开发和精深加工技术、海洋医药与生化制品开发技术研发

439. 海洋监测技术（海洋浪潮、气象、环境监测）、海底探测与大洋资源勘查评价技术研发

440. 综合利用海水淡化后的浓海水制盐、提取钾、溴、镁、锂及其深加工等海水化学资源高附加值利用技术研发

441. 海上石油污染清理与生态修复技术及相关产品开发，海水富营养化防治技术、海洋生物爆发性生长灾害防治技术、海岸带生态环境修复技术研发

442. 节能环保和循环经济技术研发与应用

443. 资源再生及综合利用技术、企业生产排放物的再利用技术研发与应用

444. 环境污染治理及监测技术研发

445. 清洁生产技术开发与服务

446. 碳捕集、利用与封存(CCUS)技术开发与服务

447. 绿色建筑节地与室外环境、节能与能源利用、节水与水资源利用、节材与材料资源利用、室内环境与运行管理综合技术研发与利用

448. 放射性废物处理技术研发与应用

449. 危险废物利用处置设施专业化建设、经营和技术咨询服务

450. 化纤生产及印染加工的节能降耗、三废治理新产品和新技术

451. 磷石膏综合利用技术研发与应用

452. 防沙治沙与沙荒修复技术研发

453. 草畜平衡综合管理技术研发

454. 现代畜牧业废弃物资源化综合利用技术研发与应用

455. 农药新型施药技术研发与应用

456. 民用卫星应用技术研发

457. 检验检测认证服务

458. 研究开发中心

459. 高新技术、新产品开发与企业孵化中心

460. 第五代移动通信技术研发与应用

461. 物联网技术研发与应用

462. 区块链技术研发与应用

463. 工业设计、建筑设计、服装设计等创意产业

464. 城乡规划编制服务(城市、镇总体规划服务除外)

十、水利、环境和公共设施管理业

465. 河道、湖泊水环境治理、水生态修复和管理保护与经营

466. 城市封闭型道路的建设、经营

467. 城市地铁、轻轨等轨道交通的建设、经营

468. 垃圾处理厂,危险废物处理处置厂(焚烧厂、填埋场)及环境污染治理设施的建设、经营

469. 城市停车设施建设、经营

470. 出租车、有轨电车、公交等公共交通系统的建设、运营

十一、教育

471. 非学制类职业培训机构

472. 非学历语言类培训机构(面向学前教育、义务教育、高中阶段教育的除外)

十二、卫生和社会工作

473. 老年人、残疾人和儿童服务机构(儿童福利机构、未成年人救助保护

机构、收养登记机构除外)

474. 养老机构、社区和居家养老服务

475. 医疗机构

476. 精神康复机构

477. 心理咨询机构

十三、文化、体育和娱乐业

478. 演出场所经营

479. 体育场馆经营、健身、竞赛表演及体育培训和中介服务

480. 旅游基础设施建设及旅游信息服务

中西部地区外商投资优势产业目录

山西省

1. 牧草饲料作物种植及深加工

2. 小杂粮、马铃薯种植及产品开发、生产

3. 退耕还林还草、天然林保护等国家重点生态工程后续产业开发

4. 节水灌溉和旱作节水技术、保护性耕作技术开发与应用

5. 矿区生态系统恢复与重建工程

6. 非金属矿(高岭土、石灰石、硅石、石英砂)综合利用(勘探、开采除外)

7. 石墨烯、碳纤维(复合材料)等碳系材料的生产设备(气象沉淀、碳化烧结等)的研发、制造

8. 煤层气和煤炭伴生资源综合开发利用

9. 煤制液体燃料生产

10. 焦炭副产品综合利用

11. 棉、毛、麻、丝、化纤的高档纺织、针织及服装加工生产和相关产品的研发、检测

12. 天然药、原料药、中成药的深加工(不含涉密处方)

13. 包装装潢印刷品印刷

14. 高档玻璃制品、高技术陶瓷(含工业陶瓷)技术开发和产品生产

15. 特殊品种(超白、超薄、在线 Low - E、中空、超厚)优质浮法玻璃技术开发和深加工

16. 不锈钢制品生产

17. 汽车零部件制造:六档以上自动变速箱、商用车用高功率密度驱动桥、随动前照灯系统、LED 前照灯、轻量化材料应用、离合器、液压减震器、中控盘

总成、座椅、电机及控制系统、主动安全及自动驾驶控制系统、燃料电池系统

18. 高速列车用钢、非晶带材等钢铁新材料的开发、生产

19. 铝合金材料及制品生产

20. 钢丝绳芯橡胶输运带生产

21. 液压技术系统及模具生产

22. 旱地、山地中小农业机械及配套机具制造

23. 三轴以上联动的高速、精密数控机床及配套数控系统、伺服电机及驱动装置、功能部件、刀具、量具、量仪及高档磨具磨料生产

24. 大型煤矿综采设备和防爆机电产品生产

25. 核电物料转运设备及其配套件生产

26. 新型医疗器械设备及医用材料生产加工

27. 第三代及后续移动通信系统手机零部件生产

28. 洗中煤、焦炉煤气余热发电、供热等综合利用

29. 火电厂废弃物等的综合利用

30. 宽带业务和增值电信业务(限于中国入世承诺开放的电信业务)

31. 公路旅客运输公司

32. 城市燃气、热力和供排水管网建设、经营

33. 大型储能技术研发与生产应用(蓄能电池、抽水蓄能技术、空气储能技术、风电与后夜供热等)

34. 生物质能开发、生产、利用

35. 职业院校(含技工学校)

36. 艺术表演培训和中介服务及文化用品、设备等产业化开发

37. 旅游景区(点)保护、开发和经营及其配套设施建设

内蒙古自治区

1. 标准化设施蔬菜基地、集约化蔬菜育苗场建设

2. 牧草饲料作物种植和深加工

3. 绿色农畜产品(乳、肉、绒、皮毛、粮油、马铃薯、果蔬)生产加工

4. 沙生中药材、沙区生态经济林、沙区瓜果、沙区设施农业、沙料建材、沙区新能源和沙漠旅游休闲等沙产业

5. 退耕还林还草、退牧还草、天然林保护、退田还湖、退耕还湿、荒漠化防治等国家重点生态工程后续产业开发

6. 节水灌溉和旱作节水技术、保护性耕作、中低产田改造、盐碱地改良等技术开发与应用

7. 铜、铅、锌、镁、铝等有色金属精深加工

8. 非金属矿(高岭土、红柱石、膨润土、白云石、石墨、珍珠岩、沸石)综合利用、精加工及应用(勘探、开采除外)

9. 棉、毛、绒、麻、丝、化纤的高档纺织、针织及服装生产加工和相关产品的研发、检测

10. 煤层气和煤炭伴生资源综合开发利用

11. 天然气下游化工产品开发和利用(列入《天然气利用政策》限制类和禁止类的除外)

12. 利用乙烯与氯气通过氧氯化法生产30万吨/年以上PVC,废盐酸制氯气等综合利用技术开发及应用

13. 高性能硅油、硅橡胶、树脂,高品质氟树脂,高性能氟橡胶,含氟精细化学品和高品质含氟无机盐等开发、生产

14. 硅材料生产及其应用

15. 动植物药材资源开发、保护和可持续利用:内蒙古道地药材和特色蒙药材种植基地建设、濒危药用植物保育基地建设、种子种苗基地建设、道地药材提取物工厂研发中心建设

16. 少数民族特需用品、工艺美术品、包装容器材料、日用玻璃制品、代表民族特色的旅游商品纪念品生产

17. 碳纤维产品生产及其应用

18. 天然气压缩机(含煤层气压缩机)制造

19. 高性能石油和天然气用钢管特殊扣加工

20. 蒙医药、蒙医医疗设备的研究、开发

21. 汽车整车制造,专用汽车(不包括普通半挂车、自卸车、罐式车、厢式车和仓栅式汽车)制造(须执行《汽车产业投资管理规定》)

22. 汽车零部件制造:六档以上自动变速箱、商用车用高功率密度驱动桥、随动前照灯系统、LED前照灯、轻量化材料应用(高强钢、铝镁合金、复合塑料、粉末冶金、高强度复合纤维等)、离合器、液压减震器、中控盘总成、座椅

23. 大型储能技术研发与生产应用(蓄能电池、抽水蓄能技术、空气储能技术、风电与后夜供热等)

24. 太阳能、风能发电设备及零部件制造

25. 洗中煤、焦炉煤气余热发电、供热等综合利用

26. 宽带业务和增值电信业务(限于中国入世承诺开放的电信业务)

27. 公路旅客运输公司

28. 城市燃气、热力和供排水管网建设、经营

29. 普通高中和高等教育机构

30. 动漫创作、制作及衍生品开发

31. 文化演出场所建设、艺术表演培训等服务

32. 体育场馆设施建设、体育赛事运营及体育健身休闲服务

33. 健康医疗旅游开发

34. 冰雪、森林、草原、沙漠生态旅游资源开发、建设、经营

35. 旅游景区(点)保护、开发和经营及其配套设施建设

36. 资源枯竭型城市资源精深加工和接续产业等项目

辽宁省

1. 节水灌溉和旱作节水技术、保护性耕作技术开发与应用

2. 退耕还林还草等国家重点生态工程后续产业开发

3. 镁、锆石加工及综合利用

4. 棉、毛、麻、丝、化纤的高档纺织、针织及服装加工生产和相关产品的研发、检测

5. 天然药、原料药、中成药的深加工(不含涉密处方)

6. 高性能子午线轮胎的生产:无内胎载重子午胎,低断面和扁平化(低于55 系列)、大轮辋高性能轿车子午胎(15 吋以上),航空轮胎及农用子午胎

7. 铝合金、钛合金熔炼及精深加工

8. 不锈钢制品生产

9. 金属包装、自动化立体仓库及仓储物流设备制造

10. 环保设备(大气、污水、固废处理设备)制造及其解决方案应用

11. 智能测控装置及关键零部件制造

12. 高档数控机床伺服装置制造

13. 汽车零部件制造:六档以上自动变速箱、商用车用高功率密度驱动桥、随动前照灯系统、LED 前照灯、轻量化材料应用(高强钢、铝镁合金、复合塑料、粉末冶金、高强度复合纤维等)、离合器、液压减震器、中控盘总成、座椅、汽车主被动安全保护装置、汽车启停电机、新能源汽车驱动装置及控制系统

14. 新型医疗器械设备及医用材料生产加工

15. 高精度铜、铝及合金板带材深加工

16. 非易失性存储器的设计、研发、制造

17. 数字医疗系统、社区护理、个人健康维护相关产品开发与应用

18. 大型储能技术研发与生产应用(蓄能电池、抽水蓄能技术、空气储能技术、风电与后夜供热等)

19. 生物质能开发、生产、利用

20. 宽带业务和增值电信业务（限于中国入世承诺开放的电信业务）

21. 城市燃气、热力和供排水管网建设、经营

22. 节约用水技术改造、技术研发和推广应用

23. 数字视听与数字家庭产品开发（有线电视网络、网络视听节目服务除外）

24. 职业院校（含技工学校）

25. 旅游景区（点）保护、开发和经营及其配套设施建设

26. 资源枯竭型城市资源精深加工和接续产业等项目

吉林省

1. 节水灌溉和旱作节水技术、保护性耕作技术开发与应用

2. 谷子、高粱、燕麦、藜麦、绿豆、红小豆等杂粮杂豆农产品开发、生产

3. 人参、鹿茸、山葡萄、果仁、山野菜、蓝莓、菌类、林蛙、柞蚕、蜂蜜、五味子、蒲公英等长白山特色生态食品、饮品的开发、生产

4. 利用境外资源的木材加工

5. 饮用天然矿泉水生产

6. 硅藻土资源开发及综合利用（勘探、开采除外）

7. 棉、毛、麻、丝、化纤的高档纺织、针织及服装加工生产和相关产品的研发、检测

8. 褐煤蜡萃取

9. 动植物药材资源开发、保护和可持续利用

10. 可降解生物基材料及制品的研发和生产加工

11. 草铵膦及草铵膦中间体的开发、生产

12. 特殊品种（超白、超薄、在线 Low－E、中空、超厚）优质浮法玻璃技术开发和深加工

13. 碳纤维原丝、碳纤维生产及其生产所需辅助材料、碳纤维复合材料及其制品生产

14. 玄武岩纤维新材料的生产、开发

15. 高性能子午线轮胎的生产：无内胎载重子午胎，低断面和扁平化（低于 55 系列）、大轮辋高性能轿车子午胎（15 吋以上），航空轮胎及农用子午胎

16. 铝合金材料及制品生产

17. LED、新型元器件等节能产品生产

18. 生物医药技术开发、生产，现代中药制品生产

19. 医疗设备及关键部件开发、生产

20. 冰雪体育和旅游用品生产

21. 索道缆车、游乐设施等旅游装备制造

22. 换热器设备的生产制造

23. 汽车零部件制造：六档以上自动变速箱、商用车用高功率密度驱动桥、随动前照灯系统、LED 前照灯、轻量化材料应用（高强钢、铝镁合金、复合塑料、粉末冶金、高强度复合纤维等）、离合器、液压减震器、中控盘总成、座椅

24. 专用汽车（不包括普通半挂车、自卸车、罐式车、厢式车和仓栅式汽车）制造（须执行《汽车产业投资管理规定》）

25. 智能手机、平板电脑等智能终端产品及关键零部件的技术开发、生产

26. 生物质能开发、生产、利用

27. 宽带业务和增值电信业务（限于中国入世承诺开放的电信业务）

28. 公路旅客运输公司

29. 汽车金融服务

30. 城市燃气、热力和供排水管网建设、经营

31. 普通高中和高等教育机构

32. 动漫创作、制作及衍生品开发

33. 冰雪旅游资源开发及滑雪场、酒店等配套设施建设、经营

34. 旅游景区（点）保护、开发和经营及其配套设施建设

35. 温泉资源开发及温泉度假村建设、经营

36. 观光农业、休闲农业的开发和经营及其配套设施建设

37. 大型主题公园的建设、经营

38. 资源枯竭型城市资源精深加工和接续产业等项目

黑龙江省

1. 退耕还林还草、天然林保护等国家重点生态工程后续产业开发

2. 节水灌溉和旱作节水技术、保护性耕作技术开发与应用

3. 矿区生态系统恢复与重建工程

4. 利用境外资源的木材加工

5. 锰、铁矿石选矿及综合利用

6. 饮用天然矿泉水生产

7. 日处理甜菜 3000 吨及以上甜菜制糖及副产品综合利用

8. 马铃薯深加工

9. 绿色食品生产

10. 奶粉、奶油、奶酪、液态奶、功能奶等乳制品生产

11. 营养性豆奶粉、传统豆制品、功能性蛋白产品、大豆磷脂等非转基因大豆制品生产加工

12. 生物医药技术开发、生产，天然药、原料药、中成药的深加工（不含涉密处方）

13. 少数民族特需用品、工艺美术品及代表民族特色的旅游商品纪念品生产

14. 冰雪体育和旅游用品生产

15. 艺术陶瓷、日用陶瓷、工业陶瓷的研发、生产

16. 石墨的高端应用和精深加工

17. 非金属矿（高岭土、石灰石、硅石、石英砂）综合利用（勘探、开采除外）

18. 石墨烯、碳纤维（含复合材料）等碳系材料的研发生产及终端产品制造

19. 硅基及光伏新材料开发、生产

20. 钛矿冶炼及钛制品加工

21. 切削刀具、量具、刃具制造

22. 现代农业装备及配套农机具的生产：大马力拖拉机配套零部件、水稻插秧机及其它种植机械、玉米收获机、谷物联合收获机、其它收获机及配套零部件

23. 高性能子午线轮胎的生产：无内胎载重子午胎，低断面和扁平化（低于55 系列）、大轮辋高性能轿车子午胎（15 吋以上），航空轮胎及农用子午胎

24. 燃气轮机研发、制造

25. 专用汽车（不包括普通半挂车、自卸车、罐式车、厢式车和仓栅式汽车）制造（须执行《汽车产业投资管理规定》）

26. 汽车零部件制造：六档以上自动变速箱、商用车用高功率密度驱动桥、随动前照灯系统、LED 前照灯、轻量化材料应用（高强钢、铝镁合金、复合塑料、粉末冶金、高强度复合纤维等）、离合器、液压减震器、中控盘总成、座椅

27. 医疗设备及关键部件开发、生产

28. 生物质能开发、生产、利用

29. 核电装备的生产：核电电机、电缆、核岛堆内构件等关键配套部件研发生产

30. 电网智能管理控制系统设备制造

31. 宽带业务和增值电信业务（限于中国入世承诺开放的电信业务）

32. 公路旅客运输公司

33. 普通高中和高等教育机构

34. 城市燃气、热力和供排水管网建设、经营

35. 动漫创作、制作及衍生品开发

36. 文化演出、艺术表演培训和中介服务等产业化开发

37. 体育场馆设施建设、体育赛事运营及体育健身休闲服务

38. 森林、冰雪旅游资源开发及滑雪场建设、经营

39. 温泉资源开发及温泉度假村建设、经营

40. 旅游景区(点)保护、开发和经营及其配套设施建设

41. 观光农业、休闲农业的开发和经营及配套设施建设

42. 资源枯竭型城市资源精深加工和接续产业等项目

安徽省

1. 节水灌溉和旱作节水技术、保护性耕作技术开发与应用

2. 高岭土、煤层气(瓦斯)、矿井水及天然焦等煤炭伴生资源综合利用(勘探、开采除外)

3. 非金属矿(方解石、膨润土、高岭土、凹凸棒粘土、石灰石、石英砂)综合利用(勘查、开采除外)

4. 绿色食品生产

5. 棉、毛、麻、丝、化纤的高档纺织、针织及服装加工生产和相关产品的研发、检测

6. 皮鞋、运动鞋等整鞋制造

7. 天然药、原料药、中成药的深加工(不含涉密处方)

8. 煤焦油深加工

9. 纳米材料等新材料研发、制造

10. 长寿节能环保耐火材料生产(《关于持久性有机污染物的斯德哥尔摩公约》受控物质除外)

11. 铜、锌、铝等有色金属精深加工及综合利用

12. 高档无缝钢管、石油油井管制造

13. 包装装潢印刷品印刷

14. 特殊品种(超白、超薄、在线 Low－E、中空、超厚)优质浮法玻璃技术开发和深加工

15. 利用木薯、麻风树、橡胶籽等非粮植物为原料的生物液体燃料(燃料乙醇、生物柴油)生产

16. 高性能子午线轮胎的生产:卡车轮胎、无内胎载重子午胎,低断面和扁平化(低于 55 系列)、大轮辋高性能轿车子午胎(15 吋以上),航空轮胎及农用

子午胎

17. 高端医用器械、医用敷料制造

18. 汽车零部件制造：六档以上自动变速箱、商用车用高功率密度驱动桥、随动前照灯系统、LED 前照灯、轻量化材料应用（高强钢、铝镁合金、复合塑料、粉末冶金、高强度复合纤维、铝基复合材料等）、离合器、液压减震器、中控盘总成、座椅、轴承

19. 新型干法水泥成套设备制造

20. 电动叉车、30 吨以上液压挖掘机及零部件开发与制造

21. 燃气轮机研发、制造

22. 500 万吨/年及以上矿井、薄煤层综合采掘设备，1000 万吨级/年及以上大型露天矿关键装备；大型冶金成套设备等重大技术装备用分散型控制系统（DCS）

23. 难选金属矿产选矿设备和大型冶金成套设备制造

24. 医疗设备及关键部件开发、生产

25. 符合国家 1 级能效或 2 级能效家用电器开发、生产

26. 半导体照明材料上下游产品及相关设备的研发、制造

27. 集成电路材料、装备、芯片制造及化合物半导体材料、器件研发、制造

28. 平板显示屏及上下游材料、零部件、装备的研发、制造

29. 智能语音、量子通信等设备研发、制造

30. 工程勘察设计、平面设计和自动控制系统设计等创意产业

31. 生物质能开发、生产、利用

32. 公路旅客运输公司

33. 高等教育机构

34. 职业院校（含技工学校）

35. 动漫创作、制作及衍生品开发

36. 城市燃气、热力和供排水管网建设、经营

37. 旅游景区（点）保护、开发和经营及其配套设施建设

江西省

1. 脐橙、蜜桔、甜柚、茶叶、光皮树、油茶、苎麻、竹、山药、荞头、莲、葛、花生、芝麻、艾草等特色、优势植物及道地药材和药食两用作物种植及深加工

2. 饮用天然矿泉水生产

3. 富硒农产品、食品的开发、生产

4. 铜矿选矿、伴生元素提取及精深加工及循环利用

5. 高岭土、粉石英、硅灰石、海泡石、化工用白云石等非金属矿产品精深加工

6. 氟硅有机材料研发、生产(《关于持久性有机污染物的斯德哥尔摩公约》受控物质除外)

7. 棉、毛、麻、丝、化纤的高档纺织、针织及服装加工生产和相关产品的研发、检测

8. 木质家具设计、利用境外木材资源的木质家具加工

9. 皮鞋、运动鞋等整鞋制造

10. 单条化学木浆30万吨/年及以上、化学机械木浆10万吨/年及以上、化学竹浆10万吨/年及以上的林纸一体化生产线及相应配套的纸及纸板生产线(新闻纸、铜版纸除外)建设,采用清洁生产工艺、以非木纤维为原料、单条10万吨/年及以上的纸浆生产线建设

11. 年产10万吨以上利用木薯类植物的生物液体燃料生产

12. 利用钨、镍、钴、钽、铌等稀有金属资源深加工、应用产品生产及循环利用

13. 利用乙烯与氯气通过氧氯化法生产30万吨/年以上PVC,废盐酸制氯气等综合利用技术开发与应用

14. 天然药、原料药、中成药的研发与生产(不含涉密处方),满足我国重大、多发性疾病防治需求的通用名药物首次开发和利用

15. 艺术陶瓷、日用陶瓷、工业陶瓷的研发、生产

16. 高性能子午线轮胎的生产:无内胎载重子午胎,低断面和扁平化(低于55系列)、大轮辋高性能轿车子午胎(15吋以上),航空轮胎及农用子午胎

17. 包装装潢印刷品印刷

18. 通讯终端产品及零部件的研发与生产

19. 新型电子元器件覆铜板制造

20. 汽车零部件制造:六档以上自动变速箱、商用车用高功率密度驱动桥、随动前照灯系统、LED前照灯、轻量化材料应用(高强钢、铝镁合金、复合塑料、粉末冶金、高强度复合纤维等)、离合器、液压减震器、中控盘总成、座椅

21. 医疗设备及关键部件开发、生产

22. 空调、高效节能压缩机及零部件生产

23. 太阳能发电设备及零部件制造

24. 半导体芯片上下游产品研发与生产

25. 半导体照明材料上下游产品及相关设备的研发、制造

26. 锂电池等锂产品生产专用设备的研发、制造

27. 光学部件及镀膜技术的研发、应用及制造

28. 光伏发电系统集成技术开发与应用

29. 宽带业务和增值电信业务(限于中国入世承诺开放的电信业务)

30. 公路旅客运输公司

31. 商业连锁经营、跨区域代理经营等新型流通业

32. 动漫创作、制作及衍生品开发

33. 养生休闲服务、休闲旅游等休闲产业

34. 旅游景区(点)保护、开发和经营及其配套设施建设

河南省

1. 优质粮油、茶、柳条、大蒜、花生、菊花、金银花、树莓等优势及特色农产品和药食两用作物的种植、加工

2. 退耕还林还草、天然林保护等国家重点生态工程后续产业开发

3. 节水灌溉和旱作节水技术、保护性耕作技术开发与应用

4. 调味面、米制品生产

5. 镁、锌精深加工

6. 棉、毛、麻、丝、化纤的高档纺织、针织及服装加工生产和相关产品的研发、检测

7. 煤层气(煤矿瓦斯)抽采和利用技术产品开发、生产

8. 超硬材料产品生产

9. 铝合金材料及制品生产

10. 天然药、原料药、中成药的深加工(不含涉密处方)

11. 数字化包装装潢印刷品印刷

12. 特殊品种(超白、超薄、在线 Low－E、中空、超厚)优质浮法玻璃技术开发和深加工

13. 高性能子午线轮胎的生产:无内胎载重子午胎,低断面和扁平化(低于55 系列)、大轮辋高性能轿车子午胎(15 吋以上),航空轮胎及农用子午胎

14. 石墨烯、碳纤维(复合材料)等碳系材料的生产设备(气象沉淀、碳化烧结等)的研发、制造,石墨烯、碳纤维(含复合材料)等碳系材料的研发生产及终端产品制造

15. 贵金属压延加工

16. 液压管材产业生产、研发、检测

17. 汽车零部件制造:六档以上自动变速箱、商用车用高功率密度驱动桥、随动前照灯系统、LED 前照灯、轻量化材料应用(高强钢、铝镁合金、复合塑料、

粉末冶金、高强度复合纤维等)、离合器、液压减震器、中控盘总成、座椅

18. 新型医疗器械设备及医用材料生产加工

19. 防疫、防护产品及其生产设备的研发、生产

20. 三轴以上联动的高速、精密数控机床及配套数控系统、伺服电机及驱动装置、功能部件、刀具、量具、量仪及高档磨具磨料生产

21. 300 马力以上配备无级变速器轮式拖拉机,300 马力以上拖拉机关键零部件制造:无级变速拖拉机发动机、变速箱、液力联合控制系统、双输入双输出无级调速装置

22. 500 万吨/年及以上矿井、薄煤层综合采掘设备,1000 万吨级/年及以上大型露天矿关键装备;12000 米及以上深井钻机、极地钻机、高位移性深井沙漠钻机、沼泽难进入区域用钻机、海洋钻机、车装钻机、特种钻井工艺用钻机等钻机成套设备

23. 电能综合管理自动化设备制造

24. 智能手机、平板电脑等智能终端及关键零部件开发、生产

25. 空调、电冰箱、高效节能压缩机及零部件制造

26. 生物医药技术开发、生产

27. 生物质能开发、生产、利用

28. 宽带业务和增值电信业务(限于中国入世承诺开放的电信业务)

29. 公路货运场站设施的建设和运营

30. 公路旅客运输公司

31. 普通高中和高等教育机构

32. 职业院校(含技工学校)

33. 动漫创作、制作及衍生品开发

34. 城市燃气、热力和供排水管网建设、经营

35. 观光农业、休闲农业的开发和经营及其配套设施建设

36. 健康医疗旅游开发

37. 旅游景区(点)保护、开发和经营及其配套设施建设

湖北省

1. 农作物新品种选育和种子生产

2. 茶叶种植、加工及收购服务

3. 保护性耕作技术开发与应用

4. 饮用天然矿泉水生产

5. 富硒农产品、食品的开发、生产

6. 高档纺织品及服装工艺技术开发

7. 无纺布及医用纺织品生产

8. 动植物药材、保健品资源的开发、保护和可持续利用，植物花叶根茎产品研发、籽粒榨油深加工

9. 棉、毛、麻、丝、化纤的高档纺织、针织及服装加工生产和相关产品的研发、检测

10. 包装装潢印刷品印刷

11. 石墨烯、碳纤维（复合材料）等碳系材料的生产设备（气象沉淀、碳化烧结等）的研发、制造，石墨烯、碳纤维（含复合材料）等碳系材料的研发生产及终端产品制造

12. 铜矿及其他有色金属产品延伸加工及循环利用

13. 特殊品种（超白、超薄、在线 Low - E、中空、超厚）优质浮法玻璃技术开发和深加工

14. 空调、高效节能压缩机及零部件制造

15. 汽车零部件开发与制造：六档以上自动变速箱、商用车用高功率密度驱动桥、随动前照灯系统、LED 前照灯、轻量化材料应用（高强钢、铝镁合金、碳纤维、复合塑料、粉末冶金、高强度复合纤维等）、离合器、液压减震器、中控盘总成、座椅、燃油共轨喷射系统相关产品、涡轮增压发动机、电机及控制系统、主动安全及自动驾驶控制系统

16. 车用压缩氢气塑料内胆碳纤维全缠绕气瓶

17. 高性能子午线轮胎的生产：无内胎载重子午胎，低断面和扁平化（低于 55 系列）、大轮辋高性能轿车子午胎（15 吋以上），航空轮胎及农用子午胎

18. 三轴以上联动的高速、精密数控机床及配套数控系统、伺服电机及驱动装置、功能部件、刀具、量具、量仪及高档磨具磨料生产

19. 特种钢丝绳、钢缆（平均抗拉强度 >2200MPa）制造

20. 激光医疗设备开发与制造

21. 光电子技术和产品（含光纤预制棒、半导体发光二极管 LED）开发与制造

22. 集成电路材料、装备、芯片制造及化合物半导体材料、器件研发、制造

23. 医药化工原料废气、废液、废渣的综合利用

24. 新型医疗器械设备及医用材料生产加工

25. 食品安全追溯体系开发和建设

26. 生物质能开发、生产、利用

27. 大型储能技术研发与生产应用（蓄能电池、抽水蓄能技术、空气储能技

术、风电与后夜供热等)

28. 宽带业务和增值电信业务(限于中国入世承诺开放的电信业务)

29. 公路旅客运输公司

30. 光储充一体化系统、新能源汽车充电设备技术的开发与应用

31. 职业院校(含技工学校)

32. 动漫创作、制作及衍生品开发

33. 城市燃气、热力和供排水管网建设、经营

34. 旅游景区(点)保护、开发和经营及其配套设施建设

湖南省

1. 节水灌溉和旱作节水技术、保护性耕作技术开发与应用

2. 食品安全追溯体系开发和建设

3. 棉、毛、麻、丝、化纤的高档纺织、针织及服装加工生产和相关产品的研发、检测

4. 皮鞋、运动鞋等整鞋制造

5. 竹木高端环保家具、重组竹材、户外竹材、一次性餐具、竹纤维产品开发与制造

6. 高性能混凝土掺和剂

7. 锰锌精深加工

8. 铋化合物生产

9. 艺术陶瓷、日用陶瓷、工业陶瓷的研发、生产

10. 天然药、中成药的深加工(不含涉密处方)

11. 激素类药物深度开发

12. 特种(超白、超薄、在线 Low - E、中空、超厚等)优质玻璃技术开发和深加工

13. 高端建筑用热轧无缝钢管、核电用管、超临界高压锅炉用无缝钢管及成品油套管等大口径钢管材加工

14. 高性能子午线轮胎的生产:无内胎载重子午胎,低断面和扁平化(低于55系列)、大轮辋高性能轿车子午胎(15 吋以上),航空轮胎及农用子午胎

15. 硬质合金精深加工

16. 双金属高速锯切工具

17. 汽车零部件及汽车电子装置开发与制造:六档以上自动变速箱、商用车用高功率密度驱动桥、随动前照灯系统、LED 前照灯、轻量化材料应用(高强钢、铝镁合金、复合塑料、粉末冶金、高强度复合纤维等)、离合器、液压减震器、

中控盘总成、座椅、燃油共轨喷射系统相关产品、涡轮增压发动机、电机及控制系统、主动安全及自动驾驶控制系统

18. 三轴以上联动的高速、精密数控机床及配套数控系统、伺服电机及驱动装置、功能部件、刀具、量具、量仪及高档磨具磨料生产

19. 30 吨以上液压挖掘机、6 米及以上全断面掘进机、320 马力及以上履带推土机、6 吨及以上装载机、600 吨及以上架桥设备(含架桥机、运梁车、提梁机)、400 吨及以上履带起重机、100 吨及以上全地面起重机、钻孔 100 毫米以上凿岩台车、400 千瓦及以上砼冷热再生设备、1 米宽及以上铣刨机;关键零部件:动力换挡变速箱、湿式驱动桥、回转支承、液力变矩器、为电动叉车配套的电机、电控、压力 25 兆帕以上液压马达、泵、控制阀

20. 60C 及以上混凝土输送泵、50 米及以上混凝土泵车、混凝土布料机、混凝土搅拌运输车、混凝土喷射机械手;起升机械:塔式起重机、50 米及以上高空作业车、50 吨级以上轮胎吊;路面机械:12 米及以上沥青路面摊铺机、4 吨以上沥青混凝土搅拌设备、26 吨以上全液压压路机、垃圾收运和处理设备及系统等产品

21. 大型工程机械关键零部件制造:动力换挡变速箱、湿式驱动桥、回转支承、液力变矩器、为电动叉车配套的电机、电控、压力 25 兆帕以上液压马达、泵、控制阀

22. 油茶、竹木产业生产加工机械装备制造

23. 新型橡胶机械成套设备制造

24. 新型医疗器械设备及医用材料生产加工

25. 电子产品整机、光电子、电子材料、电子元器件、零部件的开发和制造

26. 太阳能、风能发电设备及零部件制造

27. 生物质能开发、生产、利用

28. 宽带业务和增值电信业务(限于中国入世承诺开放的电信业务)

29. 公路旅客运输公司

30. 职业院校(含技工学校)

31. 动漫创作、制作及衍生品开发

32. 城市燃气、热力和供排水管网建设、经营

33. 文化演出场所建设、艺术表演培训等服务

34. 体育场馆设施建设、体育赛事运营及体育健身休闲服务

35. 健康医疗旅游开发

36. 旅游景区(点)保护、开发和经营及其配套设施建设

广西自治区

1. 农作物新品种选育和种子生产

2. 水果、坚果、含果油、香料及饮料作物种植深加工及综合利用技术研发与应用

3. 退耕还林还草等国家重点生态工程后续产业开发

4. 动植物药材资源开发、生产

5. 营养性豆奶粉、传统豆制品、功能性蛋白产品、大豆磷脂等非转基因大豆制品生产加工

6. 日处理甘蔗5000吨及以上的蔗糖精深加工及副产品综合利用

7. 松香深加工

8. 木、竹、藤、金属、塑料家具的设计、制造

9. 棉、毛、麻、丝、化纤的高档纺织、针织及服装加工生产和相关产品的研发、检测

10. 单条化学木浆30万吨/年及以上、化学机械木浆10万吨/年及以上、化学竹浆10万吨/年及以上的林纸一体化生产线及相应配套的纸及纸板生产线(新闻纸、铜版纸除外)建设,采用清洁生产工艺、以非木纤维为原料、单条10万吨/年及以上的纸浆生产线建设,先进制浆、造纸设备开发与制造,无元素氯(ECF)和全无氯(TCF)化学纸浆漂白工艺开发与应用

11. 石墨烯、碳纤维(复合材料)等碳系材料的生产设备(气象沉淀、碳化烧结等)的研发、制造,石墨烯、碳纤维(含复合材料)等碳系材料的研发生产及终端产品制造

12. 碳酸钙精深加工

13. 不锈钢制品生产

14. 铜、铝合金材料及制品生产

15. 锌、锡、锑、钨、锰、铟等金属精深加工

16. 艺术陶瓷、日用陶瓷、工业陶瓷的研发、生产

17. 天然药、原料药、中成药的深加工(不含涉密处方),壮医药、壮医医疗设备的研究、开发

18. 生物医药技术开发、生产

19. 医疗器械设备的研究开发,医用材料生产加工

20. 特殊品种(超白、超薄、在线Low-E、中空、超厚)优质浮法玻璃技术开发和深加工

21. 利用木薯、麻风树、橡胶籽等非粮植物为原料的生物液体燃料(燃料乙醇、生物柴油)生产

22. 高性能子午线轮胎的生产：无内胎载重子午胎，低断面和扁平化（低于 55 系列）、大轮辋高性能轿车子午胎（15 吋以上），航空轮胎及农用子午胎

23. 汽车整车制造，专用汽车（不包括普通半挂车、自卸车、罐式车、厢式车和仓栅式汽车）制造（须执行《汽车产业投资管理规定》）

24. 汽车零部件制造：六档以上自动变速箱、商用车用高功率密度驱动桥、随动前照灯系统、LED 前照灯、轻量化材料应用（高强钢、铝镁合金、复合塑料、粉末冶金、高强度复合纤维等）、离合器、液压减震器、中控盘总成、座椅

25. 符合非道路四阶段排放标准发动机制造

26. 甘蔗种植机、甘蔗收获机等农机具研发及制造

27. 大型工程机械关键零部件制造：动力换挡变速箱、湿式驱动桥、回转支承、液力变矩器、为电动叉车配套的电机、电控、压力 25 兆帕以上液压马达、泵、控制阀

28. 高端制药设备的开发、生产

29. 智能手机、平板电脑等智能终端产品及关键零部件的技术开发、生产

30. 药物筛选平台、临床技术转化平台、中试放大平台等药物、医疗器械产品研发和生产第三方技术平台

31. 宽带业务和增值电信业务（限于中国入世承诺开放的电信业务）

32. 公路旅客运输公司

33. 职业院校（含技工学校）

34. 城市燃气、热力和供排水管网建设、经营

35. 动漫创作、制作及衍生品开发

36. 养生休闲服务、民族文化开发、休闲旅游等休闲产业

37. 健康医疗旅游开发

38. 旅游景区（点）保护、开发和经营及其配套设施建设

海南省

1. 农作物、畜禽优良品种选育和种苗生产

2. 热带果树种苗引进、培育、经营

3. 水产品加工及副产品综合利用

4. 海防林恢复、天然林保护、节水灌溉和旱作节水等技术的开发与应用

5. 农业废弃物回收利用技术开发与应用

6. 饮用天然矿泉水生产

7. 生物医药技术开发、生产

8. 海南省中药、民族药的研发、生产

9. 海底矿物勘查、开采

10. 旅游工艺品创意设计及生产

11. 天然气下游化工产品开发和利用（列入《天然气利用政策》限制类和禁止类的除外）

12. 高性能子午线轮胎的生产：无内胎载重子午胎，低断面和扁平化（低于55系列）、大轮辋高性能轿车子午胎（15吋以上），航空轮胎及农用子午胎

13. 新能源汽车设计、研发及零部件制造

14. 防疫、防护产品及其生产设备的研发、生产

15. 邮轮的设计、制造、维修及相关基础设施设备建设和供船服务、旅游产品经营服务

16. 游艇的设计、制造、维修及相关基础设施设备建设和供船服务、旅游产品经营服务

17. 海洋工程设备研发、制造

18. 高尔夫用具制造

19. 光电子技术和产品（含光纤预制棒、半导体发光二极管 LED）开发、制造

20. 智能手机、平板电脑等智能终端产品及关键零部件的技术开发、生产

21. 航天相关设备制造

22. 高端消费品经营

23. 新型离岸国际贸易（离岸转手买卖、离岸交易有关商品服务）

24. 宽带业务和增值电信业务（限于中国入世承诺开放的电信业务）

25. 公路旅客运输公司

26. 国际船舶代理、外轮理货

27. 船舶供应、第三方船舶管理、航运保险、航运仲裁、海损理算、航运交易、航运金融、航运租赁、保税仓储、国际物流配送、航运信息服务、船员服务、海事培训等航运服务业

28. 旅游、生态、文化主题酒店的建设、运营

29. 人力资源服务

30. 证券公司、期货公司、保险公司

31. 创业投资、天使投资、其他期货市场服务、资本投资服务

32. 融资租赁服务

33. 医疗设备、公务机、新能源汽车经营租赁及维修服务

34. 钻石珠宝等消费精品设计、加工、贸易

35. 旅行社

36. 职业院校(含技工学校)

37. 普通高中和高等教育机构

38. 城市燃气、热力和供排水管网建设、经营

39. 电影院的建设、经营

40. 互联网上网服务营业场所

41. 动漫创作、制作及衍生品开发

42. 演出经纪机构

43. 文艺表演团体

44. 娱乐场所经营

45. 体育健康休闲服务

46. 健康医疗旅游、体育旅游开发

47. 乡村民宿、旅居车旅游的开发和经营及配套设施建设

48. 观光农业、休闲农业的开发和经营及其配套设施建设

49. 旅游景区(点)保护、开发和经营及其配套设施建设

50. 海洋、热带雨林生态旅游资源(国家禁止外商投资的自然保护区等除外)开发、经营及其配套设施建设

重庆市

1. 农林牧渔特色产业发展、技术研发、产品加工及出口

2. 上游石油天然气(特别是四川盆地)矿权空白区域的海相页岩和湖相页岩的勘探、开采和选矿,页岩油气技术开发与应用

3. 天然气下游化工产品生产和开发(列入《天然气利用政策》限制类和禁止类的除外)

4. 聚氨酯主要原料、组合料,高性能、高附加值聚氨酯、工程塑料及下游新材料创新应用产品开发、生产

5. 天然药、原料药、中成药的深加工(不含涉密处方),中医药加工及生物成分萃取,特色原料药和中间体、海外汉方药、化学仿制药生产

6. 生物医药技术开发、生产

7. 石墨烯、碳纤维(复合材料)等碳系材料的生产设备(气象沉淀、碳化烧结等)的研发、制造,石墨烯、碳纤维(含复合材料)等碳系材料的研发生产及终端产品制造

8. 长寿节能环保耐火材料生产(《关于持久性有机污染物的斯德哥尔摩公约》受控物质除外)

9. 特殊品种(超白、超薄、在线 Low - E、中空、超厚)优质浮法玻璃技术开

发和深加工

10. 艺术陶瓷、日用陶瓷、工业陶瓷的研发、生产

11. 铝、镁精深加工

12. 环保设备(大气、污水、固废处理设备)制造及其解决方案应用

13. 排气量250ml及以上高性能摩托车整车制造

14. 汽车整车制造,专用汽车(不包括普通半挂车、自卸车、罐式车、厢式车和仓栅式汽车)制造(须执行《汽车产业投资管理规定》)

15. 高性能子午线轮胎的生产:无内胎载重子午胎,低断面和扁平化(低于55系列)、大轮辋高性能轿车子午胎(15吋以上),航空轮胎及农用子午胎以及列入《当前优先发展的高技术产业化重点领域指南》的子午线轮胎关键原材料

16. 汽车零部件制造:满足国六排放标准及以上的增压直喷汽油机/清洁高效柴油机/驱动系统零部件(离合器、减振器、双质量飞轮)、六档以上自动变速箱(AT、DCT、AMT)、座椅、传动轴、电动转向系统零部件、新能源专用发动机/变速器;新能源车用动力锂电池、驱动电机、电控系统、电制动、电仪表、能量回收系统、电空调、远程监控系统等关键零部件;传动/安全/车身/行驶/信息控制系统、高级驾驶辅助系统(ADAS)、自动驾驶控制系统等智能汽车关键部件;DPF、GPF、SCR等发动机后处理系统、替代燃料发动机ECU控制策略及软硬件;轻量化底盘及车身;轻量化材料应用(高强钢、铝镁合金、复合塑料、粉末冶金、高强度复合纤维等)、行业共性技术平台(汽车风洞、轻量化、全球研发中心等)建设等

17. 天然气分布式能源燃气轮机、内燃机的研发、制造

18. 太阳能发电设备及零部件制造

19. 线宽0.25微米以下大规模数字集成电路制造

20. 智能手机、平板电脑等智能终端产品的技术开发、生产

21. 显示屏、芯片制造用电子特气、化合物半导体、电子化学品的生产、应用

22. 新型医疗器械设备及医用材料生产加工

23. 500千伏及以上高压直流换流变压器研发、制造

24. 三级能效以上节能环保型家电整机,压缩机、电机、变频器、液晶面板等关键零部件生产,无线输电、裸眼3D、体感输入等新技术开发

25. 半导体照明材料上下游产品及相关设备的研发、制造

26. 二氧化碳回收、一氧化碳等特殊工业气体制备及应用

27. FINEX技术及高速、无头连轧技术研发、应用

28. 高精度、高可靠性过程测量仪表,智能传感器制造

29. 宽带业务和增值电信业务（限于中国入世承诺开放的电信业务）

30. 普通高中和高等教育机构

31. 职业院校（含技工学校）

32. 城市燃气、热力和供排水管网建设、经营

33. 动漫创作、制作及衍生品开发

34. 旅行社经营、旅游景区（点）保护、开发和经营及其配套设施建设

四川省

1. 农林牧渔特色产业发展、技术研发、产品加工及出口（包括中药、红薯、柠檬，水果酿酒等）

2. 节水灌溉和旱作节水技术、保护性耕作技术开发与应用

3. 上游石油天然气（特别是四川盆地）矿权空白区域的海相页岩和湖相页岩的勘探、开采、选矿，页岩油气技术开发与应用

4. 饮用天然矿泉水生产

5. 棉、毛、麻、丝、化纤的高档纺织、针织及服装加工生产和相关产品的研发、检测

6. 以境外木、藤为原材料的高端家具生产

7. 体育用品及相关产品研发、制造

8. 天然药、原料药、中成药的深加工（不含涉密处方）

9. 钒钛资源综合利用新技术和新产品研发、制造

10. 天然气下游化工产品生产和开发（列入《天然气利用政策》限制类和禁止类的除外）

11. 含氟精细化学品和高品质含氟无机盐生产

12. 特殊品种（超白、超薄、在线 Low－E、中空、超厚）优质浮法玻璃技术开发和深加工

13. 石墨烯、碳纤维（含复合材料）等碳系材料的研发生产及终端产品制造

14. 石墨的高端应用和精深加工

15. 锂资源加工和相关锂产品的研发、制造

16. 汽车整车制造，专用汽车（不包括普通半挂车、自卸车、罐式车、厢式车和仓栅式汽车）制造（须执行《汽车产业投资管理规定》）

17. 高性能子午线轮胎的生产：无内胎载重子午胎，低断面和扁平化（低于 55 系列）、大轮辋高性能轿车子午胎（15 吋以上），航空轮胎及农用子午胎

18. 汽车零部件制造：六档以上自动变速箱、商用车用高功率密度驱动桥、随动前照灯系统、LED 前照灯、轻量化材料应用（高强钢、铝镁合金、复合塑料、

粉末冶金、高强度复合纤维等)、离合器、液压减震器、中控盘总成、座椅

19. 30 吨以上液压挖掘机、6 米及以上全断面掘进机、320 马力及以上履带推土机、6 吨及以上装载机、600 吨及以上架桥设备(含架桥机、运梁车、提梁机)、400 吨及以上履带起重机、100 吨及以上全地面起重机、钻孔 100 毫米以上凿岩台车、400 千瓦及以上砼冷热再生设备、1 米宽及以上铣刨机;关键零部件:动力换挡变速箱、湿式驱动桥、回转支承、液力变矩器、为电动叉车配套的电机、电控、压力 25 兆帕以上液压马达、泵、控制阀

20. 太阳能发电设备及零部件制造

21. 大型储能技术研发与生产应用(蓄能电池、抽水蓄能技术、空气储能技术、风电与后夜供热等)

22. 3000KW 以上大型、重型燃气轮机高温部件及控制系统的研发、制造

23. 半导体照明材料上下游产品及相关设备的研发、制造

24. 精密电子注塑产品开发、生产

25. 液晶电视、数字电视、节能环保电冰箱、智能洗衣机等高档家用电器制造

26. TFT - LCD、OLED 等平板显示屏、显示屏材料制造

27. 智能手机、平板电脑等智能终端产品及关键零部件的技术开发、生产

28. 新型电子元器件制造:高速、敏感电子(气)连接器

29. 医疗及康复用器械、设备及关键部件的开发、生产

30. 天然气压缩机(含煤层气压缩机)制造

31. 环保设备制造及其解决方案应用

32. 工业尾矿及工业生产废弃物及低品位、复杂、难处理矿的资源化利用

33. 工业过程自动控制系统与装置制造:现场总线控制系统,可编程控制器(PLC),两相流量计,固体流量计,新型传感器及现场测量仪表

34. 宽带业务和增值电信业务(限于中国入世承诺开放的电信业务)

35. 道路运输

36. 卫生咨询、健康管理、医疗知识等医疗信息服务

37. 城市燃气、热力和供排水管网建设、经营

38. 动漫创作、制作及衍生品开发

39. 艺术表演培训和中介服务及文化用品、设备等产业化开发

40. 旅游景区(点)保护、开发和经营及其配套设施建设

贵州省

1. 茶叶的种植、开发、培育、销售、深加工及新品种的育种、推广

2. 退耕还林还草、天然林保护等国家重点生态工程后续产业开发

3. 节水灌溉和旱作节水技术开发与应用

4. 马铃薯、魔芋等产品深加工

5. 畜禽、辣椒、苦荞、山药、核桃深加工

6. 棉、毛、麻、丝、化纤的高档纺织、针织及服装加工生产和相关产品的研发、检测

7. 钛冶炼

8. 用先进技术对固定层合成氨装置进行优化节能技改项目建设、运营

9. 利用甲醇开发 M100 新型动力燃料及合成氨生产尾气发展新能源

10. 利用工业生产二氧化碳废气发展工业级、食品级二氧化碳

11. 己二酸生产

12. 采用先进技术建设30 万吨/年及以上煤制合成氨及配套尿素项目建设、运营

13. 动植物药材资源开发、保护和可持续利用

14. 特殊品种(超白、超薄、在线 Low - E、中空、超厚)优质浮法玻璃技术开发和深加工

15. 铝等有色金属精深加工

16. 高性能铝合金系列产品开发

17. 新型短流程钢铁冶炼技术开发及应用

18. 非高炉冶炼技术(直接还原法)开发与应用

19. 磨料磨具产品生产

20. 新型凿岩钎具的开发及用钢材料生产

21. 制酒、制茶用生产设备的制造

22. 汽车整车制造,专用汽车(不包括普通半挂车、自卸车、罐式车、厢式车和仓栅式汽车)制造(须执行《汽车产业投资管理规定》)

23. 汽车零部件制造:六档以上自动变速箱、商用车用高功率密度驱动桥、随动前照灯系统、LED 前照灯、轻量化材料应用(高强钢、铝镁合金、复合塑料、粉末冶金、高强度复合纤维等)、离合器、液压减震器、中控盘总成、座椅

24. 有特色优势的特种工程机械、架桥铺路机械、破碎机械、液压基础件、数控机床、节能环保装备、4MW 燃汽轮机及以下产品的开发、制造

25. 复式永磁电机抽油机系列化产品开发、生产

26. 复杂地质条件的矿用开采、掘进、提升、井下运输等特种设备及产品的开发、制造

27. 适用于西部山区的轻便、耐用、低耗中小型耕种收和植保、节水灌溉、小型抗旱设备及粮油作物、茶叶、特色农产品等农业机械开发、制造

28. 太阳能发电设备及零部件制造

29. 宽带业务和增值电信业务(限于中国入世承诺开放的电信业务)

30. 公路旅客运输公司

31. 演出经纪机构

32. 城市燃气、热力和供排水管网建设、经营

33. 茅台生态带综合保护及赤水河流域遥感技术应用

34. 旅游景区(点)保护、开发和经营及其配套设施建设

云南省

1. 咖啡、茶叶、油茶、油桐的种植、开发、培育、销售、深加工及新品种的育种和推广

2. 新型天然橡胶开发、应用

3. 天然香料香精生产技术开发及制造

4. 退耕还林还草、天然林保护等国家重点生态工程后续产业开发

5. 高原湖泊保护、污染治理

6. 节水灌溉和旱作节水技术开发与应用

7. 有色金属精深加工

8. 水果、坚果、含油果、香料和饮料作物种植和深加工

9. 蔗糖精深加工及废糖蜜、蔗渣、蔗叶、滤泥、酒精废液等副产品综合利用

10. 营养食品、保健食品开发和生产

11. 特色食用资源开发及应用

12. 符合生态与环保要求的亚麻加工、开发及副产品综合利用

13. 利用木薯、麻风树、橡胶籽等非粮植物为原料的生物液体燃料(燃料乙醇、生物柴油)生产

14. 棉、毛、麻、丝、化纤的高档纺织、针织及服装加工生产和相关产品的研发、检测

15. 动植物药材资源开发、保护和可持续利用

16. 以境外木、藤为原料的高端家具生产

17. 包装装潢及其他印刷

18. 民族特需品、特色工艺品及包装容器材生产

19. 生物医药技术开发、生产

20. 特殊品种(超白、超薄、在线 Low - E、中空、超厚)优质浮法玻璃技术开发和深加工

21. 水电铝材、水电硅材的生产、深加工及其应用

22. 生物质能发电设备制造

23. 太阳能、风能发电设备及零部件制造

24. 汽车整车制造,专用汽车(不包括普通半挂车、自卸车、罐式车、厢式车和仓栅式汽车)制造(须执行《汽车产业投资管理规定》)

25. 宽带业务和增值电信业务(限于中国入世承诺开放的电信业务)

26. 商业连锁经营、跨区域代理经营等新型流通业

27. 观光农业、休闲农业的开发和经营及其配套设施建设

28. 民族特色文化产业、艺术表演培训、中介服务,生态旅游资源开发(自然保护区和国际重要湿地的建设、经营除外)

29. 旅游景区(点)保护、开发和经营及其配套设施建设

西藏自治区

1. 高原特色农畜产品(青稞、牛、羊等)种植、养殖及生产加工

2. 退耕还林还草、天然林保护等国家重点生态工程后续产业开发

3. 节水灌溉和旱作节水技术开发与应用

4. 盐湖资源的开发利用

5. 饮用天然矿泉水生产

6. 牛羊绒、皮革产品深加工及藏毯生产

7. 花卉与苗圃基地的建设经营

8. 林下资源的培植技术研发和林下产品深加工

9. 青稞、牧草等农作物新技术的开发利用

10. 高原特色食品资源开发利用

11. 天然药、原料药、中成药的深加工(不含涉密处方)

12. 藏药新品种、新剂型产品生产

13. 少数民族特需用品、工艺美术品、包装容器材料、日用玻璃制品及极具藏民族特色的旅游商品纪念品生产

14. 太阳能、地能、风能发电设备及零部件制造

15. 新型医疗器械设备及医用材料生产加工

16. 宽带业务和增值电信业务(限于中国入世承诺开放的电信业务)

17. 公路旅客运输公司

18. 城市燃气、热力和供排水管网建设、经营

19. 观光农业、休闲农业的开发和经营及配套设施建设

20. 旅游景区(点)保护、开发和经营及配套设施建设

陕西省

1. 农作物新品种选育和种子生产

2. 小杂粮、马铃薯、红薯、辣椒、苦荞、山药、核桃种植及产品开发、生产及深加工

3. 中药材生产质量管理规范(GAP)生产基地建设

4. 退耕还林还草、天然林保护、水源地保护等国家重点生态工程后续产业开发

5. 节水灌溉和旱作节水技术、保护性耕作技术和设施农业技术开发与应用

6. 棉、毛、麻、丝、化纤的高档纺织、针织及服装加工生产和相关产品的研发、检测

7. 动植物药材资源开发、保护和可持续利用

8. 煤炭分制利用:煤制甲醇—烯烃及下游煤制芳烃—乙二醇聚酯生产

9. 煤炭液化制油品及化学品生产

10. 天然气下游化工产品的生产与开发(列入《天然气利用政策》限制类和禁止类的除外)

11. 特殊品种(超白、超薄、在线 Low - E、中空、超厚)优质浮法玻璃技术开发和深加工

12. 钒冶炼及钒合金制品生产加工

13. 铝、镁、钛金属精深加工

14. 动物专用抗菌原料药(包括抗生素、化学合成类)、动物疫苗生产

15. 新型医疗器械设备及医用材料生产加工

16. 防疫、防护产品及其生产设备的研发、生产

17. 配电开关控制设备制造

18. 高炉煤气能量回收透平装置设计制造

19. 汽车整车制造,专用汽车(不包括普通半挂车、自卸车、罐式车、厢式车和仓栅式汽车)制造(须执行《汽车产业投资管理规定》)

20. 汽车零部件制造:商用车用高功率密度驱动桥、随动前照灯系统、LED前照灯、离合器、液压减震器、中控盘总成、座椅、轻量化材料应用

21. 集成电路及生产设备研发生产

22. 智能手机、平板电脑等智能终端产品及关键零部件的技术开发、生产

23. 柔性显示屏、显示屏材料生产

24. 接触显示和通讯终端产品及零部件的研发、生产

25. 商业连锁经营、跨区域代理经营等新型流通业

26. 宽带业务和增值电信业务(限于中国入世承诺开放的电信业务)

27. 公路旅客运输公司

28. 普通高中和高等教育机构

29. 职业院校(含技工学校)

30. 动漫创作、制作及衍生品开发

31. 城市燃气、热力和供排水管网建设、经营

32. 体育赛事运营及体育健身休闲服务

33. 观光农业、休闲农业的开发和经营及其配套设施建设

34. 养生休闲服务、民族文化开发、休闲旅游等休闲产业

35. 旅行社

36. 旅游景区(点)保护、开发和经营及其配套设施建设

37. 资源枯竭型城市资源精深加工和接续产业等项目

甘肃省

1. 节水灌溉和旱作节水技术、保护性耕作技术开发与应用

2. 瓜果、蔬菜、花卉种子的开发、生产

3. 马铃薯、杂粮的种植、深加工

4. 特色中药材的种植、养殖及加工,中药材生产质量管理规范(GAP)生产基地建设

5. 天然气下游化工产品生产和开发(列入《天然气利用政策》限制类和禁止类的除外)

6. 石油及化学产业的延伸加工

7. 化工原料废气、废液、废渣的综合利用

8. 生物医药及医药中间体、生物制剂的研发、生产

9. 医疗设备及关键部件开发、生产

10. 石墨烯、碳纤维(复合材料)等碳系材料的生产设备(气象沉淀、碳化烧结等)的研发、制造,石墨烯、碳纤维(含复合材料)等碳系材料的研发生产及终端产品制造

11. 铝、铜、镍等有色金属精深加工

12. 石油钻采、炼化设备等高端装备制造

13. 汽车整车制造,专用汽车(不包括普通半挂车、自卸车、罐式车、厢式车和仓栅式汽车)制造(须执行《汽车产业投资管理规定》)

14. 不锈钢制品生产

15. 高性能铝合金系列产品开发

16. 新型短流程钢铁冶炼技术开发及应用

17. 汽车零部件制造:六档以上自动变速箱、商用车用高功率密度驱动桥、随动前照灯系统、LED 前照灯、轻量化材料应用(高强钢、铝镁合金、复合塑料、粉末冶金、高强度复合纤维等)、离合器、液压减震器、中控盘总成、座椅

18. 太阳能发电及设备制造业

19. 中等职业院校(含技工学校)

20. 动漫创作、制作及衍生品开发

21. 城市燃气、热力和供排水管网建设、经营

22. 体育场馆设施建设、体育赛事运营及体育健身休闲服务

23. 养生休闲服务、休闲旅游等休闲产业

24. 旅游景区(点)保护、开发和经营及其配套设施建设

青海省

1. 高原动植物资源保护、种养与加工利用

2. 枸杞、青稞等种植及深加工

3. 饲料加工

4. 退耕还林还草、退牧还草、天然林保护、水土保持及水生态综合治理等国家重点生态工程后续产业开发(涉及自然保护区和重要湿地的建设、经营的除外)

5. 节水灌溉和旱作节水技术、保护性耕作技术、设施农业技术、光伏农业技术开发与应用

6. 有机天然农畜产品基地建设和产品精深加工

7. 长寿节能环保耐火材料生产(《关于持久性有机污染物的斯德哥尔摩公约》受控物质除外)

8. 石英、石膏等优势非金属矿产品及深加工制品(勘探、开采除外)

9. 铜、铝、镁等有色金属精深加工

10. 钛金属精深加工

11. 镍金属精深加工

12. 铝基、镁基、钛基、锂基及镍基等新型金属合金材料的研发及生产

13. 中、藏药新品种、新剂型产品生产

14. 特殊品种(超白、超薄、在线 Low - E、中空、超厚)优质浮法玻璃技术开发和深加工

15. 聚甲醛、聚苯硫醚等工程塑料生产

16. 烯烃下游精深加工产品

17. 工业尾矿及工业生产废弃物及低品位、复杂、难处理矿的资源化利用

18. 汽车整车制造，专用汽车（不包括普通半挂车、自卸车、罐式车、厢式车和仓栅式汽车）制造（须执行《汽车产业投资管理规定》）

19. 半导体照明材料上下游产品及相关设备的研发、制造

20. 太阳能、风能发电设备及零部件制造

21. 光伏发电系统集成技术开发与应用

22. 锂电产品生产及专用设备研发、制造

23. 宽带业务和增值电信业务（限于中国入世承诺开放的电信业务）

24. 公路旅客运输公司

25. 水利工程的建设和运营

26. 城市及农村燃气、热力和供排水管网建设、经营

27. 商业连锁经营、跨区域代理经营等新型流通业

28. 体育场馆设施建设、体育赛事运营及体育健身休闲服务

29. 旅游景区（点）保护、开发和经营及其配套设施建设

宁夏自治区

1. 马铃薯种子生产

2. 瓜果、蔬菜、花卉种子的选育生产

3. 退耕还林还草、退牧还草、天然林保护等国家重点生态工程后续产业开发

4. 节水灌溉和旱作节水技术、保护性耕作技术开发与应用

5. 枸杞、葡萄、马铃薯、小杂粮等种植及深加工

6. 沙生中药材、沙区生态经济林、沙区瓜果、沙区设施农业、沙料建材、沙区新能源和沙漠旅游休闲等沙产业

7. 饲料加工

8. 牛乳蛋白、干酪素等高端乳制品深加工

9. 旅游工艺品创意设计及生产

10. 高性能硅油、硅橡胶、树脂，高品质氟树脂，高性能氟橡胶，含氟精细化学品和高品质含氟无机盐等开发、生产（生产或使用《关于持久性有机污染物的斯德哥尔摩公约》受控物质的工艺除外）

11. 碳基材料、碳纤维开发、生产

12. 钽、铌等稀有金属材料的精深加工

13. 铝合金、镁合金、硅、锰合金等新材料的研发及生产

14. 高性能子午线轮胎的生产：全钢子午轮胎、无内胎载重子午胎，低断面

和扁平化(低于55系列)、大轮辋高性能轿车子午胎(15吋以上),航空轮胎及农用子午胎

15. 汽车整车制造,专用汽车(不包括普通半挂车、自卸车、罐式车、厢式车和仓栅式汽车)制造(须执行《汽车产业投资管理规定》)

16. 三轴以上联动的高速、精密数控机床及配套数控系统、伺服电机及驱动装置、功能部件、刀具、量具、量仪及高档磨具磨料生产

17. 500万吨/年及以上矿井、薄煤层综合采掘设备,1000万吨级/年及以上大型露天矿关键装备

18. 智能机器人装备的开发、生产

19. 太阳能发电系统、风力发电场建设及运营

20. 特殊环境自动控制、智能化仪器、仪表、阀门技术开发

21. 宽带业务和增值电信业务(限于中国入世承诺开放的电信业务)

22. 公路旅客运输公司

23. 普通高中和高等教育机构

24. 中等职业院校(含技工学校)

25. 旅行社

26. 城市燃气、热力和供排水管网建设、经营

27. 养生休闲服务、旅游休闲度假等休闲产业

28. 旅游景区(点)保护、开发和经营及其配套设施建设

新疆自治区(含新疆生产建设兵团)

1. 退耕还林还草、退牧还草、天然林保护等国家重点生态工程后续产业开发

2. 节水灌溉和旱作节水技术、保护性耕作技术、设施农业、有机农业的开发与应用

3. 大米、小麦粉(食品专用米、发芽糙米、留胚米、食品专用粉、全麦粉及营养强化产品等)及制品的开发、生产,传统主食工业化生产

4. 优质番茄、甜菜、香梨、葡萄、西甜瓜、红枣、核桃、杏子、石榴和枸杞等优质特色农产品的种植及深加工

5. 葡萄副产物(葡萄叶子、葡萄籽等)加工

6. 优质酿酒葡萄基地建设及葡萄酒生产

7. 高档营养配方、优质工业乳粉、奶酪、酪蛋白、奶油、炼乳、酸奶等固态、半固态乳制品生产

8. 饲料加工

9. 亚麻、沙棘、薰衣草的种植及其制品生产

10. 棉、毛、麻、丝、化纤的高档纺织、针织及服装加工生产和相关产品的研发、检测

11. 蛭石、云母、石棉、菱镁矿、石灰石、红柱石、石材等非金属矿产的综合利用(勘探、开发除外)

12. 石墨的高端应用和精深加工

13. 煤炭加工应用技术开发

14. 油气伴生资源综合利用

15. 放空天然气回收利用

16. 民族特色药用植物种植、加工和制药新工艺开发

17. 民族特需用品、工艺美术品、包装容器材料、日用玻璃制品及手工地毯、玉雕、民族刺绣等民族特色手工艺品、旅游纪念品生产

18. 特殊品种(超白、超薄、在线 Low - E、中空、超厚)优质浮法玻璃技术开发和深加工

19. 铜、锌、铝等有色金属精深加工

20. 农副产品加工设备制造

21. 汽车整车制造,专用汽车(不包括普通半挂车、自卸车、罐式车、厢式车和仓栅式汽车)制造(须执行《汽车产业投资管理规定》)

22. 杂粮加工专用设备开发、生产

23. 太阳能、风能发电设备及零部件制造

24. 石油及采矿等特种设备制造

25. 智能电网设备、电气成套控制系统设备制造

26. 小型清雪设备制造

27. 钢铁冶金固体废弃物综合利用、脱硫石膏、煤粉灰、电石渣综合利用及制品、污水净化处理成套设备制造

28. 宽带业务和增值电信业务(限于中国入世承诺开放的电信业务)

29. 公路旅客运输公司

30. 商业连锁经营、跨区域代理经营等新型流通业

31. 机械设备经营租赁

32. 城市燃气、热力和供排水管网建设、经营

33. 旅行社

34. 健康医疗旅游开发

35. 旅游景区(点)保护、开发和经营及其配套设施建设

医疗机构医疗保障定点管理暂行办法

（2020年12月30日国家医疗保障局令第2号公布　自2021年2月1日起施行　国司备字[2021003770]）

第一章　总　　则

第一条　为加强和规范医疗机构医疗保障定点管理，提高医疗保障基金使用效率，更好地保障广大参保人员权益，根据《中华人民共和国社会保险法》《中华人民共和国基本医疗卫生与健康促进法》及《医疗机构管理条例》等法律法规，制定本办法。

第二条　医疗机构医疗保障定点管理应坚持以人民健康为中心，遵循保障基本、公平公正、权责明晰、动态平衡的原则，加强医保精细化管理，促进医疗机构供给侧改革，为参保人员提供适宜的医疗服务。

第三条　医疗保障行政部门负责制定医疗机构定点管理政策，在定点申请、专业评估、协商谈判、协议订立、协议履行、协议解除等环节对医疗保障经办机构（以下简称"经办机构"）、定点医疗机构进行监督。经办机构负责确定定点医疗机构，并与定点医疗机构签订医疗保障服务协议（以下简称"医保协议"），提供经办服务，开展医保协议管理、考核等。定点医疗机构应当遵守医疗保障法律、法规、规章及有关政策，按照规定向参保人员提供医疗服务。

第二章　定点医疗机构的确定

第四条　统筹地区医疗保障行政部门根据公众健康需求、管理服务需要、医保基金收支、区域卫生规划、医疗机构设置规划等确定本统筹地区定点医疗服务的资源配置。

第五条　以下取得医疗机构执业许可证或中医诊所备案证的医疗机构，以及经军队主管部门批准有为民服务资质的军队医疗机构可申请医保定点：

（一）综合医院、中医医院、中西医结合医院、民族医医院、专科医院、康复医院；

（二）专科疾病防治院（所、站）、妇幼保健院；

（三）社区卫生服务中心（站）、中心卫生院、乡镇卫生院、街道卫生院、门诊部、诊所、卫生所（站）、村卫生室（所）；

（四）独立设置的急救中心；

（五）安宁疗护中心、血液透析中心、护理院；

（六）养老机构内设的医疗机构。

互联网医院可依托其实体医疗机构申请签订补充协议，其提供的医疗服务所产生的符合医保支付范围的相关费用，由统筹地区经办机构与其所依托的实体医疗机构按规定进行结算。

第六条 申请医保定点的医疗机构应当同时具备以下基本条件：

（一）正式运营至少 3 个月；

（二）至少有 1 名取得医师执业证书、乡村医生执业证书或中医（专长）医师资格证书且第一注册地在该医疗机构的医师；

（三）主要负责人负责医保工作，配备专（兼）职医保管理人员；100 张床位以上的医疗机构应设内部医保管理部门，安排专职工作人员；

（四）具有符合医保协议管理要求的医保管理制度、财务制度、统计信息管理制度、医疗质量安全核心制度等；

（五）具有符合医保协议管理要求的医院信息系统技术和接口标准，实现与医保信息系统有效对接，按要求向医保信息系统传送全部就诊人员相关信息，为参保人员提供直接联网结算。设立医保药品、诊疗项目、医疗服务设施、医用耗材、疾病病种等基础数据库，按规定使用国家统一的医保编码；

（六）符合法律法规和省级及以上医疗保障行政部门规定的其他条件。

第七条 医疗机构向统筹地区经办机构提出医保定点申请，至少提供以下材料：

（一）定点医疗机构申请表；

（二）医疗机构执业许可证或中医诊所备案证或军队医疗机构为民服务许可证照复印件；

（三）与医保政策对应的内部管理制度和财务制度文本；

（四）与医保有关的医疗机构信息系统相关材料；

（五）纳入定点后使用医疗保障基金的预测性分析报告；

（六）省级医疗保障行政部门按相关规定要求提供的其他材料。

第八条 医疗机构提出定点申请，统筹地区经办机构应即时受理。对申请材料内容不全的，经办机构自收到材料之日起 5 个工作日内一次性告知医疗机构补充。

第九条 统筹地区经办机构应组织评估小组或委托第三方机构，以书面、现场等形式开展评估。评估小组成员由医疗保障、医药卫生、财务管理、信息技术等专业人员构成。自受理申请材料之日起，评估时间不超过 3 个月，医疗机构补充材料时间不计入评估期限。评估内容包括：

（一）核查医疗机构执业许可证或中医诊所备案证或军队医疗机构为民服务许可证；

（二）核查医师、护士、药学及医技等专业技术人员执业信息和医师第一注册地信息；

（三）核查与服务功能相适应的诊断、治疗、手术、住院、药品贮存及发放、检查检验放射等基础设施和仪器设备；

（四）核查与医保政策对应的内部管理制度和财务制度，卫生健康部门医疗机构评审的结果；

（五）核查与医保有关的医疗机构信息系统是否具备开展直接联网结算的条件。

评估结果分为合格和不合格。统筹地区经办机构应将评估结果报同级医疗保障行政部门备案。对于评估合格的，应将其纳入拟签订协议医疗机构名单，并向社会公示。对于评估不合格的，应告知其理由，提出整改建议。自结果告知送达之日起，整改3个月后可再次组织评估，评估仍不合格的，1年内不得再次申请。

省级医疗保障行政部门可以在本办法基础上，根据实际情况，制定具体评估细则。

第十条 统筹地区经办机构与评估合格的医疗机构协商谈判，达成一致的，双方自愿签订医保协议。原则上，由地市级及以上的统筹地区经办机构与医疗机构签订医保协议并向同级医疗保障行政部门备案。医保协议应明确双方权利、义务和责任。签订医保协议的双方应当严格执行协议约定。协议期限一般为1年。

第十一条 统筹地区经办机构应向社会公布签订医保协议的定点医疗机构信息，包括名称、地址等，供参保人员选择。

第十二条 医疗机构有下列情形之一的，不予受理定点申请：

（一）以医疗美容、辅助生殖、生活照护、种植牙等非基本医疗服务为主要执业范围的；

（二）基本医疗服务未执行医疗保障行政部门制定的医药价格政策的；

（三）未依法履行行政处罚责任的；

（四）以弄虚作假等不正当手段申请定点，自发现之日起未满3年的；

（五）因违法违规被解除医保协议未满3年或已满3年但未完全履行行政处罚法律责任的；

（六）因严重违反医保协议约定而被解除协议未满1年或已满1年但未完

全履行违约责任的；

（七）法定代表人、主要负责人或实际控制人曾因严重违法违规导致原定点医疗机构被解除医保协议，未满 5 年的；

（八）法定代表人、主要负责人或实际控制人被列入失信人名单的；

（九）法律法规规定的其他不予受理的情形。

第三章　定点医疗机构运行管理

第十三条　定点医疗机构具有依法依规为参保人员提供医疗服务后获得医保结算费用，对经办机构履约情况进行监督，对完善医保政策提出意见建议等权利。

第十四条　定点医疗机构应当严格执行医保协议，合理诊疗、合理收费，严格执行医保药品、医用耗材和医疗服务项目等目录，优先配备使用医保目录药品，控制患者自费比例，提高医疗保障基金使用效率。定点医疗机构不得为非定点医疗机构提供医保结算。

经办机构不予支付的费用、定点医疗机构按医保协议约定被扣除的质量保证金及其支付的违约金等，定点医疗机构不得作为医保欠费处理。

第十五条　定点医疗机构及其工作人员应当执行实名就医和购药管理规定，核验参保人员有效身份凭证，按照诊疗规范提供合理、必要的医药服务，向参保人员如实出具费用单据和相关资料，不得分解住院、挂床住院，不得违反诊疗规范过度诊疗、过度检查、分解处方、超量开药、重复开药，不得重复收费、超标准收费、分解项目收费，不得串换药品、医用耗材、诊疗项目和服务设施，不得诱导、协助他人冒名或者虚假就医、购药。

定点医疗机构应当确保医疗保障基金支付的费用符合规定的支付范围；除急诊、抢救等特殊情形外，提供医疗保障基金支付范围以外的医药服务的，应当经参保人员或者其近亲属、监护人同意。

第十六条　定点医疗机构应当制定相应的内部管理措施，严格掌握出入院指征。按照协议执行医保总额预算指标，执行按项目、按病种、按疾病诊断相关分组、按床日、按人头等支付方式。不得以医保支付政策为由拒收患者。

第十七条　定点医疗机构按有关规定执行集中采购政策，优先使用集中采购中选的药品和耗材。医保支付的药品、耗材应当按规定在医疗保障行政部门规定的平台上采购，并真实记录“进、销、存”等情况。

第十八条　定点医疗机构应当严格执行医疗保障行政部门制定的医药价格政策。

第十九条 定点医疗机构应当参加由医疗保障行政部门或经办机构组织的宣传和培训。

定点医疗机构应当组织开展医疗保障基金相关制度、政策的培训，定期检查本单位医疗保障基金使用情况，及时纠正医疗保障基金使用不规范的行为。

第二十条 定点医疗机构在显著位置悬挂统一样式的定点医疗机构标识。

第二十一条 定点医疗机构应按要求及时向统筹地区经办机构报送医疗保障基金结算清单等信息，包括疾病诊断及手术操作，药品、医用耗材、医疗服务项目费用结算明细，医师、护士等信息，并对其真实性负责。定点医疗机构应当按要求如实向统筹地区经办机构报送药品、耗材的采购价格和数量。

定点医疗机构应向医疗保障部门报告医疗保障基金使用监督管理及协议管理所需信息，向社会公开医药费用、费用结构等信息。

第二十二条 定点医疗机构应当配合经办机构开展医保费用审核、稽核检查、绩效考核等工作，接受医疗保障行政部门的监督检查，并按规定提供相关材料。

第二十三条 定点医疗机构应当优化医保结算流程，为参保人员提供便捷的医疗服务，按规定进行医保费用直接结算，提供费用结算单据和相关资料。为符合规定的参保人员提供转诊转院服务。参保人员根据有关规定可以在定点医疗机构购药或凭处方到定点零售药店购药。

第二十四条 定点医疗机构应当做好与医保有关的信息系统安全保障工作，遵守数据安全有关制度，保护参保人员隐私。定点医疗机构重新安装信息系统时，应当保持信息系统技术接口标准与医保信息系统有效对接，并按规定及时全面准确向医保信息系统传送医保结算和审核所需的有关数据。

第四章 经办管理服务

第二十五条 经办机构有权掌握定点医疗机构运行管理情况，从定点医疗机构获得医保费用稽查审核、绩效考核和财务记账等所需要的信息数据等资料。定点医疗机构实行属地管理，经办机构对属地定点医疗机构为本地和异地参保人员提供的医疗服务承担管理服务职责。

第二十六条 经办机构应当完善定点申请、组织评估和协议签订、协议履行、协议变更和解除等管理流程，制定经办规程，为定点医疗机构和参保人员提供优质高效的经办服务。

第二十七条 经办机构应做好对定点医疗机构医保政策、管理制度、支付政策、操作流程的宣传培训，提供医疗保障咨询、查询服务。

第二十八条 经办机构应当落实医保支付政策，加强医疗保障基金管理。

第二十九条 经办机构应当建立完善的内部控制制度，明确对定点医疗机构申报费用的审核、结算、拨付、稽核等岗位责任及风险防控机制。完善重大医保费用支出集体决策制度。

第三十条 经办机构应当加强医疗保障基金支出管理，通过智能审核、实时监控、现场检查等方式及时审核医疗费用。对定点医疗机构进行定期和不定期稽查审核。按协议约定及时足额向定点医疗机构拨付医保费用，原则上应当在定点医疗机构申报后30个工作日内拨付符合规定的医保费用。

第三十一条 有条件的统筹地区经办机构可以按国家规定向定点医疗机构预付一部分医保资金，缓解其资金运行压力。在突发疫情等紧急情况时，可以按国家规定预拨专项资金。

第三十二条 定点医疗机构违规申报费用，经审查核实的，经办机构不予支付。

第三十三条 经办机构应当依法依规支付参保人员在定点医疗机构发生的医疗费用，为参保人员提供医保政策咨询。除急诊和抢救外，参保人员在非定点医疗机构就医发生的费用医疗保障基金不予支付。

第三十四条 经办机构向社会公开医保信息系统数据集和接口标准。定点医疗机构自主选择与医保对接的有关信息系统的运行和维护供应商。经办机构不得以任何名义收取任何费用及指定供应商。

第三十五条 经办机构应遵守数据安全有关制度，保护参保人员隐私，确保医疗保障基金安全。

第三十六条 经办机构或其委托符合规定的第三方机构，对定点医疗机构开展绩效考核，建立动态管理机制。考核结果与年终清算、质量保证金退还、协议续签等挂钩。绩效考核办法由国家医疗保障部门制定，省级医疗保障部门可制定具体考核细则，经办机构负责组织实施。

第三十七条 对于定点医疗机构结算周期内未超过总额控制指标的医疗费用，经办机构应根据协议按时足额拨付。对定点医疗机构因参保人员就医数量大幅增加等形成的合理超支给予适当补偿。

第三十八条 经办机构发现定点医疗机构存在违反协议约定情形的，可按协议约定相应采取以下处理方式：

（一）约谈医疗机构法定代表人、主要负责人或实际控制人；

（二）暂停或不予拨付费用；

（三）不予支付或追回已支付的医保费用；

（四）要求定点医疗机构按照协议约定支付违约金；

（五）中止相关责任人员或者所在部门涉及医疗保障基金使用的医疗服务；

（六）中止或解除医保协议。

第三十九条 经办机构违反医保协议的，定点医疗机构有权要求纠正或者提请医疗保障行政部门协调处理、督促整改，也可以依法申请行政复议或者提起行政诉讼。

医疗保障行政部门发现经办机构存在违反医保协议的，可视情节相应采取以下处理方式：约谈主要负责人、限期整改、通报批评，对相关责任人员依法依规给予处分。

医疗保障行政部门发现经办机构违反相关法律法规和规章的，依法依规进行处理。

第五章 定点医疗机构的动态管理

第四十条 定点医疗机构的名称、法定代表人、主要负责人或实际控制人、注册地址、银行账户、诊疗科目、机构规模、机构性质、等级和类别等重大信息变更时，应自有关部门批准之日起30个工作日内向统筹地区经办机构提出变更申请。其他一般信息变更应及时书面告知。

第四十一条 续签应由定点医疗机构于医保协议期满前3个月向经办机构提出申请或由经办机构统一组织。统筹地区经办机构与定点医疗机构就医保协议续签事宜进行协商谈判，双方根据医保协议履行情况和绩效考核情况等决定是否续签。协商一致的，可续签医保协议；未达成一致的，医保协议到期后自动终止。

对于绩效考核结果好的定点医疗机构可以采取固定医保协议和年度医保协议相结合的方式，固定医保协议相对不变，年度医保协议每年根据具体情况调整，简化签约手续。

第四十二条 医保协议中止是指经办机构与定点医疗机构暂停履行医保协议约定，中止期间发生的医保费用不予结算。中止期结束，未超过医保协议有效期的，医保协议可继续履行；超过医保协议有效期的，医保协议终止。

定点医疗机构可提出中止医保协议申请，经经办机构同意，可以中止医保协议但中止时间原则上不得超过180日，定点医疗机构在医保协议中止超过180日仍未提出继续履行医保协议申请的，原则上医保协议自动终止。定点医疗机构有下列情形之一的，经办机构应中止医保协议：

（一）根据日常检查和绩效考核，发现对医疗保障基金安全和参保人员权益可能造成重大风险的；

（二）未按规定向经办机构及医疗保障行政部门提供有关数据或提供数据不真实的；

（三）根据医保协议约定应当中止医保协议的；

（四）法律法规和规章规定的应当中止的其他情形。

第四十三条 医保协议解除是指经办机构与定点医疗机构之间的医保协议解除，协议关系不再存续，协议解除后产生的医药费用，医疗保障基金不再结算。定点医疗机构有以下情形之一的，经办机构应解除医保协议，并向社会公布解除医保协议的医疗机构名单：

（一）医保协议有效期内累计2次及以上被中止医保协议或中止医保协议期间未按要求整改或整改不到位的；

（二）以弄虚作假等不正当手段申请取得定点的；

（三）经医疗保障部门和其他有关部门查实有欺诈骗保行为的；

（四）为非定点医疗机构或处于中止医保协议期间的医疗机构提供医保费用结算的；

（五）拒绝、阻挠或不配合医疗保障部门开展智能审核、绩效考核、监督检查等，情节恶劣的；

（六）被发现重大信息发生变更但未办理重大信息变更的；

（七）定点医疗机构停业或歇业后未按规定向经办机构报告的；

（八）医疗保障行政部门或其他有关部门在行政执法中，发现定点医疗机构存在重大违法违规行为且可能造成医疗保障基金重大损失的；

（九）被吊销、注销医疗机构执业许可证或中医诊所备案证的；

（十）法定代表人、主要负责人或实际控制人不能履行医保协议约定，或有违法失信行为的；

（十一）未依法履行医疗保障行政部门作出的行政处罚决定的；

（十二）定点医疗机构主动提出解除医保协议且经办机构同意的；

（十三）根据医保协议约定应当解除医保协议的；

（十四）法律法规和规章规定的应当解除的其他情形。

第四十四条 定点医疗机构请求中止、解除医保协议或不再续签医保协议的，应提前3个月向经办机构提出申请。公立医疗机构不得主动提出中止或解除医保协议。

医疗机构所在地的地市级及以上统筹地区经办机构与定点医疗机构中止或解除医保协议，该医疗机构在其他统筹区的医保协议也同时中止或解除。

第四十五条 定点医疗机构的部分人员或科室有违反协议管理要求的，可对该人员或科室中止或终止医保结算。

第四十六条 医疗机构与统筹地区经办机构就医保协议签订、履行、变更和解除发生争议的，可以自行协商解决或者请求同级医疗保障行政部门协调处理，也可以依法提起行政复议或行政诉讼。

第六章 定点医疗机构的监督

第四十七条 医疗保障行政部门对定点申请、申请受理、专业评估、协议订立、协议履行和解除等进行监督，对经办机构的内部控制制度建设、医保费用的审核和拨付等进行指导和监督。

医疗保障行政部门依法依规通过实地检查、抽查、智能监控、大数据分析等方式对定点医疗机构的协议履行情况、医疗保障基金使用情况、医疗服务行为、购买涉及医疗保障基金使用的第三方服务等进行监督。

第四十八条 医疗保障行政部门和经办机构应拓宽监督途径、创新监督方式，通过满意度调查、第三方评价、聘请社会监督员等方式对定点医疗机构进行社会监督，畅通举报投诉渠道，及时发现问题并进行处理。

第四十九条 经办机构发现违约行为，应当及时按照协议处理。

经办机构作出中止相关责任人员或者所在部门涉及医疗保障基金使用的医药服务、中止和解除医保协议等处理时，要及时报告同级医疗保障行政部门。

医疗保障行政部门发现定点医疗机构存在违约情形的，应当及时责令经办机构按照医保协议处理，经办机构应当及时按照医保协议处理。

医疗保障行政部门依法查处违法违规行为时，认为经办机构移交相关违法线索事实不清的，可组织补充调查或要求经办机构补充材料。

第七章 附 则

第五十条 职工基本医疗保险、城乡居民基本医疗保险、生育保险、医疗救助、居民大病保险等医疗保障定点管理工作按照本办法执行。

第五十一条 本办法中的经办机构是具有法定授权，实施医疗保障管理服务的职能机构，是医疗保障经办的主体。

定点医疗机构是指自愿与统筹地区经办机构签订医保协议，为参保人员提供医疗服务的医疗机构。

医保协议是指由经办机构与医疗机构经协商谈判而签订的，用于规范医疗服务行为以及明确双方权利、义务及责任等内容的协议。

第五十二条 国务院医疗保障行政部门制作并定期修订医保协议范本，国家医疗保障经办机构制定经办规程并指导各地加强和完善医保协议管理。地市级及以上的医疗保障行政部门及经办机构在此基础上，可根据实际情况分别细化制定本地区的医保协议范本及经办规程。医保协议内容应与法律、法规、规章和医疗保障政策调整变化相一致，医疗保障行政部门调整医保协议内容时，应征求相关定点医疗机构意见。

第五十三条 本办法由国务院医疗保障行政部门负责解释，自2021年2月1日起施行。

零售药店医疗保障定点管理暂行办法

（2020年12月30日国家医疗保障局令第3号公布　自2021年2月1日起施行　国司备字［2021003771］）

第一章　总　　则

第一条 为加强和规范零售药店医疗保障定点管理，提高医疗保障基金使用效率，更好地保障广大参保人员权益，根据《中华人民共和国社会保险法》《中华人民共和国基本医疗卫生与健康促进法》及《中华人民共和国药品管理法》等法律法规，制定本办法。

第二条 零售药店医疗保障定点管理应坚持以人民健康为中心，遵循保障基本、公平公正、权责明晰、动态平衡的原则，加强医疗保障精细化管理，发挥零售药店市场活力，为参保人员提供适宜的药品服务。

第三条 医疗保障行政部门负责制定零售药店定点管理政策，在定点申请、专业评估、协商谈判、协议订立、协议履行、协议解除等环节对医疗保障经办机构（以下简称“经办机构”）、定点零售药店进行监督。经办机构负责确定定点零售药店，并与定点零售药店签订医疗保障服务协议（以下简称“医保协议”），提供经办服务，开展医保协议管理、考核等。定点零售药店应当遵守医疗保障法律、法规、规章及有关政策，按照规定向参保人员提供药品服务。

第二章　定点零售药店的确定

第四条　统筹地区医疗保障行政部门根据公众健康需求、管理服务需要、医疗保障基金收支、参保人员用药需求等确定本统筹地区定点零售药店的资源配置。

第五条　取得药品经营许可证，并同时符合以下条件的零售药店均可申请医疗保障定点：

（一）在注册地址正式经营至少3个月；

（二）至少有1名取得执业药师资格证书或具有药学、临床药学、中药学专业技术资格证书的药师，且注册地在该零售药店所在地，药师须签订1年以上劳动合同且在合同期内；

（三）至少有2名熟悉医疗保障法律法规和相关制度规定的专（兼）职医保管理人员负责管理医保费用，并签订1年以上劳动合同且在合同期内；

（四）按药品经营质量管理规范要求，开展药品分类分区管理，并对所售药品设立明确的医保用药标识；

（五）具有符合医保协议管理要求的医保药品管理制度、财务管理制度、医保人员管理制度、统计信息管理制度和医保费用结算制度；

（六）具备符合医保协议管理要求的信息系统技术和接口标准，实现与医保信息系统有效对接，为参保人员提供直接联网结算，建立医保药品等基础数据库，按规定使用国家统一医保编码；

（七）符合法律法规和省级及以上医疗保障行政部门规定的其他条件。

第六条　零售药店向统筹地区经办机构提出医疗保障定点申请，至少提供以下材料：

（一）定点零售药店申请表；

（二）药品经营许可证、营业执照和法定代表人、主要负责人或实际控制人身份证复印件；

（三）执业药师资格证书或药学技术人员相关证书及其劳动合同复印件；

（四）医保专（兼）职管理人员的劳动合同复印件；

（五）与医疗保障政策对应的内部管理制度和财务制度文本；

（六）与医保有关的信息系统相关材料；

（七）纳入定点后使用医疗保障基金的预测性分析报告；

（八）省级医疗保障行政部门按相关规定要求提供的其他材料。

第七条　零售药店提出定点申请，统筹地区经办机构应即时受理。对申请材料内容不全的，经办机构自收到材料之日起5个工作日内一次性告知零售药店补充。

第八条 统筹地区经办机构应组织评估小组或委托符合规定的第三方机构，以书面、现场等形式开展评估。评估小组成员由医疗保障、医药卫生、财务管理、信息技术等专业人员构成。自受理申请材料之日起，评估时间不超过3个月，零售药店补充材料时间不计入评估期限。评估内容包括：

（一）核查药品经营许可证、营业执照和法定代表人、企业负责人或实际控制人身份证；

（二）核查执业药师资格证书或药学技术人员资格证书及劳动合同；

（三）核查医保专（兼）职管理人员的劳动合同；

（四）核查与医疗保障政策对应的内部管理制度和财务制度；

（五）核查与医保有关的信息系统是否具备开展直接联网结算的条件；

（六）核查医保药品标识。

评估结果包括合格和不合格。统筹地区经办机构应将评估结果报同级医疗保障行政部门备案。对于评估合格的，纳入拟签订医保协议的零售药店名单向社会公示。对于评估不合格的应告知其理由，提出整改建议。自结果告知送达之日起，整改3个月后可再次组织评估，评估仍不合格的，1年内不得再次申请。

省级医疗保障行政部门可以在本办法基础上，根据实际情况，制定具体评估细则。

第九条 统筹地区经办机构与评估合格的零售药店协商谈判，达成一致的，双方自愿签订医保协议。原则上由地市级及以上的统筹地区经办机构与零售药店签订医保协议并向同级医疗保障行政部门备案。医保协议应明确双方的权利、义务和责任。签订医保协议的双方应当严格执行医保协议约定。医保协议期限一般为1年。

第十条 统筹地区经办机构向社会公布签订医保协议的定点零售药店信息，包括名称、地址等，供参保人员选择。

第十一条 零售药店有下列情形之一的，不予受理定点申请：

（一）未依法履行行政处罚责任的；

（二）以弄虚作假等不正当手段申请定点，自发现之日起未满3年的；

（三）因违法违规被解除医保协议未满3年或已满3年但未完全履行行政处罚法律责任的；

（四）因严重违反医保协议约定而被解除医保协议未满1年或已满1年但未完全履行违约责任的；

（五）法定代表人、企业负责人或实际控制人曾因严重违法违规导致原定点零售药店被解除医保协议，未满 5 年的；

（六）法定代表人、企业负责人或实际控制人被列入失信人名单的；

（七）法律法规规定的其他不予受理的情形。

第三章　定点零售药店运行管理

第十二条　定点零售药店具有为参保人员提供药品服务后获得医保结算费用，对经办机构履约情况进行监督，对完善医疗保障政策提出意见建议等权利。

第十三条　定点零售药店应当为参保人员提供药品咨询、用药安全、医保药品销售、医保费用结算等服务。符合规定条件的定点零售药店可以申请纳入门诊慢性病、特殊病购药定点机构，相关规定由统筹地区医疗保障部门另行制定。

经办机构不予支付的费用、定点零售药店按医保协议约定被扣除的质量保证金及其支付的违约金等，定点零售药店不得作为医保欠费处理。

第十四条　定点零售药店应当严格执行医保支付政策。鼓励在医疗保障行政部门规定的平台上采购药品，并真实记录“进、销、存”情况。

第十五条　定点零售药店要按照公平、合理、诚实信用和质价相符的原则制定价格，遵守医疗保障行政部门制定的药品价格政策。

第十六条　定点零售药店应当凭处方销售医保目录内处方药，药师应当对处方进行审核、签字后调剂配发药品。外配处方必须由定点医疗机构医师开具，有医师签章。定点零售药店可凭定点医疗机构开具的电子外配处方销售药品。

第十七条　定点零售药店应当组织医保管理人员参加由医疗保障行政部门或经办机构组织的宣传和培训。

定点零售药店应当组织开展医疗保障基金相关制度、政策的培训，定期检查本单位医疗保障基金使用情况，及时纠正医疗保障基金使用不规范的行为。

第十八条　定点零售药店在显著位置悬挂统一格式的定点零售药店标识。

第十九条　定点零售药店应按要求及时如实向统筹地区经办机构上传参保人员购买药品的品种、规格、价格及费用信息，定期向经办机构上报医保目录内药品的“进、销、存”数据，并对其真实性负责。

第二十条　定点零售药店应当配合经办机构开展医保费用审核、稽核检查、绩效考核等工作,接受医疗保障行政部门的监督检查,并按规定提供相关材料。

第二十一条 定点零售药店提供药品服务时应核对参保人员有效身份凭证,做到人证相符。特殊情况下为他人代购药品的应出示本人和被代购人身份证。为参保人员提供医保药品费用直接结算单据和相关资料,参保人员或购药人应在购药清单上签字确认。凭外配处方购药的,应核验处方使用人与参保人员身份是否一致。

第二十二条 定点零售药店应将参保人员医保目录内药品外配处方、购药清单等保存2年,以备医疗保障部门核查。

第二十三条 定点零售药店应做好与医保有关的信息系统安全保障工作,遵守数据安全有关制度,保护参保人员隐私。定点零售药店重新安装信息系统时,应当保持信息系统技术接口标准与医保信息系统有效对接,并按规定及时全面准确向医保信息系统传送医保结算和审核所需的有关数据。

第四章 经办管理服务

第二十四条 经办机构有权掌握定点零售药店的运行管理情况,从定点零售药店获得医保费用稽查审核、绩效考核和财务记账等所需要的信息数据等资料。

第二十五条 经办机构应当完善定点申请、组织评估、协议签订、协议履行、协议变更和解除等流程管理,制定经办规程,为定点零售药店和参保人员提供优质高效的经办服务。

第二十六条 经办机构应做好对定点零售药店医疗保障政策、管理制度、支付政策、操作流程的宣传培训,提供医疗保障咨询、查询服务。

第二十七条 经办机构应当落实医保支付政策,加强医疗保障基金管理。

第二十八条 经办机构应当建立完善的内部控制制度,明确对定点零售药店医保费用的审核、结算、拨付、稽核等岗位责任及风险防控机制。完善重大医保药品费用支出集体决策制度。

第二十九条 经办机构应当加强医疗保障基金支出管理,通过智能审核、实时监控、现场检查等方式及时审核医保药品费用。对定点零售药店进行定期和不定期稽查审核,按医保协议约定及时足额向定点零售药店拨付医保费用。原则上,应当在定点零售药店申报后30个工作日内拨付符合规定的医保费用。

第三十条 定点零售药店经审查核实的违规医保费用,经办机构不予支付。

第三十一条 经办机构应当依法依规支付参保人员在定点零售药店发生的药品费用。

参保人员应凭本人参保有效身份凭证在定点零售药店购药。不得出租(借)本人有效身份凭证给他人,不得套取医疗保障基金。在非定点零售药店发生的药品费用,医疗保障基金不予支付。

第三十二条 经办机构向社会公开医保信息系统数据集和接口标准。定点零售药店自主选择与医保对接的有关信息系统的运行和维护供应商。经办机构不得以任何名义收取任何费用及指定供应商。

第三十三条 经办机构应遵守数据安全有关制度,保护参保人员隐私,确保医疗保障基金安全。

第三十四条 经办机构或其委托的第三方机构,对定点零售药店开展绩效考核,建立动态管理机制。考核结果与年终清算、质量保证金退还、医保协议续签等挂钩。绩效考核办法由国家医疗保障部门制定,省级医疗保障部门可制定具体考核细则,经办机构负责组织实施。

第三十五条 经办机构发现定点零售药店存在违反医保协议约定情形的,可按医保协议约定相应采取以下处理方式:

(一)约谈法定代表人、主要负责人或实际控制人;

(二)暂停结算、不予支付或追回已支付的医保费用;

(三)要求定点零售药店按照医保协议约定支付违约金;

(四)中止或解除医保协议。

第三十六条 经办机构违反医保协议的,定点零售药店有权要求纠正或者提请医疗保障行政部门协调处理、督促整改,也可以依法申请行政复议或者提起行政诉讼。

医疗保障行政部门发现经办机构存在违反医保协议约定的,可视情节相应采取以下处理方式:约谈主要负责人、限期整改、通报批评,对相关责任人员依法依规给予处分。

医疗保障行政部门发现经办机构违反相关法律法规和规章的,依法依规进行处理。

第五章 定点零售药店的动态管理

第三十七条 定点零售药店的名称、法定代表人、企业负责人、实际控制人、注册地址和药品经营范围等重要信息发生变更的,应自有关部门批准之日起30个工作日内向统筹地区经办机构提出变更申请，其他一般信息变更应及时书面告知。

第三十八条 续签应由定点零售药店于医保协议期满前3个月向经办机构提出申请或由经办机构统一组织。统筹地区经办机构和定点零售药店就医保协议续签事宜进行协商谈判，双方根据医保协议履行情况和绩效考核情况等决定是否续签。协商一致的，可续签医保协议；未达成一致的，医保协议解除。

第三十九条 医保协议中止是指经办机构与定点零售药店暂停履行医保协议约定，中止期间发生的医保费用不予结算。中止期结束，未超过医保协议有效期的，医保协议可继续履行；超过医保协议有效期的，医保协议终止。

定点零售药店可提出中止医保协议申请，经经办机构同意，可以中止医保协议但中止时间原则上不得超过180日，定点零售药店在医保协议中止超过180日仍未提出继续履行医保协议申请的，原则上医保协议自动终止。定点零售药店有下列情形之一的，经办机构应中止医保协议：

（一）根据日常检查和绩效考核，发现对医疗保障基金安全和参保人员权益可能造成重大风险的；

（二）未按规定向医疗保障行政部门及经办机构提供有关数据或提供数据不真实的；

（三）根据医保协议约定应当中止医保协议的；

（四）法律法规和规章规定的应当中止的其他情形。

第四十条 医保协议解除是指经办机构与定点零售药店之间的医保协议解除，协议关系不再存续，医保协议解除后产生的医药费用，医疗保障基金不再结算。定点零售药店有下列情形之一的，经办机构应解除医保协议，并向社会公布解除医保协议的零售药店名单：

（一）医保协议有效期内累计2次及以上被中止医保协议或中止医保协议期间未按要求整改或整改不到位的；

（二）发生重大药品质量安全事件的；

（三）以弄虚作假等不正当手段申请取得定点的；

（四）以伪造、变造医保药品“进、销、存”票据和账目、伪造处方或参保人员费用清单等方式，骗取医疗保障基金的；

（五）将非医保药品或其他商品串换成医保药品，倒卖医保药品或套取医疗保障基金的；

（六）为非定点零售药店、中止医保协议期间的定点零售药店或其他机构进行医保费用结算的；

（七）将医保结算设备转借或赠与他人，改变使用场地的；

（八）拒绝、阻挠或不配合经办机构开展智能审核、绩效考核等，情节恶劣的；

（九）被发现重大信息发生变更但未办理变更的；

（十）医疗保障行政部门或有关执法机构在行政执法中，发现定点零售药店存在重大违法违规行为且可能造成医疗保障基金重大损失的；

（十一）被吊销、注销药品经营许可证或营业执照的；

（十二）未依法履行医疗保障行政部门作出的行政处罚决定的；

（十三）法定代表人、企业负责人或实际控制人不能履行医保协议约定，或有违法失信行为的；

（十四）因定点零售药店连锁经营企业总部法定代表人、企业负责人或实际控制人违法违规导致连锁零售药店其中一家分支零售药店被解除医保协议的，相同法定代表人、企业负责人或实际控制人的其他分支零售药店同时解除医保协议；

（十五）定点零售药店主动提出解除医保协议且经经办机构同意的；

（十六）根据医保协议约定应当解除协议的；

（十七）法律法规和规章规定的其他应当解除的情形。

第四十一条　定点零售药店主动提出中止医保协议、解除医保协议或不再续签的，应提前3个月向经办机构提出申请。地市级及以上的统筹地区经办机构与定点零售药店中止或解除医保协议，该零售药店在其他统筹区的医保协议也同时中止或解除。

第四十二条　定点零售药店与统筹地区经办机构就医保协议签订、履行、变更和解除发生争议的，可以自行协商解决或者请求同级医疗保障行政部门协调处理，也可提起行政复议或行政诉讼。

第六章　定点零售药店的监督

第四十三条　医疗保障行政部门对定点申请、申请受理、专业评估、协议订立、协议履行和解除等进行监督，对经办机构的内部控制制度建设、医保费用的审核和拨付等进行指导和监督。

医疗保障行政部门依法依规通过实地检查、抽查、智能监控、大数据分析等方式对定点零售药店的医保协议履行情况、医疗保障基金使用情况、药品服务等进行监督。

第四十四条　医疗保障行政部门和经办机构应拓宽监督途径、创新监督方式,通过满意度调查、第三方评价、聘请社会监督员等方式对定点零售药店进行社会监督,畅通举报投诉渠道,及时发现问题并进行处理。

第四十五条 医疗保障行政部门发现定点零售药店存在违约情形的,应当及时责令经办机构按照医保协议处理。定点零售药店违反法律法规规定的,依法依规处理。

第四十六条 经办机构发现违约行为,应当及时按照医保协议处理。

经办机构作出中止或解除医保协议处理时,要及时报告同级医疗保障行政部门。

医疗保障行政部门发现定点零售药店存在违约情形的,应当及时责令经办机构按照医保协议处理,经办机构应当及时按照协议处理。

医疗保障行政部门依法查处违法违规行为时,认为经办机构移交相关违法线索事实不清的,可组织补充调查或要求经办机构补充材料。

第七章　附　　则

第四十七条 职工基本医疗保险、城乡居民基本医疗保险、生育保险、医疗救助、居民大病保险等医疗保障定点管理工作按照本办法执行。

第四十八条 本办法中的经办机构是具有法定授权,实施医疗保障管理服务的职能机构,是医疗保障经办的主体。

零售药店是符合《中华人民共和国药品管理法》规定,领取药品经营许可证的药品零售企业。

定点零售药店是指自愿与统筹地区经办机构签订医保协议,为参保人员提供药品服务的实体零售药店。

医保协议是指由经办机构与零售药店经协商谈判而签订的,用于规范双方权利、义务及责任等内容的协议。

第四十九条 国务院医疗保障行政部门制作并定期修订医保协议范本,国家医疗保障经办机构制定经办规程并指导各地加强和完善协议管理。地市级及以上的医疗保障行政部门及经办机构在此基础上,可根据实际情况分别细化制定本地区的协议范本及经办规程。协议内容应根据法律、法规、规章和医疗保障政策调整变化相一致,医疗保障行政部门予以调整医保协议内容时,应征求相关定点零售药店意见。

第五十条 本办法由国务院医疗保障行政部门负责解释,自 2021 年 2 月 1 日起施行。

国家市场监督管理总局
关于修改和废止部分规章的决定

（2020 年 12 月 31 日国家市场监督管理总局令第 34 号公布　自 2021 年 1 月 1 日起施行　国司备字［2021003773］）

为贯彻实施民法典，做好部门规章与民法典的有效衔接，维护国家法制统一、尊严和权威，同时，落实机构职能调整的要求，市场监管总局决定修改和废止下列规章：

一、对《工商行政管理机关股权出质登记办法》（2008 年 9 月 1 日国家工商行政管理总局令第 32 号公布）作出修改

（一）将《工商行政管理机关股权出质登记办法》修改为《股权出质登记办法》。

（二）将第一条中的"《中华人民共和国物权法》"修改为"《中华人民共和国民法典》"。

（三）将第五条中的"对于已经被人民法院冻结的股权，在解除冻结之前，不得申请办理股权出质登记"修改为"对于已经被依法冻结的股权，在解除冻结之前，不得申请办理股权出质登记"。

（四）将第六条、第七条、第九条、第十二条和第十三条中的"质权合同"修改为"质押合同"。

（五）将第三条中的"工商行政管理机关"修改为"市场监督管理部门"。

（六）将第七条、第九条和第十六条中的"国家工商行政管理总局"修改为"国家市场监督管理总局"。

二、对《合同违法行为监督处理办法》（2010 年 10 月 13 日国家工商行政管理总局令第 51 号公布）作出修改

（一）将第一条中的"《中华人民共和国合同法》"修改为"《中华人民共和国民法典》"。

（二）将第四条、第五条、第十二条和第十四条中的"工商行政管理机关"修改为"市场监督管理部门"。

（三）将第十五条中的"国家工商行政管理总局"改为"国家市场监督管理总局"。

（四）将第六条中的"当事人不得利用合同实施下列欺诈行为"修改为"当

事人不得利用合同实施下列欺诈行为，危害国家利益、社会公共利益”。

三、废止《动产抵押登记办法》（2007 年 10 月 17 日国家工商行政管理总局令第 30 号公布）

本决定自 2021 年 1 月 1 日起施行。

股权出质登记办法

（2008 年 9 月 1 日国家工商行政管理总局令第 32 号公布　根据 2016 年 4 月 29 日《国家工商行政管理总局关于废止和修改部分工商行政管理规章的决定》第一次修订　根据 2020 年 12 月 31 日《国家市场监督管理总局关于修改和废止部分规章的决定》第二次修订）

第一条　为规范股权出质登记行为，根据《中华人民共和国民法典》等法律的规定，制定本办法。

第二条　以持有的有限责任公司和股份有限公司股权出质，办理出质登记的，适用本办法。已在证券登记结算机构登记的股份有限公司的股权除外。

第三条　负责出质股权所在公司登记的市场监督管理部门是股权出质登记机关（以下简称登记机关）。

各级市场监督管理部门的企业登记机构是股权出质登记机构。

第四条　股权出质登记事项包括：

（一）出质人和质权人的姓名或名称；

（二）出质股权所在公司的名称；

（三）出质股权的数额。

第五条　申请出质登记的股权应当是依法可以转让和出质的股权。对于已经被依法冻结的股权，在解除冻结之前，不得申请办理股权出质登记。

第六条　申请股权出质设立登记、变更登记和注销登记，应当由出质人和质权人共同提出。申请股权出质撤销登记，可以由出质人或者质权人单方提出。

申请人应当对申请材料的真实性、质押合同的合法性有效性、出质股权权能的完整性承担法律责任。

第七条　申请股权出质设立登记，应当提交下列材料：

（一）申请人签字或者盖章的《股权出质设立登记申请书》；

（二）记载有出质人姓名（名称）及其出资额的有限责任公司股东名册复印件或者出质人持有的股份公司股票复印件（均需加盖公司印章）；

（三）质押合同；

（四）出质人、质权人的主体资格证明或者自然人身份证明复印件（出质人、质权人属于自然人的由本人签名，属于法人的加盖法人印章，下同）；

（五）国家市场监督管理总局要求提交的其他材料。

指定代表或者共同委托代理人办理的，还应当提交申请人指定代表或者共同委托代理人的证明。

第八条 出质股权数额变更，以及出质人、质权人姓名（名称）或者出质股权所在公司名称更改的，应当申请办理变更登记。

第九条 申请股权出质变更登记，应当提交下列材料：

（一）申请人签字或者盖章的《股权出质变更登记申请书》；

（二）有关登记事项变更的证明文件。属于出质股权数额变更的，提交质押合同修正案或者补充合同；属于出质人、质权人姓名（名称）或者出质股权所在公司名称更改的，提交姓名或者名称更改的证明文件和更改后的主体资格证明或者自然人身份证明复印件；

（三）国家市场监督管理总局要求提交的其他材料。

指定代表或者共同委托代理人办理的，还应当提交申请人指定代表或者共同委托代理人的证明。

第十条 出现主债权消灭、质权实现、质权人放弃质权或法律规定的其他情形导致质权消灭的，应当申请办理注销登记。

第十一条 申请股权出质注销登记，应当提交申请人签字或者盖章的《股权出质注销登记申请书》。

指定代表或者共同委托代理人办理的，还应当提交申请人指定代表或者共同委托代理人的证明。

第十二条 质押合同被依法确认无效或者被撤销的，应当申请办理撤销登记。

第十三条 申请股权出质撤销登记，应当提交下列材料：

（一）申请人签字或者盖章的《股权出质撤销登记申请书》；

（二）质押合同被依法确认无效或者被撤销的法律文件；

指定代表或者委托代理人办理的，还应当提交申请人指定代表或者委托代理人的证明。

第十四条 登记机关对登记申请应当当场办理登记手续并发给登记通知书。通知书加盖登记机关的股权出质登记专用章。

对于不属于股权出质登记范围或者不属于本机关登记管辖范围以及不符合本办法规定的，登记机关应当当场告知申请人，并退回申请材料。

第十五条 登记机关应当将股权出质登记事项在企业信用信息公示系统公示,供社会公众查询。

因自身原因导致股权出质登记事项记载错误的,登记机关应当及时予以更正。

第十六条 股权出质登记的有关文书格式文本,由国家市场监督管理总局统一制定。

第十七条 本办法自 2008 年 10 月 1 日起施行。

合同违法行为监督处理办法

(2010 年 10 月 13 日国家工商行政管理总局令第 51 号公布
根据 2020 年 12 月 31 日《国家市场监督管理总局关于修改和废止部分规章的决定》修订)

第一条 为了维护市场经济秩序,保护国家利益、社会公共利益和当事人合法权益,依据《中华人民共和国民法典》和有关法律法规的规定,制定本办法。

第二条 本办法所称合同违法行为,是指自然人、法人、其他组织利用合同,以牟取非法利益为目的,违反法律法规及本办法的行为。

第三条 当事人订立、履行合同,应当遵守法律、行政法规,尊重社会公德,不得扰乱社会经济秩序,损害国家利益、社会公共利益。

第四条 各级市场监督管理部门在职权范围内,依照有关法律法规及本办法的规定,负责监督处理合同违法行为。

第五条 各级市场监督管理部门依法监督处理合同违法行为,实行查处与引导相结合,处罚与教育相结合,推行行政指导,督促、引导当事人依法订立、履行合同,维护国家利益、社会公共利益。

第六条 当事人不得利用合同实施下列欺诈行为,危害国家利益、社会公共利益:

(一)伪造合同;

(二)虚构合同主体资格或者盗用、冒用他人名义订立合同;

(三)虚构合同标的或者虚构货源、销售渠道诱人订立、履行合同;

(四)发布或者利用虚假信息,诱人订立合同;

(五)隐瞒重要事实,诱骗对方当事人做出错误的意思表示订立合同,或者诱骗对方当事人履行合同;

（六）没有实际履行能力，以先履行小额合同或者部分履行合同的方法，诱骗对方当事人订立、履行合同；

（七）恶意设置事实上不能履行的条款，造成对方当事人无法履行合同；

（八）编造虚假理由中止（终止）合同，骗取财物；

（九）提供虚假担保；

（十）采用其他欺诈手段订立、履行合同。

第七条 当事人不得利用合同实施下列危害国家利益、社会公共利益的行为：

（一）以贿赂、胁迫等手段订立、履行合同，损害国家利益、社会公共利益；

（二）以恶意串通手段订立、履行合同，损害国家利益、社会公共利益；

（三）非法买卖国家禁止或者限制买卖的财物；

（四）没有正当理由，不履行国家指令性合同义务；

（五）其他危害国家利益、社会公共利益的合同违法行为。

第八条 任何单位和个人不得在知道或者应当知道的情况下，为他人实施本办法第六条、第七条规定的违法行为，提供证明、执照、印章、账户及其他便利条件。

第九条 经营者与消费者采用格式条款订立合同的，经营者不得在格式条款中免除自己的下列责任：

（一）造成消费者人身伤害的责任；

（二）因故意或者重大过失造成消费者财产损失的责任；

（三）对提供的商品或者服务依法应当承担的保证责任；

（四）因违约依法应当承担的违约责任；

（五）依法应当承担的其他责任。

第十条 经营者与消费者采用格式条款订立合同的，经营者不得在格式条款中加重消费者下列责任：

（一）违约金或者损害赔偿金超过法定数额或者合理数额；

（二）承担应当由格式条款提供方承担的经营风险责任；

（三）其他依照法律法规不应由消费者承担的责任。

第十一条 经营者与消费者采用格式条款订立合同的，经营者不得在格式条款中排除消费者下列权利：

（一）依法变更或者解除合同的权利；

（二）请求支付违约金的权利；

（三）请求损害赔偿的权利；

（四）解释格式条款的权利；

（五）就格式条款争议提起诉讼的权利；

（六）消费者依法应当享有的其他权利。

第十二条 当事人违反本办法第六条、第七条、第八条、第九条、第十条、第十一条规定，法律法规已有规定的，从其规定；法律法规没有规定的，市场监督管理部门视其情节轻重，分别给予警告，处以违法所得额三倍以下，但最高不超过三万元的罚款，没有违法所得的，处以一万元以下的罚款。

第十三条 当事人合同违法行为轻微并及时纠正，没有造成危害后果的，应当依法不予行政处罚；主动消除或者减轻危害后果的，应当依法从轻或者减轻行政处罚；经督促、引导，能够主动改正或者及时中止合同违法行为的，可以依法从轻行政处罚。

第十四条 违反本办法规定涉嫌犯罪的，市场监督管理部门应当按照有关规定，移交司法机关追究其刑事责任。

第十五条 本办法由国家市场监督管理总局负责解释。

第十六条 本办法自2010年11月13日起施行。

核动力厂管理体系安全规定

（2020年12月31日生态环境部令第18号公布 自2021年3月1日起施行 国司备字[2021003701]）

第一章 总 则

第一条 为了推进核安全治理体系和治理能力现代化，强化核动力厂安全责任，保护公众和从业人员的安全与健康，保护生态环境，根据《中华人民共和国核安全法》，制定本规定。

第二条 本规定适用于中华人民共和国领域及管辖的其他海域内的核动力厂管理体系的建立和实施，其他民用核设施可以参照本规定执行。

本规定所称核动力厂管理体系，是指为确保核动力厂安全而建立的组织机构、管理制度、资源和工作过程等。

第三条 核动力厂营运单位应当按照国家有关法律法规和本规定要求，建立和有效实施核动力厂管理体系，通过对所有安全相关工作过程（以下简称工作过程）、影响核安全和生态环境保护的要素进行有效管理，实现核安全和生态环境保护等目标。

对核动力厂控股的企业集团（以下简称企业集团）应当在其职责范围内采

取有效措施满足本规定的适用要求。

为核动力厂营运单位提供设备、工程和服务等的单位(以下简称相关单位)应当采取有效措施满足本规定的适用要求。

第四条 国务院核安全监督管理部门应当加强对核动力厂管理体系建立和实施情况的监督检查。

第五条 鼓励任何单位和个人对核动力厂的安全隐患、违规操作、弄虚作假及其他影响安全的违法行为,向国务院核安全监督管理部门举报。

国务院核安全监督管理部门应当及时处理举报并对举报人的信息予以保密。对实名举报的,应当反馈处理结果等情况;查证属实的,可以对举报人给予奖励。

严禁举报人所在单位对举报人进行任何形式的压制和打击报复。

第二章 安全责任

第六条 核动力厂营运单位对核动力厂的核安全负全面责任,应当坚持安全第一、预防为主、责任明确、严格管理、纵深防御、全面保障的原则,在核动力厂建立并保持对放射性危害的有效防御,保障核安全,预防和应对核事故,安全利用核能,保护从业人员、公众和环境免受不当危害。

核动力厂营运单位应当承担以下核安全责任:

(一)遵守国家有关法律法规要求,建立健全安全责任制,组织制定相关管理大纲、规章制度和程序,确保安全相关工作的有效实施;

(二)确保核动力厂选址、设计、建造、运行和退役等满足核安全法律法规、标准、许可文件的规定和其他安全监管要求;

(三)加强从业人员辐射防护和职业照射监控,确保从业人员具备管理控制核与辐射风险的相关知识和能力;

(四)确保对核动力厂内所有放射性物质实施严格有效的管理控制,持续开展放射性流出物监测和场址周边辐射环境监测;

(五)确保为核动力厂选址、设计、建造、运行和退役等全寿期安全提供资源保障,包括放射性废物管理以及核动力厂退役或者停闭所需要的资源;

(六)组织制定和实施应急预案,建立应急处置队伍,开展应急预案演练,按照应急预案的要求进行应急响应,减轻事故后果,并及时采取有效措施进行生态环境修复。

第七条 企业集团应当加强核动力厂营运单位人员配置、核安全管理和财务保障,建立和实施有效的监督和考核制度。

第八条　核动力厂营运单位可以通过合同约定的方式将核动力厂管理体系的具体工作委托给相关单位承担；委托行为不转移核动力厂营运单位承担的核安全全面责任。

核动力厂营运单位应当严格审查相关单位的资质或者能力，通过合同明确双方的权利、义务和责任，并对相关单位的活动进行有效管理，确保其满足本规定的要求。

第三章　安全领导

第九条　核动力厂营运单位主要负责人应当在以下方面作出承诺：

（一）制定核安全和生态环境保护等方面的政策、目标和规划，建立清晰、协调、高效的安全决策机制和重大事项的安全审议机制；

（二）明确不同层级从业人员的安全责任、权利和义务，为履行安全责任、实现安全目标提供必要的资源保障和程序方法等支持，建立科学合理的绩效评价和奖惩制度；

（三）持续监督、评价核动力厂安全状况和管理体系运行情况，定期开展管理部门审查，促进全员参与安全管理，持续提升安全业绩，培育核安全文化；

（四）与国务院核安全监督管理部门建立沟通机制，执行核安全相关法律法规规定的报告制度，报告核动力厂管理体系运行情况。

第十条　核动力厂营运单位在安全生产、质量保证、职业健康等方面的政策、目标和规划应当与核安全和生态环境保护政策、目标和规划协调一致。核动力厂营运单位应当制定和有效实施核安全和生态环境保护政策、目标和规划的行动计划，并定期开展适宜性和符合性审查，及时纠正偏差。

第十一条　核动力厂营运单位主要负责人应当履行下列职责：

（一）指挥和调度管理体系的重大事项；

（二）保证安全决策机制和安全审议机制有效运作；

（三）协调解决工作过程之间的重大争议和冲突。

第十二条　核动力厂营运单位负责安全综合管理的部门，应当具有足够的资源、职权和组织独立性，并履行下列职责：

（一）管理、协调、监督、评价管理体系相关工作；

（二）制止并纠正违章指挥、强令冒险作业、违规操作等行为；

（三）发现重大安全隐患时，提出安全管理建议；

（四）对安全相关重大不符合项、事件和事故的处理情况进行跟踪评价；

（五）组织制定和实施管理体系评价计划，督促落实相关整改措施。

第十三条 核动力厂营运单位应当确定管理体系各工作过程的责任部门，责任部门履行下列职责：

（一）制定和实施所负责工作过程的管理大纲、规章制度和程序；

（二）对所负责的工作过程进行有效的管理控制；

（三）及时发现和纠正对安全不利的行为或者状态，实施经验反馈；

（四）向本单位安全综合管理部门报告安全状况和趋势，落实整改措施。

第十四条 核动力厂营运单位安全委员会等安全审议机构应当对重要安全事项进行审议，跟踪审议决议的落实情况，必要时开展风险分析和独立审查。

在核安全和生态环境保护等方面承担重要职责的本单位相关部门负责人、相关单位代表以及相关领域专家应当参加安全审议。

本条第一款规定的重要安全事项包括下列内容：

（一）安全许可申请文件以及重要许可事项的调整；

（二）核安全和生态环境保护等方面的绩效评价方法及改进措施；

（三）安全相关组织机构、职责分工和资源配置等方面的重大调整；

（四）可能影响安全的工作进度、资金等方面的管理制度和计划的重大调整；

（五）本单位内部和对相关单位的绩效评价方法及其重大调整；

（六）供应链管理相关重要事项和重要相关单位的变更；

（七）重大不符合项、重大事件和事故的调查结果及整改措施；

（八）核安全文化评估结果及改进措施；

（九）其他重要安全事项。

第四章　安全管理

第十五条 核动力厂营运单位应当整合、实施、评价和持续改进管理体系，满足以下要求：

（一）综合考虑安全生产、质量保证、生态环境、安全保卫、职业健康，以及组织、人员、社会、进度、经费等要素及其相互影响；

（二）合理设置组织机构，确定承担决策、管理、执行和评价工作的部门职责、权限、接口关系和联络渠道等，有效管理内外部接口；

（三）按照管理体系的要求开展各项工作，及时发现和处理管理体系存在的问题，形成并保存相应证据；

（四）持续监测安全相关要素和工作过程的变化，识别和分析其对安全的影响和潜在风险,及时对管理体系作出适当调整。

第十六条 核动力厂营运单位应当对管理体系文件的策划、编制、审批、发布、分发、修改和使用等提出明确要求,确保其协调自洽、易于理解和便于实施,并有效传达至相关单位。

管理体系文件应当包括下列内容:

(一)管理体系总论,对管理体系进行综合描述与说明;

(二)工作过程的管理大纲和规章制度;

(三)对工作过程进行策划、实施和评价改进的流程、方法与要求。

核动力厂营运单位应当根据核安全和生态环境保护等管理需要,定期审查管理体系文件,及时进行评估和修订。

核动力厂营运单位管理体系文件应当报国务院核安全监督管理部门备案。

第十七条 核动力厂营运单位应当依据分类分级管理原则,综合考虑下列因素,确定核动力厂管理体系的各项要求:

(一)工作过程的安全重要性、复杂性和标准化程度;

(二)相关单位的安全重要性、经验、业绩和人员能力水平;

(三)工作过程实施不当可能造成的安全风险、后果和危害程度;

(四)核动力厂后续阶段检查维修的可行性;

(五)其他应当考虑的安全相关因素。

第十八条 核动力厂营运单位可以对管理体系的下列事项明确分级要求:

(一)管理大纲、规章制度和程序的适用范围、详细程度和审批权限;

(二)人员培训、资格考核、岗位授权的范围和要求;

(三)采购文件的类型、详细程度和可追溯性要求;

(四)对工作过程的管理控制、验证措施和要求;

(五)需要形成和保存的记录及其保存期限。

第十九条 核动力厂营运单位应当对其安全相关能力和资源进行有效管理,在核动力厂选址、设计、建造、运行和退役全寿期以及应急响应期间具备下列能力:

(一)安全领导和安全管理能力;

(二)培育和建设核安全文化的能力;

(三)工作过程的质量保证能力;

(四)有规定数量的、合格的专业技术人员;

(五)安全评价、资源配置和财务能力;

（六）安全相关的技术支撑体系和持续改进能力；

（七）事故应急响应能力和损害赔偿能力。

第二十条 核动力厂营运单位应当采取下列措施，对从业人员进行有效管理，确保其安全有效开展工作：

（一）制定适当的用工政策、激励晋升机制、人员配备和培训计划，确保安全相关岗位从业人员的数量、能力等持续满足需要；

（二）制定和实施培训大纲，采用系统化培训方法开展安全相关知识技能和管理体系的培训，保证从业人员充分参与培训管理；

（三）按照国家有关法律法规的要求，结合岗位的安全重要性，明确资格考核和岗位授权等要求并有效实施。

第二十一条 核动力厂营运单位应当对财务资源进行有效管理，确定核动力厂全寿期财务资源需求，为有效维护核动力厂管理体系提供资金保障。

第二十二条 核动力厂营运单位应当确定安全相关工作场所、软硬件设施、支持保障服务等基础设施和工作条件，并采取下列措施进行有效管理：

（一）提供适宜的工作环境、培训设施、防护装置和物品，定期开展职业健康检查，合理设置工作时间和劳动强度，保障从业人员健康和安全；

（二）明确场地管理和清洁要求，防止安全相关工作场所、设施设备、人员受到不必要的污染或者损伤；

（三）持续监测核动力厂周边环境，有效防范自然或者人为因素对基础设施和核动力厂安全造成的不利影响。

第二十三条 核动力厂营运单位应当采取下列措施，有效管理安全相关知识和信息，为工作实施、经验反馈和知识传承提供支持：

（一）开展知识管理，系统收集、处理、维护和使用安全相关知识和信息，满足岗位及其人员的更迭需要，防止重要知识、信息和经验遗失；

（二）开展信息化建设，利用先进信息技术为知识和信息管理提供安全可靠的平台和工具，采取有效措施保证网络和信息安全；

（三）对用于核动力厂设计、安全分析计算和数据管理的安全重要计算机软件进行验证和确认，对安全重要控制系统软件及其数据进行验证和定期检查，对安全重要软件及其数据进行异地异质备份。

第二十四条 核动力厂营运单位应当采取下列措施，有效管理安全重要物项和其他对核安全有潜在影响的物项：

（一）对安全重要物项进行标识并建立台账，提供适宜的贮存条件、防护措施、运输和装卸设备，防止其错用、损坏、老化、变质、性能下降或者丢失；

（二）对核动力厂系统、部件和构筑物制定定期试验、在役检查、维修等规程并严格执行，确保其可用性和可靠性；

（三）根据安全重要性、使用情况、保质期、交货期、供应链不确定性等因素，适当确定核动力厂备品备件的库存清单和数量并确保其持续满足使用要求；

（四）定期或者在使用前标定或者校准检查、测量、试验设备和装置，确保其具有合适的量程、灵敏度、准确度和精密度；

（五）确定放射性物质、危险化学品和特种设备等有害或者高风险物质资产清单，对其进行有效管理和定期检查，确保其安全贮存、装卸、运输或者使用。

第二十五条 核动力厂营运单位应当采取下列措施，对技术更新和物项替代进行有效管理，防范核动力厂长期运行中因物项老化或者技术过时引起的安全风险：

（一）对已淘汰或者无后续供应物项制定和实施适当的管理策略，评价替换物项，确保其满足安全功能要求；

（二）使用经验证的新技术、新物项取代老旧技术和物项，通过技术改进不断提升安全水平。

第二十六条 核动力厂营运单位应当确定实现安全目标、满足安全要求、交付合格物项或者服务所需要的工作过程，明确工作过程的控制要求，确保工作过程之间的一致性和连续性。

工作过程的控制要求包括下列事项：

（一）在核安全和生态环境保护等方面的适用要求；

（二）存在的危害和风险以及必要时的预防和缓解措施；

（三）工作过程管理、实施和评价验证的责任与接口关系；

（四）工作过程的输入输出、接口及其相互影响和作用；

（五）具体工作内容、流程、控制验证方法和要求；

（六）需要编制、收集和保存的文件和记录要求。

第二十七条 核动力厂营运单位应当根据安全重要性、功能属性和应用范围等因素，对工作过程进行分类管理。

核动力厂营运单位应当对工作过程进行策划、实施、评价和持续改进，识别和提供所需要的资源，确定影响工作过程实施的条件和要求，明确验收准则。

工作过程应当由合格的人员依据相关管理体系文件，使用合格的材料和设备，在适宜的环境条件下实施。特殊工艺过程应当在首次使用前进行验证。

第二十八条 核动力厂营运单位应当采取下列措施对供应链进行有效管理：

（一）采购文件应当充分体现物项或者服务需求，以及物项或者服务在核安全和生态环境保护等方面的要求；

（二）对相关单位进行评价，建立、维护和持续优化合格供应商清单，识别和应对供应链潜在风险，保障供应链安全、可靠、稳定；

（三）对相关单位工作进行验证，监控相关单位的外包行为，对相关单位提交的物项或者服务进行验收，对安全相关商品级物项进行关键性能验证；

（四）对民用核安全设备设计、制造、安装和无损检验单位及其相关活动进行有效管理；

（五）对采用工程总承包模式的核动力厂工程建设项目，要求工程总承包单位建立和有效实施满足本规定要求的工程建设项目的管理制度，并对管理制度的执行情况进行监督检查。

第二十九条 核动力厂营运单位应当按照工作过程的内在逻辑和档案分类要求，有效管理安全相关记录和文档资料，确保档案完整、有效、系统、规范。对记录和文档的编码、收集、归档、索引、修改、复制、转录、借阅、储存和销毁等进行严格控制，保证记录和文档资料安全、完整、持续可读并能追溯涉及的物项或者活动。

第五章 核安全文化

第三十条 核动力厂营运单位应当将核安全文化融入生产、经营、科研和管理等各环节，在制定目标政策、设置机构、分配资源、制定计划、安排进度和控制成本时，始终坚持安全第一的原则，科学规范地开展各项工作。

核动力厂营运单位的决策机构和管理部门应当通过承诺、决策和行为示范等，不断强化法治意识、责任意识、风险意识和诚信意识，持续培育和建设核安全文化。

第三十一条 核动力厂营运单位应当组织开展核安全文化教育培训，制定安全重要岗位的行为准则，明确风险管理要求，及时识别、沟通和有效管控与工作及工作环境有关的风险；设置纵深防御体系，分析技术、人员和组织之间的相互作用和对安全的影响，利用实体屏障、组织管理和防止人为失误等措施，有效防范各类安全威胁。

第三十二条 核动力厂营运单位应当建立核安全经验反馈体系，鼓励从业人员报告安全隐患和管理体系缺陷，对所报告事项、建造和运行事件及经验、行业良好实践和科技进步等信息进行及时筛选、评价和反馈，持续改进和提升安全管理水平。

第三十三条 核动力厂营运单位应当明确违规操作和弄虚作假防控要求与措施，发现相关行为的，及时依法依规处理；审查验证为核动力厂物项或者服务提供检测的机构资质、合格证明文件或者记录等，保证其真实、完整、可追溯。

第三十四条 核动力厂营运单位应当制定与政府相关部门、所有者、投资方、用户、从业人员、供应方、公众、社团组织、国际机构等相关方的沟通策略、计划和要求，妥善处理危机与冲突；依法开展信息公开和公众参与，就涉及公众利益的重大事项征求相关方意见，保障相关方的知情权、参与权和监督权。

第三十五条 核动力厂营运单位应当定期组织开展核安全文化评估，评价本单位的核安全文化状态，促进核安全文化持续改进。

第六章 评价改进

第三十六条 核动力厂营运单位应当开展管理体系日常监督检查，通过巡查、活动观察、会议、工作指导、意见征集等形式，检查管理体系各工作过程的执行情况和存在的问题，并及时整改。

第三十七条 核动力厂营运单位应当持续监测核动力厂安全状态，定期分析评价安全性能指标的变化趋势，调查、分析异常和不良趋势的原因并加以改进。

第三十八条 核动力厂营运单位应当定期组织开展自我评估，并在国务院核安全监督管理部门例行核安全监督检查前对管理体系进行自查，对照监管要求和行业标杆查找问题，持续推动安全业绩提升和管理体系改进。

第三十九条 核动力厂营运单位应当确定核动力厂全寿期不同阶段技术评价的项目、时机、范围、要求和预期结果，通过检查、试验、审查、应急演练、定期安全评价等方式，对安全重要物项和活动进行审查验证，合理可行地加以改进。

第四十条 核动力厂营运单位应当定期组织开展管理体系内部监查，对重要的相关单位适时组织开展外部监查，必要时开展同行评估，系统评价管理体系各要素和工作过程的充分性、符合性和有效性，实施必要的管理改进。

第四十一条 核动力厂营运单位应当定期开展管理部门审查，全面审议管理体系运行情况、安全业绩和核安全文化现状与问题、政策目标和规划实现情况、内外部环境的重大变化及其机遇和挑战等重大事项，确定管理体系的适宜性和有效性，对管理体系实施必要的调整和改进。

第四十二条 核动力厂营运单位应当及时发现在核安全和生态环境保护

等方面的不符合、事件或者事故,并按照相关要求进行报告、审查和处理。

第四十三条 核动力厂营运单位应当及时纠正所有安全相关隐患、缺陷和问题,建立清单及信息库并对其进行动态管理;对重要不符合项、事件或者事故以及其他对安全有重要影响的缺陷,应当分析根本原因,制定和实施纠正措施,并建立跟踪系统,确保每项纠正措施得到落实。

第七章 罚　　则

第四十四条 企业集团存在下列情形之一的,由国务院核安全监督管理部门责令限期整改,并对其主要负责人进行约谈,约谈结果应当向社会公开:

(一)未为核动力厂营运单位人员配置、核安全管理和财务保障提供支持和便利的;

(二)未建立合理有效的监督和考核制度,未督促核动力厂营运单位依据本规定履行安全责任的。

第四十五条 核动力厂营运单位存在下列情形之一的,由国务院核安全监督管理部门责令限期整改,并对其主要负责人进行约谈,约谈结果应当向社会公开:

(一)未按照本规定要求对管理体系进行整合、实施、评价或者持续改进的;

(二)未按照本规定要求制定或者实施核安全和生态环境保护等方面的政策、目标和规划的;

(三)未按照本规定要求建立或者实施清晰、协调、高效的安全决策机制、重大事项的安全审议机制的;

(四)未按照本规定要求为履行核安全责任提供足够的能力和资源保障的;

(五)未按照本规定要求对供应链进行有效管理的;

(六)未按照本规定要求组织开展核安全文化评估的;

(七)其他在管理体系建立和实施中存在工作推进不力、问题突出的情形的。

第四十六条 核动力厂营运单位和相关单位在管理体系的建立和实施过程中存在违法行为的,依据《中华人民共和国核安全法》等法律法规予以处罚。

第八章 附　　则

第四十七条 本规定中下列用语的含义:

（一）核安全文化，是指各有关组织和个人以“安全第一”为根本方针，以维护公众健康和生态环境安全为最终目标，达成共识并付诸实践的价值观、行为准则和特性的总和。

（二）供应链，是指为核动力厂提供材料、零部件、设备、计算机软件、工程和服务等的供应网络，通常涉及核动力厂工程总承包单位、设计单位、制造单位、工程勘探和建设施工单位、技术服务单位、各级供应商和经销商等。

第四十八条 本规定自2021年3月1日起施行。

附件：管理体系总论框架

附件

管理体系总论框架

核安全承诺（主要负责人签字）

一、前言

（一）目的与适用范围

（二）企业简介

（三）术语和定义

（四）编制依据

二、管理体系

（一）管理体系合规性说明

（二）管理体系总要求

（三）管理体系结构说明

（四）管理体系文件

（五）分类分级管理

三、管理职责

（一）安全责任

（二）安全领导和承诺

（三）政策、目标和规划

（四）组织机构和职责

（五）核安全文化

四、资源管理

（一）资源策划和提供

（二）人力资源管理

（三）财务资源管理

（四）基础设施和工作环境
（五）知识和信息管理
（六）物质资产管理
（七）技术更新和物项替代
五、过程实施
（一）过程实施的一般要求
（二）核心工作过程
（三）通用管理过程
（四）支持保障过程
六、评价改进
（一）日常监督
（二）安全状态监测
（三）自我评估
（四）独立评价
（五）管理部门审查
（六）纠正措施
七、管理体系文件清单
八、参考文件

碳排放权交易管理办法（试行）

（2020年12月31日生态环境部令第19号公布 自2021年2月1日起施行 国司备字[2021003702]）

第一章 总 则

第一条 为落实党中央、国务院关于建设全国碳排放权交易市场的决策部署，在应对气候变化和促进绿色低碳发展中充分发挥市场机制作用，推动温室气体减排，规范全国碳排放权交易及相关活动，根据国家有关温室气体排放控制的要求，制定本办法。

第二条 本办法适用于全国碳排放权交易及相关活动，包括碳排放配额分配和清缴，碳排放权登记、交易、结算，温室气体排放报告与核查等活动，以及对前述活动的监督管理。

第三条 全国碳排放权交易及相关活动应当坚持市场导向、循序渐进、公平公开和诚实守信的原则。

第四条 生态环境部按照国家有关规定建设全国碳排放权交易市场。

全国碳排放权交易市场覆盖的温室气体种类和行业范围，由生态环境部拟订，按程序报批后实施，并向社会公开。

第五条 生态环境部按照国家有关规定，组织建立全国碳排放权注册登记机构和全国碳排放权交易机构，组织建设全国碳排放权注册登记系统和全国碳排放权交易系统。

全国碳排放权注册登记机构通过全国碳排放权注册登记系统，记录碳排放配额的持有、变更、清缴、注销等信息，并提供结算服务。全国碳排放权注册登记系统记录的信息是判断碳排放配额归属的最终依据。

全国碳排放权交易机构负责组织开展全国碳排放权集中统一交易。

全国碳排放权注册登记机构和全国碳排放权交易机构应当定期向生态环境部报告全国碳排放权登记、交易、结算等活动和机构运行有关情况，以及应当报告的其他重大事项，并保证全国碳排放权注册登记系统和全国碳排放权交易系统安全稳定可靠运行。

第六条 生态环境部负责制定全国碳排放权交易及相关活动的技术规范，加强对地方碳排放配额分配、温室气体排放报告与核查的监督管理，并会同国务院其他有关部门对全国碳排放权交易及相关活动进行监督管理和指导。

省级生态环境主管部门负责在本行政区域内组织开展碳排放配额分配和清缴、温室气体排放报告的核查等相关活动，并进行监督管理。

设区的市级生态环境主管部门负责配合省级生态环境主管部门落实相关具体工作，并根据本办法有关规定实施监督管理。

第七条 全国碳排放权注册登记机构和全国碳排放权交易机构及其工作人员，应当遵守全国碳排放权交易及相关活动的技术规范，并遵守国家其他有关主管部门关于交易监管的规定。

第二章 温室气体重点排放单位

第八条 温室气体排放单位符合下列条件的，应当列入温室气体重点排放单位（以下简称重点排放单位）名录：

（一）属于全国碳排放权交易市场覆盖行业；

（二）年度温室气体排放量达到2.6万吨二氧化碳当量。

第九条 省级生态环境主管部门应当按照生态环境部的有关规定，确定本行政区域重点排放单位名录，向生态环境部报告，并向社会公开。

第十条　重点排放单位应当控制温室气体排放，报告碳排放数据，清缴碳排放配额，公开交易及相关活动信息，并接受生态环境主管部门的监督管理。

第十一条　存在下列情形之一的，确定名录的省级生态环境主管部门应当将相关温室气体排放单位从重点排放单位名录中移出：

（一）连续二年温室气体排放未达到2.6万吨二氧化碳当量的；

（二）因停业、关闭或者其他原因不再从事生产经营活动，因而不再排放温室气体的。

第十二条　温室气体排放单位申请纳入重点排放单位名录的，确定名录的省级生态环境主管部门应当进行核实；经核实符合本办法第八条规定条件的，应当将其纳入重点排放单位名录。

第十三条　纳入全国碳排放权交易市场的重点排放单位，不再参与地方碳排放权交易试点市场。

第三章　分配与登记

第十四条　生态环境部根据国家温室气体排放控制要求，综合考虑经济增长、产业结构调整、能源结构优化、大气污染物排放协同控制等因素，制定碳排放配额总量确定与分配方案。

省级生态环境主管部门应当根据生态环境部制定的碳排放配额总量确定与分配方案，向本行政区域内的重点排放单位分配规定年度的碳排放配额。

第十五条　碳排放配额分配以免费分配为主，可以根据国家有关要求适时引入有偿分配。

第十六条　省级生态环境主管部门确定碳排放配额后，应当书面通知重点排放单位。

重点排放单位对分配的碳排放配额有异议的，可以自接到通知之日起七个工作日内，向分配配额的省级生态环境主管部门申请复核；省级生态环境主管部门应当自接到复核申请之日起十个工作日内，作出复核决定。

第十七条　重点排放单位应当在全国碳排放权注册登记系统开立账户，进行相关业务操作。

第十八条　重点排放单位发生合并、分立等情形需要变更单位名称、碳排放配额等事项的，应当报经所在地省级生态环境主管部门审核后，向全国碳排放权注册登记机构申请变更登记。全国碳排放权注册登记机构应当通过全国碳排放权注册登记系统进行变更登记，并向社会公开。

第十九条 国家鼓励重点排放单位、机构和个人,出于减少温室气体排放等公益目的自愿注销其所持有的碳排放配额。

自愿注销的碳排放配额,在国家碳排放配额总量中予以等量核减,不再进行分配、登记或者交易。相关注销情况应当向社会公开。

第四章 排放交易

第二十条 全国碳排放权交易市场的交易产品为碳排放配额,生态环境部可以根据国家有关规定适时增加其他交易产品。

第二十一条 重点排放单位以及符合国家有关交易规则的机构和个人,是全国碳排放权交易市场的交易主体。

第二十二条 碳排放权交易应当通过全国碳排放权交易系统进行,可以采取协议转让、单向竞价或者其他符合规定的方式。

全国碳排放权交易机构应当按照生态环境部有关规定,采取有效措施,发挥全国碳排放权交易市场引导温室气体减排的作用,防止过度投机的交易行为,维护市场健康发展。

第二十三条 全国碳排放权注册登记机构应当根据全国碳排放权交易机构提供的成交结果,通过全国碳排放权注册登记系统为交易主体及时更新相关信息。

第二十四条 全国碳排放权注册登记机构和全国碳排放权交易机构应当按照国家有关规定,实现数据及时、准确、安全交换。

第五章 排放核查与配额清缴

第二十五条 重点排放单位应当根据生态环境部制定的温室气体排放核算与报告技术规范,编制该单位上一年度的温室气体排放报告,载明排放量,并于每年3月31日前报生产经营场所所在地的省级生态环境主管部门。排放报告所涉数据的原始记录和管理台账应当至少保存五年。

重点排放单位对温室气体排放报告的真实性、完整性、准确性负责。

重点排放单位编制的年度温室气体排放报告应当定期公开,接受社会监督,涉及国家秘密和商业秘密的除外。

第二十六条 省级生态环境主管部门应当组织开展对重点排放单位温室气体排放报告的核查,并将核查结果告知重点排放单位。核查结果应当作为重点排放单位碳排放配额清缴依据。

省级生态环境主管部门可以通过政府购买服务的方式委托技术服务机构提供核查服务。技术服务机构应当对提交的核查结果的真实性、完整性和准确性负责。

第二十七条 重点排放单位对核查结果有异议的，可以自被告知核查结果之日起七个工作日内，向组织核查的省级生态环境主管部门申请复核；省级生态环境主管部门应当自接到复核申请之日起十个工作日内，作出复核决定。

第二十八条 重点排放单位应当在生态环境部规定的时限内，向分配配额的省级生态环境主管部门清缴上年度的碳排放配额。清缴量应当大于等于省级生态环境主管部门核查结果确认的该单位上年度温室气体实际排放量。

第二十九条 重点排放单位每年可以使用国家核证自愿减排量抵销碳排放配额的清缴，抵销比例不得超过应清缴碳排放配额的5%。相关规定由生态环境部另行制定。

用于抵销的国家核证自愿减排量，不得来自纳入全国碳排放权交易市场配额管理的减排项目。

第六章 监督管理

第三十条 上级生态环境主管部门应当加强对下级生态环境主管部门的重点排放单位名录确定、全国碳排放权交易及相关活动情况的监督检查和指导。

第三十一条 设区的市级以上地方生态环境主管部门根据对重点排放单位温室气体排放报告的核查结果，确定监督检查重点和频次。

设区的市级以上地方生态环境主管部门应当采取“双随机、一公开”的方式，监督检查重点排放单位温室气体排放和碳排放配额清缴情况，相关情况按程序报生态环境部。

第三十二条 生态环境部和省级生态环境主管部门，应当按照职责分工，定期公开重点排放单位年度碳排放配额清缴情况等信息。

第三十三条 全国碳排放权注册登记机构和全国碳排放权交易机构应当遵守国家交易监管等相关规定，建立风险管理机制和信息披露制度，制定风险管理预案，及时公布碳排放权登记、交易、结算等信息。

全国碳排放权注册登记机构和全国碳排放权交易机构的工作人员不得利用职务便利谋取不正当利益，不得泄露商业秘密。

第三十四条 交易主体违反本办法关于碳排放权注册登记、结算或者交易相关规定的，全国碳排放权注册登记机构和全国碳排放权交易机构可以按照国家有关规定，对其采取限制交易措施。

第三十五条 鼓励公众、新闻媒体等对重点排放单位和其他交易主体的碳排放权交易及相关活动进行监督。

重点排放单位和其他交易主体应当按照生态环境部有关规定，及时公开有关全国碳排放权交易及相关活动信息，自觉接受公众监督。

第三十六条 公民、法人和其他组织发现重点排放单位和其他交易主体有违反本办法规定行为的，有权向设区的市级以上地方生态环境主管部门举报。

接受举报的生态环境主管部门应当依法予以处理，并按照有关规定反馈处理结果，同时为举报人保密。

第七章　罚　　则

第三十七条 生态环境部、省级生态环境主管部门、设区的市级生态环境主管部门的有关工作人员，在全国碳排放权交易及相关活动的监督管理中滥用职权、玩忽职守、徇私舞弊的，由其上级行政机关或者监察机关责令改正，并依法给予处分。

第三十八条 全国碳排放权注册登记机构和全国碳排放权交易机构及其工作人员违反本办法规定，有下列行为之一的，由生态环境部依法给予处分，并向社会公开处理结果：

（一）利用职务便利谋取不正当利益的；

（二）有其他滥用职权、玩忽职守、徇私舞弊行为的。

全国碳排放权注册登记机构和全国碳排放权交易机构及其工作人员违反本办法规定，泄露有关商业秘密或者有构成其他违反国家交易监管规定行为的，依照其他有关规定处理。

第三十九条 重点排放单位虚报、瞒报温室气体排放报告，或者拒绝履行温室气体排放报告义务的，由其生产经营场所所在地设区的市级以上地方生态环境主管部门责令限期改正，处一万元以上三万元以下的罚款。逾期未改正的，由重点排放单位生产经营场所所在地的省级生态环境主管部门测算其温室气体实际排放量，并将该排放量作为碳排放配额清缴的依据；对虚报、瞒报部分，等量核减其下一年度碳排放配额。

第四十条 重点排放单位未按时足额清缴碳排放配额的，由其生产经营场所所在地设区的市级以上地方生态环境主管部门责令限期改正，处二万元以上三万元以下的罚款；逾期未改正的，对欠缴部分，由重点排放单位生产经营场所所在地的省级生态环境主管部门等量核减其下一年度碳排放配额。

第四十一条 违反本办法规定，涉嫌构成犯罪的，有关生态环境主管部门应当依法移送司法机关。

第八章 附 则

第四十二条 本办法中下列用语的含义：

（一）温室气体：是指大气中吸收和重新放出红外辐射的自然和人为的气态成分，包括二氧化碳（CO_2）、甲烷（CH_4）、氧化亚氮（N_2O）、氢氟碳化物（HFCs）、全氟化碳（PFCs）、六氟化硫（SF_6）和三氟化氮（NF_3）。

（二）碳排放：是指煤炭、石油、天然气等化石能源燃烧活动和工业生产过程以及土地利用变化与林业等活动产生的温室气体排放，也包括因使用外购的电力和热力等所导致的温室气体排放。

（三）碳排放权：是指分配给重点排放单位的规定时期内的碳排放额度。

（四）国家核证自愿减排量：是指对我国境内可再生能源、林业碳汇、甲烷利用等项目的温室气体减排效果进行量化核证，并在国家温室气体自愿减排交易注册登记系统中登记的温室气体减排量。

第四十三条 本办法自2021年2月1日起施行。

海南自由贸易港外商投资准入特别管理措施（负面清单）（2020年版）

（2020年12月31日国家发展和改革委员会、商务部令第39号公布 自2021年2月1日起施行 国司备字[2021003774]）

说 明

一、《海南自由贸易港外商投资准入特别管理措施（负面清单）》（以下简称《自由贸易港负面清单》）统一列出股权要求、高管要求等外商投资准入方面的特别管理措施，适用于海南岛全岛。《自由贸易港负面清单》之外的领域，按照内外资一致原则实施管理。

二、境外投资者不得作为个体工商户、个人独资企业投资人、农民专业合作社成员，从事投资经营活动。

三、有关主管部门在依法履行职责过程中，对境外投资者拟投资《自由贸易港负面清单》内领域，但不符合《自由贸易港负面清单》规定的，不予办理许可、企业登记注册等相关事项；涉及固定资产投资项目核准的，不予办理相关核准事项。投资有股权要求的领域，不得设立外商投资合伙企业。

四、经国务院有关主管部门审核并报国务院批准，特定外商投资可以不适用《自由贸易港负面清单》中相关领域的规定。

五、境内公司、企业或自然人以其在境外合法设立或控制的公司并购与其有关联关系的境内公司，按照外商投资、境外投资、外汇管理等有关规定办理。

六、《自由贸易港负面清单》中未列出的文化、金融等领域与行政审批、资质条件、国家安全等相关措施，按照现行规定执行。

七、《内地与香港关于建立更紧密经贸关系的安排》及其后续协议、《内地与澳门关于建立更紧密经贸关系的安排》及其后续协议、《海峡两岸经济合作框架协议》及其后续协议、我国缔结或者参加的国际条约、协定对境外投资者准入待遇有更优惠规定的，可以按照相关规定执行。

八、《自由贸易港负面清单》由国家发展改革委、商务部会同有关部门负责解释。

海南自由贸易港外商投资准入特别管理措施（负面清单）（2020年版）

序号	特别管理措施
一、农、林、牧、渔业	
1	小麦、玉米新品种选育和种子生产的中方股比不低于34%。
2	禁止投资中国稀有和特有的珍贵优良品种的研发、养殖、种植以及相关繁殖材料的生产（包括种植业、畜牧业、水产业的优良基因）。
3	禁止投资农作物、种畜禽、水产苗种转基因品种选育及其转基因种子（苗）生产。
二、制造业	
4	卫星电视广播地面接收设施及关键件生产。
三、电力、热力、燃气及水生产和供应业	
5	核电站的建设、经营须由中方控股。
四、批发和零售业	
6	禁止投资烟叶、卷烟、复烤烟叶及其他烟草制品的批发、零售。

续表

序号	特别管理措施
五、交通运输、仓储和邮政业	
7	国内水上运输公司须由中方控股。
8	公共航空运输公司须由中方控股，且一家外商及其关联企业投资比例不得超过25%，法定代表人须由中国籍公民担任。通用航空公司的法定代表人须由中国籍公民担任，其中农、林、渔业通用航空公司限于合资，其他通用航空公司限于中方控股。
9	民用机场的建设、经营须由中方相对控股。外方不得参与建设、运营机场塔台。
10	禁止投资邮政公司、信件的国内快递业务。
六、信息传输、软件和信息技术服务业	
11	电信公司：增值电信业务除在线数据处理与交易处理外，按照《自由贸易试验区外商投资准入特别管理措施（负面清单）》执行；允许实体注册、服务设施在海南自由贸易港内的企业，面向自由贸易港全域及国际开展互联网数据中心、内容分发网络等业务；基础电信业务限于中国入世承诺开放的电信业务，须由中方控股。
12	禁止投资互联网新闻信息服务、网络出版服务、网络视听节目服务、互联网文化经营（音乐除外）、互联网公众发布信息服务（上述服务中，中国入世承诺中已开放的内容除外）。
七、租赁和商务服务业	
13	禁止投资中国法律事务（提供有关中国法律环境影响的信息、部分涉海南商事非诉讼法律事务除外），不得成为国内律师事务所合伙人。
14	广播电视收听、收视调查须由中方控股。社会调查中方股比不低于67%，法定代表人应当具有中国国籍。
八、科学研究和技术服务业	
15	禁止投资人体干细胞、基因诊断与治疗技术开发和应用。
16	禁止投资人文社会科学研究机构。
17	禁止投资大地测量、海洋测绘、测绘航空摄影、地面移动测量、行政区域界线测绘，地形图、世界政区地图、全国政区地图、省级及以下政区地图、全国性教学地图、地方性教学地图、真三维地图和导航电子地图编制，区域性的地质填图、矿产地质、地球物理、地球化学、水文地质、环境地质、地质灾害、遥感地质等调查（矿业权人在其矿业权范围内开展工作不受此特别管理措施限制）。

续表

序号	特别管理措施
九、教育	
18	学前、普通高中和高等教育机构限于中外合作办学（境外理工农医类高水平大学、职业院校、非学制类职业培训机构除外），须由中方主导（校长或者主要行政负责人应当具有中国国籍，理事会、董事会或者联合管理委员会的中方组成人员不得少于1/2）。
19	禁止投资义务教育机构、宗教教育机构。
十、卫生和社会工作	
20	医疗机构限于合资。
十一、文化、体育和娱乐业	
21	禁止投资新闻机构（包括但不限于通讯社）。
22	禁止投资图书、报纸、期刊、音像制品和电子出版物的编辑、出版、制作业务。
23	禁止投资各级广播电台（站）、电视台（站）、广播电视频道（率）、广播电视传输覆盖网（发射台、转播台、广播电视卫星、卫星上行站、卫星收转站、微波站、监测台及有线广播电视传输覆盖网等），禁止从事广播电视视频点播业务和卫星电视广播地面接收设施安装服务。
24	禁止投资广播电视节目制作经营（含引进业务）公司。
25	禁止投资电影制作公司、发行公司、院线公司以及电影引进业务。
26	禁止投资文物拍卖的拍卖公司、文物商店和国有文物博物馆。
27	文艺表演团体须由中方控股。

职业卫生技术服务机构管理办法

（2020年12月31日国家卫生健康委员会令第4号公布　自2021年2月1日起施行　国司备字[2021003703]）

第一章　总　则

第一条　为了加强对职业卫生技术服务机构的监督管理，规范职业卫生技术服务行为，根据《中华人民共和国职业病防治法》，制定本办法。

第二条 在中华人民共和国境内申请职业卫生技术服务机构资质，从事职业卫生检测、评价技术服务以及卫生健康主管部门实施职业卫生技术服务机构资质认可与监督管理，适用本办法。

第三条 本办法所称职业卫生技术服务机构，是指为用人单位提供职业病危害因素检测、职业病危害现状评价、职业病防护设备设施与防护用品的效果评价等技术服务的机构。

第四条 国家对职业卫生技术服务机构实行资质认可制度。职业卫生技术服务机构应当依照本办法取得职业卫生技术服务机构资质；未取得职业卫生技术服务机构资质的，不得从事职业卫生检测、评价技术服务。

第五条 职业卫生技术服务机构的资质等级分为甲级和乙级两个等级。

甲级资质由国家卫生健康委认可及颁发证书。

乙级资质由省、自治区、直辖市卫生健康主管部门认可及颁发证书。

国家卫生健康委和省、自治区、直辖市卫生健康主管部门统称资质认可机关。

第六条 取得甲级资质的职业卫生技术服务机构，可以根据认可的业务范围在全国从事职业卫生技术服务活动。

取得乙级资质的职业卫生技术服务机构，可以根据认可的业务范围在其所在的省、自治区、直辖市从事职业卫生技术服务活动。

下列用人单位的职业卫生技术服务，必须由取得甲级资质的职业卫生技术服务机构承担：

（一）核设施的用人单位；

（二）生产经营的装置（设施）跨省、自治区、直辖市的用人单位。

第七条 国家卫生健康委负责指导全国职业卫生技术服务机构的监督管理工作。

县级以上地方卫生健康主管部门负责本行政区域内职业卫生技术服务机构的监督管理工作。

第八条 国家鼓励职业卫生技术服务行业加强自律，规范执业行为，维护行业秩序。

第二章 资质认可

第九条 申请职业卫生技术服务机构资质的申请人，应当具备下列条件：

（一）能够独立承担民事责任；

（二）有固定工作场所，实验室、档案室等场所的面积与所申请资质、业务范围相适应；

（三）具有符合要求的实验室，具备与所申请资质、业务范围相适应的仪器设备；

（四）有健全的内部管理制度和质量保证体系；

（五）具有满足学历、专业、技术职称等要求的专业技术人员。申请甲级资质的，专业技术人员不少于三十名；申请乙级资质的，专业技术人员不少于十五名；

（六）有专职技术负责人和质量控制负责人。申请甲级资质的，专职技术负责人具有高级专业技术职称和五年以上职业卫生相关工作经验；申请乙级资质的，专职技术负责人具有高级专业技术职称和三年以上职业卫生相关工作经验，或者中级专业技术职称和八年以上职业卫生相关工作经验。质量控制负责人具有高级专业技术职称和三年以上相关工作经验，或者中级专业技术职称和五年以上相关工作经验；

（七）具有与所申请资质、业务范围相适应的检测、评价能力。申请甲级资质的，机构主要负责人和关键岗位负责人应当具有从事职业卫生技术服务工作五年以上工作经历；

（八）截至申请之日五年内无严重违法失信记录；

（九）正常运行并可以供公众查询信息的网站；

（十）法律、行政法规规定的其他条件。

第十条 申请人应当组织专业技术人员接受专业培训，确保专业技术人员熟悉职业病防治法律、法规和标准规范，并具备与其从事的职业卫生技术服务相适应的专业能力。

对专业技术人员的培训，申请人可以自行开展或者委托有条件的培训机构开展。专业技术人员的培训计划、培训记录（包括书面及影像资料）等应当归档备查。

第十一条 申请人应当提交下列材料：

（一）法定代表人或者主要负责人签署的申请表；

（二）法定代表人或者主要负责人签署的知悉承担职业卫生技术服务的法律责任、义务、权利和风险的承诺书；

（三）营业执照或者其他法人资格证明；

（四）工作场所产权证明或者租赁合同；

（五）专业技术人员、专职技术负责人、质量控制负责人的名单及其技术职称证书、劳动关系证明；

（六）仪器设备清单、工作场所布局与面积示意图；

（七）在申请职业卫生技术服务业务范围内，能够证明具有相应业务能力的其他材料。

申请人对申请材料的真实性负责。

第十二条 申请职业卫生技术服务机构资质，按照下列程序办理：

（一）申请人按照本办法第五条的规定向相应资质认可机关提出申请，并提交本办法第十一条第一款规定的材料；

（二）资质认可机关应当自收到申请材料之日起五个工作日内作出是否受理的决定。对材料齐全，符合规定形式的，应当予以受理，并出具书面受理文书；对材料不齐全或者不符合规定形式的，应当当场或者在五个工作日内一次性告知申请人需要补正的全部内容；决定不予受理的，应当向申请人书面说明理由；

（三）资质认可机关应当自受理资质申请之日起二十个工作日内，依据职业卫生技术服务机构资质认可技术评审准则，组织对申请人进行技术评审，并根据技术评审结论作出资质认可决定。决定认可的，应当自作出决定之日起十个工作日内向申请人颁发资质证书；决定不予认可的，应当向申请人书面说明理由。二十个工作日内不能作出认可决定的，经资质认可机关负责人批准，可以延长十个工作日，并应当将延长期限的理由告知申请人。

第十三条 国家卫生健康委制定职业卫生技术服务机构资质认可有关文书样式和内容、职业卫生技术服务机构资质认可技术评审准则以及资质证书的样式，并向社会公布。

第十四条 资质认可机关应当建立技术评审专家库（以下简称专家库）及其管理制度。

技术评审专家应当熟悉职业病防治法律、法规和标准规范，具有相关专业高级技术职称，连续五年以上职业卫生工作经验，良好的职业道德。

技术评审专家应当依据技术评审准则开展工作，出具评审意见，并对评审意见负责。

技术评审专家不得从事与本人有利害关系的技术评审活动。

第十五条 国家卫生健康委制定并公开职业卫生技术服务机构专业技术人员考核评估大纲，建立题库。

第十六条 资质认可机关应当从专家库中随机抽取相关专业的三至七名专家（应为单数）组成专家组，对申请人进行技术评审。

技术评审包括申请材料的技术审查和现场技术考核。申请材料的技术审查结论分为“通过”、“不通过”。技术审查结论为“通过”的，继续开展现场技术考核；技术审查结论为“不通过”的，不开展现场技术考核。

现场技术考核应当包括下列内容：

(一)核查现场有关设备、设施、仪器、仪表等；

(二)依据考核评估大纲和题库，考核评估专职技术负责人、质量控制负责人及有关专业技术人员专业知识和实际操作能力；

(三)抽查原始工作记录、影像资料、报告、总结、档案等资料；

(四)进行必要的盲样检测。

现场技术考核的时间一般不超过十个工作日。现场技术考核结论分为"通过"、"不通过"。

第十七条 职业卫生技术服务机构资质证书有效期为五年。资质证书有效期届满需要延续的，职业卫生技术服务机构应当在有效期届满三个月前向原资质认可机关提出申请。经审核合格的，予以批准延续；不合格的，不予批准延续，并向申请人书面说明理由。

第十八条 职业卫生技术服务机构取得资质一年以上，需要增加业务范围的，应当向原资质认可机关提出申请。资质认可机关应当按照本办法的规定进行认可。

第十九条 职业卫生技术服务机构变更名称、法定代表人或者主要负责人、注册地址、实验室地址的，应当向原资质认可机关申请办理变更手续。

职业卫生技术服务机构分立、合并的，应当申请办理资质认可变更手续或者重新申请职业卫生技术服务机构资质认可。

第二十条 职业卫生技术服务机构资质证书遗失的，应当自证书遗失之日起三十日内向原资质认可机关书面申请补发。

第二十一条 职业卫生技术服务机构不得涂改、倒卖、出租、出借职业卫生技术服务机构资质证书，或者以其他形式非法转让职业卫生技术服务机构资质证书。

第二十二条 资质认可机关对取得资质的职业卫生技术服务机构应当及时向社会公布，接受社会监督。

第三章 技术服务

第二十三条 职业卫生技术服务机构应当建立、健全职业卫生技术服务责任制。主要负责人对本机构的职业卫生技术服务工作全面负责。专职技术负责人和质量控制负责人应当按照法律、法规和标准规范的规定，加强职业卫生技术服务的全过程管理。报告审核人、授权签字人、技术服务项目负责人及参与人员按照职责分工参与技术服务，在技术报告及原始记录上签字，并承担相应责任。未达到技术评审考核评估要求的专业技术人员，职业卫生技术服务机构不得安排其参与职业卫生技术服务。

职业卫生技术服务机构应当组织专业技术人员每年接受不少于八学时的继续教育培训。

第二十四条 职业卫生技术服务机构应当按照法律法规和《工作场所空气中有害物质监测的采样规范》(GBZ159)、《电离辐射防护与辐射源安全基本标准》(GB18871)、《工业企业设计卫生标准》(GBZ1)、《工作场所有害因素职业接触限值》(GBZ2.1、GBZ2.2)等标准规范的要求，开展现场调查、职业病危害因素识别、现场采样、现场检测、样品管理、实验室分析、数据处理及应用、危害程度评价、防护措施及其效果评价、技术报告编制等职业卫生技术服务活动，如实记录技术服务原始信息，确保相关数据信息可溯源，科学、客观、真实地反映技术服务事项，并对出具的职业卫生技术报告承担法律责任。

第二十五条 职业卫生技术服务机构应当依法独立开展职业卫生技术服务活动。因检测项目限制或者样品保存时限有特殊要求而无法自行检测的，可以委托具备相应检测能力的职业卫生技术服务机构进行样品测定。样品现场采集和检测结果分析及应用等工作不得委托其他机构实施。

第二十六条 职业卫生技术服务机构应当公开办事制度和程序，方便服务对象，并采取措施保证服务质量。

第二十七条 职业卫生技术服务机构应当在认可的范围内开展技术服务工作，并接受技术服务所在地卫生健康主管部门的监督管理，按照规定及时报送职业卫生技术服务内容、时间、参与人员等相关信息。

职业卫生技术服务信息报送管理规定由国家卫生健康委统一制定，并向社会公布。

第二十八条 职业卫生技术服务机构开展技术服务时，应当以书面形式与用人单位明确技术服务内容、范围以及双方的责任。

用人单位提出的技术服务内容、范围及要求违反法律、法规和标准规范规定的，职业卫生技术服务机构应当予以拒绝。

第二十九条 职业卫生技术服务机构及其工作人员在从事职业卫生技术服务活动中，不得有下列行为：

(一)超出资质认可范围从事技术服务活动；

(二)出具虚假或者失实的职业卫生技术报告；

(三)转包职业卫生技术服务项目；

(四)擅自更改、简化职业卫生技术服务程序和相关内容；

(五)法律、法规规定的其他违法行为。

第三十条 职业卫生技术服务机构不得使用非本机构专业技术人员从事职业卫生技术服务活动。

职业卫生技术服务机构专业技术人员不得有下列行为：

(一)在职业卫生技术报告或者有关原始记录上代替他人签字；

(二)未参与相应职业卫生技术服务事项而在技术报告或者有关原始记录上签字；

(三)其他违反法律、法规和标准规范的行为。

第三十一条 职业卫生技术服务机构应当建立职业卫生技术服务档案，并长期妥善保管。职业卫生技术服务档案包括职业卫生技术服务过程控制记录、现场勘查记录、相关原始记录、影像资料、技术报告及相关证明材料。

职业卫生技术服务机构应当为专业技术人员提供必要的个体防护用品。

职业卫生技术服务机构应当自出具职业卫生技术报告之日起二十个工作日内，在本单位网站上公开技术报告相关信息(涉及国家秘密、商业秘密、技术秘密及个人隐私的信息和法律、法规规定可不予公开的除外)，公开的时间不少于五年。公开的信息应包括以下内容：

(一)用人单位名称、地址及联系人；

(二)技术服务项目组人员名单；

(三)现场调查、现场采样、现场检测的专业技术人员名单、时间，用人单位陪同人；

(四)证明现场调查、现场采样、现场检测的图像影像。

第四章　监　督　管　理

第三十二条 资质认可机关应当对其认可的职业卫生技术服务机构在资质认可有效期内至少进行一次评估检查，重点检查资质条件保持和符合情况。

评估检查可以通过能力验证、现场核查等方式开展。

第三十三条 县级以上地方卫生健康主管部门应当按照有关“双随机、一公开”的规定，加强对本行政区域内从业的职业卫生技术服务机构事中事后监管。

第三十四条 县级以上地方卫生健康主管部门对职业卫生技术服务机构的监督检查，主要包括下列内容：

(一)是否以书面形式与用人单位明确技术服务内容、范围以及双方的责任；

(二)是否按照标准规范要求开展现场调查、职业病危害因素识别、现场采样、现场检测、样品管理、实验室分析、数据处理及应用、危害程度评价、防护措施及其效果评价、技术报告编制等职业卫生技术服务活动；

（三）技术服务内部审核、原始信息记录等是否规范；

（四）职业卫生技术服务档案是否完整；

（五）技术服务过程是否存在弄虚作假等违法违规情况；

（六）是否按照规定向技术服务所在地卫生健康主管部门报送职业卫生技术服务相关信息；

（七）是否按照规定在网上公开职业卫生技术报告相关信息；

（八）依法应当监督检查的其他内容。

县级以上地方卫生健康主管部门在对用人单位职业病防治工作进行监督检查过程中，应当加强对有关职业卫生技术服务机构提供的职业卫生技术服务进行延伸检查。

第三十五条 县级以上卫生健康主管部门应当建立职业卫生技术服务机构信息管理系统，建立职业卫生技术服务机构及其从业人员信用档案，记录违法失信行为并依法向社会公开，依据职业卫生技术服务机构信用状况，实行分类监管。

第三十六条 职业卫生技术服务机构有下列情形之一的，资质认可机关应当注销其资质：

（一）资质认可有效期届满未延续的；

（二）依法终止的；

（三）资质认可依法被撤销、撤回，或者资质证书依法被吊销的；

（四）法律、法规规定的应当注销资质认可的其他情形。

第三十七条 卫生健康主管部门及其工作人员不得有下列行为：

（一）要求用人单位接受指定的职业卫生技术服务机构进行职业卫生技术服务；

（二）变相设立法律、法规规定以外的行政许可；

（三）限制本行政区域外职业卫生技术服务机构到本地区开展职业卫生技术服务；

（四）干预职业卫生技术服务机构开展正常活动；

（五）向职业卫生技术服务机构收取或者变相收取费用；

（六）向职业卫生技术服务机构摊派财物、推销产品；

（七）在职业卫生技术服务机构报销任何费用；

（八）对不具备资质条件的申请人予以资质认可。

第三十八条 任何单位或者个人发现职业卫生技术服务机构及其从业人

员、卫生健康主管部门及其工作人员、技术评审专家违反有关职业病防治的法律、法规和本办法规定的行为，有权向县级以上卫生健康主管部门或者其他有关部门举报。

卫生健康主管部门应当为举报人保密，并依法进行核查和处理。

第五章 法律责任

第三十九条 县级以上卫生健康主管部门工作人员不履行本办法规定的职责，徇私舞弊、滥用职权、弄虚作假、玩忽职守，依法给予相应处分。

技术评审专家在职业卫生技术服务机构技术评审工作中徇私舞弊、弄虚作假、玩忽职守的，撤销其技术评审专家资格，终身不得再进入专家库。

第四十条 申请人隐瞒有关情况或者提供虚假材料申请职业卫生技术服务机构资质认可的，资质认可机关不予受理或者不予认可，并给予警告；申请人自资质认可机关作出不予受理或者不予认可决定之日起一年内不得再次申请职业卫生技术服务机构资质。

职业卫生技术服务机构以欺骗、贿赂等不正当手段取得职业卫生技术服务机构资质认可的，资质认可机关应当撤销其资质认可，并给予警告；申请人自资质认可机关撤销其资质认可之日起三年内不得再次申请职业卫生技术服务机构资质。

第四十一条 未取得职业卫生技术服务资质认可擅自从事职业卫生检测、评价技术服务的，由县级以上地方卫生健康主管部门责令立即停止违法行为，没收违法所得；违法所得五千元以上的，并处违法所得二倍以上十倍以下的罚款；没有违法所得或者违法所得不足五千元的，并处五千元以上五万元以下的罚款；情节严重的，对直接负责的主管人员和其他直接责任人员，依法给予降级、撤职或者开除的处分。

第四十二条 职业卫生技术服务机构有下列行为之一的，由县级以上地方卫生健康主管部门责令立即停止违法行为，给予警告，没收违法所得；违法所得五千元以上的，并处违法所得二倍以上五倍以下的罚款；没有违法所得或者违法所得不足五千元的，并处五千元以上二万元以下的罚款；情节严重的，由原资质认可机关取消其资质认可；对直接负责的主管人员和其他责任人员，依法给予降级、撤职或者开除的处分；构成犯罪的，依法追究刑事责任：

（一）超出资质认可范围从事职业卫生技术服务的；

（二）未按照《职业病防治法》的规定履行法定职责的；

（三）出具虚假证明文件的。

第四十三条 职业卫生技术服务机构有下列行为之一的，由县级以上地方卫生健康主管部门责令改正，给予警告，并处一万元以上三万元以下罚款；构成犯罪的，依法追究刑事责任：

（一）涂改、倒卖、出租、出借职业卫生技术服务机构资质证书，或者以其他形式非法转让职业卫生技术服务机构资质证书的；

（二）未按规定向技术服务所在地卫生健康主管部门报送职业卫生技术服务相关信息的；

（三）未按规定在网上公开职业卫生技术报告相关信息的；

（四）其他违反本办法规定的行为。

第四十四条 职业卫生技术服务机构有下列情形之一的，由县级以上地方卫生健康主管部门责令改正，给予警告，可以并处三万元以下罚款：

（一）未按标准规范开展职业卫生技术服务，或者擅自更改、简化服务程序和相关内容；

（二）未按规定实施委托检测的；

（三）转包职业卫生技术服务项目的；

（四）未按规定以书面形式与用人单位明确技术服务内容、范围以及双方责任的；

（五）使用非本机构专业技术人员从事职业卫生技术服务活动的；

（六）安排未达到技术评审考核评估要求的专业技术人员参与职业卫生技术服务的。

第四十五条 职业卫生技术服务机构专业技术人员有下列情形之一的，由县级以上地方卫生健康主管部门责令改正，给予警告，并处一万元以下罚款：

（一）在职业卫生技术报告或者有关原始记录上代替他人签字的；

（二）未参与相应职业卫生技术服务事项而在技术报告或者有关原始记录上签字的；

（三）其他违反本办法规定的行为。

第四十六条 已经取得资质认可的职业卫生技术服务机构，不再符合规定的资质条件的，由原资质认可机关责令其改正，通报批评；情节严重的，依法撤销其资质认可。

第四十七条 本办法所规定的行政处罚，除规定由原资质认可机关实施的以外，由技术服务所在地的县级以上地方卫生健康主管部门决定。

第六章 附 则

第四十八条 本办法下列用语的含义：

专业技术人员，是指在职业卫生技术服务机构或者拟申请职业卫生技术服务机构资质的单位中专职从事职业卫生技术服务工作的人员。

核设施，是指核动力厂（核电厂、核热电厂、核供汽供热厂等）和其他反应堆（研究堆、实验堆、临界装置等）；核燃料生产、加工、贮存和后处理设施；放射性废物的处理和处置设施等。

第四十九条 个人剂量监测、放射防护器材和含放射性产品检测、医疗机构放射性危害评价等技术服务机构的管理另行规定。

第五十条 本办法施行前已经取得职业卫生技术服务机构资质的，资质继续有效，其中资质在2021年1月31日之前到期的，有效期延至2021年4月30日。

甲级、乙级资质有效期满后，需要继续从事职业卫生技术服务的，按照本办法的规定申请资质认可延续；丙级资质有效期满后，需要继续从事职业卫生技术服务的，按照规定换领乙级资质证书。

第五十一条 本办法自2021年2月1日起施行。原国家安全生产监督管理总局2012年4月27日公布、2015年5月29日修改的《职业卫生技术服务机构监督管理暂行办法》同时废止。

工作场所职业卫生管理规定

（2020年12月31日国家卫生健康委员会令第5号公布 自2021年2月1日起施行 国司备字［2021003704］）

第一章 总 则

第一条 为了加强职业卫生管理工作，强化用人单位职业病防治的主体责任，预防、控制职业病危害，保障劳动者健康和相关权益，根据《中华人民共和国职业病防治法》等法律、行政法规，制定本规定。

第二条 用人单位的职业病防治和卫生健康主管部门对其实施监督管理，适用本规定。

第三条 用人单位应当加强职业病防治工作，为劳动者提供符合法律、法规、规章、国家职业卫生标准和卫生要求的工作环境和条件，并采取有效措施保障劳动者的职业健康。

第四条 用人单位是职业病防治的责任主体，并对本单位产生的职业病危害承担责任。

用人单位的主要负责人对本单位的职业病防治工作全面负责。

第五条 国家卫生健康委依照《中华人民共和国职业病防治法》和国务院规定的职责，负责全国用人单位职业卫生的监督管理工作。

县级以上地方卫生健康主管部门依照《中华人民共和国职业病防治法》和本级人民政府规定的职责，负责本行政区域内用人单位职业卫生的监督管理工作。

第六条 为职业病防治提供技术服务的职业卫生技术服务机构，应当依照国家有关职业卫生技术服务机构管理的相关法律法规及标准、规范的要求，为用人单位提供技术服务。

第七条 任何单位和个人均有权向卫生健康主管部门举报用人单位违反本规定的行为和职业病危害事故。

第二章 用人单位的职责

第八条 职业病危害严重的用人单位，应当设置或者指定职业卫生管理机构或者组织，配备专职职业卫生管理人员。

其他存在职业病危害的用人单位，劳动者超过一百人的，应当设置或者指定职业卫生管理机构或者组织，配备专职职业卫生管理人员；劳动者在一百人以下的，应当配备专职或者兼职的职业卫生管理人员，负责本单位的职业病防治工作。

第九条 用人单位的主要负责人和职业卫生管理人员应当具备与本单位所从事的生产经营活动相适应的职业卫生知识和管理能力，并接受职业卫生培训。

对用人单位主要负责人、职业卫生管理人员的职业卫生培训，应当包括下列主要内容：

（一）职业卫生相关法律、法规、规章和国家职业卫生标准；

（二）职业病危害预防和控制的基本知识；

（三）职业卫生管理相关知识；

（四）国家卫生健康委规定的其他内容。

第十条 用人单位应当对劳动者进行上岗前的职业卫生培训和在岗期间

的定期职业卫生培训，普及职业卫生知识，督促劳动者遵守职业病防治的法律、法规、规章、国家职业卫生标准和操作规程。

用人单位应当对职业病危害严重的岗位的劳动者，进行专门的职业卫生培训，经培训合格后方可上岗作业。

因变更工艺、技术、设备、材料，或者岗位调整导致劳动者接触的职业病危害因素发生变化的，用人单位应当重新对劳动者进行上岗前的职业卫生培训。

第十一条 存在职业病危害的用人单位应当制定职业病危害防治计划和实施方案，建立、健全下列职业卫生管理制度和操作规程：

（一）职业病危害防治责任制度；

（二）职业病危害警示与告知制度；

（三）职业病危害项目申报制度；

（四）职业病防治宣传教育培训制度；

（五）职业病防护设施维护检修制度；

（六）职业病防护用品管理制度；

（七）职业病危害监测及评价管理制度；

（八）建设项目职业病防护设施"三同时"管理制度；

（九）劳动者职业健康监护及其档案管理制度；

（十）职业病危害事故处置与报告制度；

（十一）职业病危害应急救援与管理制度；

（十二）岗位职业卫生操作规程；

（十三）法律、法规、规章规定的其他职业病防治制度。

第十二条 产生职业病危害的用人单位的工作场所应当符合下列基本要求：

（一）生产布局合理，有害作业与无害作业分开；

（二）工作场所与生活场所分开，工作场所不得住人；

（三）有与职业病防治工作相适应的有效防护设施；

（四）职业病危害因素的强度或者浓度符合国家职业卫生标准；

（五）有配套的更衣间、洗浴间、孕妇休息间等卫生设施；

（六）设备、工具、用具等设施符合保护劳动者生理、心理健康的要求；

（七）法律、法规、规章和国家职业卫生标准的其他规定。

第十三条 用人单位工作场所存在职业病目录所列职业病的危害因素的，应当按照《职业病危害项目申报办法》的规定，及时、如实向所在地卫生健康主管部门申报职业病危害项目，并接受卫生健康主管部门的监督检查。

第十四条 新建、改建、扩建的工程建设项目和技术改造、技术引进项目

（以下统称建设项目）可能产生职业病危害的，建设单位应当按照国家有关建设项目职业病防护设施“三同时”监督管理的规定，进行职业病危害预评价、职业病防护设施设计、职业病危害控制效果评价及相应的评审，组织职业病防护设施验收。

第十五条 产生职业病危害的用人单位，应当在醒目位置设置公告栏，公布有关职业病防治的规章制度、操作规程、职业病危害事故应急救援措施和工作场所职业病危害因素检测结果。

存在或者产生职业病危害的工作场所、作业岗位、设备、设施，应当按照《工作场所职业病危害警示标识》（GBZ158）的规定，在醒目位置设置图形、警示线、警示语句等警示标识和中文警示说明。警示说明应当载明产生职业病危害的种类、后果、预防和应急处置措施等内容。

存在或者产生高毒物品的作业岗位，应当按照《高毒物品作业岗位职业病危害告知规范》（GBZ/T203）的规定，在醒目位置设置高毒物品告知卡，告知卡应当载明高毒物品的名称、理化特性、健康危害、防护措施及应急处理等告知内容与警示标识。

第十六条 用人单位应当为劳动者提供符合国家职业卫生标准的职业病防护用品，并督促、指导劳动者按照使用规则正确佩戴、使用，不得发放钱物替代发放职业病防护用品。

用人单位应当对职业病防护用品进行经常性的维护、保养，确保防护用品有效，不得使用不符合国家职业卫生标准或者已经失效的职业病防护用品。

第十七条 在可能发生急性职业损伤的有毒、有害工作场所，用人单位应当设置报警装置，配置现场急救用品、冲洗设备、应急撤离通道和必要的泄险区。

现场急救用品、冲洗设备等应当设在可能发生急性职业损伤的工作场所或者临近地点，并在醒目位置设置清晰的标识。

在可能突然泄漏或者逸出大量有害物质的密闭或者半密闭工作场所，除遵守本条第一款、第二款规定外，用人单位还应当安装事故通风装置以及与事故排风系统相连锁的泄漏报警装置。

生产、销售、使用、贮存放射性同位素和射线装置的场所，应当按照国家有关规定设置明显的放射性标志，其入口处应当按照国家有关安全和防护标准的要求，设置安全和防护设施以及必要的防护安全联锁、报警装置或者工作信号。放射性装置的生产调试和使用场所，应当具有防止误操作、防止工作人员受到意外照射的安全措施。用人单位必须配备与辐射类型和辐射水平相适应的防护用品和监测仪器，包括个人剂量测量报警、固定式和便携式辐射监测、表面污染监测、流出物监测等设备,并保证可能接触放射线的工作人员佩戴个人剂量计。

第十八条 用人单位应当对职业病防护设备、应急救援设施进行经常性的维护、检修和保养,定期检测其性能和效果,确保其处于正常状态,不得擅自拆除或者停止使用。

第十九条 存在职业病危害的用人单位,应当实施由专人负责的工作场所职业病危害因素日常监测,确保监测系统处于正常工作状态。

第二十条 职业病危害严重的用人单位,应当委托具有相应资质的职业卫生技术服务机构,每年至少进行一次职业病危害因素检测,每三年至少进行一次职业病危害现状评价。

职业病危害一般的用人单位,应当委托具有相应资质的职业卫生技术服务机构,每三年至少进行一次职业病危害因素检测。

检测、评价结果应当存入本单位职业卫生档案,并向卫生健康主管部门报告和劳动者公布。

第二十一条 存在职业病危害的用人单位发生职业病危害事故或者国家卫生健康委规定的其他情形的,应当及时委托具有相应资质的职业卫生技术服务机构进行职业病危害现状评价。

用人单位应当落实职业病危害现状评价报告中提出的建议和措施,并将职业病危害现状评价结果及整改情况存入本单位职业卫生档案。

第二十二条 用人单位在日常的职业病危害监测或者定期检测、现状评价过程中,发现工作场所职业病危害因素不符合国家职业卫生标准和卫生要求时,应当立即采取相应治理措施,确保其符合职业卫生环境和条件的要求;仍然达不到国家职业卫生标准和卫生要求的,必须停止存在职业病危害因素的作业;职业病危害因素经治理后,符合国家职业卫生标准和卫生要求的,方可重新作业。

第二十三条 向用人单位提供可能产生职业病危害的设备的,应当提供中文说明书,并在设备的醒目位置设置警示标识和中文警示说明。警示说明应当载明设备性能、可能产生的职业病危害、安全操作和维护注意事项、职业病防护措施等内容。

用人单位应当检查前款规定的事项,不得使用不符合要求的设备。

第二十四条 向用人单位提供可能产生职业病危害的化学品、放射性同位素和含有放射性物质的材料的,应当提供中文说明书。说明书应当载明产品特性、主要成份、存在的有害因素、可能产生的危害后果、安全使用注意事项、职业病防护和应急救治措施等内容。产品包装应当有醒目的警示标识和中文警示说明。贮存上述材料的场所应当在规定的部位设置危险物品标识或者放射性警示标识。

用人单位应当检查前款规定的事项，不得使用不符合要求的材料。

第二十五条 任何用人单位不得使用国家明令禁止使用的可能产生职业病危害的设备或者材料。

第二十六条 任何单位和个人不得将产生职业病危害的作业转移给不具备职业病防护条件的单位和个人。不具备职业病防护条件的单位和个人不得接受产生职业病危害的作业。

第二十七条 用人单位应当优先采用有利于防治职业病危害和保护劳动者健康的新技术、新工艺、新材料、新设备，逐步替代产生职业病危害的技术、工艺、材料、设备。

第二十八条 用人单位对采用的技术、工艺、材料、设备，应当知悉其可能产生的职业病危害，并采取相应的防护措施。对有职业病危害的技术、工艺、设备、材料，故意隐瞒其危害而采用的，用人单位对其所造成的职业病危害后果承担责任。

第二十九条 用人单位与劳动者订立劳动合同时，应当将工作过程中可能产生的职业病危害及其后果、职业病防护措施和待遇等如实告知劳动者，并在劳动合同中写明，不得隐瞒或者欺骗。

劳动者在履行劳动合同期间因工作岗位或者工作内容变更，从事与所订立劳动合同中未告知的存在职业病危害的作业时，用人单位应当依照前款规定，向劳动者履行如实告知的义务，并协商变更原劳动合同相关条款。

用人单位违反本条规定的，劳动者有权拒绝从事存在职业病危害的作业，用人单位不得因此解除与劳动者所订立的劳动合同。

第三十条 对从事接触职业病危害因素作业的劳动者，用人单位应当按照《用人单位职业健康监护监督管理办法》、《放射工作人员职业健康管理办法》、《职业健康监护技术规范》(GBZ188)、《放射工作人员职业健康监护技术规范》(GBZ235)等有关规定组织上岗前、在岗期间、离岗时的职业健康检查，并将检查结果书面如实告知劳动者。

职业健康检查费用由用人单位承担。

第三十一条 用人单位应当按照《用人单位职业健康监护监督管理办法》的规定，为劳动者建立职业健康监护档案，并按照规定的期限妥善保存。

职业健康监护档案应当包括劳动者的职业史、职业病危害接触史、职业健康检查结果、处理结果和职业病诊疗等有关个人健康资料。

劳动者离开用人单位时，有权索取本人职业健康监护档案复印件，用人单位应当如实、无偿提供，并在所提供的复印件上签章。

第三十二条 劳动者健康出现损害需要进行职业病诊断、鉴定的，用人单位应当如实提供职业病诊断、鉴定所需的劳动者职业史和职业病危害接触史、工作场所职业病危害因素检测结果和放射工作人员个人剂量监测结果等资料。

第三十三条 用人单位不得安排未成年工从事接触职业病危害的作业，不得安排有职业禁忌的劳动者从事其所禁忌的作业，不得安排孕期、哺乳期女职工从事对本人和胎儿、婴儿有危害的作业。

第三十四条 用人单位应当建立健全下列职业卫生档案资料：

（一）职业病防治责任制文件；

（二）职业卫生管理规章制度、操作规程；

（三）工作场所职业病危害因素种类清单、岗位分布以及作业人员接触情况等资料；

（四）职业病防护设施、应急救援设施基本信息，以及其配置、使用、维护、检修与更换等记录；

（五）工作场所职业病危害因素检测、评价报告与记录；

（六）职业病防护用品配备、发放、维护与更换等记录；

（七）主要负责人、职业卫生管理人员和职业病危害严重工作岗位的劳动者等相关人员职业卫生培训资料；

（八）职业病危害事故报告与应急处置记录；

（九）劳动者职业健康检查结果汇总资料，存在职业禁忌证、职业健康损害或者职业病的劳动者处理和安置情况记录；

（十）建设项目职业病防护设施"三同时"有关资料；

（十一）职业病危害项目申报等有关回执或者批复文件；

（十二）其他有关职业卫生管理的资料或者文件。

第三十五条 用人单位发生职业病危害事故，应当及时向所在地卫生健康主管部门和有关部门报告，并采取有效措施，减少或者消除职业病危害因素，防止事故扩大。对遭受或者可能遭受急性职业病危害的劳动者，用人单位应当及时组织救治、进行健康检查和医学观察，并承担所需费用。

用人单位不得故意破坏事故现场、毁灭有关证据，不得迟报、漏报、谎报或者瞒报职业病危害事故。

第三十六条 用人单位发现职业病病人或者疑似职业病病人时，应当按照国家规定及时向所在地卫生健康主管部门和有关部门报告。

第三十七条 用人单位在卫生健康主管部门行政执法人员依法履行监督检查职责时，应当予以配合，不得拒绝、阻挠。

第三章　监督管理

第三十八条　卫生健康主管部门应当依法对用人单位执行有关职业病防治的法律、法规、规章和国家职业卫生标准的情况进行监督检查，重点监督检查下列内容：

（一）设置或者指定职业卫生管理机构或者组织，配备专职或者兼职的职业卫生管理人员情况；

（二）职业卫生管理制度和操作规程的建立、落实及公布情况；

（三）主要负责人、职业卫生管理人员和职业病危害严重的工作岗位的劳动者职业卫生培训情况；

（四）建设项目职业病防护设施“三同时”制度落实情况；

（五）工作场所职业病危害项目申报情况；

（六）工作场所职业病危害因素监测、检测、评价及结果报告和公布情况；

（七）职业病防护设施、应急救援设施的配置、维护、保养情况，以及职业病防护用品的发放、管理及劳动者佩戴使用情况；

（八）职业病危害因素及危害后果警示、告知情况；

（九）劳动者职业健康监护、放射工作人员个人剂量监测情况；

（十）职业病危害事故报告情况；

（十一）提供劳动者健康损害与职业史、职业病危害接触关系等相关资料的情况；

（十二）依法应当监督检查的其他情况。

第三十九条　卫生健康主管部门应当建立健全职业卫生监督检查制度，加强行政执法人员职业卫生知识的培训，提高行政执法人员的业务素质。

第四十条　卫生健康主管部门应当加强建设项目职业病防护设施“三同时”的监督管理，建立健全相关资料的档案管理制度。

第四十一条　卫生健康主管部门应当加强职业卫生技术服务机构的资质认可管理和技术服务工作的监督检查，督促职业卫生技术服务机构公平、公正、客观、科学地开展职业卫生技术服务。

第四十二条　卫生健康主管部门应当建立健全职业病危害防治信息统计分析制度，加强对用人单位职业病危害因素检测、评价结果、劳动者职业健康监护信息以及职业卫生监督检查信息等资料的统计、汇总和分析。

第四十三条　卫生健康主管部门应当按照有关规定，支持、配合有关部门和机构开展职业病的诊断、鉴定工作。

第四十四条 卫生健康主管部门行政执法人员依法履行监督检查职责时,应当出示有效的执法证件。

行政执法人员应当忠于职守,秉公执法,严格遵守执法规范;涉及被检查单位的技术秘密、业务秘密以及个人隐私的,应当为其保密。

第四十五条 卫生健康主管部门履行监督检查职责时,有权采取下列措施:

(一)进入被检查单位及工作场所,进行职业病危害检测,了解情况,调查取证;

(二)查阅、复制被检查单位有关职业病危害防治的文件、资料,采集有关样品;

(三)责令违反职业病防治法律、法规的单位和个人停止违法行为;

(四)责令暂停导致职业病危害事故的作业,封存造成职业病危害事故或者可能导致职业病危害事故发生的材料和设备;

(五)组织控制职业病危害事故现场。

在职业病危害事故或者危害状态得到有效控制后,卫生健康主管部门应当及时解除前款第四项、第五项规定的控制措施。

第四十六条 发生职业病危害事故,卫生健康主管部门应当依照国家有关规定报告事故和组织事故的调查处理。

第四章 法律责任

第四十七条 用人单位有下列情形之一的,责令限期改正,给予警告,可以并处五千元以上二万元以下的罚款:

(一)未按照规定实行有害作业与无害作业分开、工作场所与生活场所分开的;

(二)用人单位的主要负责人、职业卫生管理人员未接受职业卫生培训的;

(三)其他违反本规定的行为。

第四十八条 用人单位有下列情形之一的,责令限期改正,给予警告;逾期未改正的,处十万元以下的罚款:

(一)未按照规定制定职业病防治计划和实施方案的;

(二)未按照规定设置或者指定职业卫生管理机构或者组织,或者未配备专职或者兼职的职业卫生管理人员的;

(三)未按照规定建立、健全职业卫生管理制度和操作规程的;

(四)未按照规定建立、健全职业卫生档案和劳动者健康监护档案的;

（五）未建立、健全工作场所职业病危害因素监测及评价制度的；

（六）未按照规定公布有关职业病防治的规章制度、操作规程、职业病危害事故应急救援措施的；

（七）未按照规定组织劳动者进行职业卫生培训，或者未对劳动者个体防护采取有效的指导、督促措施的；

（八）工作场所职业病危害因素检测、评价结果未按照规定存档、上报和公布的。

第四十九条 用人单位有下列情形之一的，责令限期改正，给予警告，可以并处五万元以上十万元以下的罚款：

（一）未按照规定及时、如实申报产生职业病危害的项目的；

（二）未实施由专人负责职业病危害因素日常监测，或者监测系统不能正常监测的；

（三）订立或者变更劳动合同时，未告知劳动者职业病危害真实情况的；

（四）未按照规定组织劳动者进行职业健康检查、建立职业健康监护档案或者未将检查结果书面告知劳动者的；

（五）未按照规定在劳动者离开用人单位时提供职业健康监护档案复印件的。

第五十条 用人单位有下列情形之一的，责令限期改正，给予警告；逾期未改正的，处五万元以上二十万元以下的罚款；情节严重的，责令停止产生职业病危害的作业，或者提请有关人民政府按照国务院规定的权限责令关闭：

（一）工作场所职业病危害因素的强度或者浓度超过国家职业卫生标准的；

（二）未提供职业病防护设施和劳动者使用的职业病防护用品，或者提供的职业病防护设施和劳动者使用的职业病防护用品不符合国家职业卫生标准和卫生要求的；

（三）未按照规定对职业病防护设备、应急救援设施和劳动者职业病防护用品进行维护、检修、检测，或者不能保持正常运行、使用状态的；

（四）未按照规定对工作场所职业病危害因素进行检测、现状评价的；

（五）工作场所职业病危害因素经治理仍然达不到国家职业卫生标准和卫生要求时，未停止存在职业病危害因素的作业的；

（六）发生或者可能发生急性职业病危害事故，未立即采取应急救援和控制措施或者未按照规定及时报告的；

（七）未按照规定在产生严重职业病危害的作业岗位醒目位置设置警示标识和中文警示说明的；

（八）拒绝卫生健康主管部门监督检查的；

（九）隐瞒、伪造、篡改、毁损职业健康监护档案、工作场所职业病危害因素检测评价结果等相关资料，或者不提供职业病诊断、鉴定所需要资料的；

（十）未按照规定承担职业病诊断、鉴定费用和职业病病人的医疗、生活保障费用的。

第五十一条 用人单位有下列情形之一的，依法责令限期改正，并处五万元以上三十万元以下的罚款；情节严重的，责令停止产生职业病危害的作业，或者提请有关人民政府按照国务院规定的权限责令关闭：

（一）隐瞒技术、工艺、设备、材料所产生的职业病危害而采用的；

（二）隐瞒本单位职业卫生真实情况的；

（三）可能发生急性职业损伤的有毒、有害工作场所或者放射工作场所不符合法律有关规定的；

（四）使用国家明令禁止使用的可能产生职业病危害的设备或者材料的；

（五）将产生职业病危害的作业转移给没有职业病防护条件的单位和个人，或者没有职业病防护条件的单位和个人接受产生职业病危害的作业的；

（六）擅自拆除、停止使用职业病防护设备或者应急救援设施的；

（七）安排未经职业健康检查的劳动者、有职业禁忌的劳动者、未成年工或者孕期、哺乳期女职工从事接触产生职业病危害的作业或者禁忌作业的；

（八）违章指挥和强令劳动者进行没有职业病防护措施的作业的。

第五十二条 用人单位违反《中华人民共和国职业病防治法》的规定，已经对劳动者生命健康造成严重损害的，责令停止产生职业病危害的作业，或者提请有关人民政府按照国务院规定的权限责令关闭，并处十万元以上五十万元以下的罚款。

造成重大职业病危害事故或者其他严重后果，构成犯罪的，对直接负责的主管人员和其他直接责任人员，依法追究刑事责任。

第五十三条 向用人单位提供可能产生职业病危害的设备或者材料，未按照规定提供中文说明书或者设置警示标识和中文警示说明的，责令限期改正，给予警告，并处五万元以上二十万元以下的罚款。

第五十四条 用人单位未按照规定报告职业病、疑似职业病的，责令限期改正，给予警告，可以并处一万元以下的罚款；弄虚作假的，并处二万元以上五万元以下的罚款。

第五十五条 卫生健康主管部门及其行政执法人员未按照规定报告职业病危害事故的，依照有关规定给予处理；构成犯罪的，依法追究刑事责任。

第五十六条 本规定所规定的行政处罚，由县级以上地方卫生健康主管部门决定。法律、行政法规和国务院有关规定对行政处罚决定机关另有规定的,依照其规定。

第五章 附 则

第五十七条 本规定下列用语的含义:

工作场所,是指劳动者进行职业活动的所有地点,包括建设单位施工场所。

职业病危害严重的用人单位,是指建设项目职业病危害风险分类管理目录中所列职业病危害严重行业的用人单位。建设项目职业病危害风险分类管理目录由国家卫生健康委公布。各省级卫生健康主管部门可以根据本地区实际情况,对分类管理目录作出补充规定。

建设项目职业病防护设施"三同时",是指建设项目的职业病防护设施与主体工程同时设计、同时施工、同时投入生产和使用。

第五十八条 本规定未规定的其他有关职业病防治事项,依照《中华人民共和国职业病防治法》和其他有关法律、法规、规章的规定执行。

第五十九条 医疗机构放射卫生管理按照放射诊疗管理相关规定执行。

第六十条 本规定自2021年2月1日起施行。原国家安全生产监督管理总局2012年4月27日公布的《工作场所职业卫生监督管理规定》同时废止。

职业病诊断与鉴定管理办法

(2021年1月4日国家卫生健康委员会令第6号公布 自公布之日起施行 国司备字[2021003772])

第一章 总 则

第一条 为了规范职业病诊断与鉴定工作,加强职业病诊断与鉴定管理,根据《中华人民共和国职业病防治法》(以下简称《职业病防治法》),制定本办法。

第二条 职业病诊断与鉴定工作应当按照《职业病防治法》、本办法的有关规定及《职业病分类和目录》、国家职业病诊断标准进行,遵循科学、公正、及时、便捷的原则。

第三条 国家卫生健康委负责全国范围内职业病诊断与鉴定的监督管理

工作,县级以上地方卫生健康主管部门依据职责负责本行政区域内职业病诊断与鉴定的监督管理工作。

省、自治区、直辖市卫生健康主管部门(以下简称省级卫生健康主管部门)应当结合本行政区域职业病防治工作实际和医疗卫生服务体系规划,充分利用现有医疗卫生资源,实现职业病诊断机构区域覆盖。

第四条 各地要加强职业病诊断机构能力建设,提供必要的保障条件,配备相关的人员、设备和工作经费,以满足职业病诊断工作的需要。

第五条 各地要加强职业病诊断与鉴定信息化建设,建立健全劳动者接触职业病危害、开展职业健康检查、进行职业病诊断与鉴定等全过程的信息化系统,不断提高职业病诊断与鉴定信息报告的准确性、及时性和有效性。

第六条 用人单位应当依法履行职业病诊断、鉴定的相关义务:

(一)及时安排职业病病人、疑似职业病病人进行诊治;

(二)如实提供职业病诊断、鉴定所需的资料;

(三)承担职业病诊断、鉴定的费用和疑似职业病病人在诊断、医学观察期间的费用;

(四)报告职业病和疑似职业病;

(五)《职业病防治法》规定的其他相关义务。

第二章 诊断机构

第七条 医疗卫生机构开展职业病诊断工作,应当在开展之日起十五个工作日内向省级卫生健康主管部门备案。

省级卫生健康主管部门应当自收到完整备案材料之日起十五个工作日内向社会公布备案的医疗卫生机构名单、地址、诊断项目(即《职业病分类和目录》中的职业病类别和病种)等相关信息。

第八条 医疗卫生机构开展职业病诊断工作应当具备下列条件:

(一)持有《医疗机构执业许可证》;

(二)具有相应的诊疗科目及与备案开展的诊断项目相适应的职业病诊断医师及相关医疗卫生技术人员;

(三)具有与备案开展的诊断项目相适应的场所和仪器、设备;

(四)具有健全的职业病诊断质量管理制度。

第九条 医疗卫生机构进行职业病诊断备案时,应当提交以下证明其符合本办法第八条规定条件的有关资料:

(一)《医疗机构执业许可证》原件、副本及复印件;

（二）职业病诊断医师资格等相关资料；
（三）相关的仪器设备清单；
（四）负责职业病信息报告人员名单；
（五）职业病诊断质量管理制度等相关资料。

第十条 职业病诊断机构对备案信息的真实性、准确性、合法性负责。

当备案信息发生变化时，应当自信息发生变化之日起十个工作日内向省级卫生健康主管部门提交变更信息。

第十一条 设区的市没有医疗卫生机构备案开展职业病诊断的，省级卫生健康主管部门应当根据职业病诊断工作的需要，指定符合本办法第八条规定条件的医疗卫生机构承担职业病诊断工作。

第十二条 职业病诊断机构的职责是：
（一）在备案的诊断项目范围内开展职业病诊断；
（二）及时向所在地卫生健康主管部门报告职业病；
（三）按照卫生健康主管部门要求报告职业病诊断工作情况；
（四）承担《职业病防治法》中规定的其他职责。

第十三条 职业病诊断机构依法独立行使诊断权，并对其作出的职业病诊断结论负责。

第十四条 职业病诊断机构应当建立和健全职业病诊断管理制度，加强职业病诊断医师等有关医疗卫生人员技术培训和政策、法律培训，并采取措施改善职业病诊断工作条件，提高职业病诊断服务质量和水平。

第十五条 职业病诊断机构应当公开职业病诊断程序和诊断项目范围，方便劳动者进行职业病诊断。

职业病诊断机构及其相关工作人员应当尊重、关心、爱护劳动者，保护劳动者的隐私。

第十六条 从事职业病诊断的医师应当具备下列条件，并取得省级卫生健康主管部门颁发的职业病诊断资格证书：
（一）具有医师执业证书；
（二）具有中级以上卫生专业技术职务任职资格；
（三）熟悉职业病防治法律法规和职业病诊断标准；
（四）从事职业病诊断、鉴定相关工作三年以上；
（五）按规定参加职业病诊断医师相应专业的培训，并考核合格。

省级卫生健康主管部门应当依据本办法的规定和国家卫生健康委制定的职业病诊断医师培训大纲，制定本行政区域职业病诊断医师培训考核办法并组织实施。

第十七条 职业病诊断医师应当依法在职业病诊断机构备案的诊断项目范围内从事职业病诊断工作，不得从事超出其职业病诊断资格范围的职业病诊断工作；职业病诊断医师应当按照有关规定参加职业卫生、放射卫生、职业医学等领域的继续医学教育。

第十八条 省级卫生健康主管部门应当加强本行政区域内职业病诊断机构的质量控制管理工作，组织开展职业病诊断机构质量控制评估。

职业病诊断质量控制规范和医疗卫生机构职业病报告规范另行制定。

第三章 诊 断

第十九条 劳动者可以在用人单位所在地、本人户籍所在地或者经常居住地的职业病诊断机构进行职业病诊断。

第二十条 职业病诊断应当按照《职业病防治法》、本办法的有关规定及《职业病分类和目录》、国家职业病诊断标准，依据劳动者的职业史、职业病危害接触史和工作场所职业病危害因素情况、临床表现以及辅助检查结果等，进行综合分析。材料齐全的情况下，职业病诊断机构应当在收齐材料之日起三十日内作出诊断结论。

没有证据否定职业病危害因素与病人临床表现之间的必然联系的，应当诊断为职业病。

第二十一条 职业病诊断需要以下资料：

（一）劳动者职业史和职业病危害接触史（包括在岗时间、工种、岗位、接触的职业病危害因素名称等）；

（二）劳动者职业健康检查结果；

（三）工作场所职业病危害因素检测结果；

（四）职业性放射性疾病诊断还需要个人剂量监测档案等资料。

第二十二条 劳动者依法要求进行职业病诊断的，职业病诊断机构不得拒绝劳动者进行职业病诊断的要求，并告知劳动者职业病诊断的程序和所需材料。劳动者应当填写《职业病诊断就诊登记表》，并提供本人掌握的职业病诊断有关资料。

第二十三条 职业病诊断机构进行职业病诊断时，应当书面通知劳动者所在的用人单位提供本办法第二十一条规定的职业病诊断资料，用人单位应当在接到通知后的十日内如实提供。

第二十四条 用人单位未在规定时间内提供职业病诊断所需要资料的，职业病诊断机构可以依法提请卫生健康主管部门督促用人单位提供。

第二十五条 劳动者对用人单位提供的工作场所职业病危害因素检测结果等资料有异议,或者因劳动者的用人单位解散、破产,无用人单位提供上述资料的,职业病诊断机构应当依法提请用人单位所在地卫生健康主管部门进行调查。

卫生健康主管部门应当自接到申请之日起三十日内对存在异议的资料或者工作场所职业病危害因素情况作出判定。

职业病诊断机构在卫生健康主管部门作出调查结论或者判定前应当中止职业病诊断。

第二十六条 职业病诊断机构需要了解工作场所职业病危害因素情况时,可以对工作场所进行现场调查,也可以依法提请卫生健康主管部门组织现场调查。卫生健康主管部门应当在接到申请之日起三十日内完成现场调查。

第二十七条 在确认劳动者职业史、职业病危害接触史时,当事人对劳动关系、工种、工作岗位或者在岗时间有争议的,职业病诊断机构应当告知当事人依法向用人单位所在地的劳动人事争议仲裁委员会申请仲裁。

第二十八条 经卫生健康主管部门督促,用人单位仍不提供工作场所职业病危害因素检测结果、职业健康监护档案等资料或者提供资料不全的,职业病诊断机构应当结合劳动者的临床表现、辅助检查结果和劳动者的职业史、职业病危害接触史,并参考劳动者自述或工友旁证资料、卫生健康等有关部门提供的日常监督检查信息等,作出职业病诊断结论。对于作出无职业病诊断结论的病人,可依据病人的临床表现以及辅助检查结果,作出疾病的诊断,提出相关医学意见或者建议。

第二十九条 职业病诊断机构可以根据诊断需要,聘请其他单位职业病诊断医师参加诊断。必要时,可以邀请相关专业专家提供咨询意见。

第三十条 职业病诊断机构作出职业病诊断结论后,应当出具职业病诊断证明书。职业病诊断证明书应当由参与诊断的取得职业病诊断资格的执业医师签署。

职业病诊断机构应当对职业病诊断医师签署的职业病诊断证明书进行审核,确认诊断的依据与结论符合有关法律法规、标准的要求,并在职业病诊断证明书上盖章。

职业病诊断证明书的书写应当符合相关标准的要求。

职业病诊断证明书一式五份,劳动者一份,用人单位所在地县级卫生健康主管部门一份,用人单位两份,诊断机构存档一份。

职业病诊断证明书应当于出具之日起十五日内由职业病诊断机构送达劳动者、用人单位及用人单位所在地县级卫生健康主管部门。

第三十一条　职业病诊断机构应当建立职业病诊断档案并永久保存，档案应当包括：

（一）职业病诊断证明书；

（二）职业病诊断记录；

（三）用人单位、劳动者和相关部门、机构提交的有关资料；

（四）临床检查与实验室检验等资料。

职业病诊断机构拟不再开展职业病诊断工作的，应当在拟停止开展职业病诊断工作的十五个工作日之前告知省级卫生健康主管部门和所在地县级卫生健康主管部门，妥善处理职业病诊断档案。

第三十二条　职业病诊断机构发现职业病病人或者疑似职业病病人时，应当及时向所在地县级卫生健康主管部门报告。职业病诊断机构应当在作出职业病诊断之日起十五日内通过职业病及健康危害因素监测信息系统进行信息报告，并确保报告信息的完整、真实和准确。

确诊为职业病的，职业病诊断机构可以根据需要，向卫生健康主管部门、用人单位提出专业建议；告知职业病病人依法享有的职业健康权益。

第三十三条　未承担职业病诊断工作的医疗卫生机构，在诊疗活动中发现劳动者的健康损害可能与其所从事的职业有关时，应及时告知劳动者到职业病诊断机构进行职业病诊断。

第四章　鉴　　定

第三十四条　当事人对职业病诊断机构作出的职业病诊断有异议的，可以在接到职业病诊断证明书之日起三十日内，向作出诊断的职业病诊断机构所在地设区的市级卫生健康主管部门申请鉴定。

职业病诊断争议由设区的市级以上地方卫生健康主管部门根据当事人的申请组织职业病诊断鉴定委员会进行鉴定。

第三十五条　职业病鉴定实行两级鉴定制，设区的市级职业病诊断鉴定委员会负责职业病诊断争议的首次鉴定。

当事人对设区的市级职业病鉴定结论不服的，可以在接到诊断鉴定书之日起十五日内，向原鉴定组织所在地省级卫生健康主管部门申请再鉴定，省级鉴定为最终鉴定。

第三十六条　设区的市级以上地方卫生健康主管部门可以指定办事机构，具体承担职业病诊断鉴定的组织和日常性工作。职业病鉴定办事机构的职责是：

（一）接受当事人申请；

（二）组织当事人或者接受当事人委托抽取职业病诊断鉴定专家；

（三）组织职业病诊断鉴定会议，负责会议记录、职业病诊断鉴定相关文书的收发及其他事务性工作；

（四）建立并管理职业病诊断鉴定档案；

（五）报告职业病诊断鉴定相关信息；

（六）承担卫生健康主管部门委托的有关职业病诊断鉴定的工作。

职业病诊断机构不能作为职业病鉴定办事机构。

第三十七条 设区的市级以上地方卫生健康主管部门应当向社会公布本行政区域内依法承担职业病诊断鉴定工作的办事机构的名称、工作时间、地点、联系人、联系电话和鉴定工作程序。

第三十八条 省级卫生健康主管部门应当设立职业病诊断鉴定专家库（以下简称专家库），并根据实际工作需要及时调整其成员。专家库可以按照专业类别进行分组。

第三十九条 专家库应当以取得职业病诊断资格的不同专业类别的医师为主要成员，吸收临床相关学科、职业卫生、放射卫生、法律等相关专业的专家组成。专家应当具备下列条件：

（一）具有良好的业务素质和职业道德；

（二）具有相关专业的高级专业技术职务任职资格；

（三）熟悉职业病防治法律法规和职业病诊断标准；

（四）身体健康，能够胜任职业病诊断鉴定工作。

第四十条 参加职业病诊断鉴定的专家，应当由当事人或者由其委托的职业病鉴定办事机构从专家库中按照专业类别以随机抽取的方式确定。抽取的专家组成职业病诊断鉴定委员会（以下简称鉴定委员会）。

经当事人同意，职业病鉴定办事机构可以根据鉴定需要聘请本省、自治区、直辖市以外的相关专业专家作为鉴定委员会成员，并有表决权。

第四十一条 鉴定委员会人数为五人以上单数，其中相关专业职业病诊断医师应当为本次鉴定专家人数的半数以上。疑难病例应当增加鉴定委员会人数，充分听取意见。鉴定委员会设主任委员一名，由鉴定委员会成员推举产生。

职业病诊断鉴定会议由鉴定委员会主任委员主持。

第四十二条 参加职业病诊断鉴定的专家有下列情形之一的，应当回避：

（一）是职业病诊断鉴定当事人或者当事人近亲属的；

（二）已参加当事人职业病诊断或者首次鉴定的；

（三）与职业病诊断鉴定当事人有利害关系的；

（四）与职业病诊断鉴定当事人有其他关系，可能影响鉴定公正的。

第四十三条 当事人申请职业病诊断鉴定时，应当提供以下资料：

（一）职业病诊断鉴定申请书；

（二）职业病诊断证明书；

（三）申请省级鉴定的还应当提交市级职业病诊断鉴定书。

第四十四条 职业病鉴定办事机构应当自收到申请资料之日起五个工作日内完成资料审核，对资料齐全的发给受理通知书；资料不全的，应当当场或者在五个工作日内一次性告知当事人补充。资料补充齐全的，应当受理申请并组织鉴定。

职业病鉴定办事机构收到当事人鉴定申请之后，根据需要可以向原职业病诊断机构或者组织首次鉴定的办事机构调阅有关的诊断、鉴定资料。原职业病诊断机构或者组织首次鉴定的办事机构应当在接到通知之日起十日内提交。

职业病鉴定办事机构应当在受理鉴定申请之日起四十日内组织鉴定、形成鉴定结论，并出具职业病诊断鉴定书。

第四十五条 根据职业病诊断鉴定工作需要，职业病鉴定办事机构可以向有关单位调取与职业病诊断、鉴定有关的资料，有关单位应当如实、及时提供。

鉴定委员会应当听取当事人的陈述和申辩，必要时可以组织进行医学检查，医学检查应当在三十日内完成。

需要了解被鉴定人的工作场所职业病危害因素情况时，职业病鉴定办事机构根据鉴定委员会的意见可以组织对工作场所进行现场调查，或者依法提请卫生健康主管部门组织现场调查。现场调查应当在三十日内完成。

医学检查和现场调查时间不计算在职业病鉴定规定的期限内。

职业病诊断鉴定应当遵循客观、公正的原则，鉴定委员会进行职业病诊断鉴定时，可以邀请有关单位人员旁听职业病诊断鉴定会议。所有参与职业病诊断鉴定的人员应当依法保护当事人的个人隐私、商业秘密。

第四十六条 鉴定委员会应当认真审阅鉴定资料，依照有关规定和职业病诊断标准，经充分合议后，根据专业知识独立进行鉴定。在事实清楚的基础上，进行综合分析，作出鉴定结论，并制作职业病诊断鉴定书。

鉴定结论应当经鉴定委员会半数以上成员通过。

第四十七条 职业病诊断鉴定书应当包括以下内容：

（一）劳动者、用人单位的基本信息及鉴定事由；

（二）鉴定结论及其依据，鉴定为职业病的，应当注明职业病名称、程度（期别）；

（三）鉴定时间。

诊断鉴定书加盖职业病鉴定委员会印章。

首次鉴定的职业病诊断鉴定书一式五份，劳动者、用人单位、用人单位所在地市级卫生健康主管部门、原诊断机构各一份，职业病鉴定办事机构存档一份；省级鉴定的职业病诊断鉴定书一式六份，劳动者、用人单位、用人单位所在地省级卫生健康主管部门、原诊断机构、首次职业病鉴定办事机构各一份，省级职业病鉴定办事机构存档一份。

职业病诊断鉴定书的格式由国家卫生健康委员会统一规定。

第四十八条 职业病鉴定办事机构出具职业病诊断鉴定书后，应当于出具之日起十日内送达当事人，并在出具职业病诊断鉴定书后的十日内将职业病诊断鉴定书等有关信息告知原职业病诊断机构或者首次职业病鉴定办事机构，并通过职业病及健康危害因素监测信息系统报告职业病鉴定相关信息。

第四十九条 职业病鉴定结论与职业病诊断结论或者首次职业病鉴定结论不一致的，职业病鉴定办事机构应当在出具职业病诊断鉴定书后十日内向相关卫生健康主管部门报告。

第五十条 职业病鉴定办事机构应当如实记录职业病诊断鉴定过程，内容应当包括：

（一）鉴定委员会的专家组成；

（二）鉴定时间；

（三）鉴定所用资料；

（四）鉴定专家的发言及其鉴定意见；

（五）表决情况；

（六）经鉴定专家签字的鉴定结论。

有当事人陈述和申辩的，应当如实记录。

鉴定结束后，鉴定记录应当随同职业病诊断鉴定书一并由职业病鉴定办事机构存档，永久保存。

第五章 监督管理

第五十一条 县级以上地方卫生健康主管部门应当定期对职业病诊断机构进行监督检查，检查内容包括：

（一）法律法规、标准的执行情况；

（二）规章制度建立情况；

（三）备案的职业病诊断信息真实性情况；

（四）按照备案的诊断项目开展职业病诊断工作情况；

（五）开展职业病诊断质量控制、参加质量控制评估及整改情况；

（六）人员、岗位职责落实和培训情况；

（七）职业病报告情况。

第五十二条 设区的市级以上地方卫生健康主管部门应当加强对职业病鉴定办事机构的监督管理，对职业病鉴定工作程序、制度落实情况及职业病报告等相关工作情况进行监督检查。

第五十三条 县级以上地方卫生健康主管部门监督检查时，有权查阅或者复制有关资料，职业病诊断机构应当予以配合。

第六章 法律责任

第五十四条 医疗卫生机构未按照规定备案开展职业病诊断的，由县级以上地方卫生健康主管部门责令改正，给予警告，可以并处三万元以下罚款。

第五十五条 职业病诊断机构有下列行为之一的，其作出的职业病诊断无效，由县级以上地方卫生健康主管部门按照《职业病防治法》的第八十条的规定进行处理：

（一）超出诊疗项目登记范围从事职业病诊断的；

（二）不按照《职业病防治法》规定履行法定职责的；

（三）出具虚假证明文件的。

第五十六条 职业病诊断机构未按照规定报告职业病、疑似职业病的，由县级以上地方卫生健康主管部门按照《职业病防治法》第七十四条的规定进行处理。

第五十七条 职业病诊断机构违反本办法规定，有下列情形之一的，由县级以上地方卫生健康主管部门责令限期改正；逾期不改的，给予警告，并可以根据情节轻重处以三万元以下罚款：

（一）未建立职业病诊断管理制度的；

（二）未按照规定向劳动者公开职业病诊断程序的；

（三）泄露劳动者涉及个人隐私的有关信息、资料的；

（四）未按照规定参加质量控制评估，或者质量控制评估不合格且未按要求整改的；

（五）拒不配合卫生健康主管部门监督检查的。

第五十八条 职业病诊断鉴定委员会组成人员收受职业病诊断争议当事人的财物或者其他好处的，由省级卫生健康主管部门按照《职业病防治法》第八十一条的规定进行处理。

第五十九条 县级以上地方卫生健康主管部门及其工作人员未依法履行职责，按照《职业病防治法》第八十三条第二款规定进行处理。

第六十条 用人单位有下列行为之一的，由县级以上地方卫生健康主管部门按照《职业病防治法》第七十二条规定进行处理：

（一）未按照规定安排职业病病人、疑似职业病病人进行诊治的；

（二）拒不提供职业病诊断、鉴定所需资料的；

（三）未按照规定承担职业病诊断、鉴定费用。

第六十一条 用人单位未按照规定报告职业病、疑似职业病的，由县级以上地方卫生健康主管部门按照《职业病防治法》第七十四条规定进行处理。

第七章 附 则

第六十二条 本办法所称"证据"，包括疾病的证据、接触职业病危害因素的证据，以及用于判定疾病与接触职业病危害因素之间因果关系的证据。

第六十三条 本办法自公布之日起施行。原卫生部2013年2月19日公布的《职业病诊断与鉴定管理办法》同时废止。

化妆品注册备案管理办法

（2021年1月7日国家市场监督管理总局令第35号公布 自2021年5月1日起施行 国司备字[2021003707]）

第一章 总 则

第一条 为了规范化妆品注册和备案行为，保证化妆品质量安全，根据《化妆品监督管理条例》，制定本办法。

第二条 在中华人民共和国境内从事化妆品和化妆品新原料注册、备案及其监督管理活动，适用本办法。

第三条 化妆品、化妆品新原料注册，是指注册申请人依照法定程序和要求提出注册申请，药品监督管理部门对申请注册的化妆品、化妆品新原料的安全性和质量可控性进行审查，决定是否同意其申请的活动。

化妆品、化妆品新原料备案，是指备案人依照法定程序和要求，提交表明化妆品、化妆品新原料安全性和质量可控性的资料，药品监督管理部门对提交的资料存档备查的活动。

第四条 国家对特殊化妆品和风险程度较高的化妆品新原料实行注册管理，对普通化妆品和其他化妆品新原料实行备案管理。

第五条 国家药品监督管理局负责特殊化妆品、进口普通化妆品、化妆品新原料的注册和备案管理，并指导监督省、自治区、直辖市药品监督管理部门承担的化妆品备案相关工作。国家药品监督管理局可以委托具备相应能力的省、自治区、直辖市药品监督管理部门实施进口普通化妆品备案管理工作。

国家药品监督管理局化妆品技术审评机构（以下简称技术审评机构）负责特殊化妆品、化妆品新原料注册的技术审评工作，进口普通化妆品、化妆品新原料备案后的资料技术核查工作，以及化妆品新原料使用和安全情况报告的评估工作。

国家药品监督管理局行政事项受理服务机构（以下简称受理机构）、审核查验机构、不良反应监测机构、信息管理机构等专业技术机构，承担化妆品注册和备案管理所需的注册受理、现场核查、不良反应监测、信息化建设与管理等工作。

第六条 省、自治区、直辖市药品监督管理部门负责本行政区域内国产普通化妆品备案管理工作，在委托范围内以国家药品监督管理局的名义实施进口普通化妆品备案管理工作，并协助开展特殊化妆品注册现场核查等工作。

第七条 化妆品、化妆品新原料注册人、备案人依法履行产品注册、备案义务，对化妆品、化妆品新原料的质量安全负责。

化妆品、化妆品新原料注册人、备案人申请注册或者进行备案时，应当遵守有关法律、行政法规、强制性国家标准和技术规范的要求，对所提交资料的真实性和科学性负责。

第八条 注册人、备案人在境外的，应当指定我国境内的企业法人作为境内责任人。境内责任人应当履行以下义务：

（一）以注册人、备案人的名义，办理化妆品、化妆品新原料注册、备案；

（二）协助注册人、备案人开展化妆品不良反应监测、化妆品新原料安全监测与报告工作；

（三）协助注册人、备案人实施化妆品、化妆品新原料召回工作；

（四）按照与注册人、备案人的协议，对投放境内市场的化妆品、化妆品新原料承担相应的质量安全责任；

（五）配合药品监督管理部门的监督检查工作。

第九条 药品监督管理部门应当自化妆品、化妆品新原料准予注册、完成备案之日起5个工作日内,向社会公布化妆品、化妆品新原料注册和备案管理有关信息,供社会公众查询。

第十条 国家药品监督管理局加强信息化建设,为注册人、备案人提供便利化服务。

化妆品、化妆品新原料注册人、备案人按照规定通过化妆品、化妆品新原料注册备案信息服务平台(以下简称信息服务平台)申请注册、进行备案。

国家药品监督管理局制定已使用的化妆品原料目录,及时更新并向社会公开,方便企业查询。

第十一条 药品监督管理部门可以建立专家咨询机制,就技术审评、现场核查、监督检查等过程中的重要问题听取专家意见,发挥专家的技术支撑作用。

第二章 化妆品新原料注册和备案管理

第一节 化妆品新原料注册和备案

第十二条 在我国境内首次使用于化妆品的天然或者人工原料为化妆品新原料。

调整已使用的化妆品原料的使用目的、安全使用量等的,应当按照新原料注册、备案要求申请注册、进行备案。

第十三条 申请注册具有防腐、防晒、着色、染发、祛斑美白功能的化妆品新原料,应当按照国家药品监督管理局要求提交申请资料。受理机构应当自收到申请之日起5个工作日内完成对申请资料的形式审查,并根据下列情况分别作出处理:

(一)申请事项依法不需要取得注册的,作出不予受理的决定,出具不予受理通知书;

(二)申请事项依法不属于国家药品监督管理局职权范围的,应当作出不予受理的决定,出具不予受理通知书,并告知申请人向有关行政机关申请;

(三)申请资料不齐全或者不符合规定形式的,出具补正通知书,一次告知申请人需要补正的全部内容,逾期未告知的,自收到申请资料之日起即为受理;

(四)申请资料齐全、符合规定形式要求的,或者申请人按照要求提交全部补正材料的,应当受理注册申请并出具受理通知书。

受理机构应当自受理注册申请后3个工作日内,将申请资料转交技术审评机构。

第十四条 技术审评机构应当自收到申请资料之日起90个工作日内，按照技术审评的要求组织开展技术审评，并根据下列情况分别作出处理：

（一）申请资料真实完整，能够证明原料安全性和质量可控性，符合法律、行政法规、强制性国家标准和技术规范要求的，技术审评机构应当作出技术审评通过的审评结论；

（二）申请资料不真实，不能证明原料安全性、质量可控性，不符合法律、行政法规、强制性国家标准和技术规范要求的，技术审评机构应当作出技术审评不通过的审评结论；

（三）需要申请人补充资料的，应当一次告知需要补充的全部内容；申请人应当在90个工作日内按照要求一次提供补充资料，技术审评机构收到补充资料后审评时限重新计算；未在规定时限内补充资料的，技术审评机构应当作出技术审评不通过的审评结论。

第十五条 技术审评结论为审评不通过的，技术审评机构应当告知申请人并说明理由。申请人有异议的，可以自收到技术审评结论之日起20个工作日内申请复核。复核的内容仅限于原申请事项以及申请资料。

技术审评机构应当自收到复核申请之日起30个工作日内作出复核结论。

第十六条 国家药品监督管理局应当自收到技术审评结论之日起20个工作日内，对技术审评程序和结论的合法性、规范性以及完整性进行审查，并作出是否准予注册的决定。

受理机构应当自国家药品监督管理局作出行政审批决定之日起10个工作日内，向申请人发出化妆品新原料注册证或者不予注册决定书。

第十七条 技术审评机构作出技术审评结论前，申请人可以提出撤回注册申请。技术审评过程中，发现涉嫌提供虚假资料或者化妆品新原料存在安全性问题的，技术审评机构应当依法处理，申请人不得撤回注册申请。

第十八条 化妆品新原料备案人按照国家药品监督管理局的要求提交资料后即完成备案。

第二节　安全监测与报告

第十九条 已经取得注册、完成备案的化妆品新原料实行安全监测制度。安全监测的期限为3年，自首次使用化妆品新原料的化妆品取得注册或者完成备案之日起算。

第二十条 安全监测的期限内，化妆品新原料注册人、备案人可以使用该化妆品新原料生产化妆品。

化妆品注册人、备案人使用化妆品新原料生产化妆品的，相关化妆品申请注册、办理备案时应当通过信息服务平台经化妆品新原料注册人、备案人关联确认。

第二十一条 化妆品新原料注册人、备案人应当建立化妆品新原料上市后的安全风险监测和评价体系，对化妆品新原料的安全性进行追踪研究，对化妆品新原料的使用和安全情况进行持续监测和评价。

化妆品新原料注册人、备案人应当在化妆品新原料安全监测每满一年前30个工作日内，汇总、分析化妆品新原料使用和安全情况，形成年度报告报送国家药品监督管理局。

第二十二条 发现下列情况的，化妆品新原料注册人、备案人应当立即开展研究，并向技术审评机构报告：

（一）其他国家（地区）发现疑似因使用同类原料引起严重化妆品不良反应或者群体不良反应事件的；

（二）其他国家（地区）化妆品法律、法规、标准对同类原料提高使用标准、增加使用限制或者禁止使用的；

（三）其他与化妆品新原料安全有关的情况。

有证据表明化妆品新原料存在安全问题的，化妆品新原料注册人、备案人应当立即采取措施控制风险，并向技术审评机构报告。

第二十三条 使用化妆品新原料生产化妆品的化妆品注册人、备案人，应当及时向化妆品新原料注册人、备案人反馈化妆品新原料的使用和安全情况。

出现可能与化妆品新原料相关的化妆品不良反应或者安全问题时，化妆品注册人、备案人应当立即采取措施控制风险，通知化妆品新原料注册人、备案人，并按照规定向所在地省、自治区、直辖市药品监督管理部门报告。

第二十四条 省、自治区、直辖市药品监督管理部门收到使用了化妆品新原料的化妆品不良反应或者安全问题报告后，应当组织开展研判分析，认为化妆品新原料可能存在造成人体伤害或者危害人体健康等安全风险的，应当按照有关规定采取措施控制风险，并立即反馈技术审评机构。

第二十五条 技术审评机构收到省、自治区、直辖市药品监督管理部门或者化妆品新原料注册人、备案人的反馈或者报告后，应当结合不良反应监测机构的化妆品年度不良反应统计分析结果进行评估，认为通过调整化妆品新原料技术要求能够消除安全风险的，可以提出调整意见并报告国家药品监督管理局；认为存在安全性问题的，应当报请国家药品监督管理局撤销注册或者取消备案。国家药品监督管理局应当及时作出决定。

第二十六条 化妆品新原料安全监测期满3年后，技术审评机构应当向国家药品监督管理局提出化妆品新原料是否符合安全性要求的意见。

对存在安全问题的化妆品新原料，由国家药品监督管理局撤销注册或者取消备案；未发生安全问题的，由国家药品监督管理局纳入已使用的化妆品原料目录。

第二十七条 安全监测期内化妆品新原料被责令暂停使用的，化妆品注册人、备案人应当同时暂停生产、经营使用该化妆品新原料的化妆品。

第三章 化妆品注册和备案管理

第一节 一般要求

第二十八条 化妆品注册申请人、备案人应当具备下列条件：

（一）是依法设立的企业或者其他组织；

（二）有与申请注册、进行备案化妆品相适应的质量管理体系；

（三）有不良反应监测与评价的能力。

注册申请人首次申请特殊化妆品注册或者备案人首次进行普通化妆品备案的，应当提交其符合前款规定要求的证明资料。

第二十九条 化妆品注册人、备案人应当依照法律、行政法规、强制性国家标准、技术规范和注册备案管理等规定，开展化妆品研制、安全评估、注册备案检验等工作，并按照化妆品注册备案资料规范要求提交注册备案资料。

第三十条 化妆品注册人、备案人应当选择符合法律、行政法规、强制性国家标准和技术规范要求的原料用于化妆品生产，对其使用的化妆品原料安全性负责。化妆品注册人、备案人申请注册、进行备案时，应当通过信息服务平台明确原料来源和原料安全相关信息。

第三十一条 化妆品注册人、备案人委托生产化妆品的，国产化妆品应当在申请注册或者进行备案时，经化妆品生产企业通过信息服务平台关联确认委托生产关系；进口化妆品由化妆品注册人、备案人提交存在委托关系的相关材料。

第三十二条 化妆品注册人、备案人应当明确产品执行的标准，并在申请注册或者进行备案时提交药品监督管理部门。

第三十三条 化妆品注册申请人、备案人应当委托取得资质认定、满足化妆品注册和备案检验工作需要的检验机构，按照强制性国家标准、技术规范和注册备案检验规定的要求进行检验。

第二节 备案管理

第三十四条 普通化妆品上市或者进口前，备案人按照国家药品监督管理局的要求通过信息服务平台提交备案资料后即完成备案。

第三十五条 已经备案的进口普通化妆品拟在境内责任人所在省、自治区、直辖市行政区域以外的口岸进口的，应当通过信息服务平台补充填报进口口岸以及办理通关手续的联系人信息。

第三十六条 已经备案的普通化妆品，无正当理由不得随意改变产品名称；没有充分的科学依据，不得随意改变功效宣称。

已经备案的普通化妆品不得随意改变产品配方，但因原料来源改变等原因导致产品配方发生微小变化的情况除外。

备案人、境内责任人地址变化导致备案管理部门改变的，备案人应当重新进行备案。

第三十七条 普通化妆品的备案人应当每年向承担备案管理工作的药品监督管理部门报告生产、进口情况，以及符合法律法规、强制性国家标准、技术规范的情况。

已经备案的产品不再生产或者进口的，备案人应当及时报告承担备案管理工作的药品监督管理部门取消备案。

第三节 注 册 管 理

第三十八条 特殊化妆品生产或者进口前，注册申请人应当按照国家药品监督管理局的要求提交申请资料。

特殊化妆品注册程序和时限未作规定的，适用本办法关于化妆品新原料注册的规定。

第三十九条 技术审评机构应当自收到申请资料之日起90个工作日内，按照技术审评的要求组织开展技术审评，并根据下列情况分别作出处理：

（一）申请资料真实完整，能够证明产品安全性和质量可控性、产品配方和产品执行的标准合理，且符合现行法律、行政法规、强制性国家标准和技术规范要求的，作出技术审评通过的审评结论；

（二）申请资料不真实，不能证明产品安全性和质量可控性、产品配方和产品执行的标准不合理，或者不符合现行法律、行政法规、强制性国家标准和技术规范要求的，作出技术审评不通过的审评结论；

（三）需要申请人补充资料的，应当一次告知需要补充的全部内容；申请人应当在90个工作日内按照要求一次提供补充资料，技术审评机构收到补充资料后审评时限重新计算；未在规定时限内补充资料的，技术审评机构应当作出技术审评不通过的审评结论。

第四十条 国家药品监督管理局应当自收到技术审评结论之日起20个

工作日内，对技术审评程序和结论的合法性、规范性以及完整性进行审查，并作出是否准予注册的决定。

受理机构应当自国家药品监督管理局作出行政审批决定之日起10个工作日内，向申请人发出化妆品注册证或者不予注册决定书。化妆品注册证有效期5年。

第四十一条 已经注册的特殊化妆品的注册事项发生变化的，国家药品监督管理局根据变化事项对产品安全、功效的影响程度实施分类管理：

（一）不涉及安全性、功效宣称的事项发生变化的，注册人应当及时向国家药品监督管理局备案；

（二）涉及安全性的事项发生变化的，以及生产工艺、功效宣称等方面发生实质性变化的，注册人应当向国家药品监督管理局提出产品注册变更申请；

（三）产品名称、配方等发生变化，实质上构成新的产品的，注册人应当重新申请注册。

第四十二条 已经注册的产品不再生产或者进口的，注册人应当主动申请注销注册证。

第四节 注册证延续

第四十三条 特殊化妆品注册证有效期届满需要延续的，注册人应当在产品注册证有效期届满前90个工作日至30个工作日期间提出延续注册申请，并承诺符合强制性国家标准、技术规范的要求。注册人应当对提交资料和作出承诺的真实性、合法性负责。

逾期未提出延续注册申请的，不再受理其延续注册申请。

第四十四条 受理机构应当在收到延续注册申请后5个工作日内对申请资料进行形式审查，符合要求的予以受理，并自受理之日起10个工作日内向申请人发出新的注册证。注册证有效期自原注册证有效期届满之日的次日起重新计算。

第四十五条 药品监督管理部门应当对已延续注册的特殊化妆品的申报资料和承诺进行监督，经监督检查或者技术审评发现存在不符合强制性国家标准、技术规范情形的，应当依法撤销特殊化妆品注册证。

第四章 监督管理

第四十六条 药品监督管理部门依照法律法规规定，对注册人、备案人的注册、备案相关活动进行监督检查，必要时可以对注册、备案活动涉及的单位进行延伸检查,有关单位和个人应当予以配合,不得拒绝检查和隐瞒有关情况。

第四十七条 技术审评机构在注册技术审评过程中,可以根据需要通知审核查验机构开展现场核查。境内现场核查应当在45个工作日内完成,境外现场核查应当按照境外核查相关规定执行。现场核查所用时间不计算在审评时限之内。

注册申请人应当配合现场核查工作,需要抽样检验的,应当按照要求提供样品。

第四十八条 特殊化妆品取得注册证后,注册人应当在产品投放市场前,将上市销售的产品标签图片上传至信息服务平台,供社会公众查询。

第四十九条 化妆品注册证不得转让。因企业合并、分立等法定事由导致原注册人主体资格注销,将注册人变更为新设立的企业或者其他组织的,应当按照本办法的规定申请变更注册。

变更后的注册人应当符合本办法关于注册人的规定,并对已经上市的产品承担质量安全责任。

第五十条 根据科学研究的发展,对化妆品、化妆品原料的安全性认识发生改变的,或者有证据表明化妆品、化妆品原料可能存在缺陷的,承担注册、备案管理工作的药品监督管理部门可以责令化妆品、化妆品新原料注册人、备案人开展安全再评估,或者直接组织相关原料企业和化妆品企业开展安全再评估。

再评估结果表明化妆品、化妆品原料不能保证安全的,由原注册部门撤销注册、备案部门取消备案,由国务院药品监督管理部门将该化妆品原料纳入禁止用于化妆品生产的原料目录,并向社会公布。

第五十一条 根据科学研究的发展、化妆品安全风险监测和评价等,发现化妆品原料存在安全风险,能够通过设定原料的使用范围和条件消除安全风险的,应当在已使用的化妆品原料目录中明确原料限制使用的范围和条件。

第五十二条 承担注册、备案管理工作的药品监督管理部门通过注册、备案信息无法与注册人、备案人或者境内责任人取得联系的,可以在信息服务平台将注册人、备案人、境内责任人列为重点监管对象,并通过信息服务平台予以公告。

第五十三条 药品监督管理部门根据备案人、境内责任人、化妆品生产企业的质量管理体系运行、备案后监督、产品上市后的监督检查情况等,实施风险分类分级管理。

第五十四条 药品监督管理部门、技术审评、现场核查、检验机构及其工作人员应当严格遵守法律、法规、规章和国家药品监督管理局的相关规定,保证相关工作科学、客观和公正。

第五十五条 未经注册人、备案人同意，药品监督管理部门、专业技术机构及其工作人员、参与审评的人员不得披露注册人、备案人提交的商业秘密、未披露信息或者保密商务信息，法律另有规定或者涉及国家安全、重大社会公共利益的除外。

第五章 法律责任

第五十六条 化妆品、化妆品新原料注册人未按照本办法规定申请特殊化妆品、化妆品新原料变更注册的，由原发证的药品监督管理部门责令改正，给予警告，处1万元以上3万元以下罚款。

化妆品、化妆品新原料备案人未按照本办法规定更新普通化妆品、化妆品新原料备案信息的，由承担备案管理工作的药品监督管理部门责令改正，给予警告，处5000元以上3万元以下罚款。

化妆品、化妆品新原料注册人未按照本办法的规定重新注册的，依照化妆品监督管理条例第五十九条的规定给予处罚；化妆品、化妆品新原料备案人未按照本办法的规定重新备案的，依照化妆品监督管理条例第六十一条第一款的规定给予处罚。

第五十七条 化妆品新原料注册人、备案人违反本办法第二十一条规定的，由省、自治区、直辖市药品监督管理部门责令改正；拒不改正的，处5000元以上3万元以下罚款。

第五十八条 承担备案管理工作的药品监督管理部门发现已备案化妆品、化妆品新原料的备案资料不符合要求的，应当责令限期改正，其中，与化妆品、化妆品新原料安全性有关的备案资料不符合要求的，可以同时责令暂停销售、使用。

已进行备案但备案信息尚未向社会公布的化妆品、化妆品新原料，承担备案管理工作的药品监督管理部门发现备案资料不符合要求的，可以责令备案人改正并在符合要求后向社会公布备案信息。

第五十九条 备案人存在以下情形的，承担备案管理工作的药品监督管理部门应当取消化妆品、化妆品新原料备案：

（一）备案时提交虚假资料的；

（二）已经备案的资料不符合要求，未按要求在规定期限内改正的，或者未按要求暂停化妆品、化妆品新原料销售、使用的；

（三）不属于化妆品新原料或者化妆品备案范围的。

第六章　附　　则

第六十条　注册受理通知、技术审评意见告知、注册证书发放和备案信息发布、注册复核、化妆品新原料使用情况报告提交等所涉及时限以通过信息服务平台提交或者发出的时间为准。

第六十一条　化妆品最后一道接触内容物的工序在境内完成的为国产产品,在境外完成的为进口产品,在中国台湾、香港和澳门地区完成的参照进口产品管理。

以一个产品名称申请注册或者进行备案的配合使用产品或者组合包装产品,任何一剂的最后一道接触内容物的工序在境外完成的,按照进口产品管理。

第六十二条　化妆品、化妆品新原料取得注册或者进行备案后,按照下列规则进行编号。

(一)化妆品新原料备案编号规则:国妆原备字+四位年份数+本年度备案化妆品新原料顺序数。

(二)化妆品新原料注册编号规则:国妆原注字+四位年份数+本年度注册化妆品新原料顺序数。

(三)普通化妆品备案编号规则:

国产产品:省、自治区、直辖市简称+G妆网备字+四位年份数+本年度行政区域内备案产品顺序数;

进口产品:国妆网备进字(境内责任人所在省、自治区、直辖市简称)+四位年份数+本年度全国备案产品顺序数;

中国台湾、香港、澳门产品:国妆网备制字(境内责任人所在省、自治区、直辖市简称)+四位年份数+本年度全国备案产品顺序数。

(四)特殊化妆品注册编号规则:

国产产品:国妆特字+四位年份数+本年度注册产品顺序数;

进口产品:国妆特进字+四位年份数+本年度注册产品顺序数;

中国台湾、香港、澳门产品:国妆特制字+四位年份数+本年度注册产品顺序数。

第六十三条　本办法自2021年5月1日起施行。

司法解释

最高人民法院 司法部关于为律师提供一站式诉讼服务的意见

（2020 年 12 月 16 日　法发〔2021〕3 号）

为深入贯彻落实党中央关于深化律师制度改革要求，进一步落实《最高人民法院、最高人民检察院、公安部、国家安全部、司法部关于依法保障律师执业权利的规定》《最高人民法院关于依法切实保障律师诉讼权利的规定》等规定，完善便利律师参与诉讼机制，为律师提供更加优质的诉讼服务，充分发挥律师在全面依法治国中的重要作用，更好地维护人民群众合法权益，制定本意见。

第一条　人民法院为依法执业的律师（含公职律师、公司律师）提供集约高效、智慧便捷的一站式诉讼服务，并为律师助理在辩护、代理律师授权范围内开展辅助性工作提供必要的诉讼服务。

律师助理包括辩护、代理律师所在律师事务所的其他律师和申请律师执业实习人员。

基层法律服务工作者在司法部规定的业务范围和执业区域内参与诉讼活动时，参照本意见执行。

第二条　司法部中国律师身份核验平台（以下简称律师身份核验平台）为律师参与诉讼提供"实时实人实证"的律师执业身份核验服务。

律师通过人民法院线上线下诉讼服务平台办理诉讼事务前，应当自行或者由人民法院依托律师身份核验平台完成身份核验。

第三条　律师身份一次核验后，可以通过人民法院律师服务平台（以下简称律师服务平台）、诉讼服务大厅、12368 诉讼服务热线等线上线下方式在全国法院通办各类诉讼事务。

第四条　人民法院建立律师参与诉讼专门通道，为律师提供"一码通"服务。律师可以使用律师服务平台生成动态二维码，通过扫码或者其他便捷方式快速进入人民法院诉讼服务场所和审判法庭。

司法行政机关与人民法院积极推动应用律师电子执业证，支持律师使用律师身份核验平台亮证功能或者律师电子执业证快速进入人民法院，办理各类诉讼事务。

第五条 对于入驻人民法院开展诉讼辅导、调解、法律援助、代理申诉等公益性服务的律师，应当为其设立专门工作场所，提供扫描、打印、复印、刻录等服务。有条件的人民法院可以提供停车、就餐等服务。

第六条 依托12368诉讼服务热线一号通办功能，为律师提供查询、咨询、诉讼事务办理等服务，并将支持律师在律师服务平台查看通过12368诉讼服务热线申请的诉讼事务办理情况。

第七条 积极为律师提供一网通办服务。律师可以通过律师服务平台办理立案、调解、庭审、阅卷、保全、鉴定，申请回避、撤诉，申请人民法院调查收集证据、延长举证期限、延期开庭、核实代理关系等事务，以及在线查收人民法院电子送达材料等，实现诉讼事务在线办理、网上流转、全程留痕。

律师服务平台实时接收律师在线提交的电子材料。受理案件的人民法院对确有核实、归档需要的身份证明、授权委托书或者书证、鉴定意见等需要质证的证据，以及对方当事人提出异议且有合理理由的诉讼材料和证据材料，可以要求律师提供原件。

第八条 进一步完善网上立案工作，为律师提供一审民事、行政、刑事自诉、申请执行和国家赔偿案件的网上立案服务。对不符合要求的材料，做到一次性告知补正事项。对律师通过律师服务平台或者诉讼服务大厅提交电子化诉讼材料的，实行快速办理。

进一步畅通网上交退费渠道，支持通过网银、支付宝、微信等线上支付方式交纳诉讼费用。

第九条 充分发挥律师在预防化解矛盾纠纷中的专业优势、职业优势和实践优势，依托人民法院调解平台加大律师在线调解工作力度，打造党员律师、骨干律师调解品牌。纳入特邀调解员名册的律师，可以接受人民法院委派或者委托，在调解平台上调解案件。律师依法按程序出具的调解协议，当事人可以在线申请司法确认。

第十条 具备在线庭审条件的人民法院，对适宜通过在线方式进行庭审、庭前会议或者询问等诉讼环节的案件，应当为律师提供在线庭审服务。

依托律师服务平台为律师在全国法院参加庭审以及其他诉讼活动提供排期避让提醒服务。对有冲突的排期自动向人民法院作出提醒，律师也可以根据传票等信息在律师服务平台自助添加开庭时间等，主动向人民法院提供需要避让的信息。人民法院根据案件实际审理情况合理排期。

第十一条 加强网上阅卷工作，逐步为律师提供电子诉讼档案在线查看、打印、下载等服务。对依法可以公开的民事、行政、刑事、申请执行和国家赔偿案件材料，律师可以通过律师服务平台申请网上阅卷。

在律师服务平台建立个人案件空间。推进对正在审理中、依法可以公开的案件电子卷宗同步上传至案件空间，供担任诉讼代理人的律师随时查阅。

第十二条 律师服务平台为律师关联可公开的代理案件，提供立案、开庭、结案等节点信息查看服务，方便律师一键获取代理案件的诉讼信息。

第十三条 律师服务平台支持律师通过文字、语音等方式在线联系法官，支持多种格式电子文档批量上传，提供证据网盘以及立案材料指引、诉状模板、诉状助手、诉讼费用计算、法律法规查询等智能工具辅助律师办案。律师还可以根据需要设置个人常用事项导航窗口。

第十四条 律师服务平台在律师账号下设有律师助理账号。每名律师可以申请开通 3 个律师助理账号，由律师一案一指定并授权使用诉讼材料提交、诉讼费用交纳、案卷查阅以及智能辅助工具等。

律师应当定期管理和更新律师账号及律师助理账号。

第十五条 建立健全律师诉讼权利救济机制。律师可以通过 12368 诉讼服务热线、律师服务平台对诉讼服务事项进行满意度评价，或者提出意见建议。对律师反映的重大问题或者提出的意见建议由人民法院工作人员及时予以回复。

第十六条 加强律师诚信诉讼建设。对律师在诉讼活动中存在提供虚假材料、故意拖延诉讼、串通调解、滥用诉权、虚假诉讼、规避或者抗拒执行以及其他违反职业道德和执业纪律等行为，或者因管理律师账号及律师助理账号不当造成严重不良影响的，人民法院将限制律师使用律师服务平台相关功能，同时通报许可律师执业的司法行政机关，并将相关信息推送全国律师综合管理信息系统。

进一步完善律师执业监督管理。省级司法行政机关应当建立健全律师执业信息线上采集和更新机制，实时、准确、完整地向全国律师综合管理信息系统汇聚律师执业许可、变更、吊销、注销、受到停止执业处罚和处罚期间等信息，并将律师诚信诉讼情况纳入律师事务所年度检查考核和律师年度考核内容。

第十七条 人民法院与司法行政机关应当为律师在参与诉讼过程中提交的电子材料和律师个人信息等提供安全保障，确保数据在存储和流转等过程中的真实性、有效性和安全性。

第十八条 人民法院、司法行政机关、律师协会应当加强协调配合，建立常态化联席会议工作机制，定期召开会议，充分听取律师对人民法院和司法行政机关的意见建议，及时研究解决诉讼服务过程中律师反映的新情况新问题，不断提升一站式服务律师的能力水平。

最高人民法院关于加强新时代未成年人审判工作的意见

（2020年12月24日　法发〔2020〕45号）

为深入贯彻落实习近平新时代中国特色社会主义思想，认真学习贯彻习近平法治思想，切实做好未成年人保护和犯罪预防工作，不断提升未成年人审判工作能力水平，促进完善中国特色社会主义少年司法制度，根据《中华人民共和国未成年人保护法》《中华人民共和国预防未成年人犯罪法》等相关法律法规，结合人民法院工作实际，就加强新时代未成年人审判工作提出如下意见。

一、提高政治站位，充分认识做好新时代未成年人审判工作的重大意义

1. 未成年人是国家的未来、民族的希望。近年来，随着经济社会发展，未成年人的成长环境出现新的特点。进入新时代，以习近平同志为核心的党中央更加重视未成年人的健康成长，社会各界对未成年人保护和犯罪预防问题更加关切。维护未成年人权益，预防和矫治未成年人犯罪，是人民法院的重要职责。加强新时代未成年人审判工作，是人民法院积极参与国家治理、有效回应社会关切的必然要求。

2. 未成年人审判工作只能加强、不能削弱。要站在保障亿万家庭幸福安宁、全面建设社会主义现代化国家、实现中华民族伟大复兴中国梦的高度，充分认识做好新时代未成年人审判工作的重大意义，强化使命担当，勇于改革创新，切实做好未成年人保护和犯罪预防工作。

3. 加强新时代未成年人审判工作，要坚持党对司法工作的绝对领导，坚定不移走中国特色社会主义法治道路，坚持以人民为中心的发展思想，坚持未成年人利益最大化原则，确保未成年人依法得到特殊、优先保护。对未成年人犯罪要坚持“教育、感化、挽救”方针和“教育为主、惩罚为辅”原则。

4. 对未成年人权益要坚持双向、全面保护。坚持双向保护，既依法保障未成年被告人的权益，又要依法保护未成年被害人的权益，对各类侵害未成年人的违法犯罪要依法严惩。坚持全面保护，既要加强对未成年人的刑事保护，又要加强对未成年人的民事、行政权益的保护，努力实现对未成年人权益的全方位保护。

二、深化综合审判改革，全面加强未成年人权益司法保护

5. 深化涉及未成年人案件综合审判改革，将与未成年人权益保护和犯罪预防关系密切的涉及未成年人的刑事、民事及行政诉讼案件纳入少年法庭受案范围。少年法庭包括专门审理涉及未成年人刑事、民事、行政案件的审判庭、合议庭、审判团队以及法官。

有条件的人民法院，可以根据未成年人案件审判工作需要，在机构数量限额内设立专门审判庭，审理涉及未成年人刑事、民事、行政案件。不具备单独设立未成年人案件审判机构条件的法院，应当指定专门的合议庭、审判团队或者法官审理涉及未成年人案件。

6. 被告人实施被指控的犯罪时不满十八周岁且人民法院立案时不满二十周岁的刑事案件，应当由少年法庭审理。

7. 下列刑事案件可以由少年法庭审理：

(1)人民法院立案时不满二十二周岁的在校学生犯罪案件；

(2)强奸、猥亵等性侵未成年人犯罪案件；

(3)杀害、伤害、绑架、拐卖、虐待、遗弃等严重侵犯未成年人人身权利的犯罪案件；

(4)上述刑事案件罪犯的减刑、假释、暂予监外执行、撤销缓刑等刑罚执行变更类案件；

(5)涉及未成年人，由少年法庭审理更为适宜的其他刑事案件。

未成年人与成年人共同犯罪案件，一般应当分案审理。

8. 下列民事案件由少年法庭审理：

(1)涉及未成年人抚养、监护、探望等事宜的婚姻家庭纠纷案件，以及适宜由少年法庭审理的离婚案件；

(2)一方或双方当事人为未成年人的人格权纠纷案件；

(3)侵权人为未成年人的侵权责任纠纷案件，以及被侵权人为未成年人，由少年法庭审理更为适宜的侵权责任纠纷案件；

(4)涉及未成年人的人身安全保护令案件；

(5)涉及未成年人权益保护的其他民事案件。

9. 当事人为未成年人的行政诉讼案件，有条件的法院，由少年法庭审理。

10. 人民法院审理涉及未成年人案件，应当根据案件情况开展好社会调查、社会观护、心理疏导、法庭教育、家庭教育、司法救助、回访帮教等延伸工作，提升案件办理的法律效果和社会效果。

三、加强审判机制和组织建设，推进未成年人审判专业化发展

11. 坚持未成年人审判的专业化发展方向，加强未成年人审判工作的组织

领导和业务指导，加强审判专业化、队伍职业化建设。

12. 大力推动未成年人审判与家事审判融合发展，更好维护未成年人合法权益，促进家庭和谐、社会安定，预防、矫治未成年人犯罪。未成年人审判与家事审判要在各自相对独立的基础上相互促进、协调发展。

13. 最高人民法院建立未成年人审判领导工作机制，加大对全国法院未成年人审判工作的组织领导、统筹协调、调查研究、业务指导。高级人民法院相应设立未成年人审判领导工作机制，中级人民法院和有条件的基层人民法院可以根据情况和需要，设立未成年人审判领导工作机制。

14. 地方各级人民法院要结合内设机构改革，落实《中华人民共和国未成年人保护法》《中华人民共和国预防未成年人犯罪法》关于应当确定专门机构或者指定专门人员办理涉及未成年人案件、负责预防未成年人犯罪工作的要求，充实未成年人审判工作力量，加强未成年人审判组织建设。

15. 探索通过对部分城区人民法庭改造或者加挂牌子的方式设立少年法庭，审理涉及未成年人的刑事、民事、行政案件，开展延伸帮教、法治宣传等工作。

16. 上级法院应当加强对辖区内下级法院未成年人审判组织建设工作的监督、指导和协调，实现未成年人审判工作的上下统一归口管理。

四、加强专业队伍建设，夯实未成年人审判工作基础

17. 各级人民法院应当高度重视未成年人审判队伍的培养和建设工作。要选用政治素质高、业务能力强、熟悉未成年人身心特点、热爱未成年人权益保护工作和善于做未成年人思想教育工作的法官负责审理涉及未成年人案件，采取措施保持未成年人审判队伍的稳定性。

18. 各级人民法院应当根据未成年人审判的工作特点和需要，为少年法庭配备专门的员额法官和司法辅助人员。加强法官及其他工作人员的业务培训，每年至少组织一次专题培训，不断提升、拓展未成年人审判队伍的司法能力。

19. 各级人民法院可以从共青团、妇联、关工委、工会、学校等组织的工作人员中依法选任人民陪审员，参与审理涉及未成年人案件。审理涉及未成年人案件的人民陪审员应当熟悉未成年人身心特点，具备一定的青少年教育学、心理学知识，并经过必要的业务培训。

20. 加强国际交流合作，拓展未成年人审判的国际视野，及时掌握未成年人审判的发展动态，提升新时代未成年人审判工作水平。

五、加强审判管理，推动未成年人审判工作实现新发展

21. 对涉及未成年人的案件实行专门统计。建立符合未成年人审判工作特点的司法统计指标体系，掌握分析涉及未成年人案件的规律，有针对性地制定和完善少年司法政策。

22. 对未成年人审判进行专门的绩效考核。要落实《中华人民共和国未成年人保护法》关于实行与未成年人保护工作相适应的评价考核标准的要求，将社会调查、心理疏导、法庭教育、延伸帮教、法治宣传、参与社会治安综合治理等工作纳入绩效考核范围，不能仅以办案数量进行考核。要科学评价少年法庭的业绩，调动、激励工作积极性。

23. 完善未成年人审判档案管理制度。将审判延伸、判后帮教、法治教育、犯罪记录封存等相关工作记录在案，相关材料订卷归档。

六、加强协作配合，增强未成年人权益保护和犯罪预防的工作合力

24. 加强与公安、检察、司法行政等部门的协作配合，健全完善“政法一条龙”工作机制，严厉打击侵害未成年人犯罪，有效预防、矫治未成年人违法犯罪，全面保护未成年人合法权益。

25. 加强与有关职能部门、社会组织和团体的协调合作，健全完善“社会一条龙”工作机制，加强未成年人审判社会支持体系建设。通过政府购买社会服务等方式，调动社会力量，推动未成年被害人救助、未成年罪犯安置帮教、未成年人民事权益保护等措施有效落实。

26. 加强法治宣传教育工作，特别是校园法治宣传。充分发挥法治副校长作用，通过法治进校园、组织模拟法庭、开设法治网课等活动，教育引导未成年人遵纪守法，增强自我保护的意识和能力，促进全社会更加关心关爱未成年人健康成长。

七、加强调查研究，总结推广先进经验和创新成果

27. 深化未成年人审判理论研究。充分发挥中国审判理论研究会少年审判专业委员会、最高人民法院少年司法研究基地作用，汇聚各方面智慧力量，加强新时代未成年人审判重大理论和实践问题研究，为有效指导司法实践、进一步完善中国特色社会主义少年司法制度提供理论支持。

28. 加强调查研究工作。针对未成年人保护和犯罪预防的热点、难点问题，适时研究制定司法解释、司法政策或者发布指导性案例、典型案例，明确法律适用、政策把握，有效回应社会关切。

29. 加强司法建议工作。结合案件审判，针对未成年人保护和犯罪预防的薄弱环节，有针对性、建设性地提出完善制度、改进管理的建议，促进完善社会治理体系。

30. 认真总结、深入宣传未成年人审判工作经验和改革创新成果。各级人民法院要结合本地实际，在法律框架内积极探索有利于强化未成年人权益保护和犯罪预防的新机制、新方法。通过专题片、微电影、新闻发布会、法治节目访谈、典型案例、重大司法政策文件发布、优秀法官表彰等多种形式，强化未成年人审判工作宣传报道，培树未成年人审判工作先进典型。

最高人民法院印发《关于行政案件案由的暂行规定》的通知

（2020 年 12 月 25 日　法发〔2020〕44 号）

各省、自治区、直辖市高级人民法院，解放军军事法院，新疆维吾尔自治区高级人民法院生产建设兵团分院：

《最高人民法院关于行政案件案由的暂行规定》已于 2020 年 12 月 7 日由最高人民法院审判委员会第 1820 次会议讨论通过，自 2021 年 1 月 1 日起施行，《最高人民法院关于规范行政案件案由的通知》（法发〔2004〕2 号，以下简称 2004 年案由通知）同时废止。现将《最高人民法院关于行政案件案由的暂行规定》（以下简称《暂行规定》）印发给你们，并将适用《暂行规定》的有关问题通知如下。

一、认真学习和准确适用《暂行规定》

行政案件案由是行政案件名称的核心组成部分，起到明确被诉对象、区分案件性质、提示法律适用、引导当事人正确行使诉讼权利等作用。准确确定行政案件案由，有利于人民法院在行政立案、审判中准确确定被诉行政行为、正确适用法律，有利于提高行政审判工作的规范化程度，有利于提高行政案件司法统计的准确性和科学性，有利于为人民法院司法决策提供更有价值的参考，有利于提升人民法院服务大局、司法为民的能力和水平。各级人民法院要认真组织学习《暂行规定》，全面准确领会，确保该规定得到正确实施。

二、准确把握案由的基本结构

根据行政诉讼法和相关行政法律规范的规定，遵循简洁、明确、规范、开放的原则，行政案件案由按照被诉行政行为确定，表述为“××（行政行为）”。例如，不服行政机关作出的行政拘留处罚提起的行政诉讼，案件案由表述为“行政拘留”。

此次起草《暂行规定》时，案由基本结构中删除了 2004 年案由通知规定的“行政管理范围”。司法统计时，可以通过提取被告行政机关要素，确定和掌握相关行政管理领域某类行政案件的基本情况。

三、准确把握案由的适用范围

《暂行规定》适用于行政案件的立案、审理、裁判、执行的各阶段,也适用于一审、二审、申请再审和再审等诉讼程序。在立案阶段,人民法院可以根据起诉状所列被诉行政行为确定初步案由。在审理、裁判阶段,人民法院发现初步确定的案由不准确时,可以重新确定案由。二审、申请再审、再审程序中发现原审案由不准确的,人民法院应当重新确定案由。在执行阶段,人民法院应当采用据以执行的生效法律文书确定的结案案由。

案件卷宗封面、开庭传票、送达回证等材料上应当填写案由。司法统计一般以生效法律文书确定的案由为准,也可以根据统计目的的实际需要,按照相应诉讼阶段或者程序确定的案由进行统计。

四、准确理解案由的确定规则

(一)行政案件案由分为三级

1.一级案由。行政案件的一级案由为"行政行为",是指行政机关与行政职权相关的所有作为和不作为。

2.二、三级案由的确定和分类。二、三级案由是对一级案由的细化。目前我国法律、法规对行政机关作出的行政行为并无明确的分类标准。三级案由主要是按照法律法规等列举的行政行为名称,以及行政行为涉及的权利内容等进行划分。目前列举的二级案由主要包括:行政处罚、行政强制措施、行政强制执行、行政许可、行政征收或者征用、行政登记、行政确认、行政给付、行政允诺、行政征缴、行政奖励、行政收费、政府信息公开、行政批复、行政处理、行政复议、行政裁决、行政协议、行政补偿、行政赔偿及不履行职责、公益诉讼。

3.优先适用三级案由。人民法院在确定行政案件案由时,应当首先适用三级案由;无对应的三级案由时,适用二级案由;二级案由仍然无对应的名称,适用一级案由。例如,起诉行政机关作出的罚款行政处罚,该案案由只能按照三级案由确定为"罚款",不能适用二级或者一级案由。

(二)起诉多个被诉行政行为案件案由的确定

在同一个案件中存在多个被诉行政行为时,可以并列适用不同的案由。例如,起诉行政机关作出的罚款、行政拘留、没收违法所得的行政处罚时,该案案由表述为"罚款、行政拘留及没收违法所得"。如果是两个以上的被诉行政行为,其中一个行政行为适用三级案由,另一个只能适用二级案由的,可以并列适用不同层级的案由。

(三)不可诉行为案件案由的确定

当事人对不属于行政诉讼受案范围的行政行为或者民事行为、刑事侦查行为等提起行政诉讼的案件,人民法院根据《中华人民共和国行政诉讼法》第十三条和《最高人民法院关于适用〈中华人民共和国行政诉讼法〉的解释》第一条第二款规定中的相关表述确定案由，具体表述为：国防外交行为、发布决定命令行为、奖惩任免行为、最终裁决行为、刑事司法行为、行政调解行为、仲裁行为、行政指导行为、重复处理行为、执行生效裁判行为、信访处理行为等。例如，起诉行政机关行政指导行为的案件，案由表述为“行政指导行为”。应当注意的是，“内部层级监督行为”“过程性行为”均是对行政行为性质的概括，在确定案件案由时还应根据被诉行为名称来确定。对于前述规定没有列举，但法律、法规、规章或者司法解释有明确的法定名称表述的案件，以法定名称表述案由；尚无法律、法规、规章或者司法解释明确法定名称的行为或事项，人民法院可以通过概括当事人诉讼请求所指向的行为或者事项确定案由，例如，起诉行政机关要求为其子女安排工作的案件，案由表述为“安排子女工作”。

五、关于几种特殊行政案件案由确定规则

（一）行政复议案件

行政复议机关成为行政诉讼被告，主要有三种情形：一是行政复议机关不予受理或者程序性驳回复议申请；二是行政复议机关改变（包括撤销）原行政行为；三是行政复议机关维持原行政行为或者实体上驳回复议申请。第一、二种情形下，行政复议机关单独作被告，按《暂行规定》基本结构确定案由即可。第三种情形下，行政复议机关和原行政行为作出机关是共同被告，此类案件案由表述为“××（行政行为）及行政复议”。例如，起诉某市人民政府维持该市某局作出的政府信息公开答复的案件，案由表述为“政府信息公开及行政复议”。

（二）行政协议案件

确定行政协议案件案由时，须将行政协议名称予以列明。当事人一并提出行政赔偿、解除协议或者继续履行协议等请求的，要在案由中一并列出。例如，起诉行政机关解除公交线路特许经营协议，请求赔偿损失并判令继续履行协议的案件，案由表述为“单方解除公交线路特许经营协议及行政赔偿、继续履行”。

（三）行政赔偿案件

行政赔偿案件分为一并提起行政赔偿案件和单独提起行政赔偿案件两类。一并提起行政赔偿案件，案由表述为“××（行政行为）及行政赔偿”。例如，起诉行政机关行政拘留一并请求赔偿限制人身自由损失的案件，案由表述为“行政拘留及行政赔偿”。单独提起行政赔偿案件，案由表述为“行政赔偿”。例如，起诉行政机关赔偿违法强制拆除房屋损失的案件，案由表述为“行政赔偿”。

（四）一并审查规范性文件案件

一并审查规范性文件案件涉及被诉行政行为和规范性文件两个审查对象，此类案件案由表述为"××（行政行为）及规范性文件审查"。例如，起诉行政机关作出的强制拆除房屋行为，同时对相关的规范性文件不服一并提起行政诉讼的案件，案由表述为"强制拆除房屋及规范性文件审查"。

（五）行政公益诉讼案件

行政公益诉讼案件案由按照"××（行政行为）"后缀"公益诉讼"的模式确定，表述为"××（行政行为）公益诉讼"。例如，人民检察院对行政机关不履行查处环境违法行为法定职责提起行政公益诉讼的案件，案由表述为"不履行查处环境违法行为职责公益诉讼"。

（六）不履行法定职责案件

"不履行法定职责"是指负有法定职责的行政机关在依法应当履职的情况下消极不作为，从而使得行政相对人权益得不到保护或者无法实现的违法状态。未依法履责、不完全履责、履责不当和迟延履责等以作为方式实施的违法履责行为，均不属于不履行法定职责。

在不履行法定职责案件案由中要明确行政机关应当履行的法定职责内容，表述为"不履行××职责"。例如，起诉行政机关不履行行政处罚职责案件，案由表述为"不履行行政处罚职责"。此处法定职责内容一般按照二级案由表述即可。确有必要的，不履行法定职责案件也可细化到三级案由，例如"不履行罚款职责"。

（七）申请执行人民法院生效法律文书案件

申请执行人民法院生效法律文书案件，案由由"申请执行"加行政诉讼案由后缀"判决""裁定"或者"调解书"构成。例如，人民法院作出变更罚款决定的生效判决后，行政机关申请人民法院执行该判决的案件，案由表述为"申请执行罚款判决"。

（八）非诉行政执行案件

非诉行政执行案件案由表述为"申请执行××（行政行为）"。其中，"××（行政行为）"应当优先适用三级案由表述。例如，行政机关作出责令退还非法占用土地的行政决定后，行政相对人未履行退还土地义务，行政机关申请人民法院强制执行的案件，案由表述为"申请执行责令退还非法占用土地决定"。

六、应注意的问题

（一）各级人民法院要正确认识行政案件案由的性质与功能，不得将《暂行规定》等同于行政诉讼的受理条件或者范围。判断被诉行政行为是否属于行政诉讼受案范围，必须严格依据行政诉讼法及相关司法解释的规定。

（二）由于行政管理领域及行政行为种类众多，《暂行规定》仅能在二、三级案由中列举人民法院受理的常见案件中被诉行政行为种类或者名称，无法列举所有被诉行政行为。为了确保行政案件案由表述的规范统一以及司法统计的科学性、准确性，各级人民法院应当严格按照《暂行规定》表述案由。对于《暂行规定》未列举案由的案件，可依据相关法律、法规、规章及司法解释对被诉行政行为的表述来确定案由，不得使用"其他"或者"其他行政行为"概括案由。

（三）行政案件的名称表述应当与案由的表述保持一致，一般表述为"××（原告）诉××（行政机关）××（行政行为）案"，不得表述为"××（原告）与××（行政机关）××行政纠纷案"。

（四）知识产权授权确权和涉及垄断的行政案件案由按照《最高人民法院关于增加部分行政案件案由的通知》（法〔2019〕261 号）等规定予以确定。

对于适用《暂行规定》过程中遇到的问题和情况，请及时层报最高人民法院。

最高人民法院关于行政案件案由的暂行规定

（2020 年 12 月 7 日最高人民法院审判委员会第 1820 次会议通过　自 2021 年 1 月 1 日起施行）

为规范人民法院行政立案、审判、执行工作，正确适用法律，统一确定行政案件案由，根据《中华人民共和国行政诉讼法》及相关法律法规和司法解释的规定，结合行政审判工作实际，对行政案件案由规定如下：

一级案由

行政行为

二级、三级案由

（一）行政处罚

1. 警告

2. 通报批评

3. 罚款

4. 没收违法所得

5. 没收非法财物

6. 暂扣许可证件
7. 吊销许可证件
8. 降低资质等级
9. 责令关闭
10. 责令停产停业
11. 限制开展生产经营活动
12. 限制从业
13. 行政拘留
14. 不得申请行政许可
15. 责令限期拆除

(二)行政强制措施

16. 限制人身自由
17. 查封场所、设施或者财物
18. 扣押财物
19. 冻结存款、汇款
20. 冻结资金、证券
21. 强制隔离戒毒
22. 留置
23. 采取保护性约束措施

(三)行政强制执行

24. 加处罚款或者滞纳金
25. 划拨存款、汇款
26. 拍卖查封、扣押的场所、设施或者财物
27. 处理查封、扣押的场所、设施或者财物
28. 排除妨碍
29. 恢复原状
30. 代履行
31. 强制拆除房屋或者设施
32. 强制清除地上物

(四)行政许可

33. 工商登记
34. 社会团体登记
35. 颁发机动车驾驶证
36. 特许经营许可

37. 建设工程规划许可
38. 建筑工程施工许可
39. 矿产资源许可
40. 药品注册许可
41. 医疗器械许可
42. 执业资格许可
(五)行政征收或者征用
43. 征收或者征用房屋
44. 征收或者征用土地
45. 征收或者征用动产
(六)行政登记
46. 房屋所有权登记
47. 集体土地所有权登记
48. 森林、林木所有权登记
49. 矿业权登记
50. 土地承包经营权登记
51. 建设用地使用权登记
52. 宅基地使用权登记
53. 海域使用权登记
54. 水利工程登记
55. 居住权登记
56. 地役权登记
57. 不动产抵押登记
58. 动产抵押登记
59. 质押登记
60. 机动车所有权登记
61. 船舶所有权登记
62. 户籍登记
63. 婚姻登记
64. 收养登记
65. 税务登记
(七)行政确认
66. 基本养老保险资格或者待遇认定
67. 基本医疗保险资格或者待遇认定

68. 失业保险资格或者待遇认定
69. 工伤保险资格或者待遇认定
70. 生育保险资格或者待遇认定
71. 最低生活保障资格或者待遇认定
72. 确认保障性住房分配资格
73. 颁发学位证书或者毕业证书
(八)行政给付
74. 给付抚恤金
75. 给付基本养老金
76. 给付基本医疗保险金
77. 给付失业保险金
78. 给付工伤保险金
79. 给付生育保险金
80. 给付最低生活保障金
(九)行政允诺
81. 兑现奖金
82. 兑现优惠
(十)行政征缴
83. 征缴税款
84. 征缴社会抚养费
85. 征缴社会保险费
86. 征缴污水处理费
87. 征缴防空地下室易地建设费
88. 征缴水土保持补偿费
89. 征缴土地闲置费
90. 征缴土地复垦费
91. 征缴耕地开垦费
(十一)行政奖励
92. 授予荣誉称号
93. 发放奖金
(十二)行政收费
94. 证照费
95. 车辆通行费
96. 企业注册登记费

97. 不动产登记费
98. 船舶登记费
99. 考试考务费
(十三)政府信息公开
(十四)行政批复
(十五)行政处理
100. 责令退还非法占用土地
101. 责令交还土地
102. 责令改正
103. 责令采取补救措施
104. 责令停止建设
105. 责令恢复原状
106. 责令公开
107. 责令召回
108. 责令暂停生产
109. 责令暂停销售
110. 责令暂停使用
111. 有偿收回国有土地使用权
112. 退学决定
(十六)行政复议
113. 不予受理行政复议申请决定
114. 驳回行政复议申请决定
115. ××(行政行为)及行政复议
116. 改变原行政行为的行政复议决定
(十七)行政裁决
117. 土地、矿藏、水流、荒地或者滩涂权属确权
118. 林地、林木、山岭权属确权
119. 海域使用权确权
120. 草原权属确权
121. 水利工程权属确权
122. 企业资产性质确认
(十八)行政协议
123. 订立××(行政协议)
124. 单方变更××(行政协议)

125. 单方解除××(行政协议)
126. 不依法履行××(行政协议)
127. 未按约定履行××(行政协议)
128. ××(行政协议)行政补偿
129. ××(行政协议)行政赔偿
130. 撤销××(行政协议)
131. 解除××(行政协议)
132. 继续履行××(行政协议)
133. 确认××(行政协议)无效或有效
(十九)行政补偿
134. 房屋征收或者征用补偿
135. 土地征收或者征用补偿
136. 动产征收或者征用补偿
137. 撤回行政许可补偿
138. 收回国有土地使用权补偿
139. 规划变更补偿
140. 移民安置补偿
(二十)行政赔偿
(二十一)不履行××职责
(二十二)××(行政行为)公益诉讼

最高人民法院关于部分指导性案例不再参照的通知

(2020年12月29日 法〔2020〕343号)

各省、自治区、直辖市高级人民法院,解放军军事法院,新疆维吾尔自治区高级人民法院生产建设兵团分院:

为保证国家法律统一正确适用,根据《中华人民共和国民法典》等有关法律规定和审判实际,经最高人民法院审判委员会讨论决定,9号、20号指导性案例不再参照。但该指导性案例的裁判以及参照该指导性案例作出的裁判仍然有效。

本通知自2021年1月1日起施行。

最高人民法院印发《关于修改〈民事案件案由规定〉的决定》的通知

（2020 年 12 月 29 日　法〔2020〕346 号）

各省、自治区、直辖市高级人民法院，解放军军事法院，新疆维吾尔自治区高级人民法院生产建设兵团分院：

现将《最高人民法院关于修改〈民事案件案由规定〉的决定》印发给你们，请认真贯彻执行。

最高人民法院关于修改《民事案件案由规定》的决定

根据《中华人民共和国民法典》《中华人民共和国民事诉讼法》等法律规定，结合人民法院民事审判工作实际，对 2011 年 2 月 18 日第一次修正的《民事案件案由规定》作如下修改：

一、修改第一级案由 3 个

1. 变更第一级案由“第四部分　合同、无因管理、不当得利纠纷”为第一级案由“第四部分 合同、准合同纠纷”。

2. 变更第一级案由“第十部分 适用特殊程序案件案由”为第一级案由“第十部分 非讼程序案件案由”。

3. 增加第一级案由“第十一部分 特殊诉讼程序案件案由”。

二、修改第二级案由 13 个

4. 增加第二级案由“三十、独立保函纠纷”。

5. 变更第二级案由“三十三、认定公民无民事行为能力、限制民事行为能力案件”为“三十四、认定自然人无民事行为能力、限制民事行为能力案件”。

6. 增加第二级案由“三十五、指定遗产管理人案件”。

7. 增加第二级案由“三十七、确认调解协议案件”。

8. 增加第二级案由“三十八、实现担保物权案件”。

9. 增加第二级案由“四十二、公司清算案件”。

10. 增加第二级案由“四十三、破产程序案件”。

11. 增加第二级案由“四十六、申请人身安全保护令案件”。

12. 增加第二级案由“四十七、申请人格权侵害禁令案件”。

13. 增加第二级案由“五十一、与宣告失踪、宣告死亡案件有关的纠纷”。

14. 增加第二级案由“五十二、公益诉讼”。

15. 增加第二级案由“五十三、第三人撤销之诉”。

16. 变更第二级案由“四十三、执行异议之诉”为“五十四、执行程序中的异议之诉”。

三、修改第三级案由 88 个

17. 在第二级案由“一、人格权纠纷”项下：变更“1. 生命权、健康权、身体权纠纷”为“1. 生命权、身体权、健康权纠纷”；增加“3. 名称权纠纷”“5. 声音保护纠纷”；变更“6. 隐私权纠纷”为“8. 隐私权、个人信息保护纠纷”。

18. 在第二级案由“二、婚姻家庭纠纷”项下：增加“13. 婚内夫妻财产分割纠纷”“21. 亲子关系纠纷”。

19. 在第二级案由“三、继承纠纷”项下：增加“34. 遗产管理纠纷”。

20. 在第二级案由“六、所有权纠纷”项下：增加“52. 添附物归属纠纷”。

21. 在第二级案由“七、用益物权纠纷”项下：增加“62. 土地经营权纠纷”“65. 居住权纠纷”。

22. 在第二级案由“十、合同纠纷”项下：增加“75. 预约合同纠纷”“82. 债务加入纠纷”；变更“75. 招标投标买卖合同纠纷”为第三级案由“84. 买卖合同纠纷”项下的第四级案由“(5)招标投标买卖合同纠纷”；变更“83. 房屋拆迁安置补偿合同纠纷”为“92. 民事主体间房屋拆迁补偿合同纠纷”；增加“97. 排污权交易纠纷”“98. 用能权交易纠纷”“99. 用水权交易纠纷”“100. 碳排放权交易纠纷”“101. 碳汇交易纠纷”“113. 保理合同纠纷”；变更“107. 居间合同纠纷”为“123. 中介合同纠纷”，变更“111. 合伙协议纠纷”为“127. 合伙合同纠纷”，变更“119. 农村土地承包合同纠纷”为“135. 土地承包经营权合同纠纷”；增加“136. 居住权合同纠纷”；删去“127. 请求确认人民调解协议效力”。

23. 在第二级案由“十五、不正当竞争纠纷”项下：增加“182. 网络不正当竞争纠纷”。

24. 在第二级案由“十八、人事争议”项下：删去“172. 人事争议”；增加“190. 聘任合同纠纷”。

25. 在第二级案由“二十一、与公司有关的纠纷”项下：变更“257. 股东损害公司债权人利益责任纠纷”为“277. 损害公司债权人利益责任纠纷”；变更“264. 申请公司清算”为新增加的第二级案由“四十二、公司清算案件”项下的第三级案由“420. 申请公司清算”。

26. 在第二级案由“二十三、与破产有关的纠纷”项下：变更“270. 申请破产清算”“271. 申请破产重整”“272. 申请破产和解”为新增加的第二级案由“四十三、破产程序案件”项下的第三级案由“421. 申请破产清算”“422. 申请破产重整”“423. 申请破产和解”。

27. 在新增加的第二级案由“三十、独立保函纠纷”项下：增加“357. 独立保函开立纠纷”“358. 独立保函付款纠纷”“359. 独立保函追偿纠纷”“360. 独立保函欺诈纠纷”“361. 独立保函转让纠纷”“362. 独立保函通知纠纷”“363. 独立保函撤销纠纷”。

28. 在第二级案由“三十、侵权责任纠纷”项下：变更“348 之一、性骚扰损害责任纠纷”为“372. 性骚扰损害责任纠纷”；增加“375. 非机动车交通事故责任纠纷”“378. 生态破坏责任纠纷”；变更“355. 物件损害责任纠纷”为“381. 建筑物和物件损害责任纠纷”，变更“366. 因申请诉前财产保全损害责任纠纷”为“392. 因申请财产保全损害责任纠纷”；增加“393. 因申请行为保全损害责任纠纷”；变更“367. 因申请诉前证据保全损害责任纠纷”为“394. 因申请证据保全损害责任纠纷”，删去“368. 因申请诉中财产保全损害责任纠纷”“369. 因申请诉中证据保全损害责任纠纷”。

29. 在第二级案由“三十二、宣告失踪、宣告死亡案件”项下：变更“372. 申请宣告公民失踪”为“397. 申请宣告自然人失踪”，变更“373. 申请撤销宣告失踪”为“398. 申请撤销宣告失踪判决”，变更“375. 失踪人债务支付纠纷”为新增加的第二级案由“五十一、与宣告失踪、宣告死亡案件有关的纠纷”项下的第三级案由“464. 失踪人债务支付纠纷”，变更“376. 申请宣告公民死亡”为“400. 申请宣告自然人死亡”，变更“377. 申请撤销宣告公民死亡”为“401. 申请撤销宣告自然人死亡判决”，变更“378. 被撤销死亡宣告人请求返还财产纠纷”为新增加的第二级案由“五十一、与宣告失踪、宣告死亡案件有关的纠纷”项下的第三级案由“465. 被撤销死亡宣告人请求返还财产纠纷”。

30. 在新变更的第二级案由“三十四、认定自然人无民事行为能力、限制民事行为能力案件”项下：变更“379. 申请宣告公民无民事行为能力”为“402. 申请宣告自然人无民事行为能力”，变更“380. 申请宣告公民限制民事行为能力”为“403. 申请宣告自然人限制民事行为能力”，变更“381. 申请宣告公民恢复限制民事行为能力”为“404. 申请宣告自然人恢复限制民事行为能力”，变更“382. 申请宣告公民恢复完全民事行为能力”为“405. 申请宣告自然人恢复完全民事行为能力”。

31. 在新增加的第二级案由“三十五、指定遗产管理人案件”项下：增加

“406. 申请指定遗产管理人”。

32. 在第二级案由“三十四、认定财产无主案件”项下：变更“384. 申请撤销认定财产无主”为“408. 申请撤销认定财产无主判决”。

33. 在新增加的第二级案由“三十七、确认调解协议案件”项下：增加“409. 申请司法确认调解协议”“410. 申请撤销确认调解协议裁定”。

34. 在新增加的第二级案由“三十八、实现担保物权案件”项下：增加“411. 申请实现担保物权”“412. 申请撤销准许实现担保物权裁定”。

35. 在第二级案由“三十五、监护权特别程序案件”项下：增加“414. 申请指定监护人”“417. 申请恢复监护人资格”。

36. 在新增加的第二级案由“四十三、破产程序案件”项下：增加“424. 申请对破产财产追加分配”。

37. 在第二级案由“三十八、申请诉前停止侵害知识产权案件”项下：增加“429. 申请诉前停止侵害计算机软件著作权”“430. 申请诉前停止侵害集成电路布图设计专用权”。

38. 在第二级案由“三十九、申请保全案件”项下：删去“395. 申请诉中财产保全”；增加“432. 申请诉前行为保全”；删去“397. 申请诉中证据保全”；增加“434. 申请仲裁前财产保全”“435. 申请仲裁前行为保全”“436. 申请仲裁前证据保全”“439. 申请执行前财产保全”。

39. 在新增加的第二级案由“四十六、申请人身安全保护令案件”项下：增加“442. 申请人身安全保护令”。

40. 在新增加的第二级案由“四十七、申请人格权侵害禁令案件”项下：增加“443. 申请人格权侵害禁令”。

41. 在新增加的第二级案由“五十二、公益诉讼”项下：增加“466. 生态环境保护民事公益诉讼”“467. 英雄烈士保护民事公益诉讼”“468. 未成年人保护民事公益诉讼”“469. 消费者权益保护民事公益诉讼”。

42. 在新增加的第二级案由“五十三、第三人撤销之诉”项下：增加“470. 第三人撤销之诉”。

43. 在新变更的第二级案由“五十四、执行程序中的异议之诉”项下：增加“471. 执行异议之诉”；变更“422. 案外人执行异议之诉”“423. 申请执行人执行异议之诉”为新增加的第三级案由“471. 执行异议之诉”项下的第四级案由“(1)案外人执行异议之诉”“(2)申请执行人执行异议之诉”；增加“472. 追加、变更被执行人异议之诉”。

四、修改第四级案由 49 个

44. 在新变更的第三级案由“8. 隐私权、个人信息保护纠纷”项下：增加

“(1)隐私权纠纷”“(2)个人信息保护纠纷”。

45. 在新增加的第三级案由“21. 亲子关系纠纷”项下：增加“(1)确认亲子关系纠纷”“(2)否认亲子关系纠纷”。

46. 在第三级案由“48. 共有纠纷”项下：增加“(4)债权人代位析产纠纷”。

47. 在第三级案由“59. 抵押权纠纷”项下：变更“(4)土地承包经营权抵押权纠纷”为“(4)土地经营权抵押权纠纷”；增加“(5)探矿权抵押权纠纷”“(6)采矿权抵押权纠纷”“(7)海域使用权抵押权纠纷”。

48. 在第三级案由“74. 买卖合同纠纷”项下：增加“(4)所有权保留买卖合同纠纷”；变更“(6)网络购物合同纠纷”为“(8)信息网络买卖合同纠纷”；删去“(7)电视购物合同纠纷”。

49. 在第三级案由“89. 借款合同纠纷”项下：删去“(3)企业借贷纠纷”。

50. 在第三级案由“104. 委托合同纠纷”项下：增加“(5)销售代理合同纠纷”。

51. 在新变更的第三级案由“135. 土地承包经营权合同纠纷”项下：删去“(1)土地承包经营权转包合同纠纷”；变更“(4)土地承包经营权入股合同纠纷”为“(3)土地经营权入股合同纠纷”，变更“(5)土地承包经营权抵押合同纠纷”为“(4)土地经营权抵押合同纠纷”，变更“(6)土地承包经营权出租合同纠纷”为 “(5)土地经营权出租合同纠纷”。

52. 在第三级案由“120. 服务合同纠纷”项下：变更“(2)邮寄服务合同纠纷”为“(2)邮政服务合同纠纷”；增加“(3)快递服务合同纠纷”；变更“(15)物业服务合同纠纷”为第三级案由“121. 物业服务合同纠纷”。

53. 在第三级案由“136. 技术合同纠纷”项下：增加“(5)技术许可合同纠纷”。

54. 在第三级案由“144. 专利权权属、侵权纠纷”项下：增加“(10)标准必要专利使用费纠纷”。

55. 在第三级案由“157. 仿冒纠纷”项下：变更“(1)擅自使用知名商品特有名称、包装、装潢纠纷”为“(1)擅自使用与他人有一定影响的商品名称、包装、装潢等相同或者近似的标识纠纷”，变更“(2)擅自使用他人企业名称、姓名纠纷”为“(2)擅自使用他人有一定影响的企业名称、社会组织名称、姓名纠纷”；删去“(3)伪造、冒用产品质量标志纠纷”“(4)伪造产地纠纷”；增加“(3)擅自使用他人有一定影响的域名主体部分、网站名称、网页纠纷”。

56. 在第三级案由“172. 人事争议”项下：变更“(1)辞职争议”为第三级案由“191. 辞职纠纷”，变更“(2)辞退争议”为第三级案由“192. 辞退纠纷”，变更“(3)聘用合同争议”为第三级案由“189. 聘用合同纠纷”。

57. 在新变更的第三级案由“277. 损害公司债权人利益责任纠纷”项下：增加“（1）股东损害公司债权人利益责任纠纷”“（2）实际控制人损害公司债权人利益责任纠纷”。

58. 在第三级案由“346. 网络侵权责任纠纷”项下：增加“（1）网络侵害虚拟财产纠纷”。

59. 在第三级案由“347. 违反安全保障义务责任纠纷”项下：变更“（1）公共场所管理人责任纠纷”为“（1）经营场所、公共场所的经营者、管理者责任纠纷”。

60. 在第三级案由“352. 环境污染责任纠纷”项下：增加“（7）光污染责任纠纷”；将“（3）噪声污染责任纠纷”“（4）放射性污染责任纠纷”“（5）土壤污染责任纠纷”“（6）电子废物污染责任纠纷”“（7）固体废物污染责任纠纷”的顺序调整为“（3）土壤污染责任纠纷”“（4）电子废物污染责任纠纷”“（5）固体废物污染责任纠纷”“（6）噪声污染责任纠纷”“（8）放射性污染责任纠纷”。

61. 在第三级案由“353. 高度危险责任纠纷”项下：变更“（1）民用核设施损害责任纠纷”为“（1）民用核设施、核材料损害责任纠纷”。

62. 在新变更的三级案由“381. 建筑物和物件损害责任纠纷”项下：变更“（2）建筑物、构筑物倒塌损害责任纠纷”为“（2）建筑物、构筑物倒塌、塌陷损害责任纠纷”，变更“（3）不明抛掷物、坠落物损害责任纠纷”为“（3）高空抛物、坠物损害责任纠纷”，变更“（4）堆放物倒塌致害责任纠纷”为“（4）堆放物倒塌、滚落、滑落损害责任纠纷”，变更“（6）林木折断损害责任纠纷”为“（6）林木折断、倾倒、果实坠落损害责任纠纷”。

63. 在新增加的第三级案由“466. 生态环境保护民事公益诉讼”项下：增加“（1）环境污染民事公益诉讼”“（2）生态破坏民事公益诉讼”“（3）生态环境损害赔偿诉讼”。

本决定自2021年1月1日起施行。

《民事案件案由规定》根据本决定作修改并对条文顺序作调整后，重新公布。

最高人民法院关于印发修改后的《民事案件案由规定》的通知

（2020 年 12 月 29 日　法〔2020〕347 号）

各省、自治区、直辖市高级人民法院，解放军军事法院，新疆维吾尔自治区高级人民法院生产建设兵团分院：

为切实贯彻实施民法典，最高人民法院对 2011 年 2 月 18 日第一次修正的《民事案件案由规定》（以下简称 2011 年《案由规定》）进行了修改，自 2021 年 1 月 1 日起施行。现将修改后的《民事案件案由规定》（以下简称修改后的《案由规定》）印发给你们，请认真贯彻执行。

2011 年《案由规定》施行以来，在方便当事人进行民事诉讼，规范人民法院民事立案、审判和司法统计工作等方面，发挥了重要作用。近年来，随着民事诉讼法、邮政法、消费者权益保护法、环境保护法、反不正当竞争法、农村土地承包法、英雄烈士保护法等法律的制定或者修订，审判实践中出现了许多新类型民事案件，需要对 2011 年《案由规定》进行补充和完善。特别是民法典将于 2021 年 1 月 1 日起施行，迫切需要增补新的案由。经深入调查研究，广泛征求意见，最高人民法院对 2011 年《案由规定》进行了修改。现就各级人民法院适用修改后的《案由规定》的有关问题通知如下：

一、高度重视民事案件案由在民事审判规范化建设中的重要作用，认真学习掌握修改后的《案由规定》

民事案件案由是民事案件名称的重要组成部分，反映案件所涉及的民事法律关系的性质，是对当事人诉争的法律关系性质进行的概括，是人民法院进行民事案件管理的重要手段。建立科学、完善的民事案件案由体系，有利于方便当事人进行民事诉讼，有利于统一民事案件的法律适用标准，有利于对受理案件进行分类管理，有利于确定各民事审判业务庭的管辖分工，有利于提高民事案件司法统计的准确性和科学性，从而更好地为创新和加强民事审判管理、为人民法院司法决策服务。

各级人民法院要认真学习修改后的《案由规定》，理解案由编排体系和具体案由制定的背景、法律依据、确定标准、具体含义、适用顺序以及变更方法等问题，准确选择适用具体案由，依法维护当事人诉讼权利，创新和加强民事审判管理，不断推进民事审判工作规范化建设。

二、关于《案由规定》修改所遵循的原则

一是严格依法原则。本次修改的具体案由均具有实体法和程序法依据，符合民事诉讼法关于民事案件受案范围的有关规定。

二是必要性原则。本次修改是以保持案由运行体系稳定为前提，对于必须增加、调整的案由作相应修改，尤其是对照民法典的新增制度和重大修改内容，增加、变更部分具体案由，并根据现行立法和司法实践需要完善部分具体案由，对案由编排体系不作大的调整。民法典施行后，最高人民法院将根据工作需要，结合司法实践，继续细化完善民法典新增制度案由，特别是第四级案由。对本次未作修改的部分原有案由，届时一并修改。

三是实用性原则。案由体系是在现行有效的法律规定基础上，充分考虑人民法院民事立案、审判实践以及司法统计的需要而编排的，本次修改更加注重案由的简洁明了、方便实用，既便于当事人进行民事诉讼，也便于人民法院进行民事立案、审判和司法统计工作。

三、关于案由的确定标准

民事案件案由应当依据当事人诉争的民事法律关系的性质来确定。鉴于具体案件中当事人的诉讼请求、争议的焦点可能有多个，争议的标的也可能是多个，为保证案由的高度概括和简洁明了，修改后的《案由规定》仍沿用2011年《案由规定》关于案由的确定标准，即对民事案件案由的表述方式原则上确定为"法律关系性质"加"纠纷"，一般不包含争议焦点、标的物、侵权方式等要素。但是，实践中当事人诉争的民事法律关系的性质具有复杂多变性，单纯按照法律关系标准去划分案由体系的做法难以更好地满足民事审判实践的需要，难以更好地满足司法统计的需要。为此，修改后的《案由规定》在坚持以法律关系性质作为确定案由的主要标准的同时，对少部分案由也依据请求权、形成权或者确认之诉、形成之诉等其他标准进行确定，对少部分案由的表述也包含了争议焦点、标的物、侵权方式等要素。另外，为了与行政案件案由进行明显区分，本次修改还对个别案由的表述进行了特殊处理。

对民事诉讼法规定的适用特别程序、督促程序、公示催告程序、公司清算、破产程序等非讼程序审理的案件案由，根据当事人的诉讼请求予以直接表述；对公益诉讼、第三人撤销之诉、执行程序中的异议之诉等特殊诉讼程序案件的案由，根据修改后民事诉讼法规定的诉讼制度予以直接表述。

四、关于案由体系的总体编排

1. 关于案由纵向和横向体系的编排设置。修改后的《案由规定》以民法学理论对民事法律关系的分类为基础，以法律关系的内容即民事权利类型来编排案由的纵向体系。在纵向体系上，结合民法典、民事诉讼法等民事立法及审判实践，将案由的编排体系划分为人格权纠纷，婚姻家庭、继承纠纷，物权纠纷，合同、准合同纠纷，劳动争议与人事争议，知识产权与竞争纠纷，海事海商纠纷，与公司、证券、保险、票据等有关的民事纠纷，侵权责任纠纷，非讼程序案件案由，特殊诉讼程序案件案由，共计十一大部分，作为第一级案由。

在横向体系上，通过总分式四级结构的设计，实现案由从高级（概括）到低级（具体）的演进。如物权纠纷（第一级案由）→所有权纠纷（第二级案由）→建筑物区分所有权纠纷（第三级案由）→业主专有权纠纷（第四级案由）。在第一级案由项下，细分为五十四类案由，作为第二级案由（以大写数字表示）；在第二级案由项下列出了473个案由，作为第三级案由（以阿拉伯数字表示）。第三级案由是司法实践中最常见和广泛使用的案由。基于审判工作指导、调研和司法统计的需要，在部分第三级案由项下又列出了391个第四级案由（以阿拉伯数字加（）表示）。基于民事法律关系的复杂性，不可能穷尽所有第四级案由，目前所列的第四级案由只是一些典型的、常见的或者为了司法统计需要而设立的案由。

修改后的《案由规定》采用纵向十一个部分、横向四级结构的编排设置，形成了网状结构体系，基本涵盖了民法典所涉及的民事纠纷案件类型以及人民法院当前受理的民事纠纷案件类型，有利于贯彻落实民法典等民事法律关于民事权益保护的相关规定。

2. 关于物权纠纷案由与合同纠纷案由的编排设置。修改后的《案由规定》仍然沿用2011年《案由规定》关于物权纠纷案由与合同纠纷案由的编排体系。按照物权变动原因与结果相区分的原则，对于涉及物权变动的原因，即债权性质的合同关系引发的纠纷案件的案由，修改后的《案由规定》将其放在合同纠纷项下；对于涉及物权变动的结果，即物权设立、权属、效力、使用、收益等物权关系产生的纠纷案件的案由，修改后的《案由规定》将其放在物权纠纷项下。前者如第三级案由“居住权合同纠纷”列在第二级案由“合同纠纷”项下；后者如第三级案由“居住权纠纷”列在第二级案由“物权纠纷”项下。

具体适用时，人民法院应根据当事人诉争的法律关系的性质，查明该法律关系涉及的是物权变动的原因关系还是物权变动的结果关系，以正确确定案由。当事人诉争的法律关系性质涉及物权变动原因的，即因债权性质的合同关系引发的纠纷案件，应当选择适用第二级案由“合同纠纷”项下的案由，如“居住权合同纠纷”案由；当事人诉争的法律关系性质涉及物权变动结果的，即因物权设立、权属、效力、使用、收益等物权关系引发的纠纷案件，应当选择第二级案由“物权纠纷”项下的案由，如“居住权纠纷”案由。

3. 关于第三部分“物权纠纷”项下“物权保护纠纷”案由与“所有权纠纷”

"用益物权纠纷""担保物权纠纷"案由的编排设置。修改后的《案由规定》仍然沿用 2011 年《案由规定》关于物权纠纷案由的编排设置。"所有权纠纷""用益物权纠纷""担保物权纠纷"案由既包括以上三种类型的物权确认纠纷案由,也包括以上三种类型的侵害物权纠纷案由。民法典物权编第三章"物权的保护"所规定的物权请求权或者债权请求权保护方法,即"物权保护纠纷",在修改后的《案由规定》列举的每个物权类型(第三级案由)项下都可能部分或者全部适用,多数都可以作为第四级案由列举,但为避免使整个案由体系冗长繁杂,在各第三级案由下并未一一列出。实践中需要确定具体个案案由时,如果当事人的诉讼请求只涉及"物权保护纠纷"项下的一种物权请求权或者债权请求权,则可以选择适用"物权保护纠纷"项下的六种第三级案由;如果当事人的诉讼请求涉及"物权保护纠纷"项下的两种或者两种以上物权请求权或者债权请求权,则应按照所保护的权利种类,选择适用"所有权纠纷""用益物权纠纷""担保物权纠纷"项下的第三级案由(各种物权类型纠纷)。

4. 关于侵权责任纠纷案由的编排设置。修改后的《案由规定》仍然沿用 2011 年《案由规定》关于侵权责任纠纷案由与其他第一级案由的编排设置。根据民法典侵权责任编的相关规定,该编的保护对象为民事权益,具体范围是民法典总则编第五章所规定的人身、财产权益。这些民事权益,又分别在人格权编、物权编、婚姻家庭编、继承编等予以了细化规定,而这些民事权益纠纷往往既包括权属确认纠纷也包括侵权责任纠纷,这就为科学合理编排民事案件案由体系增加了难度。为了保持整个案由体系的完整性和稳定性,尽可能避免重复交叉,修改后的《案由规定》将这些侵害民事权益侵权责任纠纷案由仍旧分别保留在"人格权纠纷""婚姻家庭、继承纠纷""物权纠纷""知识产权与竞争纠纷"等第一级案由体系项下,对照侵权责任编新规定调整第一级案由"侵权责任纠纷"项下案由;同时,将一些实践中常见的、其他第一级案由不便列出的侵权责任纠纷案由也列在第一级案由"侵权责任纠纷"项下,如"非机动车交通事故责任纠纷"。从"兜底"考虑,修改后的《案由规定》将第一级案由"侵权责任纠纷"列在其他八个民事权益纠纷类型之后,作为第九部分。

具体适用时,涉及侵权责任纠纷的,为明确和统一法律适用问题,应当先适用第九部分"侵权责任纠纷"项下根据侵权责任编相关规定列出的具体案由;没有相应案由的,再适用"人格权纠纷""物权纠纷""知识产权与竞争纠纷"等其他部分项下的具体案由。如环境污染、高度危险行为均可能造成人身损害和财产损害,确定案由时,应当适用第九部分"侵权责任纠纷"项下"环境污染责任纠纷""高度危险责任纠纷"案由,而不应适用第一部分"人格权纠纷"项下的"生命权、身体权、健康权纠纷"案由,也不应适用第三部分"物权纠纷”项下的“财产损害赔偿纠纷”案由。

五、适用修改后的《案由规定》应当注意的问题

1. 在案由横向体系上应当按照由低到高的顺序选择适用个案案由。确定个案案由时，应当优先适用第四级案由，没有对应的第四级案由的，适用相应的第三级案由；第三级案由中没有规定的，适用相应的第二级案由；第二级案由没有规定的，适用相应的第一级案由。这样处理，有利于更准确地反映当事人诉争的法律关系的性质，有利于促进分类管理科学化和提高司法统计准确性。

2. 关于个案案由的变更。人民法院在民事立案审查阶段，可以根据原告诉讼请求涉及的法律关系性质，确定相应的个案案由；人民法院受理民事案件后，经审理发现当事人起诉的法律关系与实际诉争的法律关系不一致的，人民法院结案时应当根据法庭查明的当事人之间实际存在的法律关系的性质，相应变更个案案由。当事人在诉讼过程中增加或者变更诉讼请求导致当事人诉争的法律关系发生变更的，人民法院应当相应变更个案案由。

3. 存在多个法律关系时个案案由的确定。同一诉讼中涉及两个以上的法律关系的，应当根据当事人诉争的法律关系的性质确定个案案由；均为诉争的法律关系的，则按诉争的两个以上法律关系并列确定相应的案由。

4. 请求权竞合时个案案由的确定。在请求权竞合的情形下，人民法院应当按照当事人自主选择行使的请求权所涉及的诉争的法律关系的性质，确定相应的案由。

5. 正确认识民事案件案由的性质与功能。案由体系的编排制定是人民法院进行民事审判管理的手段。各级人民法院应当依法保障当事人依照法律规定享有的起诉权利，不得将修改后的《案由规定》等同于民事诉讼法第一百一十九条规定的起诉条件，不得以当事人的诉请在修改后的《案由规定》中没有相应案由可以适用为由，裁定不予受理或者驳回起诉，损害当事人的诉讼权利。

6. 案由体系中的选择性案由（即含有顿号的部分案由）的使用方法。对这些案由，应当根据具体案情，确定相应的个案案由，不应直接将该案由全部引用。如“生命权、身体权、健康权纠纷”案由，应当根据具体侵害对象来确定相应的案由。

本次民事案件案由修改工作主要基于人民法院当前司法实践经验，对照民法典等民事立法修改完善相关具体案由。2021 年 1 月 1 日民法典施行后，修改后的《案由规定》可能需要对标民法典具体施行情况作进一步调整。地方各级人民法院要密切关注民法典施行后立案审判中遇到的新情况、新问题，重点梳理汇总民法典新增制度项下可以细化规定为第四级案由的新类型案件，及时层报最高人民法院。

民事案件案由规定

（2007年10月29日最高人民法院审判委员会第1438次会议通过　自2008年4月1日起施行　根据2011年2月18日最高人民法院《关于修改〈民事案件案由规定〉的决定》（法〔2011〕41号）第一次修正　根据2020年12月14日最高人民法院审判委员会第1821次会议通过的《最高人民法院关于修改〈民事案件案由规定〉的决定》（法〔2020〕346号）第二次修正）

为了正确适用法律，统一确定案由，根据《中华人民共和国民法典》《中华人民共和国民事诉讼法》等法律规定，结合人民法院民事审判工作实际情况，对民事案件案由规定如下：

第一部分　人格权纠纷

一、人格权纠纷

1. 生命权、身体权、健康权纠纷

2. 姓名权纠纷

3. 名称权纠纷

4. 肖像权纠纷

5. 声音保护纠纷

6. 名誉权纠纷

7. 荣誉权纠纷

8. 隐私权、个人信息保护纠纷

（1）隐私权纠纷

（2）个人信息保护纠纷

9. 婚姻自主权纠纷

10. 人身自由权纠纷

11. 一般人格权纠纷

（1）平等就业权纠纷

第二部分　婚姻家庭、继承纠纷

二、婚姻家庭纠纷

12. 婚约财产纠纷
13. 婚内夫妻财产分割纠纷
14. 离婚纠纷
15. 离婚后财产纠纷
16. 离婚后损害责任纠纷
17. 婚姻无效纠纷
18. 撤销婚姻纠纷
19. 夫妻财产约定纠纷
20. 同居关系纠纷

(1)同居关系析产纠纷

(2)同居关系子女抚养纠纷

21. 亲子关系纠纷

(1)确认亲子关系纠纷

(2)否认亲子关系纠纷

22. 抚养纠纷

(1)抚养费纠纷

(2)变更抚养关系纠纷

23. 扶养纠纷

(1)扶养费纠纷

(2)变更扶养关系纠纷

24. 赡养纠纷

(1)赡养费纠纷

(2)变更赡养关系纠纷

25. 收养关系纠纷

(1)确认收养关系纠纷

(2)解除收养关系纠纷

26. 监护权纠纷
27. 探望权纠纷
28. 分家析产纠纷

三、继承纠纷

29. 法定继承纠纷

(1)转继承纠纷

(2)代位继承纠纷

30. 遗嘱继承纠纷

31. 被继承人债务清偿纠纷

32. 遗赠纠纷

33. 遗赠扶养协议纠纷

34. 遗产管理纠纷

第三部分　物权纠纷

四、不动产登记纠纷

35. 异议登记不当损害责任纠纷

36. 虚假登记损害责任纠纷

五、物权保护纠纷

37. 物权确认纠纷

(1)所有权确认纠纷

(2)用益物权确认纠纷

(3)担保物权确认纠纷

38. 返还原物纠纷

39. 排除妨害纠纷

40. 消除危险纠纷

41. 修理、重作、更换纠纷

42. 恢复原状纠纷

43. 财产损害赔偿纠纷

六、所有权纠纷

44. 侵害集体经济组织成员权益纠纷

45. 建筑物区分所有权纠纷

(1)业主专有权纠纷

(2)业主共有权纠纷

(3)车位纠纷

(4)车库纠纷

46. 业主撤销权纠纷

47. 业主知情权纠纷
48. 遗失物返还纠纷
49. 漂流物返还纠纷
50. 埋藏物返还纠纷
51. 隐藏物返还纠纷
52. 添附物归属纠纷
53. 相邻关系纠纷
(1)相邻用水、排水纠纷
(2)相邻通行纠纷
(3)相邻土地、建筑物利用关系纠纷
(4)相邻通风纠纷
(5)相邻采光、日照纠纷
(6)相邻污染侵害纠纷
(7)相邻损害防免关系纠纷
54. 共有纠纷
(1)共有权确认纠纷
(2)共有物分割纠纷
(3)共有人优先购买权纠纷
(4)债权人代位析产纠纷

七、用益物权纠纷

55. 海域使用权纠纷
56. 探矿权纠纷
57. 采矿权纠纷
58. 取水权纠纷
59. 养殖权纠纷
60. 捕捞权纠纷
61. 土地承包经营权纠纷
(1)土地承包经营权确认纠纷
(2)承包地征收补偿费用分配纠纷
(3)土地承包经营权继承纠纷
62. 土地经营权纠纷
63. 建设用地使用权纠纷
64. 宅基地使用权纠纷
65. 居住权纠纷

66. 地役权纠纷

八、担保物权纠纷

67. 抵押权纠纷

(1)建筑物和其他土地附着物抵押权纠纷

(2)在建建筑物抵押权纠纷

(3)建设用地使用权抵押权纠纷

(4)土地经营权抵押权纠纷

(5)探矿权抵押权纠纷

(6)采矿权抵押权纠纷

(7)海域使用权抵押权纠纷

(8)动产抵押权纠纷

(9)在建船舶、航空器抵押权纠纷

(10)动产浮动抵押权纠纷

(11)最高额抵押权纠纷

68. 质权纠纷

(1)动产质权纠纷

(2)转质权纠纷

(3)最高额质权纠纷

(4)票据质权纠纷

(5)债券质权纠纷

(6)存单质权纠纷

(7)仓单质权纠纷

(8)提单质权纠纷

(9)股权质权纠纷

(10)基金份额质权纠纷

(11)知识产权质权纠纷

(12)应收账款质权纠纷

69. 留置权纠纷

九、占有保护纠纷

70. 占有物返还纠纷

71. 占有排除妨害纠纷

72. 占有消除危险纠纷

73. 占有物损害赔偿纠纷

第四部分　合同、准合同纠纷

十、合同纠纷

74. 缔约过失责任纠纷
75. 预约合同纠纷
76. 确认合同效力纠纷
(1)确认合同有效纠纷
(2)确认合同无效纠纷
77. 债权人代位权纠纷
78. 债权人撤销权纠纷
79. 债权转让合同纠纷
80. 债务转移合同纠纷
81. 债权债务概括转移合同纠纷
82. 债务加入纠纷
83. 悬赏广告纠纷
84. 买卖合同纠纷
(1)分期付款买卖合同纠纷
(2)凭样品买卖合同纠纷
(3)试用买卖合同纠纷
(4)所有权保留买卖合同纠纷
(5)招标投标买卖合同纠纷
(6)互易纠纷
(7)国际货物买卖合同纠纷
(8)信息网络买卖合同纠纷
85. 拍卖合同纠纷
86. 建设用地使用权合同纠纷
(1)建设用地使用权出让合同纠纷
(2)建设用地使用权转让合同纠纷
87. 临时用地合同纠纷
88. 探矿权转让合同纠纷
89. 采矿权转让合同纠纷
90. 房地产开发经营合同纠纷
(1)委托代建合同纠纷

(2)合资、合作开发房地产合同纠纷
(3)项目转让合同纠纷
91. 房屋买卖合同纠纷
(1)商品房预约合同纠纷
(2)商品房预售合同纠纷
(3)商品房销售合同纠纷
(4)商品房委托代理销售合同纠纷
(5)经济适用房转让合同纠纷
(6)农村房屋买卖合同纠纷
92. 民事主体间房屋拆迁补偿合同纠纷
93. 供用电合同纠纷
94. 供用水合同纠纷
95. 供用气合同纠纷
96. 供用热力合同纠纷
97. 排污权交易纠纷
98. 用能权交易纠纷
99. 用水权交易纠纷
100. 碳排放权交易纠纷
101. 碳汇交易纠纷
102. 赠与合同纠纷
(1)公益事业捐赠合同纠纷
(2)附义务赠与合同纠纷
103. 借款合同纠纷
(1)金融借款合同纠纷
(2)同业拆借纠纷
(3)民间借贷纠纷
(4)小额借款合同纠纷
(5)金融不良债权转让合同纠纷
(6)金融不良债权追偿纠纷
104. 保证合同纠纷
105. 抵押合同纠纷
106. 质押合同纠纷
107. 定金合同纠纷
108. 进出口押汇纠纷

109. 储蓄存款合同纠纷
110. 银行卡纠纷
(1)借记卡纠纷
(2)信用卡纠纷
111. 租赁合同纠纷
(1)土地租赁合同纠纷
(2)房屋租赁合同纠纷
(3)车辆租赁合同纠纷
(4)建筑设备租赁合同纠纷
112. 融资租赁合同纠纷
113. 保理合同纠纷
114. 承揽合同纠纷
(1)加工合同纠纷
(2)定作合同纠纷
(3)修理合同纠纷
(4)复制合同纠纷
(5)测试合同纠纷
(6)检验合同纠纷
(7)铁路机车、车辆建造合同纠纷
115. 建设工程合同纠纷
(1)建设工程勘察合同纠纷
(2)建设工程设计合同纠纷
(3)建设工程施工合同纠纷
(4)建设工程价款优先受偿权纠纷
(5)建设工程分包合同纠纷
(6)建设工程监理合同纠纷
(7)装饰装修合同纠纷
(8)铁路修建合同纠纷
(9)农村建房施工合同纠纷
116. 运输合同纠纷
(1)公路旅客运输合同纠纷
(2)公路货物运输合同纠纷
(3)水路旅客运输合同纠纷
(4)水路货物运输合同纠纷

(5)航空旅客运输合同纠纷
(6)航空货物运输合同纠纷
(7)出租汽车运输合同纠纷
(8)管道运输合同纠纷
(9)城市公交运输合同纠纷
(10)联合运输合同纠纷
(11)多式联运合同纠纷
(12)铁路货物运输合同纠纷
(13)铁路旅客运输合同纠纷
(14)铁路行李运输合同纠纷
(15)铁路包裹运输合同纠纷
(16)国际铁路联运合同纠纷
117. 保管合同纠纷
118. 仓储合同纠纷
119. 委托合同纠纷
(1)进出口代理合同纠纷
(2)货运代理合同纠纷
(3)民用航空运输销售代理合同纠纷
(4)诉讼、仲裁、人民调解代理合同纠纷
(5)销售代理合同纠纷
120. 委托理财合同纠纷
(1)金融委托理财合同纠纷
(2)民间委托理财合同纠纷
121. 物业服务合同纠纷
122. 行纪合同纠纷
123. 中介合同纠纷
124. 补偿贸易纠纷
125. 借用合同纠纷
126. 典当纠纷
127. 合伙合同纠纷
128. 种植、养殖回收合同纠纷
129. 彩票、奖券纠纷
130. 中外合作勘探开发自然资源合同纠纷
131. 农业承包合同纠纷

132. 林业承包合同纠纷
133. 渔业承包合同纠纷
134. 牧业承包合同纠纷
135. 土地承包经营权合同纠纷
(1)土地承包经营权转让合同纠纷
(2)土地承包经营权互换合同纠纷
(3)土地经营权入股合同纠纷
(4)土地经营权抵押合同纠纷
(5)土地经营权出租合同纠纷
136. 居住权合同纠纷
137. 服务合同纠纷
(1)电信服务合同纠纷
(2)邮政服务合同纠纷
(3)快递服务合同纠纷
(4)医疗服务合同纠纷
(5)法律服务合同纠纷
(6)旅游合同纠纷
(7)房地产咨询合同纠纷
(8)房地产价格评估合同纠纷
(9)旅店服务合同纠纷
(10)财会服务合同纠纷
(11)餐饮服务合同纠纷
(12)娱乐服务合同纠纷
(13)有线电视服务合同纠纷
(14)网络服务合同纠纷
(15)教育培训合同纠纷
(16)家政服务合同纠纷
(17)庆典服务合同纠纷
(18)殡葬服务合同纠纷
(19)农业技术服务合同纠纷
(20)农机作业服务合同纠纷
(21)保安服务合同纠纷
(22)银行结算合同纠纷
138. 演出合同纠纷

139. 劳务合同纠纷
140. 离退休人员返聘合同纠纷
141. 广告合同纠纷
142. 展览合同纠纷
143. 追偿权纠纷
十一、不当得利纠纷
144. 不当得利纠纷
十二、无因管理纠纷
145. 无因管理纠纷

第五部分　知识产权与竞争纠纷

十三、知识产权合同纠纷
146. 著作权合同纠纷
(1)委托创作合同纠纷
(2)合作创作合同纠纷
(3)著作权转让合同纠纷
(4)著作权许可使用合同纠纷
(5)出版合同纠纷
(6)表演合同纠纷
(7)音像制品制作合同纠纷
(8)广播电视播放合同纠纷
(9)邻接权转让合同纠纷
(10)邻接权许可使用合同纠纷
(11)计算机软件开发合同纠纷
(12)计算机软件著作权转让合同纠纷
(13)计算机软件著作权许可使用合同纠纷
147. 商标合同纠纷
(1)商标权转让合同纠纷
(2)商标使用许可合同纠纷
(3)商标代理合同纠纷
148. 专利合同纠纷
(1)专利申请权转让合同纠纷
(2)专利权转让合同纠纷

(3)发明专利实施许可合同纠纷
(4)实用新型专利实施许可合同纠纷
(5)外观设计专利实施许可合同纠纷
(6)专利代理合同纠纷
149. 植物新品种合同纠纷
(1)植物新品种育种合同纠纷
(2)植物新品种申请权转让合同纠纷
(3)植物新品种权转让合同纠纷
(4)植物新品种实施许可合同纠纷
150. 集成电路布图设计合同纠纷
(1)集成电路布图设计创作合同纠纷
(2)集成电路布图设计专有权转让合同纠纷
(3)集成电路布图设计许可使用合同纠纷
151. 商业秘密合同纠纷
(1)技术秘密让与合同纠纷
(2)技术秘密许可使用合同纠纷
(3)经营秘密让与合同纠纷
(4)经营秘密许可使用合同纠纷
152. 技术合同纠纷
(1)技术委托开发合同纠纷
(2)技术合作开发合同纠纷
(3)技术转化合同纠纷
(4)技术转让合同纠纷
(5)技术许可合同纠纷
(6)技术咨询合同纠纷
(7)技术服务合同纠纷
(8)技术培训合同纠纷
(9)技术中介合同纠纷
(10)技术进口合同纠纷
(11)技术出口合同纠纷
(12)职务技术成果完成人奖励、报酬纠纷
(13)技术成果完成人署名权、荣誉权、奖励权纠纷
153. 特许经营合同纠纷
154. 企业名称(商号)合同纠纷

(1)企业名称(商号)转让合同纠纷
(2)企业名称(商号)使用合同纠纷
155. 特殊标志合同纠纷
156. 网络域名合同纠纷
(1)网络域名注册合同纠纷
(2)网络域名转让合同纠纷
(3)网络域名许可使用合同纠纷
157. 知识产权质押合同纠纷

十四、知识产权权属、侵权纠纷

158. 著作权权属、侵权纠纷
(1)著作权权属纠纷
(2)侵害作品发表权纠纷
(3)侵害作品署名权纠纷
(4)侵害作品修改权纠纷
(5)侵害保护作品完整权纠纷
(6)侵害作品复制权纠纷
(7)侵害作品发行权纠纷
(8)侵害作品出租权纠纷
(9)侵害作品展览权纠纷
(10)侵害作品表演权纠纷
(11)侵害作品放映权纠纷
(12)侵害作品广播权纠纷
(13)侵害作品信息网络传播权纠纷
(14)侵害作品摄制权纠纷
(15)侵害作品改编权纠纷
(16)侵害作品翻译权纠纷
(17)侵害作品汇编权纠纷
(18)侵害其他著作财产权纠纷
(19)出版者权权属纠纷
(20)表演者权权属纠纷
(21)录音录像制作者权权属纠纷
(22)广播组织权权属纠纷
(23)侵害出版者权纠纷
(24)侵害表演者权纠纷

(25)侵害录音录像制作者权纠纷
(26)侵害广播组织权纠纷
(27)计算机软件著作权权属纠纷
(28)侵害计算机软件著作权纠纷
159. 商标权权属、侵权纠纷
(1)商标权权属纠纷
(2)侵害商标权纠纷
160. 专利权权属、侵权纠纷
(1)专利申请权权属纠纷
(2)专利权权属纠纷
(3)侵害发明专利权纠纷
(4)侵害实用新型专利权纠纷
(5)侵害外观设计专利权纠纷
(6)假冒他人专利纠纷
(7)发明专利临时保护期使用费纠纷
(8)职务发明创造发明人、设计人奖励、报酬纠纷
(9)发明创造发明人、设计人署名权纠纷
(10)标准必要专利使用费纠纷
161. 植物新品种权权属、侵权纠纷
(1)植物新品种申请权权属纠纷
(2)植物新品种权权属纠纷
(3)侵害植物新品种权纠纷
(4)植物新品种临时保护期使用费纠纷
162. 集成电路布图设计专有权权属、侵权纠纷
(1)集成电路布图设计专有权权属纠纷
(2)侵害集成电路布图设计专有权纠纷
163. 侵害企业名称(商号)权纠纷
164. 侵害特殊标志专有权纠纷
165. 网络域名权属、侵权纠纷
(1)网络域名权属纠纷
(2)侵害网络域名纠纷
166. 发现权纠纷
167. 发明权纠纷
168. 其他科技成果权纠纷

169. 确认不侵害知识产权纠纷

(1)确认不侵害专利权纠纷

(2)确认不侵害商标权纠纷

(3)确认不侵害著作权纠纷

(4)确认不侵害植物新品种权纠纷

(5)确认不侵害集成电路布图设计专用权纠纷

(6)确认不侵害计算机软件著作权纠纷

170. 因申请知识产权临时措施损害责任纠纷

(1)因申请诉前停止侵害专利权损害责任纠纷

(2)因申请诉前停止侵害注册商标专用权损害责任纠纷

(3)因申请诉前停止侵害著作权损害责任纠纷

(4)因申请诉前停止侵害植物新品种权损害责任纠纷

(5)因申请海关知识产权保护措施损害责任纠纷

(6)因申请诉前停止侵害计算机软件著作权损害责任纠纷

(7)因申请诉前停止侵害集成电路布图设计专用权损害责任纠纷

171. 因恶意提起知识产权诉讼损害责任纠纷

172. 专利权宣告无效后返还费用纠纷

十五、不正当竞争纠纷

173. 仿冒纠纷

(1)擅自使用与他人有一定影响的商品名称、包装、装潢等相同或者近似的标识纠纷

(2)擅自使用他人有一定影响的企业名称、社会组织名称、姓名纠纷

(3)擅自使用他人有一定影响的域名主体部分、网站名称、网页纠纷

174. 商业贿赂不正当竞争纠纷

175. 虚假宣传纠纷

176. 侵害商业秘密纠纷

(1)侵害技术秘密纠纷

(2)侵害经营秘密纠纷

177. 低价倾销不正当竞争纠纷

178. 捆绑销售不正当竞争纠纷

179. 有奖销售纠纷

180. 商业诋毁纠纷

181. 串通投标不正当竞争纠纷

182. 网络不正当竞争纠纷

十六、垄断纠纷

183. 垄断协议纠纷

(1)横向垄断协议纠纷

(2)纵向垄断协议纠纷

184. 滥用市场支配地位纠纷

(1)垄断定价纠纷

(2)掠夺定价纠纷

(3)拒绝交易纠纷

(4)限定交易纠纷

(5)捆绑交易纠纷

(6)差别待遇纠纷

185. 经营者集中纠纷

第六部分　劳动争议、人事争议

十七、劳动争议

186. 劳动合同纠纷

(1)确认劳动关系纠纷

(2)集体合同纠纷

(3)劳务派遣合同纠纷

(4)非全日制用工纠纷

(5)追索劳动报酬纠纷

(6)经济补偿金纠纷

(7)竞业限制纠纷

187. 社会保险纠纷

(1)养老保险待遇纠纷

(2)工伤保险待遇纠纷

(3)医疗保险待遇纠纷

(4)生育保险待遇纠纷

(5)失业保险待遇纠纷

188. 福利待遇纠纷

十八、人事争议

189. 聘用合同纠纷

190. 聘任合同纠纷

191. 辞职纠纷
192. 辞退纠纷

第七部分　海事海商纠纷

十九、海事海商纠纷
193. 船舶碰撞损害责任纠纷
194. 船舶触碰损害责任纠纷
195. 船舶损坏空中设施、水下设施损害责任纠纷
196. 船舶污染损害责任纠纷
197. 海上、通海水域污染损害责任纠纷
198. 海上、通海水域养殖损害责任纠纷
199. 海上、通海水域财产损害责任纠纷
200. 海上、通海水域人身损害责任纠纷
201. 非法留置船舶、船载货物、船用燃油、船用物料损害责任纠纷
202. 海上、通海水域货物运输合同纠纷
203. 海上、通海水域旅客运输合同纠纷
204. 海上、通海水域行李运输合同纠纷
205. 船舶经营管理合同纠纷
206. 船舶买卖合同纠纷
207. 船舶建造合同纠纷
208. 船舶修理合同纠纷
209. 船舶改建合同纠纷
210. 船舶拆解合同纠纷
211. 船舶抵押合同纠纷
212. 航次租船合同纠纷
213. 船舶租用合同纠纷
(1)定期租船合同纠纷
(2)光船租赁合同纠纷
214. 船舶融资租赁合同纠纷
215. 海上、通海水域运输船舶承包合同纠纷
216. 渔船承包合同纠纷
217. 船舶属具租赁合同纠纷
218. 船舶属具保管合同纠纷

219. 海运集装箱租赁合同纠纷
220. 海运集装箱保管合同纠纷
221. 港口货物保管合同纠纷
222. 船舶代理合同纠纷
223. 海上、通海水域货运代理合同纠纷
224. 理货合同纠纷
225. 船舶物料和备品供应合同纠纷
226. 船员劳务合同纠纷
227. 海难救助合同纠纷
228. 海上、通海水域打捞合同纠纷
229. 海上、通海水域拖航合同纠纷
230. 海上、通海水域保险合同纠纷
231. 海上、通海水域保赔合同纠纷
232. 海上、通海水域运输联营合同纠纷
233. 船舶营运借款合同纠纷
234. 海事担保合同纠纷
235. 航道、港口疏浚合同纠纷
236. 船坞、码头建造合同纠纷
237. 船舶检验合同纠纷
238. 海事请求担保纠纷
239. 海上、通海水域运输重大责任事故责任纠纷
240. 港口作业重大责任事故责任纠纷
241. 港口作业纠纷
242. 共同海损纠纷
243. 海洋开发利用纠纷
244. 船舶共有纠纷
245. 船舶权属纠纷
246. 海运欺诈纠纷
247. 海事债权确权纠纷

第八部分　与公司、证券、保险、票据等有关的民事纠纷

二十、与企业有关的纠纷

248. 企业出资人权益确认纠纷
249. 侵害企业出资人权益纠纷
250. 企业公司制改造合同纠纷
251. 企业股份合作制改造合同纠纷
252. 企业债权转股权合同纠纷
253. 企业分立合同纠纷
254. 企业租赁经营合同纠纷
255. 企业出售合同纠纷
256. 挂靠经营合同纠纷
257. 企业兼并合同纠纷
258. 联营合同纠纷
259. 企业承包经营合同纠纷

(1)中外合资经营企业承包经营合同纠纷
(2)中外合作经营企业承包经营合同纠纷
(3)外商独资企业承包经营合同纠纷
(4)乡镇企业承包经营合同纠纷

260. 中外合资经营企业合同纠纷
261. 中外合作经营企业合同纠纷

二十一、与公司有关的纠纷

262. 股东资格确认纠纷
263. 股东名册记载纠纷
264. 请求变更公司登记纠纷
265. 股东出资纠纷
266. 新增资本认购纠纷
267. 股东知情权纠纷
268. 请求公司收购股份纠纷
269. 股权转让纠纷
270. 公司决议纠纷

(1)公司决议效力确认纠纷

(2)公司决议撤销纠纷
271. 公司设立纠纷
272. 公司证照返还纠纷
273. 发起人责任纠纷
274. 公司盈余分配纠纷
275. 损害股东利益责任纠纷
276. 损害公司利益责任纠纷
277. 损害公司债权人利益责任纠纷
(1)股东损害公司债权人利益责任纠纷
(2)实际控制人损害公司债权人利益责任纠纷
278. 公司关联交易损害责任纠纷
279. 公司合并纠纷
280. 公司分立纠纷
281. 公司减资纠纷
282. 公司增资纠纷
283. 公司解散纠纷
284. 清算责任纠纷
285. 上市公司收购纠纷
二十二、合伙企业纠纷
286. 入伙纠纷
287. 退伙纠纷
288. 合伙企业财产份额转让纠纷
二十三、与破产有关的纠纷
289. 请求撤销个别清偿行为纠纷
290. 请求确认债务人行为无效纠纷
291. 对外追收债权纠纷
292. 追收未缴出资纠纷
293. 追收抽逃出资纠纷
294. 追收非正常收入纠纷
295. 破产债权确认纠纷
(1)职工破产债权确认纠纷
(2)普通破产债权确认纠纷
296. 取回权纠纷
(1)一般取回权纠纷

(2)出卖人取回权纠纷
297. 破产抵销权纠纷
298. 别除权纠纷
299. 破产撤销权纠纷
300. 损害债务人利益赔偿纠纷
301. 管理人责任纠纷

二十四、证券纠纷

302. 证券权利确认纠纷
(1)股票权利确认纠纷
(2)公司债券权利确认纠纷
(3)国债权利确认纠纷
(4)证券投资基金权利确认纠纷
303. 证券交易合同纠纷
(1)股票交易纠纷
(2)公司债券交易纠纷
(3)国债交易纠纷
(4)证券投资基金交易纠纷
304. 金融衍生品种交易纠纷
305. 证券承销合同纠纷
(1)证券代销合同纠纷
(2)证券包销合同纠纷
306. 证券投资咨询纠纷
307. 证券资信评级服务合同纠纷
308. 证券回购合同纠纷
(1)股票回购合同纠纷
(2)国债回购合同纠纷
(3)公司债券回购合同纠纷
(4)证券投资基金回购合同纠纷
(5)质押式证券回购纠纷
309. 证券上市合同纠纷
310. 证券交易代理合同纠纷
311. 证券上市保荐合同纠纷
312. 证券发行纠纷
(1)证券认购纠纷

(2)证券发行失败纠纷
313. 证券返还纠纷
314. 证券欺诈责任纠纷
(1)证券内幕交易责任纠纷
(2)操纵证券交易市场责任纠纷
(3)证券虚假陈述责任纠纷
(4)欺诈客户责任纠纷
315. 证券托管纠纷
316. 证券登记、存管、结算纠纷
317. 融资融券交易纠纷
318. 客户交易结算资金纠纷
二十五、期货交易纠纷
319. 期货经纪合同纠纷
320. 期货透支交易纠纷
321. 期货强行平仓纠纷
322. 期货实物交割纠纷
323. 期货保证合约纠纷
324. 期货交易代理合同纠纷
325. 侵占期货交易保证金纠纷
326. 期货欺诈责任纠纷
327. 操纵期货交易市场责任纠纷
328. 期货内幕交易责任纠纷
329. 期货虚假信息责任纠纷
二十六、信托纠纷
330. 民事信托纠纷
331. 营业信托纠纷
332. 公益信托纠纷
二十七、保险纠纷
333. 财产保险合同纠纷
(1)财产损失保险合同纠纷
(2)责任保险合同纠纷
(3)信用保险合同纠纷
(4)保证保险合同纠纷
(5)保险人代位求偿权纠纷

334. 人身保险合同纠纷
(1)人寿保险合同纠纷
(2)意外伤害保险合同纠纷
(3)健康保险合同纠纷
335. 再保险合同纠纷
336. 保险经纪合同纠纷
337. 保险代理合同纠纷
338. 进出口信用保险合同纠纷
339. 保险费纠纷
二十八、票据纠纷
340. 票据付款请求权纠纷
341. 票据追索权纠纷
342. 票据交付请求权纠纷
343. 票据返还请求权纠纷
344. 票据损害责任纠纷
345. 票据利益返还请求权纠纷
346. 汇票回单签发请求权纠纷
347. 票据保证纠纷
348. 确认票据无效纠纷
349. 票据代理纠纷
350. 票据回购纠纷
二十九、信用证纠纷
351. 委托开立信用证纠纷
352. 信用证开证纠纷
353. 信用证议付纠纷
354. 信用证欺诈纠纷
355. 信用证融资纠纷
356. 信用证转让纠纷
三十、独立保函纠纷
357. 独立保函开立纠纷
358. 独立保函付款纠纷
359. 独立保函追偿纠纷
360. 独立保函欺诈纠纷
361. 独立保函转让纠纷

362. 独立保函通知纠纷
363. 独立保函撤销纠纷

第九部分 侵权责任纠纷

三十一、侵权责任纠纷

364. 监护人责任纠纷
365. 用人单位责任纠纷
366. 劳务派遣工作人员侵权责任纠纷
367. 提供劳务者致害责任纠纷
368. 提供劳务者受害责任纠纷
369. 网络侵权责任纠纷
(1)网络侵害虚拟财产纠纷
370. 违反安全保障义务责任纠纷
(1)经营场所、公共场所的经营者、管理者责任纠纷
(2)群众性活动组织者责任纠纷
371. 教育机构责任纠纷
372. 性骚扰损害责任纠纷
373. 产品责任纠纷
(1)产品生产者责任纠纷
(2)产品销售者责任纠纷
(3)产品运输者责任纠纷
(4)产品仓储者责任纠纷
374. 机动车交通事故责任纠纷
375. 非机动车交通事故责任纠纷
376. 医疗损害责任纠纷
(1)侵害患者知情同意权责任纠纷
(2)医疗产品责任纠纷
377. 环境污染责任纠纷
(1)大气污染责任纠纷
(2)水污染责任纠纷
(3)土壤污染责任纠纷
(4)电子废物污染责任纠纷
(5)固体废物污染责任纠纷

(6)噪声污染责任纠纷
(7)光污染责任纠纷
(8)放射性污染责任纠纷
378. 生态破坏责任纠纷
379. 高度危险责任纠纷
(1)民用核设施、核材料损害责任纠纷
(2)民用航空器损害责任纠纷
(3)占有、使用高度危险物损害责任纠纷
(4)高度危险活动损害责任纠纷
(5)遗失、抛弃高度危险物损害责任纠纷
(6)非法占有高度危险物损害责任纠纷
380. 饲养动物损害责任纠纷
381. 建筑物和物件损害责任纠纷
(1)物件脱落、坠落损害责任纠纷
(2)建筑物、构筑物倒塌、塌陷损害责任纠纷
(3)高空抛物、坠物损害责任纠纷
(4)堆放物倒塌、滚落、滑落损害责任纠纷
(5)公共道路妨碍通行损害责任纠纷
(6)林木折断、倾倒、果实坠落损害责任纠纷
(7)地面施工、地下设施损害责任纠纷
382. 触电人身损害责任纠纷
383. 义务帮工人受害责任纠纷
384. 见义勇为人受害责任纠纷
385. 公证损害责任纠纷
386. 防卫过当损害责任纠纷
387. 紧急避险损害责任纠纷
388. 驻香港、澳门特别行政区军人执行职务侵权责任纠纷
389. 铁路运输损害责任纠纷
(1)铁路运输人身损害责任纠纷
(2)铁路运输财产损害责任纠纷
390. 水上运输损害责任纠纷
(1)水上运输人身损害责任纠纷
(2)水上运输财产损害责任纠纷
391. 航空运输损害责任纠纷

(1)航空运输人身损害责任纠纷
(2)航空运输财产损害责任纠纷
392. 因申请财产保全损害责任纠纷
393. 因申请行为保全损害责任纠纷
394. 因申请证据保全损害责任纠纷
395. 因申请先予执行损害责任纠纷

第十部分　非讼程序案件案由

三十二、选民资格案件
396. 申请确定选民资格
三十三、宣告失踪、宣告死亡案件
397. 申请宣告自然人失踪
398. 申请撤销宣告失踪判决
399. 申请为失踪人财产指定、变更代管人
400. 申请宣告自然人死亡
401. 申请撤销宣告自然人死亡判决
三十四、认定自然人无民事行为能力、限制民事行为能力案件
402. 申请宣告自然人无民事行为能力
403. 申请宣告自然人限制民事行为能力
404. 申请宣告自然人恢复限制民事行为能力
405. 申请宣告自然人恢复完全民事行为能力
三十五、指定遗产管理人案件
406. 申请指定遗产管理人
三十六、认定财产无主案件
407. 申请认定财产无主
408. 申请撤销认定财产无主判决
三十七、确认调解协议案件
409. 申请司法确认调解协议
410. 申请撤销确认调解协议裁定
三十八、实现担保物权案件
411. 申请实现担保物权
412. 申请撤销准许实现担保物权裁定

三十九、监护权特别程序案件

413. 申请确定监护人
414. 申请指定监护人
415. 申请变更监护人
416. 申请撤销监护人资格
417. 申请恢复监护人资格

四十、督促程序案件

418. 申请支付令

四十一、公示催告程序案件

419. 申请公示催告

四十二、公司清算案件

420. 申请公司清算

四十三、破产程序案件

421. 申请破产清算
422. 申请破产重整
423. 申请破产和解
424. 申请对破产财产追加分配

四十四、申请诉前停止侵害知识产权案件

425. 申请诉前停止侵害专利权
426. 申请诉前停止侵害注册商标专用权
427. 申请诉前停止侵害著作权
428. 申请诉前停止侵害植物新品种权
429. 申请诉前停止侵害计算机软件著作权
430. 申请诉前停止侵害集成电路布图设计专用权

四十五、申请保全案件

431. 申请诉前财产保全
432. 申请诉前行为保全
433. 申请诉前证据保全
434. 申请仲裁前财产保全
435. 申请仲裁前行为保全
436. 申请仲裁前证据保全
437. 仲裁程序中的财产保全
438. 仲裁程序中的证据保全
439. 申请执行前财产保全

440. 申请中止支付信用证项下款项
441. 申请中止支付保函项下款项
四十六、申请人身安全保护令案件
442. 申请人身安全保护令
四十七、申请人格权侵害禁令案件
443. 申请人格权侵害禁令
四十八、仲裁程序案件
444. 申请确认仲裁协议效力
445. 申请撤销仲裁裁决
四十九、海事诉讼特别程序案件
446. 申请海事请求保全
(1)申请扣押船舶
(2)申请拍卖扣押船舶
(3)申请扣押船载货物
(4)申请拍卖扣押船载货物
(5)申请扣押船用燃油及船用物料
(6)申请拍卖扣押船用燃油及船用物料
447. 申请海事支付令
448. 申请海事强制令
449. 申请海事证据保全
450. 申请设立海事赔偿责任限制基金
451. 申请船舶优先权催告
452. 申请海事债权登记与受偿
五十、申请承认与执行法院判决、仲裁裁决案件
453. 申请执行海事仲裁裁决
454. 申请执行知识产权仲裁裁决
455. 申请执行涉外仲裁裁决
456. 申请认可和执行香港特别行政区法院民事判决
457. 申请认可和执行香港特别行政区仲裁裁决
458. 申请认可和执行澳门特别行政区法院民事判决
459. 申请认可和执行澳门特别行政区仲裁裁决
460. 申请认可和执行台湾地区法院民事判决
461. 申请认可和执行台湾地区仲裁裁决
462. 申请承认和执行外国法院民事判决、裁定

463. 申请承认和执行外国仲裁裁决

第十一部分　特殊诉讼程序案件案由

五十一、与宣告失踪、宣告死亡案件有关的纠纷

464. 失踪人债务支付纠纷

465. 被撤销死亡宣告人请求返还财产纠纷

五十二、公益诉讼

466. 生态环境保护民事公益诉讼

(1)环境污染民事公益诉讼

(2)生态破坏民事公益诉讼

(3)生态环境损害赔偿诉讼

467. 英雄烈士保护民事公益诉讼

468. 未成年人保护民事公益诉讼

469. 消费者权益保护民事公益诉讼

五十三、第三人撤销之诉

470. 第三人撤销之诉

五十四、执行程序中的异议之诉

471. 执行异议之诉

(1)案外人执行异议之诉

(2)申请执行人执行异议之诉

472. 追加、变更被执行人异议之诉

473. 执行分配方案异议之诉

最高人民法院关于人民法院为海南自由贸易港建设提供司法服务和保障的意见

(2021年1月8日　法发〔2021〕1号)

为贯彻落实习近平总书记对海南自由贸易港建设的重要指示，全面落实中共中央、国务院印发的《海南自由贸易港建设总体方案》，充分发挥审判职能作用，为加快建设高水平的中国特色自由贸易港提供司法服务和保障，结合人民法院工作实际，制定本意见。

一、解放思想，为海南自由贸易港建设对外开放新高地提供司法服务和保障

1. 深刻认识司法服务保障海南自由贸易港建设的重大意义。稳步推进海南自由贸易港建设，是以习近平同志为核心的党中央着眼国内国际两个大局，为推动中国特色社会主义创新发展作出的重大战略决策。人民法院要准确把握国内国际形势，从贯彻新发展理念、构建新发展格局、推动高质量发展的战略高度，深刻认识海南自由贸易港建设在更高水平开放型经济新体制中的重大意义，充分发挥审判职能，不断提升司法能力，以公正高效的司法服务和保障，推动建设高水平的中国特色自由贸易港。

2. 始终坚持司法服务保障海南自由贸易港建设的基本原则。

——坚持党的领导。以习近平新时代中国特色社会主义思想为指导，坚持党对人民法院工作的绝对领导，坚持中国特色社会主义法治道路，深入学习贯彻习近平法治思想，充分发挥制度优势，把公正司法、司法为民的要求贯穿人民法院工作全过程，确保司法服务保障海南自由贸易港建设的正确方向。

——坚持改革创新。支持海南法院推进符合司法规律、有利于促进自由贸易港发展的司法体制改革，加强制度集成创新，为海南自由贸易港贸易投资自由化便利化和各类生产要素自由便利流动提供良好法治环境。

——坚持底线思维。积极参与海南自由贸易港风险防控体系建设，充分发挥司法防范和应对重大风险和系统风险的基础性作用，确保海南自由贸易港健康发展。

——借鉴国际法治有益经验。加强国际司法交流合作，学习借鉴域外自由贸易港先进司法经验，对接国际高水平经贸规则，完善涉外民商事法律适用规则体系，推动实现海南自由贸易港建设发展目标。

3. 准确定位司法服务保障海南自由贸易港建设的结合点和着力点。人民法院要紧紧围绕国家赋予海南建设全面深化改革开放试验区、国家生态文明试验区、国际旅游消费中心和国家重大战略服务保障区的战略定位，深刻把握习近平总书记加强制度集成创新的重要指示精神，主动融入海南自由贸易港建设中心工作，充分发挥审判职能，深化司法体制改革，提升改革整体效能，参与智慧海南建设，营造国际一流市场化法治化国际化营商环境，推动形成既有中国特色，又符合海南定位，具有较强国际竞争力和影响力的自由贸易港开放型经济新体制，推动实现到 2025 年初步建立以贸易投资自由便利为重点的自由贸易港政策制度体系，到 2035 年成为我国开放型经济新高地，到本世纪中叶全面建成具有较强国际影响力的高水平自由贸易港。

二、推动制度集成创新，完善自由贸易港法治建设体系

4. 完善自由贸易港审判组织体系。加强海南自由贸易港知识产权法院和海南涉外民商事法庭建设。推动国际商事、互联网、金融、破产等专业化审判组织和机制建设，根据案件数量和特点对全岛审判力量进行统一调派、统筹安排。研究建立自由贸易港法官咨询委员会。服务海南自由贸易港对标世界最高水平开放形态、生产要素自由便利流动的特殊需求，优化司法资源配置模式，推动建立突破地域限制的体系完备、布局合理、协同高效的审判组织体系。

5. 调整案件管辖范围。出台调整海南法院案件管辖范围的相关规定，以指定管辖、提级管辖、专门管辖等方式，对涉外民商事、海事、交通运输以及特定刑事案件的管辖进行适当调整。对与我国司法辖区无实际联系的第一审涉外商事案件，当事人可以协议选择海南涉外民商事专门审判机构管辖，但不得违反级别管辖规定。探索由中级人民法院集中管辖辖区内刑事裁判财产性判项的强制执行案件。通过调整案件管辖范围，在海南形成以“特定管辖法院、专门审判机构、专业审判人员”为特征的审判格局，推动海南法院审判体系和审判能力现代化建设。

6. 推动海事审判“三合一”改革。探索通过个案指定管辖方式，推动海口海事法院受理特定海事刑事案件。适度扩大海口海事法院民商事案件受理范围，集中受理国际多式联运合同纠纷及国际航空运输合同纠纷案件，发挥专业审判优势，推动实施高度自由便利开放的运输政策。服务保障国家海洋战略实施，在海口海事法院逐步推动形成以民商事、行政案件为主，涵盖特定刑事案件的海事案件“三合一”专业化审判机制。

7. 推动行政案件异地管辖改革和机制创新。支持海南法院开展行政案件跨行政区域异地管辖改革，全面实行行政案件异地管辖。探索完善行政案件级别管辖标准，科学设置行政案件管辖机制，实现行政案件在中级人民法院和基层人民法院之间的合理分配。探索行政案件简易程序改革，推动行政案件繁简分流改革，提高行政审判效率。

8. 推动涉外民商事审判机制创新。完善国际商事纠纷案件集中审判机制，由海南涉外民商事法庭集中审理涉外、涉港澳台民商事案件。鼓励外籍调解员和港澳台调解员参与纠纷化解，探索选任港澳台居民担任人民陪审员参与案件审理。当事人提交的证据材料系英文且经对方当事人同意的，可以不提供中文翻译件。稳步推进简化域外形成证据的公证认证程序。合议庭评议案件，实行少数服从多数的原则，少数意见可以在裁判文书中载明。探索当事人、律师、公证机构协助送达文书、根据当事人申请作出简易裁判文书等机制。

9. 推动海南建设国际商事纠纷解决中心。支持海南设立市场化运作的国

际商事调解组织,开展商事调解业务。支持境外国际仲裁机构在海南自由贸易港设立业务机构开展仲裁业务。支持在自由贸易港区域内注册的企业之间约定在特定地点、按照特定仲裁规则、由特定人员对相关争议进行仲裁。依法支持和保障中外当事人在仲裁前和仲裁中的财产保全、证据保全、行为保全等临时措施的申请和执行。在自由贸易港区域内设立的国际商事调解机构主持达成调解协议的司法确认案件,探索由海南涉外民商事审判机构集中受理和审查。推动海南建设国际商事纠纷解决中心,引入知名国际商事仲裁机构、国际商事调解组织,建立调解、仲裁、诉讼有机衔接的"一站式"国际商事纠纷解决机制。最高人民法院国际商事法庭在海南设立联络点,参与协调指导海南国际商事纠纷解决中心建设相关事宜。

10. 支持海南法院积极推进司法体制改革。支持海南法院深入推进司法体制改革和综合配套改革,优化内设机构、强化人员配备,建立职能划分明确、运行高效顺畅的内设机构体系。支持海南法院建立符合司法规律和自由贸易港发展要求的审判管理机制、法官惩戒机制、司法人员管理机制、司法人才培养机制。支持海南法院加强对洋浦港、博鳌乐城国际医疗旅游先行区等特别政策先行试验区的司法服务和保障,探索建立服务各先行试验区特点和需求的审判机制。

11. 积极配合海南自由贸易港法等法律的立法工作。加强海南自由贸易港法治建设研究,积极参与海南自由贸易港法等相关法律法规的立法调研。根据自由贸易港建设发展的实际需要,研究出台司法解释和司法政策,及时修订、废止与海南自由贸易港法以及开放政策不相符的司法解释和司法政策性文件。

三、发挥审判职能,推动构建与高水平自由贸易港相适应的政策制度体系

12. 保障贸易投资自由便利。依法审理涉货物贸易案件,推动建立"一线放开、二线管住、岛内自由"的货物进出境管理制度,保障以"零关税"为基本特征的自由化便利化制度安排。依法审理涉服务贸易案件,维护跨境服务贸易负面清单制度,落实给予境外服务提供者国民待遇措施,保障以"既准入又准营"为基本特征的自由化便利化政策实施。全面实施外商投资法及其司法解释,落实准入前国民待遇加负面清单管理制度和投资自由制度,服务和保障"极简审批"投资制度,支持建立健全注销便利制度。妥善处理在大幅放开外商投资领域时产生的涉及外资准入限制的适用法律问题,依法认定外商投资合同效力,平等保护中外投资者合法权益。

13. 加大产权司法保护力度。严格依照民法典等相关法律审理产权纠纷案件,保护公民、法人和非法人组织取得、使用、处分和继承财产等权利,加强对中小企业和中小投资者的保护。依法审理跨境投资、融资担保、不正当竞争和垄断案件,维护公平竞争市场秩序,优化产业链供应链发展环境。依法保护投资人的合法权益,树立讲诚信讲法治的营商环境。支持构建国土空间保护开发新格局,妥善审理涉及政府守信践诺、财产征收征用案件及国有土地使用权证案件,严格界定公共利益,遵循及时合理补偿原则。严格执行刑事法律和司法解释规定,坚决防止利用刑事手段干预经济纠纷,切实维护企业家人身权、财产权及其他各项合法权益,营造公平竞争的市场环境。

14. 保障跨境资金流动自由便利。依法妥善化解金融纠纷,准确认定涉住房租赁金融、房地产投资信托等领域的合同效力,支持科技金融政策、产品和工具创新,支持金融业对外开放政策在海南自由贸易港率先实施。加强与金融监管机构的沟通协调,推进金融风险行政处置与司法应对有机衔接,促进金融市场规范有序健康发展。

15. 促进运输往来自由便利。加强交通运输案件审判专业化建设,妥善审理港口建设、航运金融、船舶和飞机融资金融、货物和旅客运输、跨国邮轮游艇经营、保税油供应、海员权益保护等民商事案件和涉及船舶管理的行政案件,推动建设海南自由贸易港新型航运经营管理体系和海员管理制度,为"中国洋浦港"船籍港建设保驾护航。支持海南试点第七航权开放和运输新业态创新,开展对国际航空中转客货运输和境外航空公司承载海南至第三国(地区)客货运输相关法律问题的研究,为海南自由贸易港建设西部陆海新通道国际航运枢纽和航空枢纽,加快构建现代综合交通运输体系提供有力司法保障。

16. 实行生态环境的最严格保护。立足海南自由贸易港生态文明体制改革样板区、陆海统筹保护发展实践区、生态价值实现机制试验区和清洁能源优先发展示范区的战略定位和目标要求,全面加强环境资源专业化审判工作,依法审理环境污染防治、生态保护、资源开发利用、气候变化应对以及生态环境治理与服务等案件,加强对各类涉及生态环境和自然资源案件的强制执行力度,以法律手段制裁污染环境、破坏生态等违法犯罪行为。加强土地、矿产、水源水流、森林自然资源资产所有权和使用权保护力度,健全自然资源资产产权制度,促进自然资源开发利用效率提升。规范环境民事和行政公益诉讼,完善审判程序,贯彻损害担责原则,及时制止环境侵权,推动生态环境修复。全面加强海洋生态环境司法保护,依法审理海洋自然资源与生态环境损害赔偿诉讼案件,切实维护国家海洋权益和发展利益。支持和监督行政机关依法履职,促进自然资源的合理开发、利用和保护,加大对破坏海洋生态环境犯罪的打击力度,维护自由贸易港生态环境和生态安全。

17. 促进数据安全有序流动。依法审理与数据有关的各类纠纷案件,促进大数据与其他新技术、新领域、新业态深度融合，推动数据要素市场创新发展，依法服务科技创新和数字经济发展。加强数据安全风险防控，打击数据犯罪、网络犯罪，加强对数据确权、数据交易、数据安全和区块链金融等新类型案件的前沿法律问题研究。加强跨境数据流动国际司法合作，积极参与制定跨境数据流动司法裁判标准和规则。依法审理涉及个人信息保护的案件，兼顾法定履职、突发事件、公共监督等公共利益，依法追究侵犯个人信息权利行为人的法律责任。

18. 妥善审理互联网交易纠纷案件。准确把握互联网交易合同订立的特殊规则，依法认定互联网交易中电子合同、预约合同、格式合同的成立生效要件。准确界定电子商务平台运营者、平台内经营者、消费者及知识产权权利人的权利义务关系，依法保障各方当事人合法权益，促进电子商务平台经营活动规范有序、健康发展。加强对数字货币、网络虚拟财产、数据等新型权益的保护，充分发挥司法裁判对新型权益保护的价值引领作用。

四、保障旅游业、现代服务业和高新技术产业充分发展，推动构建现代产业体系

19. 服务国际旅游消费中心建设。加强旅游法庭建设，创新审判模式，建立涉外旅游纠纷集中快审机制，实现便捷高效专业解决旅游纠纷。鼓励专业领域的调解和仲裁机构参与纠纷化解，逐步形成适应旅游新业态新模式的“一站式”多元化解纷机制，推动旅游与文化体育、健康医疗、养老养生等深度融合。依法认定设置旅游消费陷阱等损害消费者权益的不法行为及其法律责任，规范旅游消费市场，保障海南创建国家级旅游度假区和5A级景区。妥善审理涉国际邮轮游艇纠纷案件，支持三亚建设国际邮轮母港。

20. 支持和保障现代服务业有序发展。妥善审理涉航运服务、国际设计、国际教育、国际会展、海洋服务等现代服务业纠纷案件，规范引导服务产业完善经营管理，提高服务水平。加强现代服务业领域前沿法律问题研究，提高服务合同纠纷专业审判能力，促进新型交易模式健康发展。加强现代服务产业市场主体、市场准入、市场交易、市场退出、信用建设等方面的规则指引和权益保护，服务保障海南自由贸易港发展总部经济、引进国外优质医疗资源、允许境外理工农医类高水平大学和职业学校独立办学等服务业对外开放政策制度实施。

21. 加大知识产权司法保护力度。充分发挥海南自由贸易港知识产权法院职能作用，推进知识产权审判“三合一”改革，建立与之相适应的案件管辖制度和协调机制，提升知识产权司法保护整体效能，推动海南自由贸易港建设“一站式”知识产权保护机制和综合性的知识产权保护中心，打造知识产权保护高地。围绕国家重大战略实施和创新驱动发展需要，加大对新兴产业、重点领域、关键核心技术、植物新品种的知识产权司法保护力度，加快探索完善重点领域专利保护规则。加强科技创新成果保护，加大商业秘密民事、刑事司法保护力度，依法制止垄断行为，加快完善互联网领域、数字经济领域的反垄断法适用。加强商业标志权益保护，实施高水平的植物新品种保护地方法规，积极培育有利于引入全球动植物种质资源的法治环境，支持全球热带农业中心建设。完善新业态新领域的知识产权保护，完善物联网、人工智能、区块链、大数据、生物医药等新业态新领域的知识产权保护，服务高新技术产业发展与产业能级提升。推动完善行政执法和司法衔接机制，强化知识产权全链条保护，促进构建大保护工作格局。加强知识产权刑事、民事、行政案件的执行力度，探索知识产权财产性权益的新型执行方法。

五、支持智慧海南建设，打造共建共治共享的社会治理新格局

22. 支持政府深化行政体制改革。依法支持政府机构改革和职能转变。妥善审理政府招商引资、政府特许经营、土地房屋征收等行政协议案件，严格把握政府解除行政协议的条件，切实维护行政相对人合法权益。对于行政机关及其他行使行政管理职能的法定机构未能履行法定职责、自身承诺或者履行不到位，给行政相对人造成实际损失的，行政相对人或利害关系人请求赔偿或补偿的，依法予以支持。依法审理涉贸易投资、税收、出入境和停居留、户籍、金融、服务、高新技术领域的行政案件，对在案件审理中发现的行政监管制度漏洞或与自由贸易港市场规则有关的行政管理问题，及时提出司法建议，推动有关单位完善管理制度、提升政务服务水平。

23. 构建多元化纠纷解决平台。进一步完善"一站式"诉讼服务和多元解纷平台，推动海南法院诉讼服务中心全面转型升级，为中外当事人提供全方位多元解纷服务。支持多元化纠纷解决机制建设，加强与行业组织、社区组织的诉调对接，充分发挥其在调处行业纠纷和民间纠纷中的重要作用。完善投资者司法服务绿色通道，加强"一站式"司法征信服务平台建设，为中外当事人提供司法征信查询、法律咨询、风险防控建议、投资者权益保护等服务。

24. 助力智慧海南建设。坚持数据驱动原则，推动制定海南法院系统平台技术、数据协同共享和安全标准，实现数据跨单位、跨平台、跨系统全面对接共享和业务协同。服务和保障海南参与全球数字经济交流合作，促进5G、区块链、云计算、物联网、车联网等新一代信息技术的运用。积极探索"区块链+司法"模式，推进司法链在智慧海南建设中的试点应用，完善电子诉讼规则，推动互联网技术与审判方式、诉讼制度深度融合。加大科技装备投入力度，完善对失信被执行人联合信用惩戒体系，健全失信行为信用修复机制，推动自由贸易港社会信用体系建设。积极推动建设智慧公证、智慧司鉴、智慧法援、智慧调解等诉调对接新应用模式，形成覆盖城乡、普惠均等、便捷优质、智能精准的现代公共法律服务体系。积极参与海南法治信息化平台建设，推动司法与立法、执法、守法、普法等方面数据的整合运用，对海南法院在项目建设、专项资金等方面予以扶持，提升法治海南建设的信息化、智能化水平。

六、参与风险防控体系建设，有效防范化解重大风险

25. 依法惩处妨害自由贸易港建设的各类刑事犯罪。严厉打击黑恶势力犯罪、毒品犯罪等妨害社会管理秩序犯罪，营造安全稳定的社会环境。依法惩治各类刑事犯罪，特别是走私、洗钱、逃税、非法集资等涉及海南自由贸易港改革开放重点领域的经济犯罪，维护市场秩序、保持社会稳定。坚持罪刑法定原则，对市场主体在生产、经营、融资活动中的创新创业行为，只要不违反刑事法律的规定，不得以犯罪论处。根据海南自由贸易港关于贸易自由便利和投资自由便利的法律法规，准确划定虚报注册资本罪、虚假出资罪、抽逃出资罪、逃汇罪、非法经营罪、合同诈骗罪、走私犯罪等法定犯的罪与非罪界限。加强产权刑法保护，坚持对市场主体的平等保护，严格区分经济纠纷与经济犯罪、行政违法与刑事犯罪、民事责任与刑事责任，打造公平透明、可预期的法治环境。

26. 建立健全风险防控机制。牢固树立总体国家安全观，坚持底线思维、增强忧患意识、提高防控能力。加强与行政机关、监管部门协同配合，对接海南社会管理信息化平台，加强司法大数据与行政管理大数据的互联互通，健全风险预测预警预防机制，完善司法协作机制和联防联控机制，协同防范化解重大风险。妥善审理贸易、知识产权、投资、金融、网络和数据、公共卫生和生态等领域重大案件，切实守住风险防控底线。结合国际形势变化特别是南海局势发展情况，对可能存在的海洋主权风险，建立相应的风险应急预警机制，有针对性地开展国际法理论研究。

27. 建立重大敏感案件专项管理机制。进一步完善以案件甄别、防控、化解、处置机制等为重点的重大敏感案件专项管理机制，对政策性强、社会关注度高、裁判结果可能影响面大的案件，纳入专项管理，实时跟踪、稳妥处理。对自由贸易港建设中纠纷多发类型、易发特征、风险环节等及时分析研判，实行实时监测、动态跟踪和及时预警，就纠纷动向和风险防范提出司法建议，为全面推进自由贸易港改革开放提供支持和保障。

七、借鉴国际经验，提升司法保障自由贸易港建设的能力水平

28. 加强调研指导。最高人民法院强化对人民法院服务保障自由贸易港建设工作的总体指导和重点任务的推进落实。加强海南自由贸易港建设过程中司法需求和突出问题的前瞻性调研，总结经验做法、完善政策机制。加强人民法院与有关部门的沟通联络，推进周边区域协作、区港协作和地域协同，统筹协调司法服务保障海南自由贸易港建设工作。不断总结疑难复杂和新类型案件的裁判规则，及时发布国际商事、海事、知识产权、互联网、环境资源等领域专业化审判工作报告，加大司法改革创新举措和典型案事例宣传，讲好中国特色自由贸易港法治故事、传播中国法治声音，提升司法裁判的国际影响力和公信力。

29. 加强国际司法人才培养。建立健全与高水平自由贸易港相适应的司法人才培养、引进和交流机制，加大贸易、投资、航运、金融、税务、信息数据等领域高层次审判人才培养力度。支持海南法院探索招聘境外人员担任聘用制司法辅助人员。探索高端法治人才跨省域兼职、跨境引进等政策制度创新，抽调全国法院审判专家和人才充实自由贸易港法官培训师资力量，健全自由贸易港法官参加对外交流和涉外培训的保障机制。强化教育培训工作，全面提升法官专业化审判水平，建设一支政治过硬、业务精良、具有国际视野的高素质审判队伍。

30. 推进国际司法协助和交流合作。在海南省高级人民法院试点依据海牙送达公约和海牙取证公约直接向外国中央机关提出司法协助请求，简化跨境文书送达、调查取证等程序，打造便利化诉讼模式。积极探索在互惠基础上相互承认与执行外国法院民商事判决的途径和方式，减少不必要的平行诉讼。恪守国际公约义务，依照《承认及执行外国仲裁裁决公约》承认和执行外国仲裁裁决，严格适用公共政策，便利裁决跨境执行。发挥最高人民法院法官国际交流中心海南基地的国际司法交流合作平台作用，开展援外培训和专题交流。支持筹办博鳌论坛国际司法分论坛，加强与国际成熟自由贸易港司法机构的交流合作，学习借鉴先进经验，不断完善自由贸易港司法体制机制。

最高人民法院印发《关于深入推进社会主义核心价值观融入裁判文书释法说理的指导意见》的通知

（2021 年 1 月 19 日　法〔2021〕21 号）

各省、自治区、直辖市高级人民法院，解放军军事法院，新疆维吾尔自治区高级人民法院生产建设兵团分院：

现将《关于深入推进社会主义核心价值观融入裁判文书释法说理的指导

意见》予以印发，请结合实际认真贯彻执行。执行中遇有问题，请及时层报最高人民法院。

关于深入推进社会主义核心价值观融入裁判文书释法说理的指导意见

为深入贯彻落实中共中央关于进一步把社会主义核心价值观融入法治建设的工作要求，正确贯彻实施民法典，充分发挥司法裁判在国家治理、社会治理中的规则引领和价值导向作用，进一步增强司法裁判的公信力和权威性，努力实现富强、民主、文明、和谐的价值目标，努力追求自由、平等、公正、法治的价值取向，努力践行爱国、敬业、诚信、友善的价值准则，结合审判工作实际，现提出如下意见。

一、深入推进社会主义核心价值观融入裁判文书释法说理，应当坚持以下基本原则：

（一）法治与德治相结合。以习近平新时代中国特色社会主义思想为指导，贯彻落实习近平法治思想，忠于宪法法律，将法律评价与道德评价有机结合，深入阐释法律法规所体现的国家价值目标、社会价值取向和公民价值准则，实现法治和德治相辅相成、相得益彰。

（二）以人民为中心。裁判文书释法说理应积极回应人民群众对公正司法的新要求和新期待，准确阐明事理，详细释明法理，积极讲明情理，力求讲究文理，不断提升人民群众对司法裁判的满意度，以司法公正引领社会公平正义。

（三）政治效果、法律效果和社会效果的有机统一。立足时代、国情、文化，综合考量法、理、情等因素，加强社会主义核心价值观的导向作用，不断提升司法裁判的法律认同、社会认同和情理认同。

二、各级人民法院应当深入推进社会主义核心价值观融入裁判文书释法说理，将社会主义核心价值观作为理解立法目的和法律原则的重要指引，作为检验自由裁量权是否合理行使的重要标准，确保准确认定事实，正确适用法律。对于裁判结果有价值引领导向、行为规范意义的案件，法官应当强化运用社会主义核心价值观释法说理，切实发挥司法裁判在国家治理、社会治理中的规范、评价、教育、引领等功能，以公正裁判树立行为规则，培育和弘扬社会主义核心价值观。

三、各级人民法院应当坚持以事实为根据，以法律为准绳。在释法说理时,应当针对争议焦点,根据庭审举证、质证、法庭辩论以及法律调查等情况,结合社会主义核心价值观,重点说明裁判事实认定和法律适用的过程和理由。

四、下列案件的裁判文书,应当强化运用社会主义核心价值观释法说理:

(一)涉及国家利益、重大公共利益,社会广泛关注的案件;

(二)涉及疫情防控、抢险救灾、英烈保护、见义勇为、正当防卫、紧急避险、助人为乐等,可能引发社会道德评价的案件;

(三)涉及老年人、妇女、儿童、残疾人等弱势群体以及特殊群体保护,诉讼各方存在较大争议且可能引发社会广泛关注的案件;

(四)涉及公序良俗、风俗习惯、权利平等、民族宗教等,诉讼各方存在较大争议且可能引发社会广泛关注的案件;

(五)涉及新情况、新问题,需要对法律规定、司法政策等进行深入阐释,引领社会风尚、树立价值导向的案件;

(六)其他应当强化运用社会主义核心价值观释法说理的案件。

五、有规范性法律文件作为裁判依据的,法官应当结合案情,先行释明规范性法律文件的相关规定,再结合法律原意,运用社会主义核心价值观进一步明晰法律内涵、阐明立法目的、论述裁判理由。

六、民商事案件无规范性法律文件作为裁判直接依据的,除了可以适用习惯以外,法官还应当以社会主义核心价值观为指引,以最相类似的法律规定作为裁判依据;如无最相类似的法律规定,法官应当根据立法精神、立法目的和法律原则等作出司法裁判,并在裁判文书中充分运用社会主义核心价值观阐述裁判依据和裁判理由。

七、案件涉及多种价值取向的,法官应当依据立法精神、法律原则、法律规定以及社会主义核心价值观进行判断、权衡和选择,确定适用于个案的价值取向,并在裁判文书中详细阐明依据及其理由。

八、刑事诉讼中的公诉人、当事人、辩护人、诉讼代理人和民事、行政诉讼中的当事人、诉讼代理人等在诉讼文书中或在庭审中援引社会主义核心价值观作为诉辩理由的,人民法院一般应当采用口头反馈、庭审释明等方式予以回应;属于本意见第四条规定的案件的,人民法院应当在裁判文书中明确予以回应。

九、深入推进社会主义核心价值观融入裁判文书释法说理应当正确运用解释方法:

(一)运用文义解释的方法,准确解读法律规定所蕴含的社会主义核心价值观的精神内涵,充分说明社会主义核心价值观在个案中的内在要求和具体语境。

（二）运用体系解释的方法，将法律规定与中国特色社会主义法律体系、社会主义核心价值体系联系起来，全面系统分析法律规定的内涵，正确理解和适用法律。

（三）运用目的解释的方法，以社会发展方向及立法目的为出发点，发挥目的解释的价值作用，使释法说理与立法目的、法律精神保持一致。

（四）运用历史解释的方法，结合现阶段社会发展水平，合理判断、有效平衡司法裁判的政治效果、法律效果和社会效果，推动社会稳定、可持续发展。

十、裁判文书释法说理应当使用简洁明快、通俗易懂的语言，讲求繁简得当，丰富修辞论证，提升语言表达和释法说理的接受度和认可度。

十一、人民法院应当探索建立强化运用社会主义核心价值观释法说理的案件识别机制，立案部门、审判部门以及院长、庭长等应当加强对案件诉讼主体、诉讼请求等要素的审查，及时识别强化运用社会主义核心价值观释法说理的重点案件，并与审判权力制约监督机制有机衔接。

十二、人民法院应当认真落实《最高人民法院关于统一法律适用加强类案检索的指导意见（试行）》《最高人民法院关于完善统一法律适用标准工作机制的意见》等相关要求，统一法律适用，确保同类案件运用社会主义核心价值观释法说理的一致性。

十三、对于本意见第四条规定的案件，根据审判管理相关规定，需要提交专业法官会议或审判委员会讨论的，法官应当重点说明运用社会主义核心价值观释法说理的意见。

十四、各级人民法院应当定期组织开展法官业务培训，将业务培训与贯彻实施民法典结合起来，坚持学习法律知识、业务技能与社会主义核心价值观并重，增强法官运用社会主义核心价值观释法说理的积极性和自觉性，不断提升法官释法说理的能力水平。

十五、人民法院通过中国裁判文书网、“法信”平台、12368 诉讼服务热线、中国应用法学数字化服务系统、院长信箱等途径，认真收集、倾听社会公众对裁判文书的意见建议，探索运用大数据进行统筹分析，最大程度了解社会公众对裁判文书的反馈意见，并采取措施加以改进。

十六、人民法院应当充分发挥优秀裁判文书的示范引领作用，完善优秀裁判文书考评激励机制，积极组织开展“运用社会主义核心价值观释法说理优秀裁判文书”评选工作，评选结果应当作为法官业绩考评的重要参考。

十七、最高人民法院、各高级人民法院应当定期收集、整理和汇编运用社会主义核心价值观释法说理的典型案例，加强宣传教育工作，进一步带动人民群众将法治精神融入社会生活，培育和营造自觉践行社会主义核心价值观的法治环境。

十八、各高级人民法院可以根据本意见，结合工作实际，制定刑事、民事、行政、国家赔偿、执行等裁判文书释法说理的实施细则，报最高人民法院备案。

十九、本意见自 2021 年 3 月 1 日起施行。

附：

2021年1月份报国务院备案并予以登记的地方性法规、自治条例、单行条例和地方政府规章目录

地方性法规

法规名称	公布日期	备案登记编号
北京市中医药条例	2020年11月27日	国司备字［2021003643］
北京市志愿服务促进条例	2020年12月25日	国司备字［2021003644］
辽宁省人民代表大会常务委员会关于修改《辽宁省城镇房地产交易管理条例》等12件地方性法规的决定	2020年11月25日	国司备字［2021003526］
辽宁省人民代表大会常务委员会关于废止《辽宁省商品质量监督条例》等3件地方性法规的决定	2020年11月25日	国司备字［2021003527］
辽宁省各级人民代表大会常务委员会规范性文件备案审查条例	2020年11月25日	国司备字［2021003528］
辽宁省电梯安全管理条例	2020年11月25日	国司备字［2021003529］
辽宁省城镇燃气管理条例	2020年11月25日	国司备字［2021003530］
辽宁省铁路安全管理条例	2020年11月25日	国司备字［2021003531］
沈阳市电梯安全条例	2020年12月7日	国司备字［2021003532］
沈阳市林地建设保护条例	2020年12月7日	国司备字［2021003533］

续表

法规名称	公布日期	备案登记编号
沈阳市燃气管理条例	2020 年 12 月 7 日	国司备字〔2021003534〕
大连市国土空间规划条例	2020 年 12 月 1 日	国司备字〔2021003535〕
大连市历史文化名城保护条例	2020 年 12 月 1 日	国司备字〔2021003536〕
鞍山市古树名木保护条例	2020 年 12 月 30 日	国司备字〔2021003545〕
鞍山市文明行为促进条例	2020 年 12 月 30 日	国司备字〔2021003546〕
抚顺市排水管理条例	2020 年 11 月 24 日	国司备字〔2021003537〕
本溪市枫树保护条例	2020 年 12 月 8 日	国司备字〔2021003538〕
锦州市城市公园管理条例	2020 年 12 月 9 日	国司备字〔2021003539〕
锦州市人民代表大会常务委员会关于修改《锦州市锦凌水库饮用水水源保护条例》的决定	2020 年 12 月 9 日	国司备字〔2021003540〕
营口市人民代表大会常务委员会关于修改《营口市城市供水用水管理条例》的决定	2020 年 12 月 16 日	国司备字〔2021003541〕
营口市辽河老街历史文化街区保护条例	2020 年 12 月 16 日	国司备字〔2021003542〕
阜新市查海文化遗址保护条例	2020 年 12 月 18 日	国司备字〔2021003543〕
葫芦岛市文明行为促进条例	2020 年 12 月 4 日	国司备字〔2021003544〕
吉林省促进大数据发展应用条例	2020 年 11 月 27 日	国司备字〔2021003714〕
吉林省中医药发展条例	2020 年 11 月 27 日	国司备字〔2021003715〕

续表

法规名称	公布日期	备案登记编号
吉林省生态环境保护条例	2020 年 11 月 27 日	国司备字［2021003716］
吉林省宗教事务条例	2020 年 11 月 27 日	国司备字［2021003717］
吉林省人民代表大会代表建议、批评和意见办理条例	2020 年 11 月 27 日	国司备字［2021003718］
吉林省人民代表大会常务委员会关于修改《吉林省村民委员会选举办法》等 3 部地方性法规的决定	2020 年 11 月 27 日	国司备字［2021003719］
吉林省多元化解纠纷促进条例	2020 年 6 月 5 日	国司备字［2021003764］
长春市陆生野生动物保护条例	2020 年 8 月 28 日	国司备字［2021003581］
四平市市区挖掘管理条例	2020 年 12 月 9 日	国司备字［2021003720］
四平市城市环境卫生条例	2020 年 12 月 9 日	国司备字［2021003721］
四平市城乡规划监察条例	2020 年 12 月 8 日	国司备字［2021003722］
通化市哈泥河饮用水水源保护条例	2020 年 12 月 17 日	国司备字［2021003723］
白山市文明祭祀条例	2020 年 12 月 4 日	国司备字［2021003724］
白城市农村人居环境治理条例	2020 年 12 月 10 日	国司备字［2021003725］
松原市大气污染防治条例	2020 年 12 月 2 日	国司备字［2021003726］
延边朝鲜族自治州养犬管理条例	2020 年 12 月 18 日	国司备字［2021003765］
延边朝鲜族自治州城市管理条例	2020 年 12 月 18 日	国司备字［2021003766］

续表

法规名称	公布日期	备案登记编号
黑龙江省人大常委会关于加强公共法律服务体系建设的决定	2020 年 10 月 22 日	国司备字［2021003582］
黑龙江省人民代表大会常务委员会关于修改《黑龙江省县、乡两级人民代表大会代表选举工作实施细则》的决定	2020 年 12 月 24 日	国司备字［2021003727］
黑龙江省住宅物业管理条例	2020 年 12 月 24 日	国司备字［2021003728］
黑龙江省公安机关警务辅助人员条例	2020 年 12 月 24 日	国司备字［2021003729］
黑龙江省人民代表大会常务委员会关于修改《黑龙江省人民代表大会常务委员会人事任免条例》的决定	2020 年 12 月 24 日	国司备字［2021003730］
哈尔滨市人民代表大会常务委员会关于哈尔滨市亚布力滑雪旅游度假区行政管理有关事项的决定	2020 年 10 月 23 日	国司备字［2021003583］
哈尔滨市社会信用体系建设促进条例	2020 年 12 月 25 日	国司备字［2021003731］
齐齐哈尔市城市供水用水管理条例	2020 年 12 月 30 日	国司备字［2021003732］
牡丹江市红色文化遗存保护利用条例	2020 年 12 月 25 日	国司备字［2021003733］
大庆市机动车停车场管理条例	2020 年 12 月 28 日	国司备字［2021003734］
鸡西市城市二次供水管理条例	2020 年 12 月 28 日	国司备字［2021003735］
七台河市文明行为促进条例	2020 年 12 月 29 日	国司备字［2021003736］
绥化市餐厨废弃物管理条例	2021 年 1 月 7 日	国司备字［2021003737］
江苏省优化营商环境条例	2020 年 11 月 27 日	国司备字［2021003549］

续表

法规名称	公布日期	备案登记编号
江苏省农村水利条例	2020年11月27日	国司备字［2021003550］
昆山深化两岸产业合作试验区条例	2020年11月27日	国司备字［2021003551］
江苏省水污染防治条例	2020年11月27日	国司备字［2021003552］
江苏省人民代表大会常务委员会关于加强检察公益诉讼工作的决定	2020年11月27日	国司备字［2021003553］
江苏省人民代表大会常务委员会关于修改《江苏省物业管理条例》等六件地方性法规的决定	2020年11月27日	国司备字［2021003554］
江苏省人民代表大会常务委员会关于废止《江苏省经纪人条例》等二件地方性法规的决定	2020年11月27日	国司备字［2021003555］
南京市夫子庙秦淮风光带风景名胜区条例	2020年12月11日	国司备字［2021003556］
南京市人民代表大会常务委员会关于修改《南京市商品交易市场管理条例》的决定	2020年12月11日	国司备字［2021003557］
南京市人民代表大会常务委员会关于废止《南京市土地监察条例》《南京市种畜禽管理条例》的决定	2020年12月11日	国司备字［2021003558］
苏州市供水条例	2020年12月9日	国司备字［2021003559］
无锡市促进中小企业转型发展条例	2020年12月9日	国司备字［2021003560］
无锡市人民代表大会常务委员会关于修改《无锡市社会医疗机构管理条例》《无锡市粮油流通安全条例》的决定	2020年12月9日	国司备字［2021003561］
无锡市人民代表大会常务委员会关于废止《无锡市盐业管理条例》的决定	2020年12月9日	国司备字［2021003562］

续表

法规名称	公布日期	备案登记编号
无锡市人民代表大会常务委员会关于废止《无锡市房屋居住权处理办法》的决定	2020 年 12 月 9 日	国司备字［2021003563］
徐州市人民代表大会常务委员会关于修改《徐州市节约用水条例》的决定	2020 年 12 月 9 日	国司备字［2021003564］
常州市城市绿化条例	2020 年 12 月 9 日	国司备字［2021003565］
南通市义务教育优质均衡发展条例	2020 年 12 月 9 日	国司备字［2021003566］
盐城市饮用水安全保护条例	2020 年 12 月 10 日	国司备字［2021003567］
扬州市旅游促进条例	2020 年 11 月 27 日	国司备字［2021003568］
泰州市垛田保护条例	2020 年 12 月 11 日	国司备字［2021003569］
连云港市养老服务促进条例	2020 年 12 月 10 日	国司备字［2021003570］
淮安市人民代表大会常务委员会关于加强安全生产管理的决定	2020 年 12 月 12 日	国司备字［2021003571］
淮安市住宅电梯安全条例	2020 年 12 月 12 日	国司备字［2021003572］
宿迁市农贸市场管理条例	2020 年 12 月 9 日	国司备字［2021003573］
浙江省生活垃圾管理条例	2020 年 12 月 24 日	国司备字［2021003647］
浙江省数字经济促进条例	2020 年 12 月 24 日	国司备字［2021003648］
安徽省老年教育条例	2020 年 11 月 16 日	国司备字［2021003470］
安徽省建筑市场管理条例	2020 年 12 月 25 日	国司备字［2021003738］

续表

法规名称	公布日期	备案登记编号
安徽省爱国卫生条例	2020年12月25日	国司备字［2021003739］
安徽省公安机关警务辅助人员管理条例	2020年12月25日	国司备字［2021003741］
合肥市城市集中供热管理条例	2021年1月4日	国司备字［2021003745］
淮南市机动车和非道路移动机械排放污染防治条例	2021年1月11日	国司备字［2021003748］
蚌埠市电梯安全管理条例	2021年1月4日	国司备字［2021003749］
阜阳市文明行为促进条例	2021年1月4日	国司备字［2021003752］
宣城市传统村落保护条例	2020年12月4日	国司备字［2021003471］
池州市养犬管理条例	2020年11月27日	国司备字［2021003472］
安庆市长江江豚保护条例	2020年12月11日	国司备字［2021003473］
滁州市燃放烟花爆竹管理条例	2020年12月2日	国司备字［2021003474］
芜湖市养犬管理条例	2020年11月27日	国司备字［2021003475］
铜陵市扬尘污染防治管理办法	2021年1月14日	国司备字［2021003754］
淮北市燃放烟花爆竹管理条例	2020年12月4日	国司备字［2021003476］
六安市城市管理行政执法条例	2020年11月30日	国司备字［2021003478］
马鞍山市生活垃圾分类管理条例	2020年12月29日	国司备字［2021003755］

续表

法规名称	公布日期	备案登记编号
福建省种子条例	2020 年 12 月 3 日	国司备字〔2021003512〕
福建省交通建设工程质量安全条例	2020 年 12 月 3 日	国司备字〔2021003513〕
福建省宗教事务条例	2020 年 12 月 3 日	国司备字〔2021003514〕
福建省人民代表大会常务委员会关于修改《福建省村民委员会选举办法》的决定	2020 年 12 月 3 日	国司备字〔2021003515〕
福建省人民代表大会常务委员会关于修改《福建省县、乡两级人民代表大会代表直接选举实施细则》的决定	2020 年 12 月 3 日	国司备字〔2021003516〕
福州市非物质文化遗产保护规定	2020 年 12 月 7 日	国司备字〔2021003517〕
厦门经济特区志愿服务条例	2020 年 12 月 11 日	国司备字〔2021003584〕
厦门经济特区会展业促进条例	2020 年 12 月 11 日	国司备字〔2021003585〕
厦门市人民代表大会常务委员会关于授权厦门市人民政府暂时调整适用《厦门经济特区职工基本养老保险条例》《厦门经济特区鼓励留学人员来厦创业工作规定》的决定	2020 年 12 月 11 日	国司备字〔2021003586〕
景德镇市文明行为促进条例	2020 年 12 月 17 日	国司备字〔2021003436〕
山东省人民代表大会常务委员会关于废止《山东省体育市场管理条例》的决定	2020 年 11 月 27 日	国司备字〔2021003437〕
山东省红色文化保护传承条例	2020 年 11 月 27 日	国司备字〔2021003438〕
山东省突发事件应急保障条例	2020 年 11 月 27 日	国司备字〔2021003439〕
山东省中医药条例	2020 年 11 月 27 日	国司备字〔2021003440〕

续表

法规名称	公布日期	备案登记编号
山东省人民代表大会常务委员会关于修改《山东省清洁生产促进条例》等六件地方性法规的决定	2020 年 11 月 27 日	国司备字［2021003680］
济南市生活垃圾减量与分类管理条例	2020 年 12 月 1 日	国司备字［2021003441］
济南市院前医疗急救条例	2020 年 12 月 1 日	国司备字［2021003442］
东营市湿地城市建设条例	2020 年 12 月 14 日	国司备字［2021003443］
烟台葡萄酒产区保护条例	2020 年 11 月 27 日	国司备字［2021003444］
潍坊市道路交通安全条例	2020 年 12 月 4 日	国司备字［2021003445］
泰安市供热条例	2020 年 11 月 27 日	国司备字［2021003446］
威海市山体保护条例	2020 年 12 月 1 日	国司备字［2021003447］
临沂市大气污染防治条例	2020 年 11 月 27 日	国司备字［2021003448］
菏泽市城市供水条例	2020 年 11 月 30 日	国司备字［2021003449］
枣庄市农村公路条例	2020 年 11 月 30 日	国司备字［2021003450］
德州市扒鸡保护与发展条例	2020 年 12 月 1 日	国司备字［2021003451］
滨州市电梯安全管理条例	2020 年 11 月 30 日	国司备字［2021003452］
河南省警务辅助人员条例	2020 年 9 月 27 日	国司备字［2021003659］
洛阳市历史文化名城保护条例	2020 年 12 月 22 日	国司备字［2021003660］

续表

法规名称	公布日期	备案登记编号
平顶山市河道保护条例	2020 年 12 月 28 日	国司备字［2021003661］
鹤壁市淇河保护条例	2020 年 12 月 25 日	国司备字［2021003662］
驻马店市市政设施管理条例	2020 年 12 月 31 日	国司备字［2021003663］
漯河市中小学校幼儿园规划建设条例	2020 年 12 月 16 日	国司备字［2021003664］
周口市文明行为促进条例	2020 年 12 月 16 日	国司备字［2021003665］
十堰市恐龙地质遗迹保护条例	2020 年 12 月 26 日	国司备字［2021003767］
黄冈市文明行为促进条例	2020 年 12 月 16 日	国司备字［2021003640］
湖南省警务辅助人员条例	2020 年 11 月 27 日	国司备字［2021003453］
湖南省宗教事务条例	2020 年 11 月 27 日	国司备字［2021003467］
湖南省实施《中华人民共和国中小企业促进法》办法	2020 年 11 月 27 日	国司备字［2021003468］
湖南省铁路安全管理条例	2020 年 11 月 27 日	国司备字［2021003469］
长沙市农村村民住宅建设管理条例	2020 年 12 月 18 日	国司备字［2021003594］
长沙市生活垃圾管理条例	2020 年 8 月 5 日	国司备字［2021003645］
衡阳市农村村民住房建设管理条例	2020 年 12 月 24 日	国司备字［2021003595］
株洲市城市养犬管理条例	2020 年 12 月 8 日	国司备字［2021003596］

续表

法规名称	公布日期	备案登记编号
湘潭市村庄规划建设管理条例	2020 年 12 月 12 日	国司备字［2021003597］
常德市农村村民住房建设管理条例	2020 年 12 月 2 日	国司备字［2021003598］
常德市大气污染防治若干规定	2020 年 12 月 2 日	国司备字［2021003599］
郴州市农村村民住房建设管理条例	2020 年 12 月 4 日	国司备字［2021003600］
郴州市城市市容环境卫生管理条例	2020 年 12 月 4 日	国司备字［2021003601］
邵阳市村庄规划和村民建房管理条例	2020 年 12 月 24 日	国司备字［2021003602］
邵阳市文明行为促进条例	2020 年 12 月 24 日	国司备字［2021003603］
张家界市古树名木保护条例	2020 年 12 月 25 日	国司备字［2021003646］
永州市饮用水水源地保护规定	2020 年 12 月 23 日	国司备字［2021003604］
娄底市农村住房建设管理条例	2020 年 12 月 18 日	国司备字［2021003605］
怀化市扬尘污染防治条例	2020 年 12 月 7 日	国司备字［2021003606］
广州市物业管理条例	2020 年 12 月 8 日	国司备字［2021003464］
广州市反餐饮浪费条例	2020 年 12 月 8 日	国司备字［2021003465］
深圳市人民代表大会常务委员会关于修改《深圳市节约用水条例》的决定	2020 年 12 月 15 日	国司备字［2021003653］
深圳市人民代表大会常务委员会关于废止《深圳市查处无证无照经营行为条例》的决定	2020 年 12 月 15 日	国司备字［2021003654］

续表

法规名称	公布日期	备案登记编号
深圳经济特区城市更新条例	2020 年 12 月 30 日	国司备字［2021003756］
深圳市人民代表大会常务委员会关于修改《深圳经济特区社会养老保险条例》的决定	2020 年 12 月 30 日	国司备字［2021003759］
深圳市人民代表大会常务委员会关于修改《深圳经济特区食品安全监督条例》的决定	2020 年 12 月 30 日	国司备字［2021003760］
珠海经济特区港澳旅游从业人员在横琴新区执业规定	2020 年 9 月 29 日	国司备字［2021003575］
珠海市人民代表大会常务委员会关于优化珠海市营商环境的决定	2020 年 9 月 29 日	国司备字［2021003576］
珠海经济特区生活垃圾分类管理条例	2020 年 9 月 29 日	国司备字［2021003577］
汕头经济特区出租汽车客运条例	2020 年 12 月 31 日	国司备字［2021003547］
汕头市人民代表大会常务委员会关于保障简政放权促进镇域经济高质量发展的决定	2020 年 12 月 31 日	国司备字［2021003578］
汕头市人民代表大会常务委员会关于废止《汕头经济特区建设工程施工招标投标管理条例》的决定	2020 年 12 月 31 日	国司备字［2021003579］
潮州市凤凰山区域生态环境保护条例	2020 年 10 月 27 日	国司备字［2021003466］
河源市革命旧址保护条例	2020 年 12 月 21 日	国司备字［2021003761］
阳江市公园绿地管理条例	2020 年 12 月 30 日	国司备字［2021003762］
汕尾市海砂资源保护条例	2020 年 12 月 8 日	国司备字［2021003655］
汕尾市居住出租房屋安全管理条例	2020 年 12 月 8 日	国司备字［2021003656］
广西壮族自治区人民代表大会代表建议、批评和意见工作条例	2020 年 11 月 26 日	国司备字［2021003503］

续表

法规名称	公布日期	备案登记编号
梧州市宝石加工环境污染防治条例	2020 年 12 月 8 日	国司备字［2021003608］
钦州市青年水闸东西干渠管理利用条例	2020 年 12 月 10 日	国司备字［2021003609］
贵港市城市市容和环境卫生管理条例	2020 年 12 月 7 日	国司备字［2021003610］
河池市违法建设防控和查处条例	2020 年 12 月 11 日	国司备字［2021003611］
来宾市公共文化体育设施管理条例	2020 年 12 月 9 日	国司备字［2021003612］
崇左市龙峡山保护条例	2020 年 12 月 10 日	国司备字［2021003613］
海南自由贸易港三亚崖州湾科技城条例	2020 年 12 月 2 日	国司备字［2021003463］
海南省人民代表大会常务委员会关于修改《海南省见义勇为人员奖励和保障规定》的决定	2020 年 12 月 2 日	国司备字［2021003641］
海南自由贸易港海口江东新区条例	2020 年 12 月 30 日	国司备字［2021003642］
四川省传统村落保护条例	2020 年 11 月 26 日	国司备字［2021003454］
自贡市建设施工现场管理条例	2020 年 12 月 3 日	国司备字［2021003455］
攀枝花市森林草原防灭火条例	2020 年 11 月 27 日	国司备字［2021003456］
雅安市农村生活垃圾分类处理若干规定	2020 年 11 月 30 日	国司备字［2021003457］
眉山市物业管理条例	2020 年 12 月 2 日	国司备字［2021003458］
广元市红色革命遗址遗迹保护条例	2020 年 12 月 7 日	国司备字［2021003459］

续表

法规名称	公布日期	备案登记编号
内江市违法建设治理条例	2020 年 12 月 14 日	国司备字［2021003460］
资阳市文明行为促进条例	2020 年 12 月 10 日	国司备字［2021003461］
玉溪市革命遗址保护条例	2020 年 11 月 26 日	国司备字［2021003574］
大理白族自治州非物质文化遗产保护条例	2020 年 12 月 25 日	国司备字［2021003505］
陕西省人民代表大会常务委员会关于加强检察公益诉讼工作的决定	2020 年 3 月 25 日	国司备字［2021003763］
甘肃省水污染防治条例	2020 年 12 月 3 日	国司备字［2021003649］
甘肃省中小学校安全条例	2020 年 12 月 3 日	国司备字［2021003650］
甘肃省辐射污染防治条例	2020 年 12 月 3 日	国司备字［2021003651］
甘肃省食品小作坊小经营店小摊点监督管理条例	2020 年 12 月 3 日	国司备字［2021003652］
兰州市物业管理条例	2020 年 12 月 8 日	国司备字［2021003525］
武威市节约用水条例	2020 年 12 月 16 日	国司备字［2021003591］
金昌市文明行为促进条例	2020 年 12 月 14 日	国司备字［2021003548］
甘南藏族自治州城乡饮用水安全管理条例	2020 年 12 月 24 日	国司备字［2021003580］
克拉玛依市大气污染防治条例	2020 年 12 月 9 日	国司备字［2021003488］
博尔塔拉蒙古自治州博尔塔拉河流域生态环境保护条例	2020 年 12 月 25 日	国司备字［2021003490］

续表

法规名称	公布日期	备案登记编号
伊犁哈萨克自治州全域旅游促进条例	2020 年 12 月 29 日	国司备字［2021003657］
克孜勒苏柯尔克孜自治州乡村环境治理条例	2020 年 12 月 18 日	国司备字［2021003491］
巴音郭楞蒙古自治州人民代表大会关于废止《巴音郭楞蒙古自治州开都－孔雀河流域水环境保护及污染防治条例》的决定	2020 年 12 月 14 日	国司备字［2021003493］
巴音郭楞蒙古自治州博斯腾湖水生态环境保护条例	2020 年 12 月 14 日	国司备字［2021003494］
哈密市人民代表大会常务委员会关于修改《哈密市制定地方性法规条例》的决定	2020 年 12 月 17 日	国司备字［2021003496】

自治州、自治县的单行条例

条例名称	公布日期	备案登记编号
阿坝藏族羌族自治州人民代表大会关于修改《阿坝藏族羌族自治州野生动物植物保护条例》的决定	2020 年 11 月 30 日	国司备字［2021003462］
甘肃省阿克塞哈萨克族自治县非物质文化遗产保护条例	2020 年 12 月 2 日	国司备字［2021003482】

地方政府规章

规章名称	公布日期	备案登记编号
天津市人民政府关于修改和废止部分规章的决定	2020 年 12 月 5 日	国司备字［2021003509］
天津市行政执法监督平台管理办法	2020 年 12 月 30 日	国司备字［2021003639］

续表

规章名称	公布日期	备案登记编号
河北省节能监察办法	2020 年 12 月 23 日	国司备字［2021003477］
河北省蓄滞洪区管理办法	2020 年 12 月 26 日	国司备字［2021003631］
廊坊市人民政府关于修改《廊坊市政府规章制定程序规定》的决定	2020 年 12 月 28 日	国司备字［2021003633］
保定市政府规章制定程序规定	2020 年 12 月 21 日	国司备字［2021003489］
沧州市重大行政决策程序暂行规定	2020 年 12 月 14 日	国司备字［2021003492］
沧州市养犬管理办法	2021 年 1 月 7 日	国司备字［2021003705］
山西省人民政府关于废止和修改部分省政府规章的决定	2020 年 11 月 20 日	国司备字［2021003523］
内蒙古自治区重大行政决策程序规定	2020 年 12 月 30 日	国司备字［2021003700］
辽宁省涉及国家安全事项建设项目管理规定	2020 年 12 月 9 日	国司备字［2021003481］
辽宁省地方交易场所监督管理暂行办法	2020 年 12 月 9 日	国司备字［2021003483］
辽宁省女职工劳动保护办法	2020 年 12 月 9 日	国司备字［2021003484］
辽宁省行政规范性文件合法性审核办法	2020 年 12 月 13 日	国司备字［2021003485］
沈阳市人民政府关于废止《沈阳市重大行政决策程序规定》的决定	2020 年 12 月 4 日	国司备字［2021003479］
沈阳市生活垃圾分类管理办法	2020 年 12 月 18 日	国司备字［2021003480］
锦州市城区“门前三包”责任制管理办法	2021 年 1 月 14 日	国司备字［2021003757］

续表

规章名称	公布日期	备案登记编号
锦州市义县奉国寺文化遗产保护管理办法	2021年1月14日	国司备字［2021003758］
白城市市区雨水排放管理办法	2020年12月17日	国司备字［2021003499］
鸡西市人民政府关于废止市政府规章的决定	2021年1月5日	国司备字［2021003666］
鸡西市城市餐厨废弃物管理办法	2020年12月25日	国司备字［2021003692］
上海市医疗卫生人员权益保障办法	2020年12月28日	国司备字［2021003522］
上海市房屋使用安全管理办法	2020年12月14日	国司备字［2021003524］
上海市人民政府关于废止《上海市产权交易市场管理办法》的决定	2020年12月29日	国司备字［2021003590］
上海市户外招牌设置管理办法	2020年12月28日	国司备字［2021003592］
江苏省出生缺陷防治办法	2020年12月31日	国司备字［2021003619］
江苏省普通国省道管理办法	2020年12月30日	国司备字［2021003620］
江苏省预付卡管理办法	2020年12月26日	国司备字［2021003621］
江苏省残疾预防和残疾人康复实施办法	2020年12月30日	国司备字［2021003622］
徐州市人民政府关于废止和修改部分市政府规章的决定	2020年12月4日	国司备字［2021003753］
常州市人民政府关于加强户外广告设施设置管理的决定	2020年12月18日	国司备字［2021003495］
盐城市河道管理办法	2020年12月17日	国司备字［2021003636］

续表

规章名称	公布日期	备案登记编号
镇江市消火栓管理办法	2020 年 12 月 25 日	国司备字［2021003593］
淮安市餐具饮具集中消毒服务单位监督管理办法	2020 年 12 月 25 日	国司备字［2021003699］
浙江省第 19 届亚运会知识产权保护规定	2020 年 10 月 27 日	国司备字［2021003693］
浙江省突发公共卫生事件应急办法	2020 年 10 月 27 日	国司备字［2021003694］
浙江省人民政府关于废止《浙江省组织机构代码管理办法》等 10 件规章的决定	2020 年 12 月 19 日	国司备字［2021003698］
杭州市老旧小区住宅加装电梯管理办法	2021 年 1 月 4 日	国司备字［2021003671］
杭州市市场监督管理行政处罚程序规定	2021 年 1 月 6 日	国司备字［2021003706］
杭州市人民政府关于修改《杭州市机动车停车场（库）建设和管理办法》部分条款的决定	2021 年 1 月 18 日	国司备字［2021003750］
扬州市南水北调水域船舶污染防治办法	2020 年 12 月 29 日	国司备字［2021003679］
扬州市档案管理办法	2020 年 12 月 29 日	国司备字［2021003681］
淮南市人民政府关于修改和废止部分市政府规章的决定	2020 年 12 月 21 日	国司备字［2021003615］
滁州市消防安全责任制实施办法	2020 年 12 月 31 日	国司备字［2021003623］
铜陵市机动车停车场管理办法	2020 年 12 月 25 日	国司备字［2021003501］
淮北市生活垃圾管理办法（试行）	2020 年 12 月 31 日	国司备字［2021003743］
六安市电梯安全监督管理暂行办法	2020 年 12 月 13 日	国司备字［2021003502］

续表

规章名称	公布日期	备案登记编号
泉州市中心市区电动自行车管理办法	2020年12月11日	国司备字［2021003618］
江西省南昌汉代海昏侯国遗址保护办法	2020年12月28日	国司备字［2021003632］
南昌市人民政府关于修改《南昌市人民政府拟订地方性法规草案和制定规章程序规定》的决定	2020年12月21日	国司备字［2021003676］
济南市活禽交易管理办法	2020年12月12日	国司备字［2021003518］
济南市人民政府关于调整实施部分市级行政权力事项的决定	2020年12月18日	国司备字［2021003519］
烟台市政府规章后评估办法	2020年12月31日	国司备字［2021003667］
济宁市城市地下综合管廊管理办法	2020年12月26日	国司备字［2021003691］
泰安市水资源管理办法	2020年12月22日	国司备字［2021003487］
泰安市城市建筑垃圾管理办法	2020年12月31日	国司备字［2021003675］
威海市生活垃圾分类管理办法	2020年12月22日	国司备字［2021003607］
威海市突发公共卫生事件应急办法	2020年12月24日	国司备字［2021003617］
临沂市湿地保护办法	2020年12月22日	国司备字［2021003672］
日照市烟花爆竹燃放管理办法	2020年12月15日	国司备字［2021003616］
日照市养犬管理办法	2021年1月15日	国司备字［2021003740］
聊城市公厕管理办法	2020年12月28日	国司备字［2021003637］

续表

规章名称	公布日期	备案登记编号
滨州市城市建筑垃圾处置管理办法	2020 年 12 月 28 日	国司备字［2021003614］
河南省人民防空工程管理办法	2020 年 12 月 31 日	国司备字［2021003769］
湖北省生产安全事故应急实施办法	2020 年 12 月 22 日	国司备字［2021003634］
湖北省地震安全性评价管理办法	2021 年 1 月 1 日	国司备字［2021003751］
湖北省保障农民工工资支付办法	2021 年 1 月 1 日	国司备字［2021003776］
鄂北地区水资源配置工程与供水管理办法	2021 年 1 月 3 日	国司备字［2021003777］
武汉市应对突发事件应急征用和补偿实施办法	2020 年 12 月 25 日	国司备字［2021003624］
武汉市机动车停车设施使用管理办法	2020 年 12 月 30 日	国司备字［2021003677］
襄阳市人民政府关于修改《襄阳市住房租赁管理办法》的决定	2020 年 12 月 19 日	国司备字［2021003510］
鄂州市人民政府关于修改《鄂州市中心城区城市管线管理暂行办法》的决定	2020 年 12 月 31 日	国司备字［2021003668］
湖南省电动自行车管理办法	2020 年 12 月 21 日	国司备字［2021003521］
湘潭市城市户外广告和招牌设置管理办法	2021 年 1 月 6 日	国司备字［2021003768］
深圳市轨道交通项目建设管理规定	2021 年 1 月 3 日	国司备字［2021003742］
珠海市土地储备管理办法	2020 年 11 月 25 日	国司备字［2021003683］

续表

规章名称	公布日期	备案登记编号
珠海市人民政府关于修改《珠海市闲置土地处置办法》《珠海市人民政府关于委托组织实施征收土地工作的规定》《珠海经济特区历史文化名镇名村和历史建筑保护办法》三部政府规章的决定	2020 年 11 月 23 日	国司备字［2021003684］
珠海市人民政府关于修改《珠海市农贸市场管理办法》《珠海经济特区牛羊定点屠宰管理办法》的决定	2020 年 11 月 21 日	国司备字［2021003685］
珠海市人民政府关于废止《珠海市城市绿化办法》《珠海市建设工程造价管理规定》的决定	2020 年 11 月 23 日	国司备字［2021003686］
珠海市人民政府关于修改《珠海市烟花爆竹安全管理规定》的决定	2020 年 12 月 17 日	国司备字［2021003687］
汕头市最低生活保障办法	2020 年 12 月 30 日	国司备字［2021003690］
东莞市公园管理办法	2020 年 12 月 31 日	国司备字［2021003682］
湛江市人民政府关于修改《湛江市网络预约出租汽车经营服务管理暂行规定》的决定	2020 年 12 月 19 日	国司备字［2021003498］
清远市城镇排水管理办法	2020 年 12 月 15 日	国司备字［2021003628］
河源市城市供水用水管理办法	2020 年 12 月 27 日	国司备字［2021003625］
汕尾市稀有剧种传承保护办法	2020 年 12 月 12 日	国司备字［2021003507］
南宁市人民政府关于废止部分政府规章的决定	2020 年 12 月 30 日	国司备字［2021003695］
海口市人民政府关于修改《海口市地下综合管线管理办法》的决定	2021 年 1 月 12 日	国司备字［2021003744］

续表

规章名称	公布日期	备案登记编号
四川省人民政府关于修改《中国(四川)自由贸易试验区片区管委会实施首批省级管理事项的决定》的决定	2020年12月29日	国司备字［2021003638］
四川省公安机关警务辅助人员管理办法	2021年1月5日	国司备字［2021003673］
四川省机动车和非道路移动机械排气污染防治办法	2021年1月7日	国司备字［2021003674］
成都芯谷产业功能区管理暂行办法	2020年12月29日	国司备字［2021003688］
成都市体育赛事活动管理办法	2020年12月31日	国司备字［2021003689］
绵阳市户外广告和招牌设置管理办法	2020年12月23日	国司备字［2021003678］
贵阳市人民政府关于废止《贵阳市城市公厕管理规定》等16件规章的决定	2020年12月23日	国司备字［2021003708］
西藏自治区人民政府起草地方性法规草案和制定政府规章程序规定(修订)	2020年12月5日	国司备字［2021003520］
西安市人民政府关于修改和废止部分市政府规章的决定	2020年12月31日	国司备字［2021003697］
天水市烟花爆竹安全管理办法	2021年1月5日	国司备字［2021003696］
定西市农村饮用水供水管理办法	2020年12月22日	国司备字［2021003746］
青海省人民政府重大行政决策程序暂行规定	2020年12月1日	国司备字［2021003508］
青海省实施《残疾预防和残疾人康复条例》办法	2021年1月6日	国司备字［2021003709］
青海省科学技术奖励办法	2021年1月6日	国司备字［2021003710］
西宁市“门前六包”责任制管理办法	2020年12月22日	国司备字［2021003669］

图书在版编目(CIP)数据

中华人民共和国新法规汇编.2021 年.第 2 辑:总第 288 辑/司法部编.—北京:中国法制出版社,2021.3
ISBN 978-7-5216-1769-6

Ⅰ.①中… Ⅱ.①司… Ⅲ.①法规-汇编-中国-2021 Ⅳ.①D920.9

中国版本图书馆 CIP 数据核字(2021)第 053867 号

中华人民共和国新法规汇编
ZHONGHUA RENMIN GONGHEGUO XIN FAGUI HUIBIAN
(2021 年第 2 辑)
编者/司法部

经销/新华书店
印刷/三河市紫恒印装有限公司
开本/850 毫米×1168 毫米 32 开　　印张/13.25　字数/353 千
版次/2021 年 3 月第 1 版　　2021 年 3 月第 1 次印刷

中国法制出版社出版
书号 ISBN 978-7-5216-1769-6　　定价:18.00 元

北京西单横二条 2 号
邮政编码 100031　　传真:010-66031119
网址:http://www.zgfzs.com　　编辑部电话:010-66066621
市场营销部电话:010-66033393　　邮购部电话:010-66033288
(如有印装质量问题,请与本社印务部联系调换。电话:010-66032926)

续表

规章名称	公布日期	备案登记编号
西宁市人民政府关于修改和废止部分政府规章的决定	2020 年 12 月 18 日	国司备字［2021003670］
海东市停车管理办法	2020 年 12 月 28 日	国司备字［2021003504］
海东市人民政府关于修改部分规章的决定	2020 年 12 月 28 日	国司备字［2021003506］
宁夏回族自治区重大行政决策规定	2020 年 12 月 22 日	国司备字［2021003626］
宁夏回族自治区铁路安全管理若干规定	2020 年 12 月 22 日	国司备字［2021003627］
银川市人民政府关于废止《银川市城市绿化管理条例实施细则》的决定	2020 年 12 月 7 日	国司备字［2021003500］
中卫市烟花爆竹安全管理办法	2020 年 12 月 29 日	国司备字［2021003747］